최혜영의
반대로 하는 골프

SIGONGSA

최혜영 (아시아인 최초 미국 LPGA Master)

1996년 한국 국적 최초로 미국 LPGA Teaching and Club Professional의 멤버가 되고,

2000년에는 Teaching Evalution Test에서 만점을 기록하며,

또 한 번 한국 국적 최초로 미국 LPGA Class A 멤버에 등록되었다.

7여 년간 미국에서 티칭 프로로 활동하면서 조선일보와 매일경제신문에 3년간 칼럼을 연재했으며,

2004년에는 1년 동안 미국 LPGA 홈페이지(www.lpga.com _ new & stats)에서

『최혜영의 반대로 하는 골프』 책 내용이 소개되기도 했다.

2016년에는 미국 LPGA 역사 66년 만에 아시아인으로 처음 나오는 미국 LPGA 멤버가 되었다.

현재 골프 전문 방송에서 〈최혜영의 반대로 하는 골프 108〉이 방영되고 있으며,

여러 대학교 및 기업체의 지도자 과정에서 골프 강의 및 사단법인 CAGA(Class A Golfers' Association) 회장,

미국 LPGA Asian Member Advisor로 활동 중이다. 저서로는 『최혜영의 손이 편한 골프』가 있다.

www.choigolf.com www.caga.or.kr

최혜영의
반대로 하는 골프

Prologue

자신만의 스윙 철학을 가져야 합니다

새로 시작되는 하루.
매일, 기대에 부푼, 가슴 벅찬 아침을 기다리며 살아 왔습니다.
작년 10월, 샌디에이고에서 서울로 거처를 옮기면서 더욱 그랬습니다. 어떻게 하면 어렵지 않게 골프를 가르칠 수 있을까? 골프를 좀 더 경제적으로, 시간적으로 낭비 없이 할 수 있을까? 골퍼들의 잠재력을 어떻게 깨우치게 할까? 한국의 골퍼들을 위해 무엇을 할 수 있을까? 저의 하루는 이러한 질문으로 시작되었습니다.

한국 국적 최초의 미국 LPGA 클래스A 티칭 프로, 이 분야에서 최고 전문가로 인정받기 위해 그동안 골프 이외의 모든 것을 포기하며 살아 왔습니다. 강의와 집필에 몰두할 때 동료들은 젊음과 열정을 다른 곳으로 돌리기에 바빴고 팔순의 어머니는 결혼을 채근하기도 했습니다. 그러나 미국 LPGA에서 활동하던 지난 7년 동안 저는 강의실에서, 필드에서, 신문의 칼럼, 홈페이지를 통해 수많은 골프 애호가들을 만나 자신의 체형에 맞는 스윙을 알게 하여 골프 고민을 해결하는 일, 라운드를 하는 동안 골프에서 주는 교훈을 배우고 느끼게 하는 일, 진정한 생활의 활력소로서, 정신 건강을 위한 스포츠로서 즐길 수 있게 도와주는 일에 바빴고 그것을 위한 공부와 연구에 전념해 왔습니다.

'다른 사람에게는 마술이지만 나에게는 비극이 될 수 있다.'
학생 중심의 스윙 모델(student-centered model)을 강조하는 새로운 이론입니다.
많은 골퍼들이 구력이 쌓이기 시작하면 레슨 교습서나 비디오, 인터넷 사이트를 샅샅이 뒤지면서 골프 정보를 수집합니다. 데이빗 레드베터를 찾고 짐 매클린, 릭 스미스, 행크 해니를 찾습니다. 머릿속으로 타이거 우즈나 애니카 소렌스탐을 동경합니다. 욕심 때문에도 그렇고, 잘 몰라서도 그렇고, 개개인의 스윙 특성이나 신체 조건은 감안하지 않은 채 이들을 모방하는 경우가 적지 않습니다. 그러다 보니 키가 작고 상체가 뚱뚱한 사람이 타이거 우즈나 데이비스 러브 3세를 흉내 내고, 보통 체형의 골퍼가 프레드 커플스나 어니 엘스의 스윙을 따라 하는 경우도 있습니다. 어처구니없는 일입니다.
자신에게 맞지 않는 지식과 잘못된 정보는 힘이 아니라 독이 됩니다.

톱 프로의 스윙을 모방하기보다는 나의 체형에 맞는, 나의 그립, 에임, 셋업 방법, 스윙으로 자신만의 스윙 철학과 스윙 모델을 갖고 골프를 하는 것이 골프를 완성하는 지름길입니다.

'골프의 마법사', '신개념 골프', '맞춤 골프', '내추럴 골프' '기본으로 돌아가자' 라는 신문 칼럼을 통해 그 동안 이러한 골프 이론들을 끊임없이 주장해 왔습니다. 그리고 이제는 나만의 골프를 완성하는 방법들을 집대성한 책을 발간하게 되었습니다. 물론, 이 책에 담겨진 저만의 스윙 모델, 스윙 철학, 스윙 이론도 미국의 개리 와이렌(Gary Wiren)의 스윙 모델, 미국 PGA, LPGA 스윙 모델과 티 제이 토마시(T. J. Tomasi), 마이크 아담스(Mike Adams)의 스윙 철학을 기반으로 만들어진 것입니다.

글들을 정리하며 아직도 부족한 점이 많고, 보충해야 할 내용들이 많다는 것을 알았습니다. 그래서 좀 더 기다려 책을 낼까도 생각했지만, 진정으로 올바른 내용에 목말라 하는 골퍼들에게 목을 축여 주는 생수가 되고 슬럼프에 빠진 분들에게는 도약의 기회를 줄 수 있을 거라는 책임감으로 시작했습니다. 모든 골퍼들에게 이 책을 통해 자신에게 맞는 스윙을 알게 하여 나름대로의 스윙 모델, 스윙 철학을 가질 수 있는 계기가 되었으면 하는 마음에서 이 책을 펴낼 용기를 낸 것입니다. 탐험가가 지도 위에 비워 있는 곳을 채우기 위해 자신의 인생을 바치듯이 그러한 정열로 원고지를 메워 나갔고, 이 책은 바로 그런 마음에서 만들었습니다.

그 동안 조선일보와 매일경제신문에 연재된 저의 칼럼을 꾸준히 읽어 주고 칭찬과 채찍질을 아끼지 않는 분들께 감사의 말씀을 전합니다. 또 이 책이 출판되기까지 도와주신 사진 작가 허호 선생님, 김재용 작가, 이환열 감독, 이경태 감독 이하 모든 스태프, 모델이 되어 준 이명하 프로님, 김주성 프로, 이계명 프로, 문덕남 프로, 국윤택 씨, 나현석 씨, 체력 단련 프로그램을 제공해 주신 민병철 씨, 감수와 교정을 도와 준 홍순남 씨, 이하 모든 분들에게도 진심으로 감사를 드립니다. 또 사진 촬영을 위해 협찬해 주신 Ashworth, Daks 골프, 곤지암 C.C, 천안 상록 골프 리조트, 베트남에 있는 Bochang Dong Nai Resort의 모든 관계자 분들과 출판을 맡아 주신 시공사 전재국 사장님과 편집진에게도 더할 수 없는 감사를 드립니다. 이 책이 보다 건강하고 지혜로운 골프 문화를 정착시키는 데 기여하기를 바랍니다.

2003년 9월 최혜영

Foreword

체형에 맞는 스윙을 배우는 기회가 되길…

한국 골프가 시작된 지 어느덧 100여 년이 지나가고 있다. 그 동안 한국 골프는 빠르게 성장, 발전해 왔으며, 새로운 도약의 시기를 맞이하고 있다. 과거, 골프는 일부 계층만이 즐기는 사치성 운동 종목으로 인식되었지만 골프 인구 400만 명의 수치가 보여 주듯이 지금은 점차 대중 스포츠로 자리매김하고 있다.

골프 경기는 타 종목과 달리 남녀노소를 가리지 않고 즐길 수 있는 몇 안 되는 스포츠 중 하나이며, 유일하게 남녀노소가 같이 경기를 할 수 있는 운동이기도 하다. 이러한 특성 때문인지 많은 사람들이 골프에 흥미를 가지고 골프를 즐기기 위해 전문 운동 선수 못지않게 연습에 매진하는 모습들을 주위에서 흔히 볼 수 있다. 이러한 골프 열기를 반영하듯 전문 골프 TV 채널에서는 연일 유명 프로 선수나 레슨 프로들을 등장시켜 골프 마니아들을 TV 앞에 고정시키고 있으며, 관련 서적도 범람하고 있다.

그 동안 많은 양의 골프 이론서가 나왔지만 질적 수준은 그것에 미치지 못한 것이 사실이다. 단순히 외국 서적을 번역하거나 자신의 경험만을 가지고 그것이 골프 기술의 전부인 것처럼 표현하여 골프를 처음 접하는 사람은 물론 전문 골퍼들까지도 혼동에 빠지게 하고 있다.

이러한 때에 미국에서 선진 골프를 배우고 연구하는 최혜영 프로가 누구에게나 적용할 수 있는

foreword by youngsun Limb

골프 이론과 기술들을 책으로 엮어 내는 것을 크게 환영하는 바이다. 정확한 스윙 이론과 그에 따른 기술들을 올바르고 세밀하게 표현하는 최혜영 프로에게 찬사의 말을 아끼지 않고 싶다.

『최혜영의 반대로 하는 골프』 책에서는 모든 아마추어 골퍼나 프로 골퍼들이 늘 궁금해하던 체형에 맞는 골프 스윙의 습득에서부터 잘못 알고 반대로 하는 스윙 부분들, 골프 스윙의 근본적인 개념 이해, 문제 샷의 원인을 찾아 쉽게 고칠 수 있는 방법까지 모두 넉넉히 이해할 수 있게 소개하고 있다. 골프 경기에 있어 여러 가지 기술들을 익히고 습득하는 데에는 많은 시간과 노력이 필요한 것이 사실이다. 이러한 시간과 노력을 단축시키고 흥미로운 골프 경기를 위해 많은 지도자와 골프 학자들은 연구와 실험을 통해 골프 경기를 발전시키고자 그들의 정열과 시간을 투자하고 있다.

이 즈음에 꼭 맞는, 진정으로 골퍼들이 찾고 갈구하던 이 책이 나오기까지 각고의 시간과 노력을 기울인 최혜영 프로에게 다시 한 번 수고의 말을 전한다. 이 책을 통해 모든 골퍼들이 쉽고 정확하게 골프를 이해하기를 바라며, 보다 흥미 있고 재미있는 스포츠로서 항상 생활의 활력소가 되기를 바라 마지 않는다.

2003년 9월 1일
(사)대한골프협회 상근 부회장 임 영 선

Introduction

반대로 알고 있는 골프 이론들 올바르게 알려 주고파

골퍼들은 골프를 처음 시작하면서 접하는 비디오나 TV, 칼럼, 레슨 교습서를 비판 없이 받아들이기 쉽다. 이들의 내용은 거의 미국이나 일본의 레슨 교습서를 번역한 것들이다. 특히 미국의 레슨 교습서를 번역한 내용을 보면 모두 골프 교사들이 자신이 가르친 키 크고 팔다리가 길며 마른 체형의 투어 플레이어들에게 맞는 골프 스윙을 알려 주고 있다. 문제는 이러한 골프 스윙의 이론과 골프 스윙을 하기 전 단계인 프리스윙(그립, 에임, 셋업)의 형태가 한국인 체형과는 전혀 맞지 않다는 것이다.

예를 들어, 볼의 위치를 살펴보면 키가 크고 팔다리가 길며 마른 체형은 볼을 왼발 가까이에 놓지만 보통 체형이나 상체가 발달하고 가슴이 두터우며 키가 작은 골퍼들에게는 전혀 해당되지 않는 이론이다. 그럼에도 불구하고 처음 골프를 시작하면서 이러한 내용을 분별 없이 받아들여 처음부터 골프를 어렵게 느끼는 것이다. 그립도 마찬가지이다. TV나 비디오, 모든 레슨 교습서에서 보여 주고 있는 〈사진 1〉과 같은 모양을 따라 하고 있는 것이야말로 골프에 첫발을 딛는 골퍼들에게는 비극이 아닐 수 없다. 골프 클럽을 쥐고 휘둘러야 하는 몸의 부분이 오직 두 손뿐이어서 그립을 올바로 하느냐 못하느냐 하는 것은 골프의 전부를 올바로 할 수 있느냐 없느냐를 결정하게 된다.

또한, 처음 골프를 시작한 사람들을 더욱 어렵고 당황하게 만드는 것은 골프를 잘 알지 못하는 번역가들이 글자 그대로 직역한 외국 레슨 교습서나 비디오들이다. 책이나 비디오에서 전하는 내용들이 우리들의 체격 조건에 맞지 않는 것은 물론, 번역한 내용이 반대의 의미로 전해진 것들이 너무나 많기 때문이다. 예를 들어 친 업하라, 왼팔을 뻗어라, 머리를 움직이지 마라, 오른팔을 쓰지 마라, 오른팔을 붙여라 등의 내용들은 심지어 요즘 미국 코치들이 쓴 골프 교습서에서도 '잘못된 정보' 라는 뜻인 'Misconceptions', 'Wrong informations' 으로 다루고 있을 정도이다.

이 책의 궁극적인 목적은?

골프가 원래 어려운 스포츠는 분명 아니다. 또 골프가 어렵다고
느끼는 골퍼를 봐도 그들의 어떤 내재적인 기술 부족 때문인 것도
아니다. 이유는 대부분의 골퍼가 자신의 체형과 맞지 않는
이상적인 스윙을 따라 해 보려고 노력하거나 체형에 맞는 스윙
형태를 제대로 찾지 못해, 자신의 골프 잠재력을 최대한 발휘하지
못하여 스윙의 약점은 더욱 강조되고 장점은 오히려 희석되어
버렸기 때문이라고 본다.
그래서 그런 골퍼들의 고민을 덜어 주고, 나아가 골프의 매력에 푹
빠져 큰 기쁨을 느끼는 이들에게는 골프로 더 즐거운 시간을 가질
수 있도록 하는 것이 이 책을 쓴 궁극적인 목적이다. 이를 위해서
골프 스윙의 한 부분 한 부분을 분석하고, 스윙을 각각의 상황이나
체형에 맞게 기술적으로 설명하고자 했다. 이런 노력을 통해
독자들이 골프라는 스포츠를 전체적으로 올바르게 이해하고,
즐거운 게임으로서 필요한 내용들을 알 수 있으면 한다. 더불어
보다 전문적인 골프의 세계로 나가기 위한 이들에게는
필수적으로 알아야 할 골프만이 가진 특수한 움직임 등을 모아서
정리했다.
많은 골프 애호가들에게 더 이상 스트레스나 몸의 고통을 안겨
주는 고민 덩어리로서의 골프가 아닌, 정신적으로 위안을 주고
건강에 도움이 되는 스포츠가 될 수 있도록 길잡이 역할을 하는
것이 이 책의 진정한 목적이다.

Introduction

반대로 하는 골프의 의미

초보자가 스윙을 처음 배우기 시작할 때, 무작정 볼을 치면서 연습하는 것은 좋은 방법이 아니다. 간단하게나마 골프 클럽에 대한 기능을 배우고 클럽이 어떻게 운용이 되어서 정지되어 있는 볼을 날아가게 하고 또 방향성과 스피드, 즉 파워, 거리를 갖게 하는지를 아는 것이 첫 번째 일이다.

다음, 클럽이 그러한 일을 잘 해낼 수 있도록 자신의 체형에 맞는 스윙을 배워 10~20일 동안 그저 스윙 연습만을 천천히, 느린 속도로 매일 20~30번 정도 해 동작을 근육에 기억시켜 주어야 한다. 골프 클럽의 기능을 모른 채, 연습장에서 잘 치는 사람들만 바라보며 처음부터 볼 치는 연습을 하게 되면, 골프 클럽으로 볼을 떠올리는 잘못된 동작부터 근육에 기억시켜 버린다. 이렇게 올바른 스윙과 반대되는 근육 메모리는 골프 스윙을 하는 데 가장 큰 적이 되고, 그 순간부터 정지된 공을 조그마한 클럽 페이스를 통해 공중에 날려 보낸다는 것이 세상에서 가장 어려운 일이 되어버리는 것이다.

골프를 반대로 생각해 보자. 골프란 지면에 정지돼 있는 볼을 공중으로 날리는 운동이다. 정지돼 있다는 것과 공중으로 날아가는 현상은 반대다. 그러나 골프를 처음 접할 때부터 볼을 띄워야겠다는 마음 때문에 클럽을 들어올리는 동작을 한다. 결국 클럽 헤드가 지면에 정지해 있는 볼까지 가지 못하고 볼의 절반 윗부분만 치거나 아예 볼을 건드리지 못하고 그냥 지나가는 경우가 생긴다. 이것을 반대로 생각해, 클럽을 들어올리는 동작〈사진 1〉 대신 클럽 헤드를 지면으로 내리는 동작〈사진 2〉을 해 주어야 볼이 뜨게 된다.

볼이 오른쪽으로 날아가면 골퍼들은 볼을 왼쪽으로 보내기 위해 에임을 왼쪽으로 한다. 왼쪽으로 에임을 하게 되면 볼에 왼쪽에서 오른쪽으로 도는 스핀이 생겨 더 오른쪽으로 가게 된다. 볼을 왼쪽으로 보내기 위해서는 몸의 에임을 더욱 오른쪽으로 해야만 볼이 쉽게 왼쪽으로 가게 된다.

반대로 볼이 왼쪽으로 날아가면 골퍼들은 볼을 오른쪽으로 보내기 위해 에임을 오른쪽으로 한다. 그러면 볼에 오른쪽에서 왼쪽으로 도는 스핀이 생겨 볼이 더 왼쪽으로 가게 된다. 따라서 볼을 오른쪽으로 보내기 위해서는 몸의 에임을 더욱 왼쪽으로 해 주어야 한다. 또, 볼을 왼쪽으로 날아가게 하고 싶으면 지금 하고 있는 볼의 위치보다 스탠스의 오른쪽으로 조금 옮기고, 볼을 오른쪽으로 날려 보내고 싶으면 지금 하고 있는 볼의 위치보다 스탠스의 왼쪽으로 조금 옮겨 놓으면 다운 스윙의 궤도를 조금씩 변화시켜 보내고 싶은 방향대로 볼에 스핀을 주게 된다. 그립을 하는 두 손의 방향도 반대로 하면 된다. 예를 들어 볼을 왼쪽으로 보내고 싶으면 두 손을 오른쪽(시계 방향)으로 돌려 잡으면 되고〈사진 3〉 볼을 오른쪽으로 보내고 싶으면 두 손을 왼쪽(시계 반대 방향) 돌려 잡으면 된다〈사진 4〉.

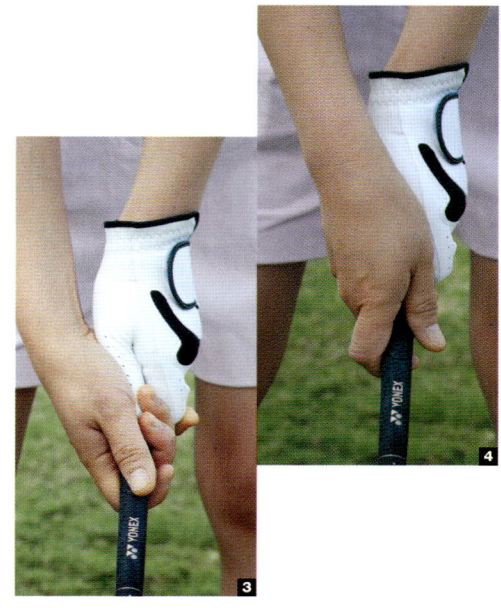

이렇듯 만들고 싶은 현상의 반대의 동작을 해야 골프가 올바로 되는 것은 프리스윙(pre-swing) 과정에서 뿐만 아니라 실제 스윙(in-swing) 과정에서도 마찬가지이다. 예를 들어 백 스윙을 느리게 하고 다운 스윙을 빠르게 하면서 뒤땅 샷에서 벗어나지 못하는 골퍼들이 그것의 반대로 해 보면 금방 다른 결과를 갖게 되는 것을 경험한다. 백 스윙은 빠르게, 다운 스윙의 스타트는 느리게(스무드) 해 보면 임팩트 때 헤드 스피드가 훨씬 빨라진다는 것을 느낄 수 있다는 것이다. 물론 볼에서 처음 클럽이 떠나갈 때(테이크 어웨이)는 스무드하게 해야 클럽이 급하게 들어 올려지지 않아 스윙 플레인을 가파르게 만들지 않는다.
또, 긴 클럽으로 스윙할수록 스윙을 부드럽게, 느리게 해야 한다고 생각하는 골퍼들 역시 반대로, 스윙을 조금 빠르게, 공격적으로 시도해 보자. 긴 클럽은 스윙 스피드를 빠르게 해야만 클럽이 제 역할을 할 수 있다는 것을 곧 깨닫게 될 것이다. 긴 클럽일수록 스윙을 느리게 해서는 오히려 거리가 나지 않는다. 물론 리듬을 지키며 스윙을 해야 하며, 다운 스윙의 스타트를 빠르게, 공격적으로 하는 것은 금물이다.

경제적, 시간적인 낭비를 막기 위한 골프 연습 방법

예전에는 골프를 시간 많은 부르주아들이 즐기는 하나의 신선놀음이라고 생각하며, 골프 이야기를 하거나 골프를 하는 사람을 경멸하는 사람들도 있었다. 또 골프가 무슨 운동이 되느냐며 일반 스포츠와는 다르다는 생각을 갖고 있었다. 골프를 시작해 지금 막 재미를 붙인 사람들 역시 골프를 운동 삼아 한다고 하지만 사실 게임에 대한 스트레스를 더 많이 갖기도 하고, 잘못된 근육의 사용으로 몸에 무리를 가져오게 되어 고통스러워하기도 한다. 또한 골프처럼, 일반 아마추어가 자신이 즐겨 하는 어떤 스포츠 게임을 위해 그렇게 많은 연습 시간과 경제적인 투자를 하는 경우도 없을 것이다. 의사나 교수, 정치인, 사업가들이 국가, 사회, 개인을 위한 생산적인 일에 투자해야 할 시간에 골프 연습장에서 안 되는 골프 샷을 잘 되게 하려고 너무 많은 시간을 투자하는 것을 본다. 이는 개인적, 사회적, 국가적인 큰 손실이다. 예를 들어 '내일 테니스 한 게임 합시다' 또는 '볼링 한 게임 합시다' 하고 난 뒤 그 게임을 위해 오늘 그렇게 많은 연습과 준비를 하지는 않을 것이다. 그러나 골프 게임을 약속해 놓고는 그 전날 '몸을 풀어야 한다', '샷을 잡아야 한다' 하며 연습장으로 달려가 연습 볼을 쳐대기 시작한다. 어떤 사람들은 3~4바스켓의 볼을 치고도 샷을 잡지 못했다고 불안해한다. 너무 많은 연습으로 근육이 피곤하고 지치게 되어 오히려 스윙을 망가뜨려서 필드에 나가 공을 잘 맞출 수나 있을까 하는 걱정까지 한다. 이렇게 많은 시간과 정열, 돈을 투자해도 나에게 행복함이나 만족함을 가져다주지 못하는 골프를 고민덩어리로 안고 있으면서도 막상 떨쳐 버리지 못하는 이유는 어쨌든 재미가 있기 때문이다. 또 어떤 이들에겐 골프 게임의 스코어가 좋든 안 좋든 잔디 위에서 운동을 한다는 것 자체가 너무나 환상적이기 때문이다. 이러한 재미에 좀 더 부가되어, 생활의 스트레스를 풀어 주는 운동, 몸의 건강을 유지하는데 한몫을 차지하는 운동이 되며, 더 나아가 그렇게 많은 시간과, 경제적인 투자를 하지 않아도 일하며 생활하는 데 활력소로서의 역할을 충분히 할 수 있는 운동이면 얼마나 좋을까. 그러나 오랫동안 골프를 즐기면서도 게임이 향상되지 않고 스코어가 계속 좋지 않으면 스트레스를 받게 된다. 또 연습도 매일 하고, 골프 코스에도 자주 가는데 스윙에 대한 생각(swing thoughts)은 점점 복잡해지고 실제 골프장에 가면 볼이 잘 맞지도 않는다. 이러한 때 가장 적합한 'Practice doesn't make perfect' 라는 미국 골프 코치들이 자주 쓰는 문장 하나를 기억하길 바란다. 절대로 연습을 많이 한다 하여, 또 골프 게임을 자주 한다 하여 골프 스코어의 향상이나 골프 스윙이 발전되지는 않는다는 것이다. 실제 코스에서 게임의 향상과 스윙의 발전이 생겨 볼을 잘 맞게 하려면 근본적으로 근육 메모리(muscle memory)가 바뀌어야 한다. 스코어 진전을 위한 올바른 스윙에 대한 이해와 그러한 스윙이 표현될 수 있게 하는 근육 메모리를 쌓아 가야 하는 것이다. 처음에는 올바르지 않은 골프 스윙의 메모리와 혼돈이 일어나지만 올바른 스윙의 메모리를 차근차근, 매일 조금씩 쌓게 되면 그것은 천천히 골프 코스에서 나타나 보이기 시작한다.

이처럼 골프 스윙에 필요한 근육을 기억시켜 주는 것이 골프 스윙의 발전을 가져다주는 것이다. 그저 아무 생각 없이 연습장에서 볼만 쳐대거나, 엉뚱한 이론을 갖고 계속 연습하는

것은 시간을 낭비하는 일일 뿐, 골프 코스에 가서는 그만한 가치를
발휘하지 못한다.
그리고 골프 코스에서는 원래의 리듬이나 스윙으로 아무 생각
없이 볼을 쳐 보는 것이다. 연습한 만큼 실제 볼을 칠 때 조금씩
묻어나오게 된다. 이렇게 하여 자신도 모르게 스윙은 서서히
고쳐지며 스윙의 발전을 갖게 된다.
연습장이나 골프 코스에 투자하는 시간과 정열을 줄여서 개인과
사회, 국가를 위해 쓸 수 있어야 하며, 골프가 잘 안 된다 하여
비싼 골프 장비에 들이는 경제적인 투자 역시 줄여야 한다.
그래서 진정, 올바른 골프 스윙에 필요한 근육의 메모리를 쌓아
주는 연습과 골프 코스에서 쌓인 근육의 메모리가 자동적으로,
자연스럽게 발휘할 수 있는 방법을 이 책에서 소개하고 있다.
물론 연습 때 쌓인 올바른 골프 스윙에 대한 근육의 메모리는 골프
코스에서, 스윙에 대한 생각이나 긴장, 스트레스가 있을 때에는
발휘되지 않으며, 스윙의 어느 부분에 대한 기술적인 생각 없이
편안히, 릴렉스하여 골프 게임을 즐길 때 올바른 스윙을 연습했던
근육의 메모리가 발휘된다는 것을 밝혀 둔다.
또, 스윙의 어느 동작 부분을 올바르게 고치기 위해 볼을 치면서
연습하는 것은 금물이다. 볼을 치면서 스윙을 고치는 것은 거의
불가능하다고 본다. 고치려는 스윙으로 볼을 치게 되면 볼이 맞지
않아 실망되고 자신감마저 없어져 다시 예전 스윙으로 돌아가
볼을 치려 하기 때문이다. 그래서 볼은 치지 말고 각각 한 손으로
클럽에 그립하여, 바꾸려는 스윙의 동작을 천천히하여 근육에
기억시켜야 한다.

책 안에 담지 못한 그 밖의 이야기들

이 책을 출간하면서 가장 아쉬운 점은 왼손잡이 골퍼에 대한
배려를 하지 못한 점이다. 사실 왼쪽, 오른쪽을 나타내는 말
대신에 '목표쪽' 이라는 단어와 '뒤쪽' 이라는 단어를, 왼쪽,
오른손 대신에 '위에 손', '밑에 손' 이라고 쓰는 것이 옳은
것임에도 불구하고 그렇게 하지 못한 것이다. 또한 골프 용어가
모두 영어이기 때문에 우리 나라 말로 모두 번역해 사용하기
힘들었고, 그 의미가 달라질 수 있어 우려 끝에 영어 자체를
사용해서 표현한 점 등은 앞으로 많은 연구와 노력을 투자해
단어의 새로운 개혁 및 개선을 해나가야 할 부분이다. 예를 들어
그립(미국에서도 '홀드' 라는 말로 바꾸기 위해 노력중이다)이라는
말 대신 '갖다 댄다' 라는 말로, '비기너 골퍼' 라는 말 대신
'새로운 골퍼' 로, '틀렸다' 라는 말 대신 '덜 효과적이다' 라는
말로, '코킹' (미국에서는 힌지(hinge)라는 말을 사용한다)이라는
말 대신 '꺾임' 이라는 말로, '다운 스윙' 이라는 단어는 이미
미국에서 포워드 스윙(forward swing)이라고 고쳐 사용하지만
우리는 땅으로 '내리는 스윙' 이라고 바꾸어 사용하도록 많은
계몽을 할 것이다. 마지막으로 이 책에서 부족했던 부분들은 다음
책에서 보여 줄 것을 약속하며, 본 책에서 잘못된 것에는 일침과
조언을, 참고해 도움이 된 부분에는 칭찬과 격려를 부탁한다.

Contents

- **004**   Prologue
- **006**   추천의 글
- **008**   Introduction

Chapter . 1 골프를 반대로 하고 있다

- **022**   골퍼들이 잘못 알고 있는 스윙 이론들
- **026**   오른 손등이 올라와 보이는 그립이 오른손의 강한 그립이다?
- **028**   어드레스 때 핸드 포워드하라?
- **030**   백 스윙 때 친 업하라?
- **032**   볼만 보고 머리를 움직이지 마라?
- **034**   백 스윙을 천천히 하라?
- **036**   백 스윙 때 왼팔을 펴라?
- **038**   백 스윙 때 오른팔을 몸에 붙여라?
- **040**   다운 스윙 때 오른팔을 옆구리에 붙여라?
- **042**   임팩트 순간의 자세를 어드레스 자세와 비슷하게 만들어라?
- **044**   임팩트를 지나며 왼팔을 뻗어 주어라?

Chapter . 2 누구에게나 똑같은 이론을 적용시킬 수는 없다

- **048**   골프 스윙은 개인에 따라 달라야 한다
- **050**   체형에 따라 각자 다른 그립을 잡는다
- **054**   몸에 맞는 에임 방법 알면 스윙이 훨씬 쉬워진다
- **056**   효율적인 셋업, 체형에 맞추어야 한다
- **056**   체형, 스윙에 따라 발의 벌림을 다르게 해야 올바른 스윙을 만들 수 있다
- **058**   키가 크고 마를수록 볼은 타깃 쪽으로 놓아야 한다
- **059**   스탠스의 넓고 좁음은 체형과 스윙에 따라 다르다
- **060**   상체를 좀 더 숙여 주어야 하는 체형들
- **062**   체형에 따른 스윙 노하우
- **062**   모든 사람에게 일률적으로 적용되는 테이크 어웨이의 동작은 없다
- **064**   체형에 따른 손목 코킹의 차이
- **066**   백 스윙 톱에서 오른팔의 모양이 모두 같을 수 없다
- **068**   신체 조건에 맞춘 백 스윙으로 최대의 파워를 갖게 하자
- **069**   최대의 파워와 거리를 낼 수 있게 하는 보통 체형의 백 스윙 노하우

071	보통 체형의 골퍼들이 하는 매직 무브, 다운 스윙의 스타트
072	키가 크고 마른 체형과 뚱뚱하며 유연성이 적은 골퍼의 다운 스윙 스타트
074	보통 체형 골퍼의 이상적인 피니시 모습
075	키가 크고 마른 체형의 골퍼가 갖게 되는 피니시 모습
076	상체 근육이 발달한 골퍼의 피니시 자세
078	**체형별 스윙의 파워 낭비 자세**
078	키가 크지 않고 상체 근육이 발달한 사람의 파워 낭비
080	키가 크고 팔다리가 긴 마른 체형의 파워 낭비
082	보통 체형의 골퍼가 일으킬 수 있는 파워 낭비

Chapter . 3 효과적으로 거리 내는 방법

086	거리를 늘릴 수 있는 비법
086	올바른 어깨 턴을 이루어야 파워를 만들 수 있다
088	파워를 임팩트까지 끌고 내려오는 방법
090	클럽 헤드 스피드, 스윙 스피드 빨라야 거리가 난다
092	리듬, 타이밍, 템포와 스윙 스피드와의 관계
092	스윙 때는 '한가지 스윙 생각만'
094	자신만의 좋은 리듬을 찾아 연습하면 스피드를 가속시킬 수 있다
096	샷의 모든 것이 타이밍에 달려 있다
098	릴리스는 클럽 헤드 스피드를 위한 또 하나의 무기
100	오른손잡이 골퍼는 오른팔의 파워를 이용해야 한다
102	긴 클럽으로 거리 내기
102	티잉 그라운드를 잘 사용하면 20야드는 더 늘릴 수 있다
104	페어웨이 우드로 실수 줄이는 방법
106	롱 아이언 샷을 잘하려면 스윙을 빠르게

Chapter . 4 문제의 샷들과 치유법

110	슬라이스 샷, 3분이면 고칠 수 있다
110	슬라이스 샷을 드로 샷으로!
112	그립, 에임, 볼 포지션으로 3분이면 슬라이스 샷을 고칠 수 있다
114	훅 샷, 강한 왼팔 로테이션 있어야 만들어진다
114	훅 샷이 일어나는 원인과 치료 방법
117	훅이 나는 로 핸디캡 골퍼들의 고민 풀기
118	생크 샷, 다른 골퍼에게 전염된다
120	스카이 샷, 드라이버의 로프트가 커서 생기는 것 아니다

122 뒤땅 샷, 볼의 앞땅을 치면 해결된다
122 뒤땅을 치는 사람들, "볼의 앞땅을 치세요"
124 손목의 코킹 대신 왼쪽 팔꿈치를 더 많이 굽히면 뒤땅
126 토핑 샷, 볼을 띄우려는 생각을 버려야 한다
126 퍼올리는 동작이 문제다
128 토핑 샷의 여러 가지 원인 분석과 치유법

Chapter . 5 골프에 대한 근본적인 이해

132 골프는 중용을 좋아한다
134 골프에서 '스퀘어'가 갖는 의미
138 골프 스윙에 대한 이해
138 골프 클럽과 스윙의 근본적인 이해
140 클럽의 기능을 알아야 골프 스윙을 쉽게 배울 수 있다
142 왼팔 로테이션을 알아야 골프 스윙을 이해할 수 있다
144 팔과 손, 클럽의 움직임을 절제해야 올바른 스윙을 할 수 있다
146 스윙을 하면서 몸의 중심축이 이동한다
148 스윙과 라이 앵글이 맞아야 정확한 샷이 가능하다
150 스윙 능력에 맞는 클럽과 볼을 선택한다
152 스윙 플레인을 알면 골프 스윙을 모두 이해한 것이다
152 스윙 플레인이란?
156 스윙 플레인이 잘못되면?
158 왜 온 플레인으로 해야 하나?
160 스윙 패스와 클럽 페이스가 샷의 종류를 결정한다
160 인사이드와 아웃사이드에 대하여
162 스윙 패스와 클럽 페이스의 조합으로 만들어진 11가지 골프 샷
164 인사이드에 대한 지나친 강조

Chapter . 6 골프 스윙을 올바로 하기 위한 준비 과정

168 골프의 모든 것을 좌우하는 그립
168 그립에 대한 이해
172 그립 때 뒤틀어진 클럽 페이스, 스퀘어로 놓아도 소용없다
174 그립을 내 몸에 맞춰서 잡는다
176 약한 그립이냐 강한 그립이냐에 따라 볼 포지션도 달라져야 한다
178 약한 오른손 그립해야 백 스윙 아크를 넓게 가져갈 수 있다
180 스윙의 성패를 좌우하는 에임

184	**체형에 따른 준비 자세, 셋업**
184	스탠스의 너비가 파워를 좌우한다
186	골프에서 가장 큰 위치를 차지하는 볼 포지션
189	가장 이상적인 몸의 자세
192	몸의 자세와 관련한 몸과 볼 사이의 간격
194	왼발, 오른발의 벌림 모양
198	클럽과 샷의 종류에 따른 몸무게의 배분

Chapter . 7 골프 스윙의 A에서 Z까지

202	**프리샷 루틴에서 피니시까지**
202	프리샷 루틴으로 몸의 긴장을 없애고 스윙의 리듬을 갖는다
204	정지되어 있는 볼을 잘 칠 수 있는 방법
206	무엇이 클럽을 처음 움직이게 하는가
208	클럽과 팔, 몸을 함께 움직여 스윙의 스타트를!
210	백 스윙 때 오른 팔꿈치와 옆구리 사이에 공간을 만들어 주어야 한다
212	백 스윙 때 손목의 코킹은 골프 스윙의 파워를 만드는 근원
214	백 스윙의 ¾ 포지션을 올바르게 만들면 나머지 부분은 일사천리
216	'턴', '돌려라'의 진정한 의미는?
218	'백 스윙할 때 왼발 뒤꿈치를 지면에 고정한다'의 의미는?
220	스웨이 현상이 일어나지 않으면서 스윙하는 방법
222	백 스윙 톱에서 클럽 페이스 꼭 스퀘어 만들지 않아도 된다
224	한국 골퍼들에게 가장 많이 일어나는 역피벗 현상
226	보통 체형의 골퍼들에게 '방향의 전환'이란?
226	다운 스윙의 이상적인 궤도를 만들려면
228	임팩트 전후 팔과 손의 올바른 모양
230	가장 중요한 순간, 임팩트의 진실
232	임팩트를 지나 팔로스루 때의 자세로 전체 스윙을 평가한다
234	피니시 자세 만들어 잘못된 스윙 부분 올바로 고치기

Chapter . 8 응용된 샷과 어려운 상황에서의 샷

- **238** 드로 샷과 페이드 샷을 자유롭게 구사할 수 있는 방법
- **238**   슬라이스 샷도 고쳐 주며 거리를 늘릴 수 있게 해 주는 드로 샷
- **240**   컨트롤하기 좋아 투어 프로들이 좋아하는 페이드 샷
- **242** 어려운 상황에서의 해결책
- **244** 업힐, 다운힐에서의 샷
- **246** 업힐 사이드힐, 다운힐 사이드힐에서의 샷
- **248** 부치 하먼이 강조하는 스윙의 여러 가지
- **248**   부치 하먼이 권하는 연습 방법들
- **249**   부치 하먼이 강조하는 암(arm) 스윙이란?

Chapter . 9 스코어를 쉽게 줄이는 방법

- **252** 쇼트 게임에서 절반 이상의 비중을 갖는 퍼팅
- **252**   퍼터의 올바른 선택
- **254**   퍼팅의 기본 기술
- **259**   퍼팅 스트로크의 노하우
- **260** 쇼트 게임의 가장 기본이 되는 치핑
- **260**   치핑의 기본 테크닉
- **262**   다양한 치핑 기술
- **264**   퍼트 칩 샷과 일반 칩 샷의 차이점
- **266** 올바른 스윙 자세만 갖춘다면 피치 샷의 절반은 성공
- **266**   골프의 예술, 피치 샷
- **268**   피치 샷의 첫 번째 보물
- **270**   피치 샷의 두 번째 보물
- **272**   특수한 피치 샷의 첫 번째
- **274**   특수한 피치 샷의 두 번째
- **276**   디벗 모양으로 알 수 있는 잘못된 피치 샷의 유형
- **278** 두려움 없이 즐기는 벙커 샷
- **278**   벙커 샷을 자신감 있게 할 수 있는 방법
- **282**   벙커 샷을 잘 하기 위한 다양한 연습 방법
- **284**   그린에서 40~500야드 떨어진 벙커에서 탈출하여 깃대에 가까이 가는 방법
- **286**   어려운 라이에서의 벙커 샷
- **288**   그린 주변의 다운힐 라이 벙커 샷

290	자신이 볼과 함께 벙커에 있지 않는 경우
292	벙커 샷을 퍼터로?
294	U자형 스윙과 V자형 스윙의 벙커 샷
296	볼이 모래에 묻혀 있을 때와 달걀노른자 모양으로 파인 모래에 있을 때

Chapter . 10 골프, 이것이 궁금하다 Q & A

300	팔다리가 긴 사람의 발 벌림 모양은?
302	다운 스윙 때 오른 팔꿈치의 위치는?
304	자신에 맞는 스윙 감각을 유지하려면…
306	그린 바로 옆 러프에 있는 볼은 어떻게?
308	페어웨이 우드는 모두 쓸어 쳐야 하는지?
310	벙커 샷의 거리 조절 방법은?
311	토핑·섕크 샷 없이 롱 아이언 잘 하려면?
312	짧은 거리의 벙커 샷을 잘 하려면?
313	드라이버만 치면 슬라이스 샷이 난다
314	백 스윙 때 오른 팔꿈치가 들리는데…
316	다운 스윙은 몸의 어디부터 움직이나?
318	60도 로브 웨지의 올바른 사용법은?
320	스윙하기 전 어떤 동작이 좋은지
322	드라이버만 잡으면 악성 훅이 되는데…
323	클럽을 바꾼 후 훅 샷이 많아졌다면…

Chapter . 11 골프를 위한 준비 및 정리 운동

326	연습, 라운드 전후의 운동과 스트레칭
326	연습과 라운드하기 전후 운동을 해야 하는 이유
327	준비 운동 과정
328	스트레칭의 효과
328	연습과 라운드 전 스트레칭 프로그램
333	정리 운동
334	정확하고 멀리 칠 수 있도록 해 주는 스트레칭 프로그램
336	골프 용어 사전

골프를 반대로 하고 있다

처음 골프를 접하는 사람들을 더욱 어렵고 당황하게 만드는 것이 있는데, 골프에 대한 전문 지식이 없는 번역가들이 외국 교습서를 직역한 책이나 비디오가 바로 그것이다. 대부분 한국 골퍼들의 체형에 맞지 않는 내용을 그대로 싣거나, 심지어 원본의 의미를 반대로 해석해 놓은 것들도 있다. 우리가 잘못 알고 있었던 골프 이론들을 꼼꼼히 짚어 보며, 올바른 골프 스윙에 대해 알아보자.

part 1

Chapter.1 골프를 반대로 하고 있다

골퍼들이 잘못 알고 있는 스윙 이론들

잘못 번역된 외국 골프 책이나 비디오를 보고 골퍼들이 그대로 실행하다 영영 고칠 수 없는 스윙 습관을 갖기도 한다. 어떤 내용들이 잘못된 스윙 이론인지 꼼꼼히 짚어보면서 스윙 자세의 문제점을 찾아 고치도록 한다.

● **잘못된 스윙 이론 알아보기**

첫째, 그립할 때 양팔을 아래로 내려뜨려 손바닥이 자기 몸쪽을 향하는 보통 체형의 골퍼인 경우, 클럽에 왼손을 갖다 댈 때 물건을 잡는 것과 같은 모양〈사진 1〉으로, 손등은 하늘을 향하고 손바닥은 지면을 향한 채 어느 정도의 각을 유지하여 갖다 대는 것이 편안하고 아마추어 골퍼들에게 좋은 중성 그립이나 강한 그립이 된다〈사진 2〉. 그러나 많은 골퍼들은 손바닥을 클럽 샤프트의 그립 부분 밑에 놓고 클럽을 감싸 쥐며 그립한다〈사진 3〉. 이러한 경우 그립을 손바닥 쪽에 많이 쥐게 되고 약한 왼손 그립이 되어 좋지 않다. 대부분의 골프 서적, TV, 비디오에서 이렇게 그립 방법을 보여주는 것이 문제이다.

1. 물건을 잡는 것 같이 왼손을 그립에 갖다 댄다.

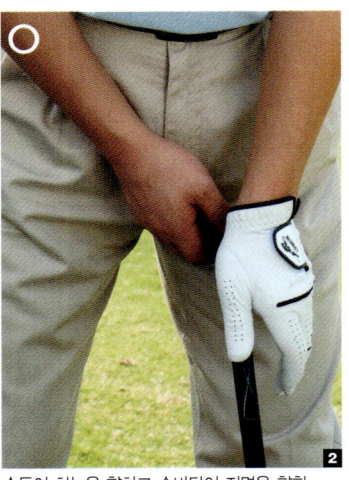
2. 손등이 하늘을 향하고 손바닥이 지면을 향한 상태로 그립에 댄다.

3. 손바닥 위에 그립을 올려 놓으면서 손을 감싸쥐는 자세는 좋지 않다.

기마 자세를 취하려다 무릎에 힘이 들어가며 몸무게가 발뒤꿈치로 치중된 자세.

상체를 앞으로 기울이고 살짝 허벅지를 내밀어 무릎에 탄력을 준 자세.

둘째, '어드레스 때 기마 자세를 취한 듯 몸의 자세를 만들라'고 하는 것도, 백 스윙과 다운 스윙에서 항상 일정하게 몸의 각도(상체가 앞으로 기울어져 만들어진 척추의 각)를 유지하는 데 방해되는 자세이다. 무릎을 굽혀 무릎에 힘이 들어가면 백 스윙이나 임팩트 때에 무릎이 펴져 스윙의 축이 위아래로 움직이게 되며, 또한 몸무게가 발뒤꿈치로 가 있는 모습이 된다〈사진 4〉. 올바른 어드레스 자세는 무릎이 펴 있는 상태에서 엉덩이를 뒤로 빼 상체를 앞으로 기울이고 양쪽 허벅지를 살짝 내밀어 무릎에 가볍게 탄력을 준다. 구부려 앞으로 튀어나온 상태의 무릎과는 다르다.

양발의 가운데 부분에 몸무게를 실어 주어 마치 수영장에서 다이빙을 하기 전의 모습이나 미식축구에서 태클을 하기 위한 자세를 연상하며 스포츠적인 어드레스 자세를 취해야 한다〈사진 5〉.

셋째, '백 스윙을 느리게 하라'는 이론은 실제로 스윙의 리듬, 스피드, 타이밍을 깨뜨리게 되는 큰 원인으로, 잘못 알려진 이론의 대표적인 것이다. 사람의 몸은 굽히면 일어나려 하고 빠르면 다음 동작이 느리게 되려는 자연적인 특성이 있다. 따라서 백 스윙을 할 때 느리게 하면 다운 스윙 때 빨리 내려오려는 움직임이 생겨 막상 볼을 지나갈 때(임팩트) 클럽 헤드의 스피드는 느려진다. 그 결과 거리가 나지 않고 볼의 머리 부분을 때리는 토핑이나 클럽 헤드의 스피드를 잃어버린 뒤땅이 나오기 쉽다.

백 스윙의 테이크 어웨이 부분에서는 클럽을 10~15cm 정도 부드럽고 천천히 가지고 갈 수는 있으나 그 이후 클럽이 올라가면서부터는 스윙이 점점 빨라진다. 그렇게 하면 자동적으로 다운 스윙의 처음 시작은 스윙 템포가 부드러워지며, 스윙이 내려가면서 점점 그 속도가 빨라져 임팩트 때에는 클럽 헤드가 가장 빠른 속도를 가질 수 있게 된다. 이 경우 권장되는 훈련법은 볼에서 10~15cm 직선상 뒤에 큰 볼을 하나 놓고 클럽으로 밀며 테이크 어웨이하면,

큰 볼을 뒤로 물리며 테이크 어웨이 연습을 하면 백 스윙의 톱으로 올라가면서 스피드가 점점 빨라지게 된다.

Chapter. 1 골프를 반대로 하고 있다

뒤에 놓인 볼을 뒤로 물리며 가게 할 수 있다. 이렇게 백 스윙 스타트를 연습하면 백 스윙 때 저크(jerk, 빨리 들어올려지는 현상)도 막을 수 있으며, 백 스윙의 톱으로 올라가면서 스윙의 스피드가 빨라지도록 도와 준다〈사진 6〉.

백 스윙 톱에서 잠깐 멈추었다가 다운 스윙을 시작하라든지, 오른팔을 옆구리에 붙여서 내려오라든지 하는 것은 백 스윙의 속도를 느리게 강조한 나머지 다운 스윙의 시작 또는 다운 스윙 중에 그에 대한 보상 작용(스피드 보상 역할)을 해야만 임팩트 순간 볼을 치는 데 무리가 없기 때문이다. 그렇다고 처음부터 클럽을 갑자기 빨리 들어올려, 부드럽고 가벼운 빠르기의 백 스윙을 망쳐서는 안 된다.

넷째, '백 스윙 때 왼쪽 어깨를 턱 밑으로 넣어라' 라는 말도 한국인에게는 어색한 이론이다. 키가 큰 서양인의 경우 키에 비해 짧은 아이언 클럽을 가지고 웅크리고 어드레스한 골퍼들을 위해 살짝 턱을 앞으로 내밀도록 함으로써 웅크리고 있는 등의 자세를 곧게 펴도록 했다. 그러나 이 이론에 충실한 나머지 턱을 들어 어드레스하고 그 턱 밑으로 왼쪽 어깨를 넣어야 한다는 것〈사진 1〉으로 잘못 오해하여 실제 그렇게 하는 골퍼들이 많이 있다. 이런 경우 얼굴이 들려 스윙 축이 흔들릴 뿐 아니라 백 스윙의 중요한 부분인 어깨 턴에 무리를 주어 올바른 백 스윙을 구사하기 힘들다. 차라리 왼쪽 어깨로 턱을 감싸 주듯이 백 스윙하는 것이 어깨 턴을 쉽고 부드럽게, 충분히 해 줄 수 있는 방법이다〈사진 2〉.

다섯째, '헤드 업을 하지 말고 볼만 보라' 는 말은 10~20년 골프를 즐기는 사람조차도 가장 지키기 어려울 뿐 아니라, 모든 골프의 문제점을 그곳에서 해결하려다 보니 머리를 절대로 움직여서는 안 되는 것처럼 받아들여지고 있다. 그러나 백 스윙 때 머리를 볼에 고정한 채 몸통의 턴이 일어나면 역피벗(reverse pivot) 현상이 일어나 몸무게가 왼쪽에 그대로 남아 있게 된다〈사진 3〉. 또한 다운 스윙 때에도 몸무게가 왼쪽으로 옮겨지지 않아 임팩트 전에 접혀진 오른 팔꿈치가 펴지며 손목의 각(wrist cock)도 펴지게 되어 파워가 사라지며 뒤땅을 치기 쉽

1 턱을 들어 어깨를 그 밑으로 넣으려는 잘못된 자세.
2 왼쪽 어깨로 턱을 감싸주듯이 어깨가 돌려진 자세.
3 백 스윙 때 머리를 볼에 고정하고 몸무게 이전이 이루어지지 않은 잘못된 상태.
4 백 스윙 때 머리를 옆으로 움직여 스윙이 된 상태.

다. 백 스윙 때 머리의 수평 이동은 몸무게를 오른쪽으로 이전하는 데 꼭 필요한 동작이며〈사진 4〉미국의 투어 선수들의 스윙 사진을 자세히 관찰해 보면 머리의 수평 이동은 물론 아주 미세하지만 백 스윙 때 아래로, 임팩트 때 위로의 움직임이 있다는 것을 알 수 있다.

여섯째, '백 스윙에서 왼팔을 펴라' 라는 것도 잘못될 가능성이 많은 스윙 이론이다. 물론 왼팔을 쭉 펴 주면 스윙 반경이 커져서 클럽의 헤드 스피드를 높여 거리를 늘릴 수 있다. 하지만 스윙을 하면서 왼쪽 팔꿈치를 펴는 동작은 누구에게나 가능하지도 않을 뿐더러 억지로 팔꿈치를 펴 주며 백 스윙을 하다 보면〈사진 5〉어깨와 목에 긴장과 압박을 가져와 역으로 스윙의 스피드를 파괴하게 된다. 비록 왼팔을 구부려 백 스윙을 하더라도(물론 임팩트 때는 왼팔을 펴 주어야 한다) 하체를 고정한 채 어깨의 긴장 없이 몸통을 꼬았다가 풀어 주며 스윙의 스피드는 전자의 그것보다 훨씬 빠를 수 있다. 백 스윙 때 어깨 턴의 긴장이 없으며, 리듬과 타이밍도 좋아져 거리를 더 많이 낼 수 있다〈사진 6〉.

일곱째, '그립을 하고 있는 두 손의 힘을 최대한 빼라' 라는 어려운 주문을 한다. 두 손에 악력이 없는 골퍼들은 임팩트 때 클럽이 손에서 흔들릴까봐 자동적으로 손에 힘이 들어가는 것이고〈사진 7〉, 악력이 충분한 사람은 클럽 자체가 회초리 같은 가벼운 물체로 느껴지기 때문에 힘을 주지 않고 잡을 수 있는 것이 자연스러운 이치다. 그립할 때 힘을 빼려고 하는 것보다 두 손의 악력을 키우는 것이 더욱 필요하다. 헤드 스피드가 빠른 임팩트 순간을 맞아도 클럽을 잡는 두 손에 충분한 악력이 있다면 편안한 임팩트 순간을 맞이할 수 있다〈사진 8〉.

여덟째, '오른팔을 쓰지 말고 왼팔로만 스윙하라' 는 말도 오류다. 오른손잡이는 오른손을 쓰는 것이 당연하고 자연스럽다. 왼팔로 스윙하라는 것은 왼쪽의 몸(무릎, 히프, 팔, 어깨의 순서로)이 다운 스윙을 리드하라는 것이지, 왼팔만으로 볼을 치라는 것은 아니다. 몸의 왼쪽 부분이 리드되어 오른쪽 부분이 실제로 볼을 치는 역할을 해야만 올바른 마무리 자세도 나오게 된다. 테니스의 포핸드 스트로크를 연상하면 몸의 오른쪽 부분에 대한 중요성을 이해할 수 있다. 오른손잡이가 라켓으로 볼을 칠 때는 오른손이 역할을 하듯, 볼을 치고 클럽을 던지는 듯한 동작은 어디까지나 오른쪽이 해야 한다〈사진 9〉. 물론 오른손잡이의 경우도 왼쪽 근육이 너무 약하면 스윙 때 몸을 리드하고 지탱하는 힘이 없어 파워 손실이 많으며, 볼의 방향성이 좋지 않게 되는 것은 사실이다.

5 왼팔을 억지로 펴주며 스윙하는 잘못된 자세.
6 왼팔을 살짝 구부려 스윙했을 때 손목이 코킹되면서 어깨가 충분히 턴이 된 스윙 자세.
7 임팩트 때 몸과 팔에 힘이 들어간 상태.
8 편한 상태로 임팩트를 맞는 자세.
9 오른손잡이 골퍼는 오른손으로 볼을 던지는 듯한 느낌으로 스윙이 되어야 한다.

Chapter.1 골프를 반대로 하고 있다

오른 손등이 올라와 보이는 그립이 오른손의 강한 그립이다?

약한 그립, 강한 그립이라는 말은 그립을 잡은 손의 세기(강도)를 표현하는 것이 아니라 파워를 낼 수 있느냐, 스피드를 낼 수 있느냐, 거리를 낼 수 있느냐와 관련하여 그립이 약하다, 그립이 강하다를 표시하는 것이다.

● **그립에 대한 올바른 이해가 아직도 부족하다**

아직도 많은 골퍼들이 그립에 대해 잘못 알고 있다는 것을 알고 놀랐다. 모든 사람들에게 똑같이 왼손, 오른손의 중성 그립이 좋다고 하여 손의 모양이나 체형에 관계없이, 또 스윙의 특성을 고려하지 않은 채 중성 그립할 것을 권유하고 있는 것이다. 파워를 내는 그립이 아닌 퍼팅을 하거나 치핑 때 설명하는 '손바닥을 서로 마주보게 잡아라' 〈사진 1〉라는 말과 그립 잡은 손의 세기를 강하게 만들면서 오른손 그립을 약한 그립으로 만드는 '빨래를 짜듯이 잡아라' 라는 표현이 또한 그렇다. 더욱 잘못된 인식으로는 샤프트의 그립 부분 위에 손가락, 손의 위치를 표시해 주는 그림을 보고 그에 맞추어 그립을 하는 것이다. 사람마다 손가락이나 손의 크기가 다름에도 불구하고 클럽을 만드는 공장에서 모든 클럽에 똑같이 표시해 놓은 모양에 맞추어 그립을 한다는 것은 골프 스윙을 어떻게 하느냐와는 상관없이 손가락이나 손을 다치게 할 수 있다.

또 골프를 10~20년 즐기면서도 오른손을 어떻게 잡아야 강한 그립이고 약한 그립인지를 잘못 알고 있는 골퍼들도 많이 있다. 〈사진 2〉처럼 오른쪽 손등이 눈에 보이며 집게손가락의 마디가 샤프트 위로 보여지게 잡은 모양을 보며 강한 그립이라고 오해를 하는 것이다. 그립이 강하다, 약하다는 의

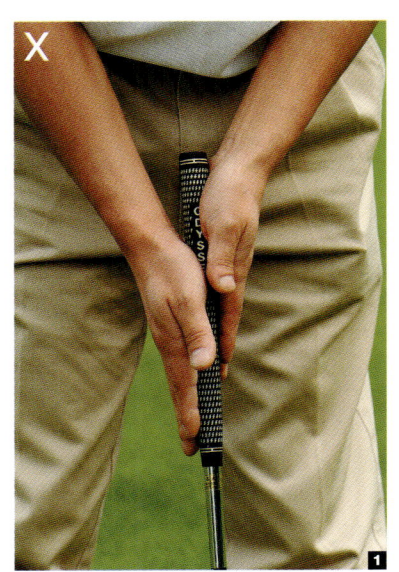

퍼터를 잡을 때와 같이 두 손바닥을 마주보게 하여 잡는 것은 파워를 위한 그립이 아니다.

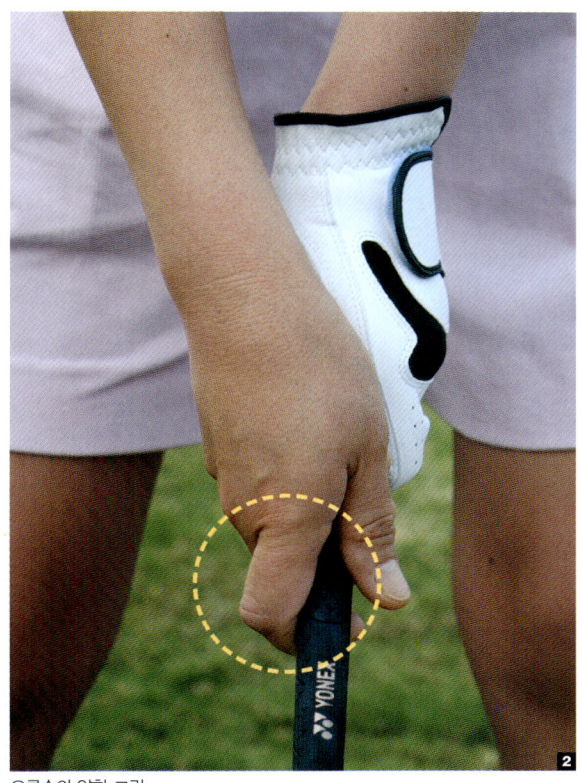

오른손의 약한 그립

오른손의 강한 그립

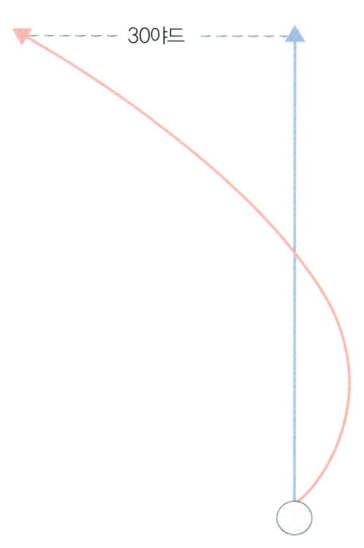

🅐 1cm 정도 시계 방향으로 손을 돌려 강한 그립을 하면 30야드 차이의 거리를 왼쪽으로 휘게 할 수 있다.

미는 손을 얼마나 빨리, 강하게 로테이션하여 클럽 헤드의 스피드를 빠르게 할 수 있느냐의 정도에 따라 결정되는 것이지, 그립을 잡은 강도, 즉 세기(1~10으로 표시)를 표현하는 말이 아니다. 그래서 〈사진 3〉처럼 다운 스윙을 하면서 오른쪽 손바닥의 로테이션이 잘 될 수 있게 손바닥이 눈에 보이게, 오른손 집게손가락의 마디가 샤프트의 밑에 위치하게 잡힌 것을 강한 그립이라고 하는 것이다. 이렇게 강한 그립을 하게 되면 〈사진 4〉처럼 클럽이 닫히기 쉽기 때문에 심하게 슬라이스 또는 푸시 샷이 나는 사람들이 클럽의 로테이션을 느끼기 위해 가끔 이러한 강한 그립으로 연습하기도 한다. 그러나 일반적으로 〈사진 3〉처럼 너무 강한 그립을 취하면 훅 샷을 하거나 뒤땅 샷을 하기 쉽다. 오른손 그립은 중성 그립에서 ½인치 정도 시계 방향으로 손을 돌려 강한 그립을 취하게 될 때 30야드 차이의 거리를 왼쪽으로 휘게 만들 수 있다〈그림 🅐〉.

4 오른손의 강한 그립으로, 임팩트 때 클럽 페이스가 클로즈된다.

Chapter.1 골프를 반대로 하고 있다

어드레스 때 핸드 포워드하라?

어드레스 때 핸드 포워드하면, 몸이 타깃 방향에 오픈되거나 클럽 페이스가 열릴 수 있으며, 테이크 어웨이 때 손목의 코킹이 빨리 일어나 몸과 팔, 클럽의 일체성을 가질 수 없다. 그립을 잡은 두 손은 왼쪽 허벅지 안쪽에서 바지 줄 사이를 벗어나서는 안 된다.

● **임팩트 때 만들어져야 하는 핸드 포워드, 어드레스 때 만드는 것이 아니다**

어드레스 때 손과 클럽의 위치에 대해 궁금해하는 사람들이 많다. 임팩트 때 두 손이 클럽의 헤드보다 앞에 위치해야 토핑 샷이나 뒤땅 샷을 방지할 수 있다고 하여 핸드 포워드(hands forward)하는 연습을 한다. 이러한 내용은 다운 스윙을 하여 임팩트를 지나며 〈사진 1〉처럼 클럽 헤드가 앞서가면서 두 손이 뒤쫓아 클럽 헤드로 볼을 퍼올리듯이(scooping motion) 스윙하는 사람들을 위한 가르침인 것이다. 그런데 이것을 잘못 이해하여, 어드레스에서도 클럽보다 클럽을 잡은 두 손을 더 앞으로 하여 자세를 취하는 사람들이 생각보다 많다. 이러한 사람들의 경우 왼팔과 클럽이 〈사진 2〉처럼 각을 가지게 되는데 이런 자세는 스윙에서 여러 가지 문제를 일으킨다.

클럽 헤드가 앞서가며 두 손이 뒤쫓아가는 모습으로 볼을 퍼올리는 동작이 일어난다.

어드레스 때 핸드 포워드되어 있다.

첫째, 이러한 어드레스 자세를 취하면서 왼쪽 어깨가 열려, 상체가 타깃의 왼쪽으로 오픈된 자세가 된다. 다운 스윙을 하면서 스윙 패스가 아웃사이드에서 인사이드로 만들어져 슬라이스 샷이나 풀 훅 샷을 하게 되는 원인이 된다.

둘째, 클럽을 잡은 두 손을 앞쪽(타깃 쪽)으로 밀면서 클럽 페이스가 열리게 된다.

셋째, 이러한 자세로 어드레스한 사람들의 대부분은 빨리 손목의 코킹을 만들며 백 스윙을 시작하게 된다. 클럽이 급하게 몸쪽으로 백 스윙되어 스윙의 처음 시작부터 몸과 팔, 클럽의 일체감을 잃게 된다.

어드레스 때 팔과 손, 클럽의 올바른 위치는 〈사진 3〉과 같다. 사실, 어떠한 클럽을 사용하든 어떠한 종류의 샷을 하든, 두 손의 위치는 자신의 허벅지 안쪽에서 바지의 가운데 줄 사이에 위치하여야 한다. 쇼트 아이언인 경우에 왼발에 55~60% 몸무게를 배분하게 되면 자동적으로 두 손이 볼보다 앞쪽에 놓이게 된다. 미들 아이언 또는 롱 아이언의 경우 왼발에 50%, 오른발에 50%의 몸무게 배분을 하게 되면 두 손이 볼보다 아주 조금 앞으로 위치하거나 두 손과 볼의 위치가 거의 같은 선상에 놓이게 된다〈사진 4〉. 그러나 〈사진 5〉처럼 3번 우드나 드라이버의 경우는 55% 정도의 몸무게를 오른발에 싣게 되어 두 손이 볼보다 약간 뒤에 위치하게 된다. 특히 드라이버의 경우 〈사진 2〉와 같이 핸드 포워드하여 어드레스하는 것은 옳지 못한 자세다. 또한 어떠한 경우의 어드레스에서도 두 손의 위치가 허벅지 안쪽과 바지 줄 사이에서 벗어나 있어서는 안 된다.

어드레스 때 팔, 손과 클럽의 올바른 위치.

쇼트 아이언이나 미들 아이언의 경우 두 손이 볼보다 약간 앞쪽에 위치한다.

3번 우드나 드라이버의 경우 두 손의 위치가 볼보다 약간 뒤에 있게 된다.

Chapter.1 골프를 반대로 하고 있다

백 스윙 때 친 업하라?

'친 업하라'는 말은 턱을 들어 그 밑에 어깨를 넣어 주라는 의미가 아니고 등을 웅크리고 어드레스하는 서양인들에게 턱을 살짝 앞으로 내밀어 등을 펴게 해 주려는 의도로 사용된 말이다.

● 어깨를 턱 밑으로 넣는 대신 어깨로 턱을 감싸 주어라

우리 나라 남자 골퍼들에게서 자주 볼 수 있는 스윙의 문제점의 하나인 '백 스윙 때 친 업(chin up)하라', '백 스윙 때 어깨를 턱 밑으로 넣어라'라는 이론을 살펴보자. 백 스윙을 망가뜨리는 원인이 되는 올바르지 못한 이론들을 책이나 비디오로부터 자주 접하게 되는 것이 우리 나라 골퍼들의 현실이다. 골프를 처음 접하게 된 미국 사람들 중(특히 키가 크고 마른 체형)에는 자신의 신체에 비해 골프 클럽이 짧은 경우가 많다. 특히 지면에 있는 볼에 클럽 페이스를 갖다 대고 어드레스를 해야 하기 때문에 몸을 숙이고 서 있게 되며 머리를 떨구고 지면에 있는 볼을 내려다 보면서 몸을 웅크리고 긴장된 자세를 하는 사람들이 많이 있다. 이러한 자세를 하게 되면 백 스윙 때 왼쪽 어깨 턴이 자연스럽지 못할 뿐 아니라 스윙을 하는 동안 몸의 중심축이 상하로 움직이게 된다. 이러한 현상을 보고 있는 미국의 몇몇 골프 교사들이 어드레스 자세 때 '친 업'하라는 조언을 하게 된 것이다. 이것이 글자 그대로 '턱을 들어라'라는 말로 번역되어 비디오나 골프 책

A 타이거 우즈도 백 스윙 톱에서는 왼쪽 어깨가 턱을 감싸고 있다.

에 소개되어 있는데, 이를 우선 '턱을 살짝 앞으로 내밀어 주어라' 라고 바꾸어야 한다. 이렇게 턱을 앞으로 살짝 내밀면 등을 웅크리고 굽힌 상태에서 어드레스 자세를 취했던 골퍼들은 척추를 곧게 펼 수 있게 되고, 백 스윙 때 왼쪽 어깨 턴도 잘 할 수 있게 된다. 그런데 문제는 이러한 상황을 거르지 않고 그대로 받아들인 우리 나라 골퍼들의 어드레스 자세와 백 스윙 자세에 있다. 몸의 자세를 자연스럽게 취하고 난 뒤 마지막 단계에서 꼭, 턱을 한두 번씩 쳐들어 보이면서 이 '친 업'하는 자세에 충실하는 것이다. 어드레스 때나 백 스윙 때 턱을 들게 되면 스윙의 중심축인 스터넘(sternum, 흉골)이나 후브(hub, 중추)가 흔들리게 되어 올바른 척추의 각을 만들기 힘들다. 특히 이러한 자세는 목 근육에 긴장감을 가져다 주어 목과 연결된 어깨, 팔, 손, 나아가 온몸이 긴장되어 부드럽고 자연스러운 백 스윙을 할 수 없게 된다. 여기서 불행하게도 왼쪽 어깨 턴이 되지 않는다면 처음부터 올바른 골프 스윙은 기대할 수 없는 상황이 되고 만다. 특히 서양인에 비해 키가 작은 동양인은 골프 클럽이 체격에 비해 긴 편이다. 그러한 상황에서 턱을 들어 어드레스를 하고, 백 스윙 때 턱을 들면서 왼쪽 어깨를 턱 밑으로 가져가면 왼쪽 어깨의 자연스러운 턴을 방해할 뿐 아니라 왼쪽 어깨가 자연스럽게 볼의 뒤쪽으로 움직이지 못하여 두 팔로만 스윙하는 현상이 일어나기도 한다. 나아가 이 때 몸무게가 왼쪽에 그대로 남게 되면 몸의 중심축이 왼쪽으로 기울어지는 역피벗 현상을 낳기도 한다 〈사진 1〉.

몸에 힘이 많이 들어가면 스윙 스피드도 잃게 되고 거리 손실도 당연히 보게된다. 이 세상에 어떤 골프 투어 프로에게서도 일부러 턱을 들어 왼쪽 어깨를 턱 밑으로 넣으며 백 스윙하는 모습은 볼 수 없을 것이다. 특히, 백 스윙 톱에서의 그렉 노먼이나 타이거 우즈의 모습〈그림 A〉을 살펴보면 왼쪽 어깨가 턱을 감싸며 백 스윙되어 있다는 것을 볼 수 있다. 키가 크지 않고 목과 팔이 길지 않은 우리 나라 사람의 경우에는 어드레스 때 턱은 지면을 향해 편안하게 떨어뜨리고 왼쪽 어깨로 턱을 감싸듯이 백 스윙을 해야 한다. 이런 자세로 연습하면 부드럽고 자연스럽게 백 스윙이 절로 되는 놀라운 경험을 할 수 있다.

물론 고개를 너무 숙여서 등이 굽혀진 모양으로 어드레스 자세를 하는 사람들에게는 턱을 살짝 앞으로 내밀어 보게 하여 등을 펴서 어드레스할 수 있게 하지만, 백 스윙을 하는 동안에는 역시 왼쪽 어깨로 턱을 감싸듯이 해 주어야 백 스윙에서 꼭 이루어야 할 충분한 어깨 턴을 부드럽고 자연스럽게 할 수 있다.

억지로 턱 밑에 왼쪽 어깨를 넣는 모습.

Chapter.1 골프를 반대로 하고 있다

볼만 보고 머리를 움직이지 마라?

머리를 움직이지 않고 볼에만 집중하려는 자세가 골프 스윙의 모든 근본적인 문제를 일으킨다. 머리를 전혀 움직이지 않으면 몸무게의 이동이 이뤄지지 않아 스피드를 잃게 되고 역피벗 현상도 일어나게 된다.

● **머리의 움직임은 골프 스윙의 필수**

'볼만 보아라', '머리를 움직이지 마라', '헤드 업 하지 마라' 등 골프를 처음 시작할 때부터 듣기 시작한 이 말들은 10년, 20년이 지난 지금도 매일 듣는 소리다.

또 볼이 잘 안 맞으면 스스로 "아, 볼을 못 봤다", "이 헤드 업이 문제야" 하고 말하며 '볼만 보고 머리를 들지 말아야지' 하는 결심을 누차 하게 된다. 하지만 이 모든 말들은 골프를 제대로 칠 수 없게 만드는 그릇된 생각들이며 그 예를 캘러웨이 골프 클럽의 광고 모델이었던 한 골퍼에게서 찾을 수 있다. 태어나면서부터 시각 장애인이었던 그는 당연히 볼을 한 번도 볼 수 없었지만, 골프를 배운 지 3년 만에 80대의 스코어를 만들 수 있었고, 캘러웨이 클럽의 대표 모델이 될 수 있었다. 그의 이야기는 샷의 실수가 볼을 보지 않았기 때문이라고 매번 질책받는 사람들에게는 이해가 안 가는 쇼킹한 이야기일 것이다. 결국 실수 샷과 볼을 보고 안 보고는 아무 연관이 없다는 의미다. 그러니 내 마음속에 어떤 고정관념이 자리잡고 있다 해도 한 번쯤 '볼만 봐야지' 하는 생각을 버리고 아무 생각 없이 스윙하여 볼을 쳐 보는 시도가 필요하다. 확실히 다른 차이를 발견하게 될 것이다.

〈사진 1〉을 보면 어드레스 때보다 백 스윙 때 머리가 오른쪽으로 움직인 것을 볼 수 있고 〈사진 2〉를 보면 임팩트를 지나 피니시에서는 머리가 타깃 방향으로 상당히 움직여 간 것을 볼 수 있다. 이렇게 머리를 움직이면서 다이내믹하게 스윙하는 모습을 상상하며 자유롭게 머리를 움직여 스윙해 보자. 느낌이 어떻게 다른가?

몸을 움직이면서 하는 어떠한 운동도 머리를 움직이지 않는 운동은 없다. 〈사진 3〉처럼 머리를 움직이지 않고 골프 스윙을 한다면 몸무게 이동이 이루어지지 않아 파워, 즉 스피드를 잃게 되는 원인이 될 뿐 아니라 몸의 중심축이 오른쪽으로 이동했다가 왼쪽으로 이동하지 못하

어드레스 때의 머리 위치보다 백 스윙 톱에서 머리 위치가 오른쪽으로 이동한 것을 알 수 있다.

피니시에서는 어드레스 때나 임팩트 때보다 머리의 위치가 타깃 방향으로 많이 나아가 있다.

게 된다. 몸무게가 백 스윙 때는 왼쪽에, 다운 스윙 때는 오른쪽에 기울어 남게 되는 역피벗 현상까지 일어나 허리 부상의 원인이 되기도 한다. 어떤 골프 프로의 동작을 살펴봐도 머리를 움직이지 않고 골프 스윙을 하는 프로는 없다.

골프 스윙을 할 때 머리가 좌우로 움직이는 것은 필수이며, 아주 미세하지만 백 스윙을 할 경우 조금 아래로, 다운 스윙을 하여 임팩트를 지날 때는 약간 위로 움직인다는 것은 이미 여러 연구를 통해 증명된 사실이다. 물론 골프는 테니스나 야구, 탁구 등과 같이 움직여 날아오는 볼에 기구를 갖다 대는 스포츠와는 달리 정지되어 있는 볼을 클럽으로 스윙하여 날려보내는 것이기 때문에 머리를 너무 많이 좌우 또는 위아래로 움직이게 되면 골프 클럽의 페이스에 정확히 볼을 맞추기 힘들다.

그래서 위아래로 너무 많이 움직여 스윙하여 뒤땅 샷이나 토핑 샷을 자주 하는 사람들은 '헤드 업 하지 말아야지' 또는 '볼만 봐야지' 하는 각오 대신 히프로부터 숙여진 상체의 척추 각을 스윙 내내 유지해야 한다는 생각을 하며 연습하는 것이 더 좋은 방법이다.

또, 좌우로 머리를 이동하는 것은 필수적이지만 너무 많이 이동해 볼이 뜨지 않게 되거나 토핑 샷이 자주 일어나는 사람에게는 백 스윙 때 2~10cm 정도 머리를 타깃의 반대 방향으로 움직여 가고, 다운 스윙에서 임팩트로 갈 때는 머리를 뒤에 그대로 남겨 둔 채 배꼽의 위치를 7~13cm 타깃 방향으로 움직여 가는 스윙을 훈련하는 것이 골프의 올바른 스윙을 익히는 길이라 하겠다.

머리를 움직이지 않고 스윙하면 몸무게의 이동이 이뤄지지 않아 스피드가 떨어진다.

Chapter.1 골프를 반대로 하고 있다

백 스윙을 천천히 하라?

백 스윙을 천천히 하면 다운 스윙 스타트의 움직임이 빠르게 되어 매직 무브도 일어나지 않으며, 임팩트 때 클럽 헤드의 스피드를 갖지 못하게 되어 뒤땅 샷을 치게 된다.

● **테이크 어웨이는 스무드하게, 이후의 백 스윙은 점점 빠르게**

많은 사람들이 아직도 백 스윙을 느리게 해야 하는 것으로 잘못 알고 있는 것이 사실이다. 골프 볼이 잘못 맞아 토핑이 나거나 뒤땅을 치게 되면 심지어 옆에서 게임을 함께 하던 친구가 "백 스윙이 빨라. 백 스윙을 좀 천천히 해 봐" 하는 조언까지 한다. 본인 역시 "스윙이 빨랐어" 하는 혼잣말을 중얼거리기도 한다. 과연 합당한 조언일까?

우선 '백 스윙을 천천히 하라' 라는 말은 테이크 어웨이에서 클럽이 볼로부터 떠나가기 시작할 때 너무 빨리 들어올리며 스윙이 스타트되면, 백 스윙의 플레인이 가파르게 되고 스윙의 전체적인 리듬이 깨질 우려가 있어 클럽을 부드럽게 움직이라는 뜻이다〈사진 1〉.

그러나 백 스윙 전체를 느리게 해야 하는 줄 알고 그렇게 습관이 들어, 아예 백 스윙을 빠르게 하면 리듬이나 템포가 깨져 타이밍을 맞추지 못하는 사람들도 있다. 그러나 백 스윙을 느리게 하여 볼을 치면서도 뒤땅 샷이 빈번하고, 토핑 샷도 자주 일어나는 경우가 많아 볼을 견고하게(solid) 친다는 것이 어렵다는 것도 알고 있다. 그래서 백 스윙을 느리게 했을 때 볼을 잘 콘택트하려면 다운 스윙을 하면서 어떠한 스윙의 조작이 일어나지 않으면 안 된다. 결국 스윙이 간결하지 못하고 점점 복잡해진다. 골프도 하나의 스포츠이므로 스포츠의 생명인 스피드를 생각지 않고는 궁극적으로 즐길 수 없는 것이다. 느리게 한다는 말은 이미 스피드를 깨뜨리는 말로 골프 스윙 전체를 느리게 만들 수 있다. 스윙 전체 스피드가 빠른 사람의 임팩트 순간 클럽 헤드 스피드가 빠르게 되는 것은 물론이고 거리도 더 많이 난다. 특히 테이크 어웨이를 지나 백 스윙 톱으로 올라가면서 스피드를 내 주어야 다운 스윙의 스타트 때 자동적으로 부드러운 매직 무브(magic move, 손에 쥐고 있는 볼을 던지려 할 때 톱에서 다운하면서 일어나는 움직임)가 일어나게 된다. 즉, 백 스윙 톱에서 다운 스윙을 시작할 때의 움직

1 부드럽게 테이크 어웨이한 후 백 스윙 톱으로 가면서 점점 빨라져야 한다.

임은 마치 손에 볼을 쥐고 손을 뒤로 가지고 갔다가 볼을 던지려고 하는 모습이나 쥐불놀이 할 때 깡통의 줄을 돌리는 동작과도 같은 것이다. 백 스윙 위로 올라가면서 템포를 느리게 하면 다음 동작인 다운 스윙의 스타트가 자동적으로 빨라져 이러한 매직 무브는 일어나지 못하게 될 뿐 아니라 손목의 코킹도 빨리 풀어지게 된다. 또한 스윙에서 가장 중요한 스피드를 다운 스윙 시작 때 다 손실하고 말아 스피드가 없는 임팩트를 맞게 되어 결국 거리의 손실이 대단히 많게 된다. 이 모든 것의 결과는 뒤땅 샷이다.

올바른 것은 테이크 어웨이 부분에서 클럽을 10~15cm 정도 부드럽고 천천히 가져가고 클럽이 위로 올라가면서는 스윙이 점점 빨라져야 하는 것이다. 그러면 이제까지 백 스윙을 느리게 하던 사람은 어떻게 고칠 수 있을 것인지 방법을 소개한다.

클럽을 한 손에 쥐고, 테이크 어웨이를 부드럽게 하여 클럽 샤프트가 위로 올라가면서 휙 소리가 나게 한다. 또, 다운 스윙을 하여 임팩트를 지나며 휙 소리를 내야 한다. 여기에서 중요한 것은 백 스윙에서 클럽 샤프트가 허리를 지나며 올라갈 때 휙 소리가 나게 해 줌으로써 백 스윙의 스피드를 느끼는 것이다. 이어서 자동적으로 다운 스윙의 스타트가 부드럽게 매직 무브를 일으키게 되면, 임팩트로 가면서 자연스럽게 점차 스피드가 빨라지게 된다는 것을 알게 된다〈사진 2〉.

백 스윙하여 클럽이 올라가면서 휙 소리가 나야 하며, 다운 스윙 시작을 부드럽게 하여 임팩트를 지나며 다시 휙 소리가 나야 한다.

Chapter. 1 골프를 반대로 하고 있다

백 스윙 때 왼팔을 펴라?

왼 팔꿈치를 펴서 스윙하려다 보면 오히려 백 스윙에서 필수적인 어깨 턴을 할 수 없게 되어 스윙 스피드를 잃게 되고, 상체가 굳어져 스윙을 망치거나 팔에 부상을 줄 수 있다.

● **백 스윙 때 왼팔을 구부려도 손목 코킹과 어깨 턴에 지장 없으면 OK**

골프는 왼쪽 두뇌보다 오른쪽 두뇌 발달이 더 좋은 서양 사람들이 만들어낸 스포츠다. 테니스, 야구, 스쿼시, 라켓볼과 마찬가지로 클럽이나 기구를 사용하는 운동은 다운 스윙을 시작할 때 몸의 왼쪽이 움직임을 이끈다. 그런데 많은 동양 사람은 왼쪽 두뇌가 더 발달돼 있기 때문에 몸의 오른쪽이 다른 동작에 앞서 움직이려 한다. 이 때문에 골프를 잘하기 위해서는 왼발, 왼 무릎, 왼쪽 히프, 왼손, 왼팔, 왼쪽 어깨 등의 움직임이 좋아야 한다. 그뿐 아니라 왼쪽 부분 근육을 강화하는 연습이나 훈련도 함께 해야 한다.

그래서인지 골프에서는 왼팔을 지나칠 정도로 강조하고 있다. 어떤 골프 마니아들은 일상 생활에서도 오른팔이나 손 대신 왼팔, 왼손을 사용해 근육을 강하게 만들려는 열성까지 보이고 있다. 물론 효과가 있는 노력이다.

'백 스윙 때 왼팔을 펴야 한다'라는 것은 올바른 이론이며 좋은 이야기다. 왼팔을 곧게 펴주면 백 스윙 때 골프 클럽 헤드가 그리는 원의 크기가 왼팔이 구부러져 스윙하는 것보다 커져 헤드 스피드가 빨라지게 된다.

기차의 큰 바퀴(바깥 바퀴)가 작은 바퀴(안쪽 바퀴)보다 더 빨리 돌아가는 원리와 같은 것이다. 그런데 모든 사람이 이렇게 백 스윙의 톱으로 가면서 왼팔이 그대로 펴 있는 상태를 유지

왼팔을 억지로 펴서 백 스윙하려다 목에 긴장이 오고 자연스러운 어깨 턴을 막아 역피벗 현상까지 일으킨 자세.

왼쪽 팔꿈치는 약간 구부러져 있으나 어깨의 자연스러운 턴으로 편하게 보인다.

할 수 있는 것은 아니다. 어쩌면 왼 팔꿈치를 조금 구부려 스윙해서 헤드 스피드를 더 빠르게 할 수 있는 사람이 더 많을지 모른다. 〈사진 1〉처럼 '왼팔을 펴야 거리를 낼 수 있다' 는 중압감에 왼 팔꿈치를 억지로 펴서 백 스윙을 하려다 보면 왼쪽 어깨의 회전이라는 중요한 움직임을 상실하게 된다. 왼팔을 펴서 얻으려 했던 파워보다 왼쪽 어깨가 볼에서 오른쪽 방향으로의 이동이 없게 돼 오히려 파워를 잃게 되는 경우가 더 많아진다. 왼 팔꿈치가 곧게 펴지지 않기 때문에 거리가 짧다고 고민하는 프로는 없다. 오히려 왼팔을 억지로 펴서 백 스윙할 때 팔꿈치에 무리를 주게 되고, 목에 긴장을 가져와 자연스러운 어깨의 턴을 막으며, 상체의 긴장을 가져와 스윙을 망치거나 팔에 부상을 일으키게 된다. 대신 〈사진 2〉처럼 왼 팔꿈치의 긴장을 풀고 조금 구부려 스윙한다고 생각하며 샷을 해보자. 오히려 백 스윙 때 가장 중요한 부분인 왼쪽 어깨의 회전이 쉽게 이뤄지며 클럽 헤드의 스피드가 증가해 거리가 늘어날 것이다. 그러나 왼 손목 코킹 힘이 부족해 그 대신 왼 팔꿈치를 너무 많이 구부려 스윙하게 되면 뒤땅이나 토핑 샷을 일으키기 쉽다는 점은 유의해야 한다.

Chapter.1 골프를 반대로 하고 있다

백 스윙 때 오른팔을 몸에 붙여라?

어떠한 체형의 골퍼도 백 스윙 때는 오른팔을 옆구리에서 떨어뜨려 스윙해야 한다. 이렇게 해야 몸이 편안하게 스윙될 수 있으며 스윙 곡선이 넓어지면서 클럽 헤드 스피드도 빨라지게 된다.

● **백 스윙 때 오른팔을 몸통에서 떨어뜨려야 스윙 아크가 넓어진다**

언제부터인가 보기 플레이어 이상인 골퍼들이 많이 듣는 이론이 있다. '다운 스윙을 할 때 오른팔을 옆구리에 붙여서 내려 오라' 는 것이다. 그 말이 심지어 '오른팔을 몸에 붙여서 백 스윙을 하라' 라는 말로 잘못 이해된 사례를 보았다.

백 스윙 때 '치킨 윙 엘보(chicken wing elbow)', '플라잉 엘보(flying elbow)' 라고 하여 오른쪽 팔꿈치가 지면을 향하는 대신 자신의 몸 뒤쪽을 향하게 되면 백 스윙 플레인을 가파르게 만들고 백 스윙 톱에서 클럽 페이스를 오픈시켜 다운 스윙할 때 심하게 인사이드에서 아웃사이드의 스윙 궤도를 갖게 하는 원인이 된다. 따라서 이 같은 동작이 좋지 않다고 하여 치킨 윙 엘보가 되는 오른쪽 팔꿈치를 원망하며 "난 팔이 다른 사람들과 좀 다르게, 이상하게 생겼나 봐" 하는 이야기까지 한다. 그래서 백 스윙 때 오른쪽 팔꿈치가 너무 많이 들려 거의 하늘 쪽으로 향하게 되는 사람들은 골프 스윙의 위험성을 느끼고 그것을 고치려고 헤드 커버를 겨드랑이에 끼우고 연습하는 것을 많이 보았다. 이것은 좋은 방법이다. 그러나 이것을 잘못 이해하거나 너무 과장되게 생각하여 〈사진 1〉처럼 오른팔을 겨드랑이에 붙이고, 오른쪽 팔꿈치를 옆구리에 붙여서 백 스윙 연습을 하는 것은 골프 스윙을 망가뜨리는 원인이 된다. 백 스윙 톱으로 가면서 오른쪽 팔꿈치는 반드시 몸에서 떨어져 스윙되어야 스윙 아크가 더 커지게 되며 거리는 그에 따라 늘어난다는 것은 너무나 명백한 이치다. 마치 공을 던지기 위해 공을 쥔 오른손을 뒤로 물리는 것과 같은 자세〈사진 3〉로 자연스럽게 오른팔이 몸에서 떨어져야 볼을 잘 던질 수 있

오른팔을 몸에 붙여 백 스윙하는 모습.

오른팔을 몸에서 떨어뜨려 백 스윙하는 모습.

오른손에 볼을 쥐고 던지려 할 때 오른팔이 몸에서 떨어져야 하는 것처럼 백 스윙 때 오른팔의 자연스러운 자세를 가져야 한다.

는, 곧 골프 클럽을 던져 줄 수 있는 듯한 자세를 가질 수 있는 것이다. 이 때 오른팔을 몸에서 떨어뜨려 백 스윙해 나갈 때 백 스윙 톱에 오르면 〈사진 2〉처럼 오른쪽 팔꿈치가 지면을 향하고, 접혀진 오른쪽 팔꿈치로 인해 만들어진 팔의 각도가 90도를 이루면 가장 이상적인 포지션이 된다. 그러나 어느 골퍼에게든 이 같은 완벽한 모양을 강조하여 훈련시킬 수는 없는 것이다. 상체가 두텁고 뚱뚱한 사람, 팔이 굵고 짧은 사람들은 90도보다 각이 작게 만들어지며 약간 치킨 윙 엘보가 돼야 스윙이 자연스러울 수 있다.

잭 니클라우스, 어니 엘스, 프레드 커플스의 백 스윙 톱에서의 자세를 자세히 살펴보면 오른쪽 팔꿈치가 심하진 않지만 약간의 치킨 윙 엘보되어 있다는 것을 알 수 있다. 이들에게 오른팔을 접어서 오른 팔꿈치가 완벽하게 지면을 향하게 하고, 그 각을 90도로 만들게 강요했다면 지금 이렇게 세계적인 선수로 명성을 얻지 못했을지도 모른다. 일반적인 골퍼들이 오른팔의 치킨 윙 엘보로 인한 스윙에 대해 고민하기보다는 백 스윙 때 오른팔과 팔꿈치를 몸에서 떨어뜨리고 볼을 던지기 위해 손을 뒤로 물리는 모양을 상상하며 자연스럽게 스윙하는 것이 바람직하다. 또한 골퍼들이 가장 선호하는 비거리 늘림에 길잡이가 될 것이다.

다운 스윙 때 오른팔을 옆구리에 붙여라?

다운 스윙 때 오른팔을 몸에 붙이는 것을 너무 강조하다 보면 푸시 슬라이스 샷이나 섕크 샷을 만들기도 한다. 백 스윙에서는 오른팔을 몸에서 떨어뜨리고, 다운 스윙 때는 골퍼들의 체형에 따라 오른팔을 붙여 내려갈 수도, 그렇지 않을 수도 있다.

● 오른팔을 옆구리에 붙이는 동작을 강조하면 보통 체형의 골퍼들에게는 문제가 생긴다

다운 스윙 때 오른팔을 옆구리에 붙여서 내려오게 하면 오른쪽 어깨가 먼저 다운 스윙을 시작하지 않을 뿐 아니라, 다운 스윙의 길을 인사이드에서 시작할 수 있다. 또 키가 크고 마른 체형의 골퍼들은 오른팔을 옆구리에 붙여서 내려오는 다운 스윙 동작을 할 때, 오른쪽 히프를 목표 방향으로 이전하게 된다. 상체의 근육이 발달한 골퍼들도 다운 스윙 때 오른팔을 옆구리에 붙여 주고 상체를 회전시키면 팔보다 더 큰 근육인 몸통의 움직임이 스윙을 주도한다는 것을 알게 된다.

그러나, 여기서 오른팔을 옆구리에 붙이는 동작을 너무 강조한 나머지 왼쪽 히프는 이미 턴이 되었는데 클럽이 아직 몸통을 따라 오지 못하고 있는 모양을 이루게 되는 경우가〈사진 1〉생기게 된다. 그래서 다운 스윙의 궤도(swing path)가 안쪽에서 바깥쪽으로 되며 임팩트 때 클럽 페이스가 열려서 푸시 슬라이스 샷을 연발하게 된다. 이때 클럽의 호젤(hosel, 골프 클럽의 샤프트와 헤드를 붙인 부분)에 볼이 맞으면 섕크가 나기도 한다.

이렇게 다운 스윙 때 오른 팔꿈치를 옆구리에 붙여 스윙을 하다가 문제가 생긴 골퍼들은 하체의 움직임과 함께 팔과 손을 빠르게 스윙해 나가는 연습을 해야 한다. 스탠스를 취할 때 왼발을 이렇게 벌려( ) 놓지 말고 닫아( ) 놓는다. 그리고 두 발을 모으고 두 팔과 손으로 스윙하여 팔의 스피드를 늘려 주어야 한다.

1 다운 스윙 때 오른팔을 지나치게 옆구리에 붙여서 내려오면 왼쪽 히프는 이미 턴이 되어 있는데, 두 팔과 클럽이 몸을 따라오지 못하여 문제 샷을 유발시킨다.

2 오른팔을 옆구리에 붙여 백 스윙하는 잘못된 자세.

3 오른팔이 몸에서 떨어져 백 스윙된 자세.

그런데 다운 스윙 때 오른팔을 옆구리에 붙여서 내려오라는 말을 잘못 이해하여 백 스윙을 하면서도 오른팔을 겨드랑이에 붙여 스윙 자세를 취하는 골퍼들도 있다〈사진 2〉. 그래서 때로는 오른쪽 겨드랑이에 헤드 커버를 끼우고 백 스윙을 하기도 한다. 이런 연습은 백 스윙 때 오른쪽 팔꿈치가 위로 지나치게 들려 마치 닭날개 같은 팔꿈치 모양을 하여 스윙하는 사람들을 위한 것이다. 오른쪽 겨드랑이에 헤드 커버를 끼우고 백 스윙하는 동안 헤드 커버가 떨어지지 않게 연습하면 오른쪽 팔꿈치가 하늘로 들려지는 것을 막을 수 있다. 그러나 이러한 스윙 자세를 가진 골퍼들을 제외하고는 백 스윙 때는 오른팔을 몸에서 떨어뜨려야만 스윙의 너비, 높이가 이루어져 파워의 근원인 넓은 아크 (width of arc, 스윙의 중심으로부터 만들어진 스윙의 반지름)와 긴 아크 (length of arc, 백 스윙과 다운 스윙 때 만들어진 스윙의 총 길이)를 가질 수 있다. 또한 그렇게 해주어야 다운 스윙 때 오른팔을 몸에 붙여서 내려올 수 있는 공간을 미리 만들게 되는 것이다〈사진 3〉. 오른팔을 몸통에 붙여서 백 스윙을 한 사람은 다운 스윙 때 오히려 오른팔을 옆구리에 붙여서 내려올 수 있는 공간이 없게 되어 다운 스윙의 길을 바깥쪽에서 시작할 수 있다.

Chapter.1 골프를 반대로 하고 있다

임팩트 순간의 자세를 어드레스 자세와 비슷하게 만들어라?

아마추어 골퍼들은 임팩트 자세가 어드레스와 비슷하게 되면서 어깨와 히프의 턴이 이루어지지 않은 채 임팩트 순간을 맞는 잘못을 범하고 있다. 클럽 페이스의 스퀘어를 제외하곤 임팩트 자세와 어드레스 자세의 모양은 전혀 다르다.

● **어드레스 자세와 임팩트 자세는 전혀 다르다**

많은 사람들이 아직도 임팩트 순간의 자세가 어드레스 자세와 비슷하다고 생각한다. 그래서 이러한 사람들이 임팩트 순간의 자세를 근육에 기억시키려고 느린 동작으로 다운 스윙을 연습 할 때 클럽 페이스를 타깃 방향에 스퀘어하게 만들며, 히프와 어깨도 모두 타깃에 평행하게 만들어 놓고 임팩트 모습을 연출한다.

그러나 사실 임팩트 순간의 자세는 클럽 페이스가 스퀘어되어 있다는 것 외에는 어드레스 때와 같은 모양은 전혀 없다. 머리의 위치도 어드레스 때의 자세보다 타깃의 반대 방향에 더 기울어져 있고, 클럽을 잡은 왼손의 모양도 어드레스 자세보다 손등이 타깃 방향으로 더 돌아가 손목이 바깥쪽으로 약간 활처럼 구부려져 있다. 오른손의 모양도 어드레스 자세보다 타깃 방향으로 조금 더 돌아가 있고, 손목이 커핑 상태를 유지하고 있다〈사진 1〉. 〈사진 2〉

임팩트 순간 그립을 잡은 양손의 모양.

어드레스 때 그립을 잡은 양손의 모양.

A 임팩트 때 클럽 샤프트의 위치가 어드레스 때의 샤프트 위치보다 약간 위에 위치하게 된다.

B 바이런 넬슨의 임팩트 때 히프와 어깨 턴의 정도.

C 벤 호겐의 임팩트 때 히프와 어깨 턴의 정도.

는 어드레스 때 그립을 잡은 양손의 모양이고, 〈사진 1〉은 임팩트 순간의 그립을 잡은 양손의 모양이다.

많은 톱 플레이어들은 임팩트 순간 클럽 샤프트의 위치가 어드레스 때의 샤프트 위치보다 약간 가파르게 위로 세워져 있는데 이는 특히 드라이버 샷을 할 때 나타나는 현상이다〈그림 A〉. 특히 임팩트 자세는 어드레스 자세와는 달리 히프와 어깨의 턴이 되어 있어야 한다.

보통 아마추어들의 임팩트 순간 자세를 살펴보면 히프의 턴이 충분히 이루어지지 않으며, 어깨의 턴은 거의 없다. 〈그림 B C〉에서 골프 역사의 신화를 낳았던 바이런 넬슨과 벤 호겐의 임팩트 순간의 모습을 살펴보자. 임팩트 순간에 어깨는 타깃 라인에 5~10도 정도 오픈되어 턴이 되어 있으며, 히프는 타깃 라인에 30~45도 오픈되어 있는 것을 볼 수 있다. 특히 주목할 것은 타깃의 반대 방향에 서 있는 사람이 그들의 두 엉덩이가 다 보일 정도로 히프의 턴이 많이 되어 있다는 사실이다. 그런데 많은 아마추어 플레이어들의 임팩트 순간은 히프의 턴이 충분히 되지 않고 어드레스 자세와 비슷하게 되어 있다. 그 결과 어깨도 타깃 방향으로 턴이 전혀 이루어지지 않은 채 임팩트 순간을 맞게 된다. 심지어 어깨의 턴이 히프의 턴보다 더 많이 되어 있는 사람들은 두 손과 두 팔, 어깨의 움직임이 다운 스윙을 주도하고 있는 모습으로, 하체의 리드에 의해 어깨의 움직임이 따라가 준다는 느낌은 가질 수 없다.

반드시 다운 스윙의 스타트는 하체의 리드에 의해, 그 중에서도 가장 큰 근육인 히프의 움직임에 의해 이루어져야 한다. 따라서 임팩트 순간에는 히프의 뒷 모습이 $\frac{1}{3}$ 이상 보일 정도로 턴되어야 하며 그에 의해 어깨의 턴도 따라가게 된다.

Chapter.1 골프를 반대로 하고 있다

임팩트를 지나며 왼팔을 뻗어 주어라?

임팩트 때 왼팔을 잡아당겨 볼을 왼쪽으로 보내려 하거나 볼을 띄우려는 동작은 옳지 않다. 또 임팩트를 지나 왼팔을 억지로 뻗어 주려는 동작 역시 좋지 않다. 팔로스루를 지나며 올바른 왼팔 로테이션 및 왼팔을 접어 주며 나아가는 동작을 만드는 것이 더 시급하다.

● **왼팔을 빨리 접는 연습을 하면 슬라이스를 줄이고 거리를 늘릴 수 있다**

왼쪽 팔꿈치를 약간 구부려 백 스윙을 하면 팔과 어깨의 긴장이 완화되어 몸통 턴을 자유롭게 할 수 있다는 점은 좋다. 그러나 백 스윙 때 왼쪽 손목을 코킹할 수 있는 힘이 부족하여 왼쪽 팔꿈치를 너무 많이 구부리면서 스윙하는 사람은 다운 스윙 초기에 구부러진 왼쪽 팔꿈치가 펴지면서 클럽 헤드를 너무 일찍 땅에 떨어뜨리는 '캐스팅(casting)' 또는 '얼리 릴리스(early release)'가 되는 현상이 일어난다. 이 경우 임팩트 순간 헤드 스피드를 잃게 되며, 뒤땅 샷, 토핑 샷을 일으키는 원인이 된다. 그런데 왼 팔꿈치가 구부러져 백 스윙이 되어도, 임팩트 때는 왼팔이 펴져 있어야 하기 때문에 임팩트 순간 왼팔을 뻗어 주라고 강조한다. 그래서 임팩트를 지나 초기 팔로

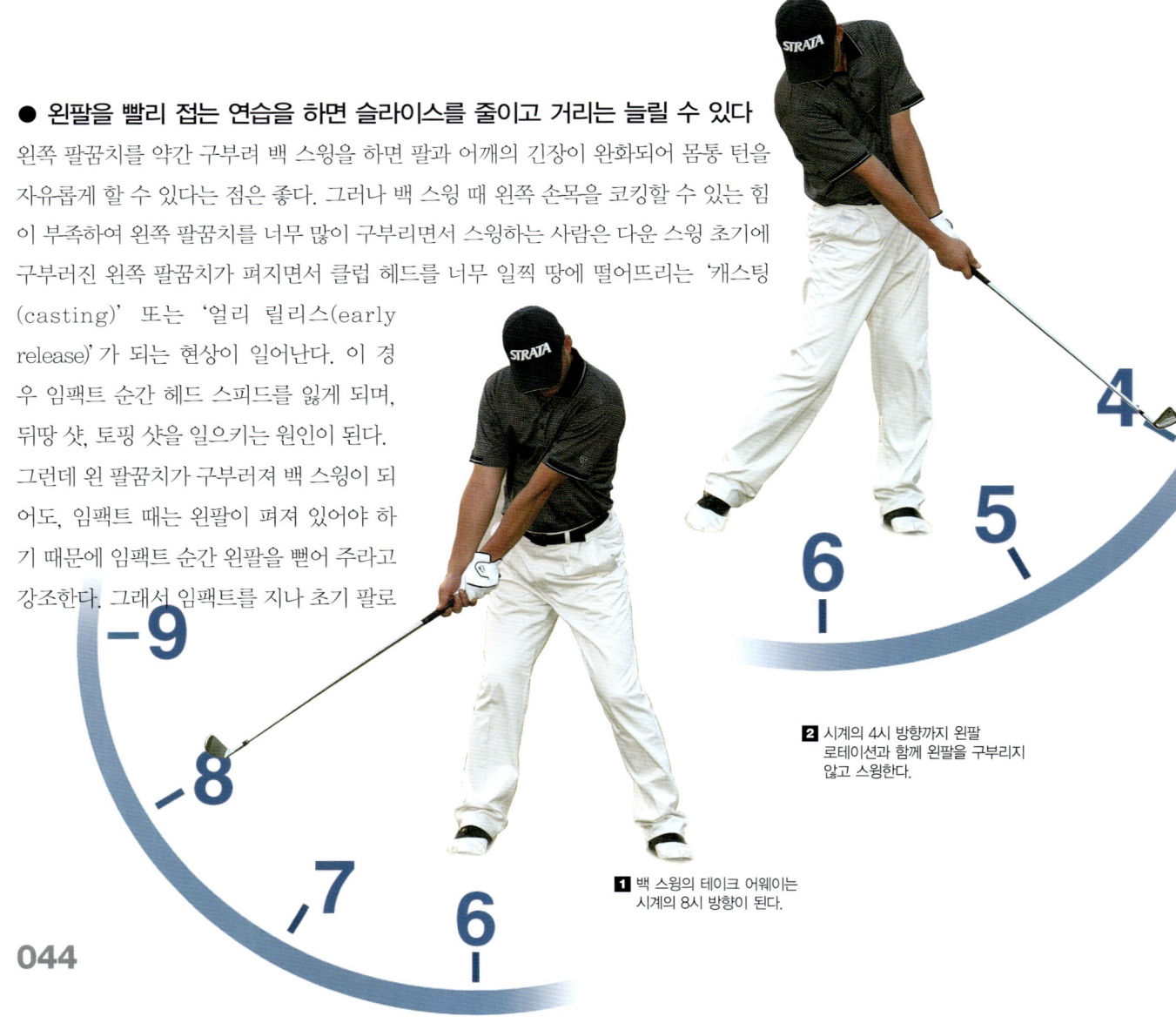

1 백 스윙의 테이크 어웨이는 시계의 8시 방향이 된다.

2 시계의 4시 방향까지 왼팔 로테이션과 함께 왼팔을 구부리지 않고 스윙한다.

임팩트를 지나서 계속 왼팔을 뻗어주게 되면 왼팔의 로테이션 없이 클럽 페이스가 열리고 클럽이 타깃 라인 안쪽으로 들어오지 못하게 된다.

스루 포지션(〈사진 1〉처럼 백 스윙의 테이크 어웨이 포지션을 8시 방향, 초기 팔로스루 포지션을 4시 방향이라고 가정한다) 4시 방향까지는 왼쪽 팔꿈치의 구부림 없이 왼팔 회전과 함께 왼팔이 곧게 뻗어 나간다〈사진 2〉. 물론 이 때 왼손 손등의 손목 꺾임은 없다. 그러나 그 이후 포지션부터는 오른팔, 오른쪽 어깨, 몸의 오른쪽 부분 근육이 사용되어 왼팔이나 왼손의 작용은 수동적이게 된다.

그런데 다운 스윙 때, 특히 임팩트를 지나며 왼팔을 뻗어 주면서 나가야 한다는 강조 때문에 〈사진 3〉처럼 왼손 손등의 손목 부분이 꺾이진 않았지만 왼팔·손, 클럽의 회전 없이 임팩트를 지나 팔로스루가 4시 방향을 넘어 3시, 2시 방향까지도 왼팔을 뻗어 나가게 되면 스윙에 큰 문제점을 가져오게 된다.

즉, 임팩트를 지나 초기 팔로스루를 할 때 클럽 페이스가 조금씩 닫히면서 나가야 함에도 불구하고 왼팔을 뻗어 주는 압박으로 왼팔 회전이 되지 않아 클럽 페이스가 그대로 열려 나가게 된다. 특히 임팩트를 지나 초기 팔로스루하면서 클럽이 타깃 라인 안쪽으로 들어오는 인사이드 스윙 패스를 만들지 못하게 된다. 이러한 스윙을 반복하게 되면 클럽의 회전이 일어나지 못해 헤드 스피드가 줄고 클럽 페이스가 열려 슬라이스 문제에서 벗어날 수 없게 된다. 그래서 왼팔을 뻗어서 스윙하려는 대신 초기 팔로스루, 즉 4시 포지션을 지나면서 왼쪽 팔꿈치를 빨리 접어 주는 연습을 해야 한다. 그러면 두 팔이 들어올려지면서 클럽을 등에 메고 있는 듯한 피니시 자세보다는 두 팔을 낮추어 피니시하는 모습〈사진 4〉이 된다. 이러한 훈련은 클럽 헤드 스피드를 보다 빠르게 만들어 거리가 늘어나며, 클럽 페이스, 왼손, 왼팔, 나아가 몸통을 회전할 수 있는 기회를 주어 슬라이스 샷에 대한 고민도 덜게 된다.

4 팔로스루를 지나며 왼팔을 접어서 스윙하여 만들어진 낮은 피니시 자세.

누구에게나 똑같은 이론을 적용시킬 수는 없다

골프 자체가 원래 어렵거나 일반 골퍼들의 내재적인 기술 부족 때문에 힘든 것은 아니다. 대부분 골퍼들이 자신의 체형에 맞지 않는 모델형 스윙을 따라 하거나 체형에 맞는 스윙 형태를 제대로 찾지 못해서 자신이 가진 골프 잠재력을 최대한 발휘하지 못하고 있을 뿐이다. 결국 자신의 약점은 더욱 강조되고 장점은 오히려 희석되어 버리는 상태가 되는 것이다. 자신의 체형에 꼭 맞는 스윙을 배워 효과적인 골프 스윙을 만들자.

part 2

Chapter. 2 누구에게나 똑같은 이론을 적용시킬 수는 없다

골프 스윙은 개인에 따라 달라야 한다

키가 크고 마른 체형의 골퍼에게는 마술이 되는 스윙 동작을 전혀 다른 체형의 골퍼가 그대로 따라하게 되면 비극이 될 수도 있다. 즉, 자신의 체형에 맞는 골프 스윙을 제대로 알고 연습해야 한다.

누군가에게는 좋은 결과를 가져다준 마술 같은 골프 스윙. 하지만 이런 골프 스윙이 다른 사람에겐 비극이 될 수도 있다. 많은 사람들이 찾아와 "골프를 시작한 지 2년 또는 3년도 채 못되어 혼자 배운 실력으로 스코어가 80대에 돌입하여 가끔 싱글 스코어를 만들기도 했는데, 요즈음 갑자기 스윙이 망가져 버렸습니다. 그 전에 스윙을 어떻게 했는지조차 생각나지 않고 스윙 감각을 다 잃어버린 것 같아요. 곧 골프 토너먼트가 있는데 당장 적용시킬 수 있는 몇 가지 힌트라도 알려 주세요"라고 다급한 상황을 호소한다.

이런 문제를 가지고 있는 이들 대부분은 골프를 시작하면서 나름대로의 스윙을 반복, 연습하여 시행착오를 거쳐 자신의 체격에 적합한 스윙을 발견하면서 실력이 늘게 된다. 나아가 2년, 3년 후에는 골프에 더욱 흥미를 갖게 되고, 골프 스윙 이론에 조금씩 관심이 높아져 서적, 잡지, 비디오 등을 본다든지 신문의 칼럼들을 읽으며 많은 새로운 지식을 습득하게 된다. 그리고 이러한 매체를 통해 얻은 골프의 이론이나 지식을 실제 자신의 선생으로 알고 열심히 따라 연습하며 새로운 스윙을 배운다.

그런데 여기서 짚고 넘어가야 할 것은 데이빗 레드베터, 부치 하먼, 짐 멕클레인, 릭 스미스, 행크 헤니 등 유명 프로 선수를 가르친 골프 교사들의 가르침을 모아 놓은 교습서나 비디오 등은 미국 사람 중에서 대부분 키가 크고 마른 체형의 유명 투어 프로들을 대상으로 한 골프 스윙의 모델형에 맞는 이론일 뿐, 하나하나의 개인적인 특성이나 신체적인 조건을 반영하지 않은 것들이 대부분이라는 것이다. 따라서 이러한 정보들을 맹목적으로 믿고 따르지만 정작 자신의 체형과 맞지 않는 스윙을 연습, 반복하고 있는 것이 현실인 것이다.

다운 스윙을 하면서 오른팔을 오른쪽 옆구리에 붙여 내려오는 어니 엘스의 스윙 모습.

A

이러한 문제로 시간이 갈수록 샷은 매끄럽지 않게 되고 게임도 엉망이 되어 버린다. 이렇게 되면 마음이 상한 나머지 골프 장비 탓을 한다든지, 심지어는 골프를 그만두어야 할 것 같다는 좌절까지 하게 된다. 자신의 체형과 맞지 않은 스윙을 하는 실례를 살펴보도록 하자. 키가 작고 상체 근육이 발달한 사람이 백 스윙을 하면서 〈사진 1〉처럼 상체를 옆으로 스웨이하며 자연스럽게 클럽을 넓게 가져가며 잘 하던 스윙을, 키가 크고 마른 체형의 타이거 우즈나 데이비스 러브 3세의 스윙을 흉내내며 백 스윙을 길고 높게 가져가려는 시도를 하게 되면, 왼쪽 팔꿈치가 심하게 구부러지게 되거나 오른쪽 팔꿈치가 하늘로 향하며 닭 날개처럼 위로 들려지는 스윙이 된다. 즉, 자신의 체형에 맞는 자연스러운 스윙을 잃어버리면서 볼을 잘 칠 수 없는 상황이 된다.

키가 작고 상체의 근육이 발달한 사람의 경우 백 스윙 때 상체를 옆으로 스웨이하며 자연스럽게 클럽을 넓게 가져가는 스윙이 좋다.

키가 크고 마른 체형의 경우 백 스윙 때 팔이 높이 올려져 오른팔과 오른쪽 옆구리 사이에 충분한 공간을 갖게 된다.

또 볼의 위치는 클럽의 길이가 길어질수록 왼발 가까이에 놓아야 한다는 일반적인 설명을 듣고 키가 작고 상체의 근육이 발달한 사람이 볼을 왼발 쪽에 가까이 놓고 스윙을 하면 슬라이스가 일어나 볼을 잘 칠 수 없는 상황이 만들어진다. 이런 체형은 오른발 쪽에 가까이 놓아야 스윙이 쉽게 이루어진다. 즉, 볼이 똑바로 갈 수 있었던 자연스러운 이치를 갑자기 바꾼 것이 원인이 될 것이다. 손목의 코킹이나 몸의 코일 현상으로 에너지를 얻어야 하는 보통 체형의 골퍼들이 어니 엘스나 프레드 커플스, 톰 레이만같이 키가 크고 팔다리가 길며 상체의 근육이 발달한 골퍼들의 백 스윙〈사진 2〉이나 오른팔을 오른쪽 옆구리에 붙여서 내려오는 다운 스윙〈그림 A〉을 흉내내어 오랜 시간 동안 연습해도 결국 자신의 체형과는 맞지 않는 스윙이라는 결론에 도달하게 된다.

Chapter. 2 누구에게나 똑같은 이론을 적용시킬 수는 없다

체형에 따라 각자 다른 그립을 잡는다

키가 크고 마른 체형이나 키가 작고 상체의 근육이 발달한 골퍼들은 오른손 그립을 약하게 잡아야 백 스윙 때 스윙 아크가 넓어진다. 이처럼 체형에 따라 그립 잡는 방법도 제각각 달라야 한다.

그립은 각자의 손 모양, 손바닥의 두께, 손가락의 길고 짧음, 약지의 모양, 엄지의 길고 짧음 등에 따라 천태만상으로 다르게 잡을 수 있다. 나의 손 모양과 전혀 다른 타이거 우즈의 그립 모양을 흉내내어 똑같이 할 수 없으며 비디오나 골프 레슨 교본에 나오는 가장 이상적인 그립이라고 하는 중성 그립을 내가 똑같이 따라 할 수 없는 것이다. 이는 나의 손 모양이 그들의 손 모양과 같지 않기 때문이다. 중성 그립으로 하느냐 약한 그립, 강한 그립으로 하느냐 하는 것은 각 개인마다의 신체 구조, 스윙, 손의 모양에 따라 다르게 취해질 수 있는 것이지 누구에게나 일률적으로 중성 그립을 권할 수는 없다. 자신에게 맞는 좋은 그립은 스윙에서 필요한 근육을 원하는 대로 움직일 수 있게 해 주며, 자신의 몸에 맞지 않는 그립은 필요치 않는 근육을 사용하도록 만들어 자연스러운 스윙을 방해하게 된다. 왼손 그립을 강한 그립으로 취하여 이상적인 스윙을 하고 있는 프레드 커플스의 그립을 중성 그립으로 바꿀 것을 권했다면 지금까지 그렇게 명성이 높은 선수로 남지 못했을 것이다.

그래서 자신에게 어떤 그립이 가장 자연스러운 그립인지 스스로 점검해 볼 수 있는 방법을 소개한다. 일반적

왼손의 강한 그립 – 왼손의 로테이션을 도와 주어 클럽 헤드 스피드를 갖게 해준다. 키가 작고 상체가 발달한 골퍼의 왼손 그립 방법이다.

왼손의 중성 그립 - 보통 체형이나 키가 크고 마른 체형의 골퍼가 하는 왼손 그립 방법이다.

왼손의 약한 그립 - 왼손의 로테이션을 하기 힘들며 슬라이스 샷의 원인이 되기도 한다.

으로, 두 팔을 편하게 떨어뜨린 차렷 자세를 한 상태에서 두 손바닥 면이 자신이 서 있는 뒷방향이면 왼손 그립을 강한 그립〈사진 1〉으로, 두 손바닥 면이 자신의 몸 방향 쪽으로 향하고 있으면 중성 그립〈사진 2〉을, 두 손바닥 면이 자신이 서 있는 앞쪽으로 향하고 있으면 약한 그립〈사진 3〉을 해야만 그립을 잡은 왼손이 편안하며 손에 무리를 주지 않는다. 왼손의 강한 그립이나 중성 그립은 왼팔의 회전을 도와 주고 골프 스윙에서 가장 중요한 클럽 헤드 스피드를 빠르게 만들어 준다.

그러나 왼손 그립을 약한 그립으로 잡을 수밖에 없는 노인이나 손바닥이 앞을 향하고 있는 사람인 경우, 억지로 손을 돌려서 이상적이라고 하는 중성 그립이나 강한 그립으로 바꾸려고 하면 손과 팔뚝에, 나아가 어깨에까지 긴장을 주어 자연스러운 스윙을 할 수 없게 된다. 심지어는 몸을 다칠 수도 있다.

오른손의 그립은 사람의 체형, 스윙의 형태, 샷의 종류에 따라 조금씩 다르지만 손바닥이 목표와 마주보게〈사진 4〉 잡는 것을 기본으로 한다.

보통 체격을 가진 사람인 경우 왼손 그립은 중성 그립 내지 강한 그립으로 잡으면서, 오른손

Chapter. 2 누구에게나 똑같은 이론을 적용시킬 수는 없다

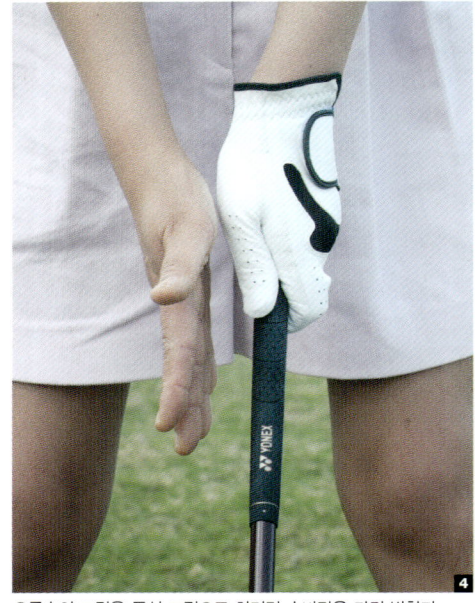
오른손의 그립을 중성 그립으로 하려면 손바닥을 타깃 방향과 마주보게 한 후 그립에 갖다 대야 한다.

보통 체형의 골퍼에게는 오른손 중성 그립이 적당하다.

키가 크고 마른 체형의 골퍼나 키가 작고 상체가 발달한 골퍼들은 오른손 약한 그립이 좋다.

오른손의 강한 그립은 스윙 아크를 좁게 만들고 백 스윙 때 클럽 페이스를 패닝(fanning)하여 오픈시키기 쉽다.

그립은 손바닥을 목표와 마주보게 하여 잡는 중성 그립이 이상적이다(〈사진 5〉 : 오른손을 중성 그립으로 잡으면 오른손 집게손가락의 마디가 클럽의 샤프트의 옆면에 위치하게 된다). 또 키가 작고 뚱뚱한 체격을 가진 경우, 손가락이 굵고 유연성이 떨어지기 때문에 왼손 그립은 강하게, 오른손은 손바닥이 클럽 샤프트 위로 살짝 올라 와 있는 것 같은 약한 그립으로 잡는 것(〈사진 6〉 : 오른손을 약한 그립으로 잡으면 오른손 집게손가락의 마디가 클럽

샤프트 위로 살짝 올라와 보인다)이 손목의 코킹을 도와 주며 체형에 맞는 너비의 스윙을 하게 해준다. 키가 크고 마른 체형인 경우, 왼손은 중성 그립 내지 강한 그립을 권한다. 오른손 그립은 중성 그립 또는 약한 그립도 좋다〈사진 6〉. 참고로 오른손의 강한 그립은 〈사진 7〉과 같이 오른손 바닥이 살짝 샤프트의 아래로 위치하여 집게손가락의 손가락 마디가 클럽 샤프트 아래로 위치하게 되는 모양으로 스윙 아크를 좁게 만들 수 있다.

Chapter. 2 누구에게나 똑같은 이론을 적용시킬 수는 없다

몸에 맞는 에임 방법 알면
스윙이 훨씬 쉬워진다

보통 체형 골퍼의 경우 어깨와 히프를 타깃 방향에 평행하도록 하는 것이 중요하다.
그러나 키가 크고 마른 체형의 골퍼는 양 발꿈치 선이 타깃 라인에 클로즈되게 하고 상체 근육이
발달한 골퍼들은 몸 전체를 타깃 방향에 클로즈한다.

에임(aim)이란 클럽 페이스를 타깃 라인에 직각으로, 몸 전체를 타깃 라인에 평행하게 정렬하는 것이라고 간단하게 말할 수 있다. 하지만 이 간단한 말은 골프의 프리스윙(그립, 에임, 셋업) 중에서 가장 어려우며, 골프를 시작하여 3~5년 또는 그 이상의 시간이 지나도 잘 되지 않는 것에 속한다. 골프를 막 시작한 사람이나 오랫동안 골프를 해온 사람들 모두, 에임을 잘못하면 불규칙적인 스윙 플레인과 스윙 궤도를 만들게 되어 일정한 샷을 구사할 수 없게 된다. 연습장에서는 볼이 똑바로 잘 날아가는 것 같은데 실제 골프 코스에 가서는 볼이 잘 맞지 않고 보내고자 하는 방향대로 가주지 않는다면 그 원인은 대부분 실제 코스에 가서 타깃 방향과 몸을 정렬하는 에임을 잘못한 경우에 있다. 즉, 에임을 올바르게 할 수 있을 때 골프 스윙의 발전과 골프 게임의 향상이 이루어질 수 있다. 또 반복해서 일정하게 연습하면 올바른 스윙을 할 수 있게 해주는 역할을 하기도 한다.
연습장에서 스탠스나 볼의 위치, 몸의 자세, 몸무게의 배분

키가 크고 마른 체형의 몸의 정렬 : 히프와
발뒤꿈치 선이 타깃의 방향에 클로즈되어 있다. 1

키가 작고 상체가 발달한 골퍼의 몸의 정렬 : 양 발선, 히프, 어깨가 타깃 방향에 클로즈하다.

등은 점검을 하면서 스윙을 연습하지만, 에임에 대해서는 거의 생각지 않고 한 지점만을 향해서 볼을 쳐대는 습관을 지금부터라도 고쳐 주어야 골프 코스에 나가 몸 전체를 볼이 날아가야 할 방향의 선(타깃 라인)에 평행하게 세워 줄 수 있는 능력이 보다 빨리 생길 수 있다. 한 샷, 한 샷 연습할 때마다 몸 전체, 즉 어깨, 히프, 무릎, 양발 등을 볼이 날아가야 할 타깃 라인에 평행하게 만들고 클럽 페이스를 타깃 라인에 직각으로 하여 에임하는 습관을 가져야 한다. 그 후에 에임 방법 역시 각 개인의 신체적 특징에 따라 차이가 있다는 것을 참고하여 자신의 체형에 맞게 적용하면 스윙을 좀 더 쉽고 효과적으로 할 수 있다. 보통 체형을 갖춘 사람은 타깃 방향과 몸을 평행하게 만드는 과정에서 히프와 어깨를 타깃 방향과 평행하게 하는 것이 가장 중요하다. 어드레스 때 히프를 오픈하거나 클로즈하면 백 스윙에서 히프의 회전이 너무 적게 일어나거나(어드레스 때 왼쪽 히프가 오픈되어 있을 경우), 너무 많이 회전된다(어드레스 때 왼쪽 히프가 클로즈되어 있을 경우). 그래서 임팩트 시점에 히프가 너무 많이 목표의 왼쪽으로 열려 있게 되거나(어드레스 때 왼쪽 히프가 오픈되어 있을 경우) 히프가 임팩트 시점에 미처 턴이 되지 못하는 현상(어드레스 때 왼쪽 히프가 클로즈되어 있을 경우)이 일어나게 된다. 어드레스 때 히프를 타깃 방향에 평행하게 해야만 백 스윙과 다운 스윙 때 히프 턴을 적절하게 조절할 수 있다. 어깨를 오픈하거나 클로즈하면 다운 스윙의 궤도가 바깥쪽에서 안쪽으로 되거나(어드레스 때 어깨가 오픈되어 있는 경우) 지나치게 안쪽에서 바깥쪽(어드레스 때 어깨가 클로즈되어 있는 경우)으로 되기 쉽다. 팔이 길고 키가 크며 마른 체형을 가진 사람의 몸의 정렬은 어깨와 무릎, 양 엄지발가락을 타깃에 평행하게 만들어야 한다. 하지만 히프는 타깃 라인의 오른쪽으로 향하게 하여 약간 클로즈시켜야 한다. 다운 스윙 때 긴 양 팔이 내려오는 속도와 맞추어, 백 스윙 때 턴이 많이 되었던 히프(어드레스 때 왼쪽 히프를 클로즈시켰기 때문)를 다시 돌려 주는 시간과 맞출 수 있어 타이밍이 좋은 임팩트 순간을 가질 수 있기 때문이다. 이 때 클럽 페이스는 어깨와 양 발가락 선에는 직각을 이루게 되나 히프와 발뒤꿈치 선에는 약간 클로즈된다〈사진 ①〉. 상체가 뚱뚱하며 근육의 힘을 이용하는 골퍼의 경우 우선 클럽 페이스를 타깃에 직각으로 하고 몸을 타깃에 평행하게 해놓은 다음, 클럽 페이스는 타깃 방향에 직각 그대로 유지하면서 오른발을 왼발보다 조금 뒤쪽으로 빼서 타깃 라인에 클로즈(타깃의 오른쪽 방향으로 서는 것)시키고, 히프와 어깨도 약간씩 클로즈시켜 몸을 정렬해야 한다〈사진 ②〉. 그래야 백 스윙 때 몸통, 어깨, 히프의 턴을 자유롭게 할 수 있으며 다운 스윙 때에는 오른쪽 팔꿈치를 몸통에 밀착시켜 클럽을 타깃 라인의 안쪽에서 움직이기 쉽다.

Chapter. 2 누구에게나 똑같은 이론을 적용시킬 수는 없다

효율적인 셋업, 체형에 맞추어야 한다

발의 벌림, 볼 위치, 스탠스, 몸의 자세 등은 각 체형에 따라, 스윙에 따라
달라진다. 자신의 체형에서 할 수 있는 가장 효과적인 방법으로 최대의 에너지를
낼 수 있는 셋업 방법을 익힌다.

● **체형, 스윙에 따라 발의 벌림을 다르게 해야 올바른 스윙을 만들 수 있다**

골프 스윙을 하기 전 몸의 자세를 만드는 것을 프리스윙이라고 하는데 여기에는 그립(grip), 에임(aim), 셋업(set-up) 등이 있으며 셋업에는 볼의 위치, 스탠스, 몸의 자세, 몸무게의 배분, 몸과 볼과의 거리, 발의 벌림 등이 포함되어 있다. 이 중 발의 벌림에 대해 알아보자.
일반적으로, 유연성이 부족하여 백 스윙 때 어깨 턴, 히프 턴이 잘 안되는 사람의 오른발 벌림을 이러한( ) 모양으로 하도록 하며, 다운 스윙 때 몸통 턴이 잘 안 되는 사람은 왼발의 벌림을 이러한 ( ) 모양으로 하는 것이 일반적이다. 또 유연성이 많아서 지나치게 회전하는 것을 억제해 주어야 하는 사람들, 예를 들어 백 스윙 때 오른쪽 히프 턴이 너무 많아 몸통의 꼬임이 일어나지 않는 사람은 오른발을 이러한( ) 모양으로 벌리고, 다운 스윙의 버팀목이 되어야 하는 왼쪽 다리가 무너져 다리 스웨이 현상이 일어나는 사람들은 왼발을 이러한( ) 모양으로 벌려 주는 것이 좋다.

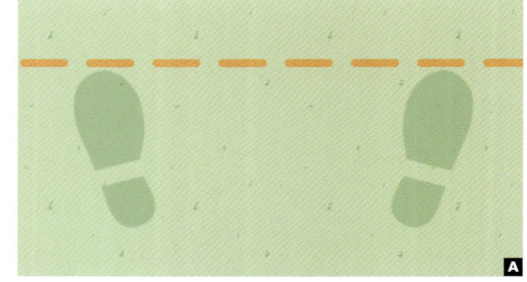
보통 체형이나 키가 작고 상체 근육이 발달한 골퍼의 왼발, 오른발 벌림 모양.

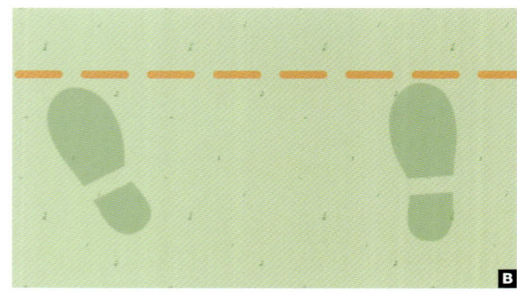
키가 크고 마른 체형의 왼발, 오른발 벌림 모양.

왼발 벌림의 모양에 따라 히프의 턴을 제어하여 임팩트의 타이밍을 조절해 준다. 나아가 임팩트 순간에 클럽 헤드가 볼에 얼마나 파워를 잘 전달해 주느냐 하는 중요한 역할도 한다. 그래서 임팩트 순간 강력한 파워가 클럽 헤드에서 볼로 순식간에 잘 전달될 수 있도록 왼발을 어떻게 벌릴 것인지 역시 자신의 체형에 맞게 조정해야 한다. 또, 백 스윙 때 상·하체의 꼬임과 몸통의 턴에 영향을 주는 오른발의 벌림도 함께 알아본다.

키가 크고 마른 체형의 골퍼는 백 스윙 때 상·하체의 꼬임을 위해, 또 오른쪽 다리의 스웨이 현상을 막기 위해 오른발의 엄지발가락을 안쪽으로 돌려 놓기도 한다.

보통 체형 골퍼의 경우 임팩트 때 히프 회전이 빠르면 왼발을 나팔 모양〈그림 A〉처럼 벌리는 자세가 좋다. 이 같은 자세는 임팩트 때 왼쪽 다리가 펴지는 동작을 늦추어 준다. 반대로 임팩트 때 히프의 회전 속도가 느린 경우에는 왼발의 나팔 모양으로 벌리는 정도를 조금 줄여 주면 히프의 회전 속도를 빠르게 해줄 수 있다. 〈그림 A〉처럼 오른발을 나팔 모양으로 벌리면 백 스윙 때 히프의 회전을 크게 해줄 수 있다.

키가 크고 마른 체형 골퍼의 경우 왼발을 벌리는 모양은 다운 스윙에 많은 영향을 미친다. 이러한 체형을 가진 사람은 백 스윙 때 클럽을 길게, 높이 들어올리는 특징 때문에 다운 스윙에서 클럽 헤드가 임팩트에 다다르는 시간이 다른 체형의 사람보다 길어진다. 그래서 왼발을 벌리면 벌릴수록 좌측의 벽이 늦게 형성되어 클럽 헤드가 임팩트에 다다르는 시간을 지연시켜 주며, 릴리스를 늦추어 주게 된다. 즉, 클럽 헤드에 파워가 축적되면서 임팩트에 오게 된다. 반대로 왼발을 나팔 모양으로 벌리지 않을수록 클럽 헤드가 일찍 볼에 다다르게 되어 파워를 손실하게 된다. 〈그림 B〉처럼 오른발은 타깃 라인과 직각으로 놓거나, 심지어 백 스윙 때 오른쪽 무릎이 펴지며 몸무게가 오른쪽 다리 바깥으로 빠져 나가 버리는 다리의 스웨이 현상이 일어나는 것을 막기 위해 오른발 엄지발가락을 안쪽(왼쪽)으로 돌려 놓기도 한다〈사진 1〉. 이렇게 하면 백 스윙 때 오른쪽으로 이전된 몸무게를 오른쪽 다리와 발이 충분히 받쳐 주는 기둥이 되어 골프 스윙의 파워를 일으키는 근원인 몸의 꼬임(단단히 받쳐진 하체를 중심으로 상체를 코일시키는 것)을 만들어 낼 수 있다.

키가 작고 가슴이 넓고 뚱뚱하여 유연성이 떨어지는 사람은 어깨와 히프의 턴을 위해서 반드시 오른발을 나팔 모양으로 벌려 놓아야 한다. 왼발 역시 적절하게 나팔 모양으로 벌려야 한다〈그림 A〉. 하지만 이러한 체형의 사람들은 보통의 체형을 가진 사람보다 백 스윙이 길고 높지 않기 때문에 왼발을 너무 많이 벌리면 파워 전달이 늦게 일어난다. 또 너무 적게 벌리면 파워가 너무 일찍 전달되는 상황이 만들어진다. 임팩트에 이르면서 왼쪽 히프의 회전이 적절하게 잘 될 수 있을 만큼 벌리면 된다.

Chapter. 2 누구에게나 똑같은 이론을 적용시킬 수는 없다

● **키가 크고 마를수록 볼은 타깃 쪽으로 놓아야 한다**

클럽 헤드가 스윙 곡선의 가장 밑부분에서 볼과 적절한 충돌을 일으켜야 볼이 클럽 헤드의 진행 방향을 따라 나간다. 이 때 볼이 마땅히 있어야 할 지점에 있지 않으면 임팩트 시점을 놓친다. 볼의 위치가 잘못되면 그 자체로 슬라이스 또는 훅을 유발하게 된다. 볼 위치의 중요성을 깨닫지 못하면 아무리 스윙이 좋아도 임팩트가 좋지 않고, 볼이 잘 맞은 것 같아도 방향이 좋지 않아 늘 마음이 석연치 않다.

그러면 볼은 어디에 놓는가. 과거 이론은 짧은 클럽은 가운데, 긴 클럽은 왼쪽에 놓는다는 공식을 전제로 했다. 하지만 새 이론은 골퍼의 신체 조건이 볼의 위치를 결정한다고 본다.

키와 몸무게가 표준이고 가슴의 두께도 보통인 일반적 체형을 가진 사람은 샌드 웨지에서 최대 6번 아이언까지는 볼을 왼뺨 정도의 위치에 놓는다. 롱 아이언이나 페어웨이 우드는 볼 하나 거리만큼 타깃 방향으로 옮겨서 셔츠의 왼쪽 가슴 로고 위치 정도에 놓는다. 티를 꽂고 샷을 하거나 드라이버를 사용할 경우 겨드랑이와 나란히 놓는다.

이것을 기준으로 할 때 키가 크고 가슴이 좁으며 마른 체형의 사람은 볼의 위치를 보통 체형보다 더 타깃 방향으로 놓아야 한다. 짧은 아이언부터 6번 아이언까지는 셔츠의 왼쪽 가슴 로고 위치에, 롱아이언과 페어웨이 우드는 왼쪽 겨드랑이 위치에, 드라이버라면 왼쪽 어깨 끝과 일치하게 볼을 놓는다.

키가 작고 풍풍하며 몸무게가 많이 나간다면 그 반대다. 이런 사람은 보통 체형보다 몸의 유연성이 부족하므로 몸통의 턴을 쉽게 하려고 클로즈 스탠스로 서고 일반적으로 왼손 그립을 강하게 잡으라고 권한다. 이 때문에 스윙 곡선이 최저점에 이르는 시기가 빨리 온다. 따라서 다른 체형의 스윙에 비해 볼을 조금 더 오른쪽에 놓는다. 짧은 아이언부터 6번 아이언까지는 스탠스 중앙에 볼이 오게 하고, 롱아이언과 페어웨이 우드는 왼쪽 뺨 있는 부분에, 드라이버는 왼쪽 가슴의 셔츠 로고가 있는 지점과 일치하도록 한다〈사진 **1**〉.

그러나 체형과 관계없이 5번 아이언 이상의 긴 클럽부터 드라이버 샷까지에서 심하게 슬라이스가 나는 경우 왼손 그립을 먼저 강한 그립으로 바꾼다. 또 볼의 위치가 너무 왼발 쪽에 놓여 있는지 확인하여 당장 볼의 위치를 오른쪽으로 볼 한두 개 거리만큼 옮긴다.

볼이 너무 왼쪽에 있으면 다운 스윙 궤도를 아웃사이드에서 인사이드로 만들기 쉽기 때문에, 볼 위치를 오른쪽으로 옮기는 간단한 방법으로 인사이드에서 아웃사이드로 만드는 기회를 가져 슬라이스를 막을 수 있다(훅이 심하게 나는 아마추어라면 반대로 하면 된다. 즉 오른손 그립을 약한 그립으로 바꾸고 볼 위치를 왼쪽으로 옮긴다).

키가 작고 상체가 발달한 골퍼의 경우 짧은 아이언부터 6번까지는 상체의 중간 위치에, 롱아이언 페어웨이 우드는 왼뺨 정도의 위치에, 드라이버는 셔츠의 로고 위치 정도에 놓는다.

피니시하고 있는 상태에서 양 무릎이 서로 닿으면 스탠스의 폭이 적당한 것이다.

키가 크고 마른 체형은 백 스윙 톱에서 팔이 내려오는 시간이 걸리므로 그 동안 왼쪽 히프가 타깃 방향으로 측면 이동해야 한다.

키가 작고 상체 근육이 발달한 골퍼들이 히프의 턴을 빨리 해주려면 스탠스를 좁게 해야 한다.

● 스탠스의 넓고 좁음은 체형과 스윙에 따라 다르다

스탠스의 너비는 스윙의 안정성, 균형, 그리고 임팩트의 타이밍에 영향을 미친다. '스탠스의 너비는 양발 뒤꿈치의 폭으로 측정하는 것이지 두 엄지발가락을 잇는 길이로 측정하는 것이 아니다'라는 것과 '7번 아이언을 기준으로 클럽이 길어질수록 스탠스의 폭을 양 어깨의 폭보다 조금씩 넓게, 7번 아이언을 기준으로 클럽이 짧아질수록 볼 하나 너비만큼씩 좁게 한다'는 것은 익히 다 잘 알고 있는 이야기다. 하지만 스탠스 너비를 너무 넓게, 좁게 한다면 스윙을 하는 데 있어서 필요한 안정성과 균형을 잃게 되므로 적당한 스탠스 너비를 확인할 수 있는 방법을 알아 두어야 한다.

피니시 동작에서 두 무릎이 서로 닿으면 스탠스 폭이 적당한 것이다〈사진 1〉. 만약 무릎이 닿지 않으면 스탠스가 너무 넓은 것이고, 오른쪽 무릎이 왼쪽 무릎보다 앞으로 나오면 스탠스가 좁은 것이다. 스탠스가 좁으면 몸무게 이동이 역으로 일어나 역피벗 현상이 되기 쉬우며 스탠스가 너무 넓으면 히프 회전보다는 오히려 옆으로의 움직임이 더 생기게 된다.

즉, 스탠스가 넓을수록 히프의 측면 동작이 더 크게 일어나고 스탠스가 좁을수록 히프의 회전 동작이 더 많이 일어난다는 의미이다.

키가 크고 마른 체형은 백 스윙을 길고 높게 가져가는 경향이 있어, 다운 스윙을 할 때 클럽이 높은 위치에서 내려와 볼을 타격하기까지의 시간이 걸리므로 그 시간 동안 적당한 히프의 측면 동작이 필요하다〈사진 2〉. 그래서 키가 크고 마른 체형은 보통 체형의 사람보다 스탠스 너비를 넓게 해 주어야 임팩트의 타이밍이 좋아진다.

스탠스의 너비는 팔의 길이에 의해 결정되기도 한다. 팔이 긴 사람은 스윙 아크가 넓고, 높게

Chapter. 2 누구에게나 똑같은 이론을 적용시킬 수는 없다

되어 클럽이 임팩트 순간에 앞으로 돌아오는 데 팔이 짧은 사람보다 시간이 더 많이 필요하며, 이러한 시간을 히프의 측면 동작으로 보충할 수 있다. 그래서 팔이 긴 사람은 스탠스의 너비가 넓을수록 좋다. 팔이 짧은 사람은 좁은 스탠스를 취하는 것이 다운 스윙의 타이밍을 좋게 해 준다. 키가 작고 상체가 뚱뚱한 사람은 오른발을 왼발의 위치보다 뒤로 빼서 타깃 라인의 오른쪽으로 향하는 클로즈 스탠스를 만들어야 백 스윙 때 몸통의 턴을 쉽게 할 수 있다. 또 스탠스의 너비를 보통 체형의 골퍼보다 좁힘으로써 히프의 회전 동작을 빠르게 만들어 준다〈사진 3〉.

● **상체를 좀 더 숙여 주어야 하는 체형들**

가슴이 넓고 뚱뚱한 체형의 골퍼나 키가 크고 마른 체형의 골퍼는 올바른 스윙 플레인을 갖기 위한 몸의 자세가 더없이 중요하다. 히프를 뒤로 빼서 상체를 앞으로 숙여야 팔이 가슴을 가로질러 자유롭게 스윙할 수 있다. 상체를 앞으로 숙이고 무릎에 탄력을 주듯이 앞으로 조금 내민 다음 두 팔을 지면을 향해 아래로 축 늘어뜨린다〈사진 1〉. 그 상태에서 왼팔이 가슴을 가로질러 스윙한다. 만약 왼팔이 45도 이상 가슴을 가로질러 백 스윙된다면 상체를 너무 많이 구부린 자세이며 반대로 45도 까지 왼팔이 올려지지 않으면 몸이 너무 곧추세워져 있는 것이다. 따라서 왼팔이 가슴을 가로질러 45도 정도로 백 스윙할 수 있을 때까지 상체를 숙여 주는 정도를 조정하는 것이 요령이다.

일반적으로 가슴이 넓을수록 히프로부터 상체를 숙이는 정도도 커진다. 주의할 점은 이 때 두 팔이 가슴의 옆에 위치하지 않고 가슴 바로 중앙에 위치하도록 하는 것이다〈사진 2〉. 이러한 체형을 가진 많은 골퍼들이 어드레스 때 왼팔을 몸통 옆구리쪽에 두고, 테이크 어웨이를 하게 되면 팔이 타깃 라인의 바깥 부분에서 시작을 하게 되어 팔과 상체와의 연결성을 상실하게 된다.

이는 여성 골퍼들도 마찬가지다. 두 팔이 가슴 앞쪽에 위치하게 되면 팔과 가슴의 연결성을 높여 주게

1 상체를 앞으로 기울여 등의 각이 생기도록 하고 어깨에서 발등까지 일직선이 되도록 어드레스 자세를 만든다. 입술이나 턱에서 내려진 일직선이 그립한 손에 오거나 일직선의 안쪽에 있어도 좋다.

상체 근육이 발달한 사람은 두 팔을 가슴 중앙에 모아 어드레스해야 한다. 몸통 옆구리쪽에 있게 되면 테이크 어웨이를 아웃사이드로 시작하게 된다.

되고 왼팔을 제대로 스윙할 수 있게 되며 방해받지 않고 백 스윙으로 가져갈 수 있다. 여성 골퍼의 경우 가슴의 크기에 따라, 가슴이 클수록 히프로부터 상체를 더 많이 숙이고 가슴이 작을수록 덜 숙이면 된다. 이때 히프의 꼬리뼈 부분은 뒤로 내밀어 주어야 스윙의 균형을 유지할 수 있다. 모양이 어색하다는 이유로 이러한 자세를 주저한다면 스윙 내내 등을 굽혔다 폈다 하게 되어 척추의 각을 일정하게 유지하지 못한다. 또 여성 골퍼들은 히프가 유연하여 백 스윙 때 상·하체의 꼬임이 일어나기 어려우므로 스탠스를 넓게 벌려 어깨를 충분히 회전하고 히프는 될 수 있는 대로 회전을 억제하여 상·하체의 꼬임 동작이 일어나도록 해 주어야 한다. 가슴이 좁고 마른 체형의 골퍼들이 몸의 자세를 취할 때 주의할 점이 있다. 등을 앞으로 기울여 20~30도 정도 각을 만들지 못하고 등을 곧추세우면 다른 체형의 골퍼들보다 가슴둘레가 작아 팔을 지나치게 몸 뒤쪽 방향(팔이 몸통 바깥으로 벗어나게 됨)까지 가지고 가게 되어 다운 스윙 때 많은 문제점을 일으킨다 따라서 다른 체형의 골퍼들보다 상체를 히프로부터 앞으로 많이 숙여야만 백 스윙 때 올바른 스윙 플레인을 가질 수 있게 된다. 또한 상체를 숙여서 만들어진 척추의 각만큼 적절하게 무릎도 구부려 주어야 한다. 히프를 뒤로 빼서 위를 향하게 해야 꼬리뼈가 바깥으로 들리게 되어 안정된 자세를 취할 수 있다. 특히 키가 큰 사람들은 등이 구부정하게 웅크리듯이 상체를 구부려서는 안 된다. 미국의 유명한 투어 플레이어들 중 키가 크고 마른 체형인 타이거 우즈나 데이비스 러브 3세, 그렉 노먼, 데이비드 듀발 등의 어드레스한 모습을 상상하면 이상의 자세를 더욱 실감하게 될 것이다.

Chapter. 2 누구에게나 똑같은 이론을 적용시킬 수는 없다

체형에 따른 스윙 노하우

키가 크고 마른 체형, 보통 체형, 상체가 발달한 체형의 각 골퍼들이 하는 스윙의 모든 것을 배워 각 체형에 따라 최대의 파워를 낼 수 있도록 하자.

1 보통 체형에 맞는 백 스윙 테이크 어웨이를 잘 하기 위한 연습 방법으로 오른손등으로 왼손등을 밀어 주면서 몸의 동작을 느껴본다.

● **모든 사람에게 일률적으로 적용되는 테이크 어웨이의 동작은 없다**

TV나 비디오에서 골프 스윙에 관한 이론적인 설명들을 보고 백 스윙, 다운 스윙의 하나하나를 그대로 따라하다가 자신만의 골프 스윙이 망가져서 그나마 유지하던 보기플레이 게임 감각조차 잃어버리게 되는 경우를 많이 보았다. 언젠가 텔레비전에서 키가 크고 마른 체형의 한 골프 교사가 백 스윙의 테이크 어웨이를 '원피스(one piece)로 하라'고 강조하는 것을 보았다. 그는 어깨와 양팔을 역삼각형 모양으로 만들어 그 모양을 유지하며 클럽을 테이크 어웨이하는 모습을 보여주면서 '원피스로 하기'를 적용할 수 있는 방법도 제시하였다. 물론 키가 크고 가슴이 좁고 마른 체형인 그가 자신에게 꼭 맞는 백 스윙의 테이크 어웨이 방법을 소개하면 그와 비슷한 체격의 학생에게는 더할 나위 없이 좋은 선물이 될 것이다. 하지만 그와는 다른 체격을 가진 사람들에게는 독약이 될 수도 있다는 것을 알아야 한다. 그 프로그램을 본 아담한 체형을 가지고 있는 사람들이나 키가 작고 풍풍한, 가슴이 넓은 사람들이 만약 그가 제시하는 방법을 전적으로 옳게 생각하고, 이러한 백 스윙의 테이크 어웨이 방법을 따라 한다면 이는 오히려 골프 스윙이 엉망이 되는 결과를 낳을 수도 있다. 즉, 모든 사람에게 일률적으로 적용되는 테이크 어웨이의 동작은 없다는 것이다. 각 체형에 맞는 테이크 어웨이 방법을 알아서, 자신의 체형에 맞게 구사함으로써 스윙의 첫 스타트를 올바로 할 수 있어야겠다.

우선 보통 체격을 갖춘 사람의 테이크 어웨이는 왼손과 왼팔이 45도 각도로 가슴을 가로지르며 갈 때 오른쪽 히프가 오른쪽 발뒤꿈치 쪽으로 돌아가야 한다. 이 때 오른쪽 무릎이 펴지지 않게 주의한다. 가슴이 좁고 마른 체형의 사람이 손, 팔, 어깨, 가슴이 함께 움직여 테이크 어웨이되는 것과는 달리, 왼손과 왼팔이 먼저 클럽을 가져가 왼팔이 펴지면서 왼

키가 크고 마른 체형의 골퍼가 원피스 테이크 어웨이를 올바로 하기 위한 연습 방법은 오른쪽 팔꿈치가 접히지 않고, 손목의 코킹 없이 두 팔을 오른쪽 히프까지 오게 하는 것이다.

팔의 삼두근이 어깨와 가슴을 잡아당기게 되면 비로소 어깨, 가슴의 순서대로 턴을 하게 된다. 보통 체격을 가진 사람들은 〈사진 1〉과 같이 왼팔을 오른팔 위에 올려 놓고 어드레스하여 오른 손등으로 왼 손등을 밀어주어 왼팔이 펴지며 어깨와 가슴의 순서대로 턴이 되는 연습을 하면 좋다.

키가 크며 가슴이 좁고 팔이 길며 마른 체형을 가진 사람의 테이크 어웨이는 클럽, 두 손, 두 팔, 어깨, 가슴이 모두 하나가 되어 함께 볼로부터 떠나가야 한다. 즉, '원피스 테이크 어웨이 해야 한다' 는 말이다. 이러한 체형을 가진 사람의 테이크 어웨이 동작 부분은 다른 체형의 사람의 테이크 어웨이보다 천천히, 부드럽게, 조화를 이루도록 하지 않으면, 스윙 전체에 예민한 반응을 일으키며 전체 스윙을 망가뜨리는 일이 생기므로 조심스럽게 시작되어야 한다. 그 방법으로 먼저 〈사진 2〉와 같이 클럽의 그립 끝부분을 배꼽에 대고 그립 아래 샤프트를 그립한다. 다음 두 팔을 뻗어서 오른발 옆에 직선으로 길게 놓인 막대나 클럽에 일치할 때까지 가슴이 돌아가는 연습을 하면 원피스 테이크 어웨이를 쉽게 익힐 수 있다. 이런 방법으로 테이크 어웨이하면 오른쪽 팔꿈치가 접히지 않고, 손목의 코킹 없이 두 팔이 오른쪽 히프까지 온다.

상체 근육이 발달하고 몸무게가 많이 나가며 특히 가슴둘레가 넓은 사람의 백 스윙 테이크 어웨이는 단순히 왼쪽 어깨와 머리를 볼 뒤편으로 가져가는 동작으로 시작한다. 이 때 두 손이 오른쪽 무릎에 올 때까지 오른쪽 팔꿈치가 접히지 않아야 몸과 두 손과의 간격을 넓게 해 줄 수 있어 스윙 곡선을 넓게 가져갈 수 있다. 특히 주의해야 할 점은 머리, 가슴, 상체의 중심축(upper spine)을 목표의 반대 방향인 오른쪽으로 움직여야 한다는 것이다. 이렇게 되면 마치 몸이 스웨이되는 느낌이 들 수 있지만, 오른쪽 히프가 오른발 뒤꿈치 바깥으로 빠져버리지 않고 두 무릎이 스웨이되지 않게 하체가 잘 받쳐 주면 이것은 스웨이 현상이 아니다. 머리를 함께 볼 뒤편으로 움직여 주는 일은 필수적이나 상하로 퍼덕거리는 일은 없어야겠다.

Chapter. 2 누구에게나 똑같은 이론을 적용시킬 수는 없다

● **체형에 따른 손목 코킹의 차이**

'투어 프로들 같은 뛰어난 골퍼들이 왜 하나같이 서로 다른 스윙을 구사하는가', '다른 운동은 곧잘 하는데 왜 골프는 잘 안 되는 것일까?', '스윙 감각을 쉽게 잃어버리는 이유는 무엇이며, 다시 회복하는 데 그토록 많은 시간이 걸리는 이유는 어디에 있는 것일까?' 이러한 골프의 어려움에 대한 여러 가지 질문에 필자의 대답은 "골프 자체가 원래 어렵다거나 또는 일반 골퍼들의 어떤 내재적인 기술 부족에 있지는 않다. 대부분의 골퍼들이 자신의 체형에 맞지 않는 이상적인 모델형 스윙을 따라 해보려고 하거나 자신의 체형과 맞는 스윙 형태를 제대로 찾지 못해서, 자신이 가진 골프 잠재력을 최대한 발휘하지 못할 뿐 아니라 자신의 약점은 더욱 강조되고 자신의 장점은 오히려 희석되어 버리는 것이다"라고 하겠다.

언제나 최고의 골퍼로 자리매김해 온 잭 니클라우스마저도 부상으로 인해 이전의 유연성을 상실했음에도 불구하고 옛 스윙의 패턴을 그대로 유지하려고 했을 뿐 나이 들고 부상당한 자신에게 맞는 새롭고 자연스러운 적절한 스윙을 개발하지 않았다. 결국 이제는 단지 훌륭한 원로 골퍼로만 남아 있을 뿐이다.

그래서 이번에는 많은 사람들이 궁금해하는 각 개인에 따라 다른 방법으로 하고 있는 손목의 코킹에 대해 알아보기로 한다. 물론 손목의 코킹도 각 개인의 신체 조건에 따라 일찍 또는 늦게 할 수도 있으나 골프 스윙에서 파워의 근원이 되는 손목의 코킹은 스윙하는 동안 언젠가는 꼭 이루어져야 한다.

그 예로, 줄리 잉스터나 낸시 로페즈는 스윙의 첫 단계에서, 데이비스 러브 3세, 베시 킹 같은 골퍼들은 백 스윙의 거의 마지막 단계에서 손목의 코킹이 일어나는 것을 볼 수 있다. 이것은 백 스윙의 스타트인 테이크 어웨이를 어떻게 했느냐에 따라 왼쪽 손목의 코킹이 조금씩 달라지기 때문이다. 보통의 유연성을 가진 보통 체격인 골퍼의 경우 테이크 어웨이는 왼손, 왼팔, 왼쪽 어깨, 가슴의 순으로 움직이기 때문에, 테이크 어웨이하여 백 스윙의 $\frac{3}{4}$ 위치에 오면 클럽은 타깃 라인에는 평행하게 되지만 지면과는 평행하지 않

1 두 손이 허리 부분에 오면서 코킹이 시작되어 백 스윙의 $\frac{3}{4}$ 위치가 되면 코킹이 완전히 이루어져 손이 낮고 클럽 헤드가 높게 위치하게 된다.

② 원피스 테이크 어웨이하는 키가 크고 마른 체형들은 백 스윙의 ¾ 위치에 가면서도 손목의 코킹이 일어나지 않아 두 손과 클럽 헤드가 동일선상에 위치하게 된다.

아, 손목의 코킹이 이미 조금씩 시작됐음을 알 수 있다. 백 스윙의 ¾ 위치에 가면 손목의 코킹이 완전히 이루어지게 되어 클럽을 쥐고 있는 두 손은 낮게, 클럽 헤드는 높게 위치하게 된다〈사진 ①〉. 즉, 손목의 코킹이 히프 높이에서는 일어나야 한다는 것이다.

그러나 키가 크고 마른 체형의 사람인 경우 백 스윙의 테이크 어웨이가 클럽, 손, 팔, 어깨, 가슴이 동시에 함께 움직여 가는 소위 원피스 스윙을 해야 하므로 백 스윙의 ¾ 위치까지 가면서도 손목의 코킹이 이루어지지 않고 있다〈사진 ②〉. 백 스윙의 ¾ 위치를 지나며 손목의 코킹이 시작되기 때문에 백 스윙의 ¾ 위치에서는 클럽을 쥐고 있는 두 손의 위치와 클럽 헤드가 동일한 위치에 있게 된다. 왼팔을 높이 올리면서 백 스윙 톱으로 갈 때 비로소 코킹이 된다. 만일 백 스윙 톱까지 갔을 때도 손목의 코킹 없이 다운 스윙이 시작되면 골프 스윙의 파워를 잃게 된다.

가슴이 넓고 두터우며 상체가 발달한 골퍼의 경우에는 테이크 어웨이가 머리와 왼쪽 어깨를 볼 뒤쪽으로 가져가야 하는 방법으로 이루어져야 한다. 이 때 클럽을 몸으로부터 멀리 밀어주는 역할을 하는 것이 왼 손목의 코킹과 오른 팔꿈치를 펴는 동작이다. 두 팔이 볼에서 떠나가서 오른쪽 허벅지쪽에 왔을 때 손목의 코킹이 시작되어야 한다〈사진 ③〉. 이러한 체형의 골퍼는 코킹을 일찍 해야 스윙을 쉽고 자연스럽게 할 수 있다.

③ 상체가 발달한 골퍼는 테이크 어웨이하여 두 팔이 오른쪽 허벅지에 왔을 때 손목의 코킹이 시작된다.

● 백 스윙 톱에서 오른팔의 모양이 모두 같을 수 없다

일반적으로 주장되는 스윙 이론이 모든 골퍼의 체질이나 체형에 맞지 않는다는 것을 알고서 골프 스윙을 좀 더 과학적이고 물리학적인 바탕, 특히 스포츠라는 기본적인 개념에 두고 연구, 고민하던 중 미국의 유명 PGA 투어 플레이어(tour player)를 가르치는 코치들을 위한 골프 역학 세미나에 참석하게 되었다.

세미나의 주제는 똑같은 스윙 이론에 입각하여 만들어진 골프 스윙을 누구에게나 똑같이 가르칠 수 없다는, 미국에서도 새롭게 대두된 내용이었다. 그 이론의 요지는 몸의 타입, 몸의 특징, 스윙 스타일, 성격, 감각, 뇌의 발달, 눈의 발달 상황 등에 따라 프리스윙(그립, 에임, 볼의 위치, 발의 벌림, 몸의 자세, 몸무게 분배)은 물론 실제 스윙(인 스윙)까지도 모두 개인에 맞춰 다르게 해야 한다는 것이었다. 그 이론은 단지 이론에 그친 것이 아니라 실제로 효율적이고 효과가 있는 내용들이었다. 필자가 말하는 '체형에 따라 골프 스윙을 다르게 배워야 한다' 라는 주장은 이러한 견해와 일치하는 것이다.

이번에는 백 스윙을 하면서 오른팔의 모양이 체형별로 어떻게 다르게 되어야 가장 효과적인 백 스윙을 이룰 수 있는지 살펴보고자 한다.

가슴이 넓고 상체가 뚱뚱한 체형의 사람들에게 알맞은 백 스윙 톱 모양은 오른손이 오른쪽 어깨보다 앞에 위치하여 오른쪽 팔꿈치가 뒤쪽으로 향하는 '플라잉 엘보(flying elbow)' 또는 '치킨 윙 엘보(chicken wing elbow)'다. 왜냐하면 뚱뚱한 체형의 올바른 백 스윙 톱 모양은 오른팔 전박 부분의 앵글과 몸의 중심축이 기울어진 앵글과 평행하게 되어도 괜찮기 때문이다〈사진 1〉. 이러한 모습이 되는 것은 〈사진 2〉처럼 백 스윙의 톱 위치에서 두 손이 가슴 중앙에 위치하기 때문이다. 뚱뚱한 체형의 골퍼들에게 일어나기 쉬운, 너무 플랫하게 라운드하여 몸 주변으로 클럽이 돌아가는 것을 억제해 주는 백 스윙의 모습이다. 또, 이러한 플라잉 엘보의 모습은 백 스윙 때 몸통과 두 팔과의 공간을 가질 수 있어 다운 스윙 때 오른쪽 팔꿈치가 오른쪽 겨드랑이에 붙어 스윙할 수 있게 해 준다(잭 니클라우스, 아놀드 파머, 프레드 커플스 등의 골퍼가 좋은 예).

그러나 보통 체형의 골퍼들에게 이러한 치킨 윙 엘보는 바람직하지 못하다. 왜냐하면 지렛대 원리를 이용하여 효과적인 스윙을 할 수 있는 보통 체형의 골퍼들은 백 스윙을 하면서 오른쪽 팔꿈치가 접혀져, 오른쪽 어깨 뒤편에서 오른쪽 팔꿈치가 지면을 향하는 백 스윙 톱의 자세가 돼야 한다. 즉 오른손으로 볼을 던질 때의 모습과 같은 자세가 나와야 클럽 샤프트 플레인이 올바르게 되어 볼을 잘 가격할 수 있는 임팩트 순간을 갖게 된다.

키가 크고 마른 체형의 골퍼들은 접혀진 오른쪽 팔꿈치와 오른쪽 어깨가 거의 같은 위치까지 오도록 오른팔을 높이 올릴 수 있다.

반면 키가 크고 마른 체형의 백 스윙에서는 손목의 코킹이나 오른쪽 팔꿈치가 접히는 동작이 일찍 나오게 되면 비극이 된다. 두 손과 두 팔을 이용하여 위치 에너지를 발생시켜 골프 스윙의 파워를 갖게 되는 키가 크고 마른 체형의 골퍼들은 백 스윙 때 왼쪽 손목의 코킹이나 오른쪽 팔꿈치의 접힘이 보통 체형의 골퍼들처럼 일찍 일어나지 않고, 두 손이 허리 위치를 지나며 서서히 일어나며 두 손이 머리 위쪽으로 높이 들린다. 그리고 접힌 오른쪽 팔꿈치와 오른쪽 어깨가 거의 같은 높이의 위치〈사진 3〉에 놓이게 된다. 그래야 충분히 높은 위치에서 두 팔을 떨어뜨려 줄 때 일어나는 위치 에너지를 이용한 다운 스윙을 할 수 있게 된다. 또, 상체가 뚱뚱한 체형의 골퍼들에게 마술이 되었던 오른쪽 팔꿈치의 플라잉 엘보는 키가 크고 마른 체형의 골퍼에게, 역시 비극이 될 수 있는 것이다.

Chapter.2 누구에게나 똑같은 이론을 적용시킬 수는 없다

● **신체 조건에 맞춘 백 스윙으로 최대의 파워를 갖게 하자**

키가 작고 가슴이 두껍고 상체 근육이 발달한 골퍼들은 클럽을 몸으로부터 될 수 있는 대로 멀리 밀어 보내면서도 깊게 백 스윙을 해야만 임팩트 순간 파워를 가질 수 있다. 그래서 보통 체형 또는 키가 크고 팔다리가 긴 마른 체형의 백 스윙 모양을 흉내내어 똑같이 만들려고 시도하기보다는 자신의 신체에서 어느 정도 백 스윙을 할 수 있는가를 테스트하여 자신만이 만들 수 있는 최대 너비의 백 스윙을 만들어 보아야 한다. 이를 알아내기 위해선 먼저, 올바르게 어드레스한 자세에서 오른팔 하나만으로 백 스윙한 후 백 스윙 톱에서 멈추고 왼손을 들어 오른손을 만나게 한다〈사진 1〉. 만일 두 손과 공간이 생기며 왼손이 오른손에 닿지 못하면〈사진 2〉 오른팔 스윙이 너무 많이 된 것이다. 그래서 오른손을 조금 다운시켜 왼손과 만날 수 있게 한다면 백 스윙 톱의 포지션이 정확하게 된 것이다.

자신의 신체능력 한도를 초과하여 너비의 파워를 만들려는 헛된 노력이 오히려 파워의 손실을 가져온다. 만일 왼손을 들어서 오른손에 쉽게 닿는다면 오른팔 스윙이 충분히 넓게 가지 못한 것이며, 이러한 동작은 가슴이 지나치게 넓은 사람, 오른쪽 어깨에 문제가 있는 사람, 오른팔의 유연성이 떨어져서 오른쪽 팔꿈치의 회전이 잘 안 되는 경우에 나타나는 모습이다. 이러한 신체적 한계를 가진 사람들은 백 스윙 플레인이 가파르게 될 수 있다. 또한 백 스윙의

오른팔 하나로 백 스윙하고 거기에 왼팔을 가져가 오른손을 만나게 한다.

왼손이 오른손을 만나지 못하면 오른팔이 너무 많이 스윙된 것이다.

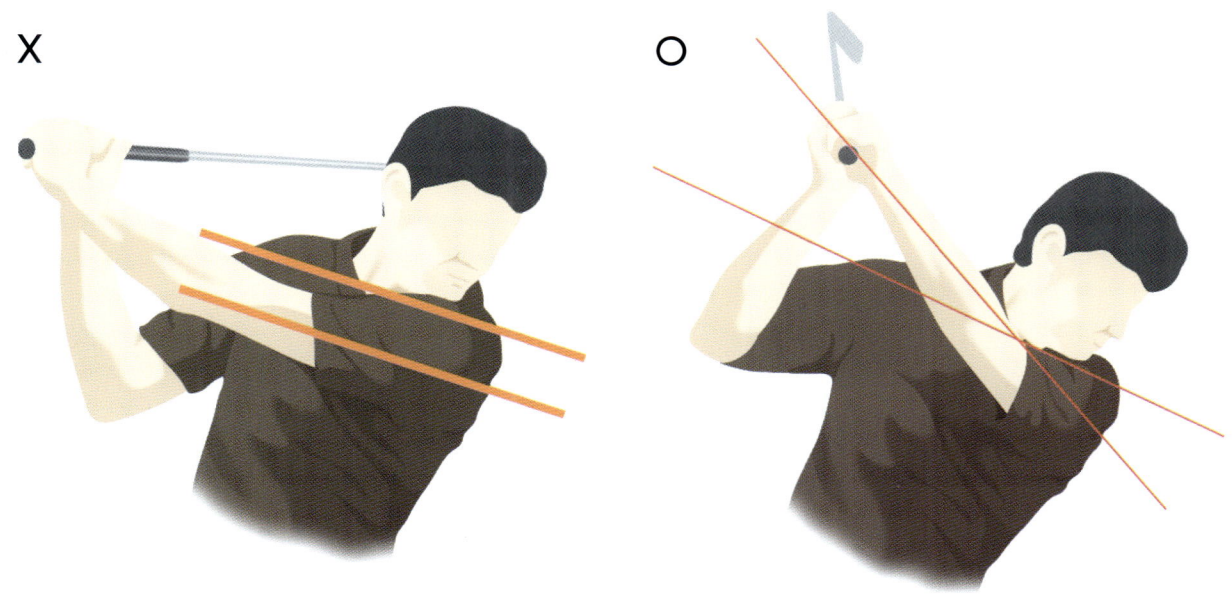

A 키가 크고 마른 체형이 백 스윙 톱에서 어깨와 왼팔이 평행이 될 만큼 백 스윙이 플랫하면 위치 에너지를 충분히 사용할 수 없다.

B 키가 크고 마른 체형은 왼팔이 어깨보다 더 가파른 각을 만들어야 임팩트 때 파워의 손실을 줄일 수 있다.

톱으로 가면서 오른 팔꿈치가 살짝 뒤쪽으로 향하게 되는 치킨 윙 모양이 자연스럽게 나오게 되는데 이런 모양은 스윙 아크가 넓은 백 스윙을 만들고 체형에 맞는 다운 스윙을 하여, 파워 있는 임팩트를 갖게 한다.

반대로 키가 크고 마른 체형이면서 팔다리가 긴 사람의 백 스윙의 모습은 어떠해야 할까? 이러한 체형의 골퍼는 백 스윙 때 왼팔을 높이 가져갈 수 있는 신체 조건으로 높은 위치에서 팔과 클럽을 떨어뜨릴 때 일어나는 위치 에너지를 사용하여야 강력한 파워가 일어나며 임팩트 순간에 헤드 스피드를 최대한 낼 수 있다. 만일 이러한 체형의 골퍼들이 백 스윙 톱에서 어깨의 기울어진 정도와 왼팔이 평행하게 될 만큼〈그림A〉백 스윙이 플랫하다면 그들이 가질 수 있는 위치 에너지를 충분히 사용하지 못하게 된다. 요즈음은 상체가 넓지 않으며, 팔다리가 길고 키가 큰 체형의 사람들이 많다. 또한 키가 크고 마른 체형의 여자들도 많은데 그들의 70%가 백 스윙을〈그림A〉처럼 플랫하게 스윙한다. 이는 그들이 가진 장점인 위치 에너지를 전혀 사용하지 못하는 것뿐 아니라 다운 스윙 때 여러 가지 문제를 일으켜 임팩트 때 파워 손실이 많아지게 된다. 그래서〈그림B〉처럼 어깨의 기울어진 각보다 왼팔의 각이 더 가파르게 만들어지도록 왼팔을 높이 올려 주어야 한다.

● 최대의 파워와 거리를 낼 수 있게 하는 보통 체형의 백 스윙 노하우

"어떻게 하면 거리를 좀 더 많이 낼 수 있을까요?" 이렇게 묻는 사람들이 아마추어 골퍼의 90% 이상이라 해도 과언이 아니다. 즉, 레슨을 받으러 온 10명의 학생들 중에서 거리는 문제가 없는데 샷의 방향성에 문제를 안고 오는 사람은 1명 정도에 불과할 정도로 대부분의 초보자들은 거리를 내는 데 어려움을 겪고 있다. 그런데 볼의 방향이 오른쪽, 왼쪽으로 휘어져도 역시 거리에 손실이 있다. 이러한 경우, 아무리 클럽 헤드 스피드가 있어도 거리가 많이 날 수 없다.

보통 체형의 골퍼는 백 스윙 때 오른팔을 접어 오른팔과 왼팔이 삼각형 모양이 되도록 연습하는 것이 파워를 내는 비결이다.

골퍼들의 마음을 가장 사로잡는 이 '비거리'를 어떻게 낼 것인가가 많은 연구를 통해 알려져 있고, 또 많이 듣고 실행들을 해 보지만(코킹, 꼬임, 몸무게 이동, 스윙의 너비, 스윙의 길이, 큰 근육의 사용 등) 별로 효과를 보지 못하고 아직도 거리 때문에 고민하고 있는 사람들이 대부분인 것이다. 간단히 말해 거리를 내지 못하는 원인은 자신의 신체 능력 한도를 초과하여 파워를 만들려고 하는 것이 오히려 파워의 손실을 가져오기 때문이다. 다시 말하면 자신의 몸이 할 수 없는 불가능한 파워를 만들려는 헛된 노력에서 스윙은 망가지고 오히려 자신의 몸에서 자연스럽게 나올 수 있는 파워조차도 잃게 되는 경우라고 할 수 있다. 그래서 자신의 체형에 맞는 스윙을 통해 자신의 체형에서는 어떤 파워를 만들 수 있는지를 알고 그것을 충분히 이용하여 효과적으로 파워를 내는, 즉 거리를 내는 방법을 알아두는 것이 중요하다.

보통 체형을 가진 골퍼들의 파워는 백 스윙 때 손목의 코킹〈사진 1〉을 이용하여 클럽과 팔과의 각을 만들어서 그 각이 풀어질 때 나오는 에너지(leverage power)가 그 근원이 된다. 이 파워가 임팩트 순간 클럽 헤드에 전달되어 클럽 헤드의 스피드가 최대로 만들어 지는 것이다. 키가 크고 마른 체형처럼 팔다리가 길어서 백 스윙 때 손과 팔을 들어 클럽을 높이 가져감으로써 높은 위치에서의 위치 에너지를 가질 수 있는 것도 아니고, 가슴이 넓고 퉁퉁한 체형의 골퍼들처럼 상체의 근육을 효과적으로 이용해 너비의 파워를 낼 수 있는 체격을 갖추고 있는 것이 아니기 때문이다. 그런데 키가 크고 마른 체형에게 적합한, 백 스윙 때 왼팔을 높이 가져가서 거리를 많이 내려는 시도를 하거나 또는 상체의 근육을 이용하여 파워를 내는 사람들의 백 스윙처럼 상체를 옆으로 움직이며 백 스윙을 하는 등, 백 스윙 톱에서 플라잉 엘보를 만드는 것은 오히려 파워를 상실케 하는 동작들이다. 오히려 오른쪽 팔꿈치를 접어 각을 만들며 오른쪽 팔꿈치는 지면을 향하고 오른팔과 왼팔로 삼각형 모양을 만들어 주려는 노력〈사진 2〉이 보통 체형의 골퍼가 낼 수 있는 파워의 근원을 지렛대 힘의 원리에서 찾고자 하는 것이다.

1 백 스윙 때 손목의 코킹으로 클럽과 팔의 각도를 90도가 되도록 만든 후 그 각이 풀어지면서 나오는 파워로 클럽 헤드의 스피드가 최대로 만들어진다.

● 보통 체형의 골퍼들이 하는 매직 무브, 다운 스윙의 스타트

키가 크고 마른 체형의 골퍼가 보통 체격을 갖춘 골프 교사를 만나 자신에게 어울리지 않는 엉뚱한 스윙을 하게 되어 결국 잘 나가던 세계 최고의 투어 골퍼의 대열에서 밀려나게 된 마음 아픈 이야기가 있었다. 그 골퍼는 키가 크고 마른 체형으로 위치 에너지를 이용한 파워를 낼 수 있는 많은 재능이 있는 사람이었다. 그런데 보통 체형이 갖는 지렛대 원리에서 나오는 파워를 이용하는 스윙의 충고를 받아들여 그의 몸과 조화를 이루지 못하게 되어 결국 새로 배운 스윙으로 경쟁력 있는 플레이를 펼칠 수 없게 된 것이다.

이러한 경우는 단지 투어 프로에게만 있는 일이 아니라 일반 아마추어 플레이어에게도 흔히 볼 수 있는 일이다. 자신의 골프 스코어가 80대 초반을 잘 지키고 있는 어떤 아마추어 골퍼가 70대로 스코어를 줄이고 싶어서 유명한 골프 코치를 찾아가 레슨을 받게 되었다. 그런데 스코어가 줄기는커녕 간신히 줄여 놓은 80대의 스코어를 그만 90대로 만들고, 다시는 80대 초반의 스코어를 만드는 플레이를 할 수 없게 되는 경우를 자주 보았다. 그 원인이 바로 자신의 체형과 맞지 않는 새로운 스윙 테크닉을 끼워 맞추려다 몸과의 조화를 이루지 못하고 심지어 자신만이 가지고 있는 자연스러운 몸의 움직임으로 이룬 스윙조차 잃어버린 까닭이다.

그래서 이제까지는 보통 아마추어 골퍼들이 가장 관심 있어 하는 테크 어웨이 방법, 코킹은 언제 하는가, 백 스윙의 자세, 백 스윙 톱에서의 모양 등을 체형별로 나누어 각 체형에 맞는 스윙 형태를 소개했는데, 이번에는 골프 스윙 중에서 가장 '매직 무브(magic move)'인 다운 스윙을 어떻게 시작해야 가장 효율적인 스윙을 이룰 수 있을까에 대해 소개하려 한다.

우선 보통 체형의 골퍼들의 경우를 알아보자. 다운 스윙을 시작하기 위해 볼을 향해 클럽을 앞쪽으로〈그림 A-①〉움직이지 말고 클럽을 뒤로(살짝 아래로 하는 것처럼)〈그림 A-②〉움직여야 한다. 만일 백 스윙 스타트를 두 손과 오른쪽 어깨를 함께 움직여〈그림 A-①〉내려오게 되면 다운 스윙의 길이 바깥쪽에서 안쪽〈그림 B〉처럼 되기 쉬우며 두 손을 오른쪽 어깨와 분리시켜 내리게 되면〈그림 A-②〉다운 스윙이 안쪽에서 안쪽〈그림 C〉으로 또는 안쪽에서 바깥쪽〈그림 D〉으로의 길을 갖게 된다.

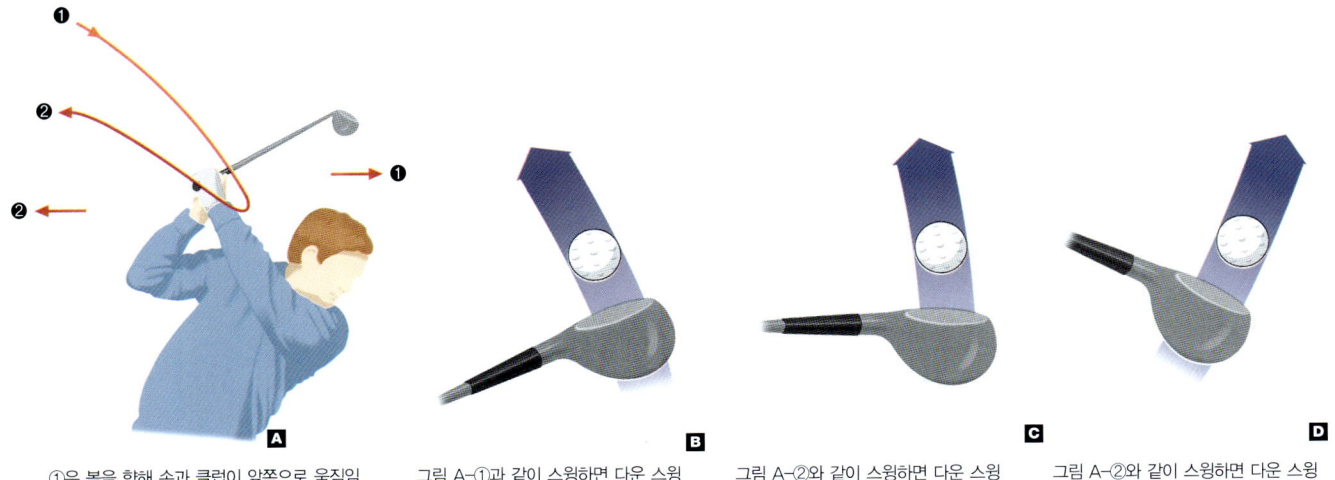

A
①은 볼을 향해 손과 클럽이 앞쪽으로 움직임.
②는 손과 클럽이 뒤로(살짝 아래로) 움직임.

B
그림 A-①과 같이 스윙하면 다운 스윙 패스가 아웃사이드에서 인사이드로 된다.

C
그림 A-②와 같이 스윙하면 다운 스윙 패스가 인사이드에서 인사이드로 된다.

D
그림 A-②와 같이 스윙하면 다운 스윙 패스가 인사이드에서 아웃사이드로 된다.

Chapter.2 누구에게나 똑같은 이론을 적용시킬 수는 없다

그래서 보통 체형을 가진 골퍼들이 두 팔로 백 스윙 톱에서 만들어 놓은 삼각형 모양을 그대로 유지하여 내려오는 모습을 '세퍼레이션(separation)'이라고 한다. 오른쪽 어깨는 절대 두 손과 함께 움직여서는 안된다는 의미이다. 상체가 뚱뚱한 골퍼들이 다운 스윙의 스타트 때 왼쪽 어깨를 턱으로부터 분리하며 두 손과 오른쪽 어깨를 함께 움직여 다운 스윙을 시작하거나, 키가 크고 마른 체형의 골퍼들이 왼쪽 히프를 목표로 움직이며(옆으로의 움직임) 다운 스윙이 시작하는 것과는 다른 양상인 것이다.

● 키가 크고 마른 체형과 뚱뚱하며 유연성이 적은 골퍼의 다운 스윙 스타트

골프 스윙은 마치 흐르는 물과 같아 골프 스윙 중 어느 포지션에서도 멈춤은 없다. 그런데 보통 사람들은 백 스윙 톱의 포지션에 대한 공부를 하며, 백 스윙 톱의 포지션이 정확한가를 체크한 후 다운 스윙을 스타트하는 연습을 하기도 하고, 또 백 스윙 톱의 포지션이 만들어지고 난 다음 다운 스윙이 있어야 하는 것처럼 생각하고 스윙을 한다. 그래서 골프 스윙 이론을 많이 공부한 아마추어들 중에는 백 스윙 톱에서 스윙을 잠시 멈추었다 다운 스윙을 하며 뒤땅을 자주 친다. 아무 이론적인 분석 없이 단순히 스윙만으로 볼을 치는 사람보다 임팩트 때 헤드 스피드가 떨어지는 사례가 종종 있다. 왜냐하면 백 스윙 톱에서 잠깐 멈춤이 일어난 다음, 다운 스윙이 시작되면 다운 스윙의 스타트에서부터 빠른 스피드가 생기고 임팩트로 오면서 점차 스피드가 줄게 되어 볼의 뒤땅에 클럽 헤드가 내려지거나, 헤드 스피드가 없는 상태로 임팩트를 맞게 되기 때문이다. 백 스윙 톱에 클럽이 오르면서 이미 다운 스윙의 스타트인 왼쪽 히프가 목표로 움직여가고 있는 형태〈사진 1〉를 키가 크고 마른 체형을 가진 골퍼들의 스

백 스윙의 톱으로 가면서 이미 왼쪽 히프는 타깃 방향을 향해 움직여 가고 있다.

임팩트로 오면서 몸통이 오른쪽으로 20~30도 기울어진다(어드레스 때는 2~3도 기울어져 있었다).

윙에서 역력히 볼 수 있다. 그들의 스윙을 텔레비전 또는 비디오로 보면서 백 스윙 톱 위치에서 멈추었다가 다운 스윙을 하는 습관을 고치길 바란다.

특히 키가 크고 마른 체형을 가진 골퍼들은 백 스윙 때 테이크 어웨이로 넓게 확보한 너비와 왼팔을 높이 올려 확보한 위치 에너지(높이 에너지)를 다운 스윙하며 잘 이용할 수 있어야 한다. 다운 스윙을 하면서 왼팔이 내려오는 시간을 벌기 위해 왼쪽 히프 뒤로 돌리는 턴 동작을 하기 전에 먼저 왼쪽 히프를 타깃 방향, 즉 측면으로 이동해 주어야 한다.

만일, 히프의 턴 동작이 먼저 일어나게 되면 다운 스윙의 궤도를 바깥쪽에서 안쪽으로 만들게 된다. 왼쪽 히프를 목표 방향, 즉 측면으로 이동하면서 몸무게를 오른발의 뒤꿈치에서 왼발 앞쪽으로 옮겨지게 해야 한다. 백 스윙 때 볼 뒤쪽으로 옮겨진 머리는 그대로 뒤쪽에 두며 임팩트로 가면서 20~30도 상체가 오른쪽으로 기울어지게 한다〈사진 2〉.

반면, 키가 작고 상체가 뚱뚱하며 유연성이 없는 골퍼들의 백 스윙은 왼쪽 어깨를 볼에서 오른쪽 옆으로 가져가면서 머리와 상체도 함께 마치 스웨이하듯 볼 옆으로 데리고 갔었다. 이제 다운 스윙 스타트는 턱으로부터 왼쪽 어깨가 분리되기 시작한다. 동시에 두 손과 오른쪽 어깨를 함께 움직여 타깃 방향을 향해 내려오면 마치 다운 스윙의 스타트가 타깃의 아웃사이드에서 인사이드로 되는 것 같이 느껴진다. 이것은 당연한 이치로 어드레스에서 몸을 타깃 방향에 클로즈하고 있었기 때문에 다운 스윙 스타트의 움직임을 이렇게 해야 다운 스윙에서 몸을 타깃 라인에 평행하게 돌아오도록 할 수 있다. 이제 백 스윙 톱에서 약간의 치킨 윙 엘보가 되었던 오른쪽 팔꿈치를 오른쪽 옆구리에 붙여 주며 내려오게 하여 다시 타깃 방향의 인사이드로 다운 스윙을 할 수 있게 한다. 이 때 인사이드로 내려오던 클럽은 타깃의 바깥쪽으로 나가게 되며 왼쪽 히프로 몸무게가 전해진다. 왼쪽 히프가 스윙의 중심축이 되어 왼쪽 히프를 중심으로 상체의 오른쪽 부분을 회전시켜야 다시 클럽이 타깃 방향의 인사이드로 들어오게 된다. 이렇게 키 작고 상체가 뚱뚱한 체형의 골퍼는 몸 오른쪽이 다운 스윙에서 우세하다. 주의할 점은 왼쪽 히프에 몸무게가 전해지고 상체를 회전할 때 오른발 뒤꿈치를 들지 않고 몸의 오른쪽 부분을 돌려 주어야 한다〈사진 3〉. 만일 오른발 뒤꿈치가 일찍 들리며 오른쪽 몸이 돌려지면 볼이 왼쪽으로 나가는 풀 샷이 되거나, 클럽 페이스가 열리면 슬라이스 샷이 된다.

3 임팩트를 지나며 몸의 오른쪽 부분은 이미 회전되어 나가고 있으나 오른발은 아직 들리지 않고 있다.

Chapter.2 누구에게나 똑같은 이론을 적용시킬 수는 없다

임팩트를 지나면서 히프는 타깃 방향에 45도 턴이 되어 있고 오른발 뒤꿈치는 조금 들려 있다.

임팩트 때 오른발이 지면에서 조금 들린 상태로 팔과 손, 클럽이 로테이션되며 왼쪽 다리가 펴지면서 볼에 에너지가 전달된다.

몸통이 타깃의 왼쪽을 향해 있지만 오른쪽 어깨는 타깃을 향하며 피니시로 가는 자세.

피니시를 한 뒷 모습. 머리가 오른쪽으로 기울어 있으며 오른쪽 어깨가 왼쪽 어깨보다 낮고, 클럽 샤프트가 자신의 양쪽 귀를 통과하여 지면과 대각선으로 내려진다.

● 보통 체형 골퍼의 이상적인 피니시 모습

보통 체형의 골퍼는 임팩트를 막 지나면서 어깨가 타깃 방향에 5~10도 오픈되고 히프는 30~45도 가량 턴되어 목표에 더 많이 오픈되어 있다. 오른발 뒤꿈치는 처음에는 그다지 많이 지면으로부터 들려 있지 않다〈사진 1〉. 어드레스 때 2도 정도 오른쪽으로 기울어져 있었던 스파인 앵글이 10~20도 정도 더 오른쪽으로 기울어져 있으면서 볼을 치고 나가게 된다. 임팩트 순간에는 구부려진 왼쪽 무릎이 서서히 펴지면서 왼쪽의 단단한 벽을 쌓게 되고 두 두 손, 클럽, 클럽 헤드가 회전되면서 임팩트를 지나게 된다〈사진 2〉.
팔로스루에서 피니시 자세로 가면서 오른발 뒤꿈치가 지면으로부터 모두 들려서 몸무게가 왼쪽에 전부 실리게 된다. 이 때 가슴은 타깃을 향하거나 또는 몸의 유연성이 많은 골퍼들은 약간 타깃의 왼쪽을 향하게 된다. 오른쪽 어깨는 왼쪽 어깨보다 낮은 모습으로 피니시된다〈사진 3〉.
〈사진 4〉의 피니시 뒷모습을 보면 머리도 오른쪽 어깨처럼 오른쪽으로 기울어져 피니시되어서 등 부분에 사진에 표시된 모양(⌒)으로 된다. 이 때 클럽 샤프트는 자신의 양쪽 귀를 지나며 지면과 대각선 모양으로 내려지게 된다. 이 때 샤프트가 일자로 지면과 수직으로 내려지지 않게 피니시 자세를 만들어 준다.

● 키가 크고 마른 체형의 골퍼가 갖게 되는 피니시 모습

키가 크고 마른 체형의 골퍼들은 백 스윙 때 클럽을 옆으로 길게, 또 위로 높이 가져가고 다운 스윙 때 클럽이 밑으로 내려지면서 타깃 라인의 안쪽에서 바깥쪽으로 나가며 임팩트를 지나가게 되는데 이러한 모든 움직임은 높이 에너지 사용을 효과적으로 하기 위한 것이다.
다른 체형의 골퍼와 달리 주목해야 할 부분은 임팩트를 지나며 왼쪽 무릎이 모두 펴지며〈사진 1〉, 두 팔은 충분히 뻗어 회전하고 있는데〈사진 2〉, 이것은 몸의 왼쪽 부분을 단단히 지탱하면서 일어나야 한다. 특히 왼쪽 다리 아랫부분을 단단히 지탱해 주어야 왼쪽 다리의 윗

임팩트를 지나며 왼쪽 무릎이 펴지게 된다.

왼쪽 다리의 아랫부분이 단단히 지탱되어야 머리를 뒤에 남겨둔 채 히프 턴과 두 팔, 두 손의 로테이션을 충분히 할 수 있다.

두 팔이 왼쪽 어깨에 높이 올려지고 가슴이 타깃을 향하며 머리는 오른쪽 발 위에 있다.
상체가 ⊃자 모양으로 휘어져 보이는 피니시 자세이다.

부분과 히프가 턴하면서 머리가 뒷부분에 그대로 남아 있게 되고, 척추 앵글이 어느 체형의 골퍼보다 많이 오른쪽으로 기울어져 있어도 임팩트를 지나면서 헤드의 스피드를 높게 가질 수 있게 된다. 그래서 어느 체형보다 손동작이 많은 경향을 볼 수 있다(타이거 우즈 초기의 스윙에서 이런 경향을 볼 수 있다). 그래서 임팩트 때에는 몸무게가 아직 왼쪽 히프나 다리에 전부 전달되지 않고 오른발 쪽에 상당히 남아 있게 되어 왼쪽 히프, 다리와 함께 척추의 앵글이 일자로 길게 연결되는 소위 롱 스파인(long spine) 현상이 생긴다. 이렇게 되면 두 팔을 타깃 라인의 안쪽에서 바깥쪽으로 뻗으며 나갈 때 클럽 헤드의 최대의 스피드를 위해 척추의 가장 윗부분을 뒤에 두고 하체는 턴이 되어 나가게 된다. 그 다음 피니시 동작으로 가면서 두 팔은 높이 올려지며 왼쪽 어깨 위로 올라갈 때 가슴은 타깃을 보고 머리가 오른쪽 발 위에 있게 되며 상체가 마치 C자를 거꾸로 뒤집어 놓은 모양의 피니시 모습이 된다〈사진 ❸〉.

이러한 체형의 피니시는 두 팔이 높이 올려지는 하이 피니시(high finish) 모습으로 클럽이 머리 뒤편까지 가게 된다. 박지은의 피니시 모습을 상상해 보면 잘 알 수 있다. 클럽이 몸 주변을 돌아 낮게 피니시되는 스윙(최경주의 피니시 모습)과는 다른 모습이다.

● 상체 근육이 발달한 골퍼의 피니시 자세

이제까지 보통 체형의 오른쪽 어깨가 낮고 왼쪽 어깨가 높은 (⌒)자 모양의 피니시, 키가 크고 마른 체형의 등이 (⊃)자형으로 휘어지며 두 팔이 높은 하이 피니시에 대하여 알아보았다. 이렇게 피니시의 모양도 체형에 따라 달라 체형이나 백 스윙, 다운 스윙의 형태를 무시하고 일괄적으로 어떤 피니시 모습이 좋다 하여 그것을 강요할 수 없다는 것을 알았다. 다음은 키가 작고 상체가 뚱뚱하고 유연성이 부족한 골퍼들의 효과적인 스윙의 결과에 의한 피니시의 모습은 어떠한지 알아보기로 한다.

보통 체형이나 키가 크고 마른 체형과는 달리 다운 스윙을 하여 임팩트로 오면서 몸통과 머리를 타깃 방향(원래 어드레스했을 때의 위치)으로 움직이며 왼쪽 히프에 몸무게를 실어 놓아야 한다. 오른쪽 팔꿈치가 겨드랑이 부분에 밀착되며 왼쪽 다리, 왼쪽 히프를 중심으로 상체가 회전하기 시작한다. 이 때 두 발꿈치는 지면에 붙여 있는 상태에서 이루어져야 한다. 임팩트 때 오른발 뒤꿈치가 들리지 않고 안쪽으로만 기울어지며〈사진 ❶〉 임팩트를 지나면서 오른쪽 부분의 몸이 나가 주어야 한다. 왼쪽 히프가 충분히 돌아가면서 두 팔과 클럽이 쭉 뻗어 나갈 때 왼팔과 왼손 회전이 다른 체형에 비해 가장 적게 일어나게 된다〈사진 ❷〉. 그 다음 피니시로 가면서 차차 오른발 뒤꿈치가 안쪽으로 돌려지고 서서히 일어나게 되면서 오른쪽에 몸무게가 남겨 있지 않게 오른발의 엄지발가락 끝으로 지면을 지탱하여 비로소 힐 부분이 들려지게 한다〈사진 ❸〉.

임팩트 때 오른발 뒤꿈치가 지면에 붙어 있으며 발 안쪽으로 무게가 실려져 안쪽으로 기울어져 있다.

다른 체형에 비해 손과 팔의 로테이션이 적다.

몸의 오른쪽 부분이 나가 주면서 오른쪽 엄지발가락 끝으로 지면을 지탱하여 힐 부분이 들리면서 체중 이동이 일어난다.

배꼽은 타깃 방향을 향하고, 어깨와 샤프트는 지면과 평행하게, 머리는 왼발 위에 위치하여 상·하체가 곧게 세워지며 I자형 피니시 모양을 만든다.

이렇게 왼쪽 부분에 몸무게를 다 지탱하고 몸의 균형을 잃지 않은 채 강한 상체의 힘을 이용하여 상체 턴을 하면 클럽은 몸통 주변을 돌며 어깨에 낮게 피니시된다〈사진 4〉.

다른 체형의 골퍼들처럼 오른쪽 어깨가 내려가 피니시되거나 척추가 휘어져 피니시되지 않고 상·하체가 곧게 세워져 배꼽이 타깃을 정확히 마주보고 있으며 어깨가 지면과 평행하게, 샤프트도 지면과 평행하게〈사진 4〉. 머리는 왼발 위에 위치하여 척추가 곧게 펴져 있는 I자형 모양의 피니시(최경주의 피니시 모습)가 이루어진다.

Chapter. 2 누구에게나 똑같은 이론을 적용시킬 수는 없다

체형별 스윙의 파워 낭비 자세

체형에 따라 골퍼들이 발휘할 수 있는 에너지가 신체의 어느 부분에서 나오느냐를 잘 알아서 파워 낭비가 없는 스윙을 해야 한다.

● **키가 크지 않고 상체 근육이 발달한 사람의 파워 낭비**

상체 근육의 힘을 이용하여 스윙하는 골퍼는 클럽을 넓게 가져가며 스윙의 너비에서 나오는 에너지를 사용해야 효과적으로 스윙의 파워를 갖게 된다. 테이크 어웨이를 할 때 체중이 오른쪽 히프로 이동하는 동안 왼쪽 어깨는 볼 뒤로 움직이고, 머리와 몸의 중심축 윗부분이 오른다리 쪽으로 움직여야 한다〈사진 1〉. 이 때 하체가 잘 받쳐 주어야 스웨이 현상이 일어나

백 스윙 때 왼쪽 어깨는 볼 뒤편으로, 몸 중심축은 오른발 위로 옮겨진다.

가슴둘레, 유연성, 팔의 길이를 생각지 않고 스윙의 높이에서 에너지를 가지려는 시도는 오히려 파워의 손실을 많이 가져온다.

손목의 코킹으로 손은 낮게, 클럽 헤드는 높게, 스윙은 넓게 되어 있다.

왼손 그립 때 엄지손가락을 길게 하여 그립한다.

클럽이 허리에 올 때까지도 손목의 코킹이 없어 두 손과 클럽 헤드가 같은 위치에 있게 되면 손과 클럽, 클럽 헤드가 함께 높이 올려지게 된다(키가 크고 마른 체형의 골퍼).

지 않는다. 다운 스윙 스타트 때 왼쪽 어깨가 턱으로부터 분리되며 두 손과 오른쪽 어깨가 함께 내려와, 마치 다운 스윙의 스타트가 타깃 방향의 아웃사이드에서 인사이드로 된 것 같으나, 왼쪽 히프가 왼쪽 발 뒤꿈치를 향해 돌 때 오른쪽 팔꿈치가 몸통에 붙어 내려오게 되어 다시 타깃 방향의 인사이드로 돌아올 수 있게 되는 것이다.

임팩트 때 클럽 페이스를 타깃 방향의 스퀘어로 만들려고 보통 체형의 골퍼들은 손의 움직임이 조금 있으나, 키가 크고 마른 체형의 골퍼들은 손의 동작이 많다. 반면 뚱뚱한 체형의 골퍼는 임팩트 때 클럽 페이스를 스퀘어하게 하려고 손의 동작을 하지 않는다. 주로 상체의 움직임으로, 몸통과 어깨만을 이용하여 스윙하는 것처럼 보인다. 그래서 키가 크고 마른 체형의 늘어지고 긴 스윙의 모양과 다르게 스윙의 템포가 빠르고 스윙이 짧게 보인다. 이러한 체형의 골퍼들이 신체의 장점을 이용하여 스윙해야 함에도 불구하고, 가슴둘레, 유연성, 팔의 길이를 생각지 않고 스윙을 높게 하려는 시도를 하여 〈사진 2〉와 같은 모양의 스윙을 만드는 골퍼들을 많이 본다.

이러한 스윙을 오랫동안 해온 골퍼들은 그 스윙을 바꾸는 데도 많은 시간이 걸리며, 고쳐지지도 않아 포기하고 마는 상황까지 가게 된다. 클럽을 높이 가져가려 할 때 자신의 유연성 한계를 벗어나고 결과적으

Chapter.2 누구에게나 똑같은 이론을 적용시킬 수는 없다

로 스윙이 무너져 백 스윙 톱에 이르렀을 때 상체가 타깃 쪽으로 기울어지는, 즉 몸의 중심축이 반대 방향으로 기울어지는 역피봇 현상까지 일어난다. 또한 오른쪽 팔꿈치가 아주 심하게 하늘로 향하는 플라잉 엘보의 모양이 나타나 이러한 자세로는 파워 있는 임팩트 순간을 맞기 힘들다. 이러한 골퍼들에게 백 스윙할 때 해주는 충고 한 마디는 이러하다. '손은 낮게, 클럽 헤드는 높게, 스윙은 넓게' 라고 말이다〈사진 3〉.

그래서 상체 근육이 발달하고 유연성이 적은 골퍼는 왼손 그립은 강한 그립, 오른손 그립은 약한 그립을 해야 한다. 왼 손바닥의 두툼한 부분(pad)으로 클럽의 그립 윗부분을 눌러 주며 코킹을 하여 클럽 헤드를 원하는 높이 만큼 들어올릴 수 있게 하고, 오른손의 약한 그립으로 인해 클럽을 넓게 가져갈 수 있는 기회도 가질 수 있게 한다. 또한 왼손의 엄지손가락을 샤프트 위에 길게 내린 왼손의 롱 섬(long thumb) 그립〈사진 4〉을 하게 되면 손목을 좀 더 자유롭게 움직일 수 있으며, 손목 코킹도 도와 줄 뿐 아니라 스윙 아크를 넓게 해 주고 클럽이 필요한 만큼 높이를 낼 수 있게 도와 준다. 키가 크고 마른 체형의 골퍼처럼〈사진 5〉 손도, 클럽 헤드도 높게 가져갈 수 있는 유연성이 허락되지 않아, 근육의 장점과 몸의 너비를 이용한 스윙을 해야 파워를 낼 수 있다는 것을 알아야 한다.

● **키가 크고 팔다리가 긴 마른 체형의 파워 낭비**

요즘은 젊은 골퍼들이 많이 늘고 있는데 그들의 키나 팔다리의 길이는 서양의 투어 플레이어들에 버금가게 크고 길다. 이러한 사람들이 골프 스윙을 하며 사용하는 에너지의 근원은 그들의 장점인 키나 팔다리의 길이와 높이인데, 바로 이것을 이용해야 무한한 파워를 가질 수 있다. 그래서 클럽을 팔과 함께 옆으로 넓게, 위로 높이 가져가며 백 스윙을 해야 한다. 두 손이나 왼쪽 무릎, 또는 몸의 오른쪽 부분으로부터 테이크 어웨이를 시작한다든지, 왼쪽 어깨의 턴이 없이 그저 팔로만 클럽을 높이 올리며 백 스윙을 하게 되면 이런 체형이 가지고 있는 잠재된 에너지를 사용하지 못하게 된다. 테이크 어웨이는 가슴을 중심으로 어깨, 두 팔, 두 손, 클럽이 하나가 되어 움직여 나가야 한다〈사진 1 2〉.

오른손을 강한 그립으로 하게 되면 오른쪽 팔꿈치가 빨리 접혀져 백 스윙 때 클럽 헤드가 너무 인사이드로 가게 되어 스윙 아크를 좁게 만들게 되므로 파워가 낭비될 수 있다. 그래서 그립을 잡아 클럽 지면과 평행하게 놓았을 때 두 번째 손가락 마디가 눈에 살짝 보이는 약한 그립으로 잡아 주어야 한다.

또 어드레스 때에는 반드시 오른발의 벌림을 이러한 ( ) 모양으로 해주어야 한다.

만일 오른발의 벌림을 이렇게( ) 하게 되면 백 스윙 때 상·하체의 꼬임 없이 그저 클럽을 몸 주변으로 돌려가게 되어 키가 크고 마른 체형의 골퍼들에게 자칫 일어나기 쉬운 파워 손실의 원인이 된다. 이는 백 스윙 톱에서 다운 스윙 스타트 때 몸통이 볼을 덮치며 스윙 패스가 아웃사이드에서 인사이드로 만들어지는 스윙이 되기 때문이다. 이러한 체형은 오른발의 벌림을 반드시 타깃 라인과 직각( )이 되게 해 주어야만 상·하체의 꼬임을 기대할 수 있다. 이것은 또 원피스 테이크 어웨이하여 왼팔이 높이 올려져 백 스윙 톱으로 갈 때 오른쪽 무릎이

1. 어깨와 두 팔로 만들어진 삼각형 모양을 어드레스에서 테이크 어웨이까지 유지시킨다.

2. 클럽이 허리에 올 때까지도 손목의 코킹 없이 두 손과 클럽 헤드가 같은 위치에 있게 하여 어드레스 때 만들어진 삼각형 모양을 그대로 유지시켜야 한다.

3. 왼쪽 어깨와 머리를 볼에 고정한 채 팔만 들어올려 오른쪽 무릎이 펴지며 어깨와 두 팔로 만들어진 삼각형이 하늘로 들려 있어 파워 낭비가 심한 상태이다.

펴지는 것을 막게 도와 주는 역할도 한다.

백 스윙 때 왼쪽 어깨와 머리를 볼에 고정한 채 팔만 들어올려 오른쪽 무릎이 펴지고 몸무게가 왼발 쪽에 남겨져 있으며 가슴과 두 팔과 어깨에 의해 만들어진 삼각형이 하늘로 들려져 있는 자세〈사진 3〉를 취하고 있는 골퍼들의 파워 손실 또한 굉장하다. 백 스윙 때 왼쪽 어깨와 머리를 볼의 오른쪽으로 3~5cm 이동해야 한다.

특히 다운 스윙 때 가장 큰 파워 손실의 원인은 히프를 타깃 방향, 즉 옆으로의 움직임 없이, 히프를 타깃 방향의 왼쪽으로 돌리며 스윙할 때(히프 턴이 먼저 일어날 때)이다. 백 스윙 때 높이 올라갔던 팔이 내려와 임팩트에 다다르는 시간과 히프 턴의 타이밍이 맞지 않아 임팩트 때 견고한 샷을 기대하기 힘들다.

● **보통 체형의 골퍼가 일으킬 수 있는 파워 낭비**

보통 체형의 골퍼들이 스윙을 하면서 사용하는 에너지는 손목의 코킹을 이용하여 팔과 클럽으로 이루어지는 지렛대의 원리에 의한 것이다. 그 힘을 만드는 손목의 코킹은 보통 체형의 골퍼들에게는 가장 중요한 것으로 손목의 코킹을 잘하기 위해 그립의 세기를 너무 강하게 잡아서는 안 된다. 그래서 그립이라는 말보다 '홀드(hold)'라고 표현하는 것이 좋겠다. 즉, '잡는다' 라는 말보다는 '갖다 댄다' 라는 말로 바꾸어 쓰게 되면 훨씬 그립의 강도를 낮출 수 있다. 물론 손목의 코킹을 잘 할 수 있게 도와 준다.

왼발을 지면에 고정하고 백 스윙을 하면 무릎의 꼬임을 느끼게 되고 나아가 히프의 꼬임, 어깨의 꼬임을 갖게 된다.

왼발이 지면에서 들리며 왼쪽 무릎이 오른쪽 무릎에 가까이 붙게 될 때 몸 전체의 꼬임이 무너진다.

보통 체형인 골퍼들의 또 하나의 파워 원천은 몸의 코일(꼬임) 현상에서 오는 것이다. 백 스윙을 하는 동안 세 단계의 꼬임이 일어난다. 하체를 고정하여 히프를 중심으로 어깨의 턴이 되면 상·하체의 꼬임이 일어나며, 두 발과 다리를 중심으로 히프의 꼬임이 일어나며 두 발이 지면을 지탱하고 있을 때 다리의 꼬임이 일어나게 된다〈사진 1〉.

그래서 보통 체형인 골퍼들의 파워 손실은 백 스윙 때 왼발이 지면에서 들리며 왼쪽 무릎이 오른쪽 무릎에 가까이 있게 되면〈사진 2〉 첫 번째 단계로 이루어져야 하는 다리의 코일이 무너지게 되는 데 있다. 첫 번째 단계의 다리 코일이 무너지면 두 번째 단계에서 히프의 코일, 세 번째 단계 상·하체의 코일은 이루어지기 힘들게 된다. 그래서 오른발 엄지발가락만 지면에 닿게 하고, 오른발 뒤꿈치를 들어 왼쪽 어깨의 턴으로만 백 스윙 연습을 해 보면 다리와 히프의 코일, 나아가 상·하체의 코일을 아주 잘 느낄 수 있게 된다〈사진 3〉. 이는 코일이 안 되어 파워 손실이 있는 보통 체형의 골퍼들에게 필요한 백 스윙 연습 방법이다.

그런데 하체가 단단히 받쳐져 있어야 코일이 잘 되는 것이라고 하여 어드레스 때 스탠스의 너비(두 발의 뒤꿈치 간격)를 너무 넓게 벌려 놓을 때 역시 파워를 손실하게 된다. 히프 턴이 되는 대신 히프가 좌우로 많이 움직이면 스웨이 현상이 일어나게 된다. 백 스윙을 하는 동안 오른쪽 히프가 오른발 바깥쪽으로 움직여 가게 되어 상·하체의 코일이 일어나기 힘들게 된다. 몸의 균형 또한 흔들리게 된다. 뿐만 아니라 히프 턴이 되는 것이 아니라 옆으로(오른쪽으로) 밀려가게 되고 머리는 반대로 왼쪽에 남게 되어 상체가 타깃 쪽으로 기울어지는, 보기 좋지 않은 역피벗 현상까지 일어날 수 있다. 어깨 너비만한, 적당히 넓지 않은 스탠스 너비는 파워 손실을 막아 주는 데 중요한 역할을 한다.

오른 발꿈치를 들어 백 스윙을 연습해 보면 상·하체의 꼬임을 느낄 수 있다.

효과적으로 거리 내는 방법

골프 코스에서 실전 게임은 물리학이나 기계학 등의 지식으로 풀어 가는 것이 아니라 스피드가 생명인 스포츠라는 영역 안에서 해결되어야 한다. '스윙이 빨라서 볼이 안 맞았다', '백 스윙이 빨라서 볼이 안 맞았다'라는 말은 잘못된 진단이다. 리듬을 잃지 않은 상태에서 스윙을 빠르게 해 보면 해답을 찾을 수 있다. 보다 효과적으로 거리를 낼 수 있는 비법 속으로 들어가 보자.

part 3

Chapter. 3 효과적으로 거리 내는 방법

거리를 늘릴 수 있는 비법

백 스윙 때 상·하체의 꼬임을 갖고, 올바른 몸통의 턴을 이루면서 다운 스윙할 때 손목의 코킹을 최대한 유지시켜 스윙 스피드를 높일 수 있는 연습 방법을 소개한다.

● 올바른 어깨 턴을 이루어야 파워를 만들 수 있다

'어깨를 충분히 돌려 주어라', '몸통을 돌려 주어라' 처럼 백 스윙 때 꼭 들어야 하는 말이 바로 턴이다. 하지만 '돌려 준다' 는 말은 몸으로 쉽게 제대로 표현할 수 있는 사람이 거의 없을 정도로 추상적인 표현이다. 미국의 티칭 프로들도 '턴(turn)' 이라는 말을 가장 요주의 단어로 인식, 바르게 표현할 수 있는 방법을 끊임없이 연구하고 있다.

'돌려 주어라' 라는 강조 때문에 백 스윙 때 몸통이나 어깨 대신 클럽을 몸 뒤쪽으로 지나치게 많이 돌려 클럽이 너무 오픈되거나 스윙 플레인이 너무 플랫(flat)해져서 올바르지 않은 자세가 되기도 한다. 또 턴이라는 의미를 뒤로 돌려 주는 것이라고 생각하여 몸을 그저 뒤로만 돌려 상·하체의 꼬임(coil)이 일어나지 못한 자세도 생긴다. 여기에 머리까지 볼에 고정시키려 하면 몸의 중심축이 반대쪽(왼쪽)으로 기울어져 올바른 몸무게 이동이 되지 못하는 등 갖가지 형태의 백 스윙이 이루어진다. 나아가 다운 스윙 역시 그에 대한 보상 작용이 일어나 다양한 형태의 스윙이 나타나게 된다.

어깨나 몸통의 돌림을 올바로 만들기 위해서 어드레스할 때 몸의 중심축이 약간(2도 정도) 오른쪽으로 기울어지게 셋업을 만드는 것(spine angle tilt)이 가장 중요하다. 먼저 몸통을

백 스윙 톱에서 클럽 샤프트가 지면과 평행하게 되지 않았지만 상·하체의 꼬임과 등, 가슴, 어깨 근육이 스트레치되면 올바른 백 스윙 턴이라 본다.

앞으로 약 20도(수직선으로부터) 기울인 다음, 무릎도 20도 정도 탄력성 있게 구부리고, 스탠스한 후 왼쪽 어깨와 왼쪽 히프를 오른쪽보다 약간 위로 올린다. 왼쪽 히프를 3cm 가량 타깃 방향으로 이동. 머리는 5도 각도로 오른쪽으로 기울이고, 몸은 20도 정도 숙여서 몸무게를 왼쪽에 55%, 오른쪽에 45% 배분한다. 그렇게 셋업하고 난 다음 하체(배꼽 아랫부분)는 거의 움직임 없이 고정하고 왼쪽 어깨만 볼에서 5~10cm 오른쪽 방향으로 가져간다. 오른쪽을 막 지나가는 곳까지 가져간다. 이렇게 하면 비록 클럽 샤프트가 백 스윙 톱에서 지면과 평행하지 않더라도〈사진 1〉 등이나 가슴과 어깨의 근육이 스트레치되어 고정된 하체와의 꼬임을 충분히 이룰 수 있게 된다. 이렇게 하면 참다운 파워의 근원이 만들어져 헤드 스피드가 가속되고 거리를 낼 수 있다.

Chapter.3 효과적으로 거리 내는 방법

다운 스윙을 하면서 손목 코킹이 풀어진 형태.

다운 스윙을 시작하면서부터 아예 오른쪽 팔꿈치가 펴지며 손목의 코킹도 풀어진 상태.

● **파워를 임팩트까지 끌고 내려오는 방법**

백 스윙을 하면서 손목의 코킹을 하느냐 못하느냐 또 코킹을 언제 하느냐 등의 문제는 심각하게 다루면서, 실제 코킹했던 손목을 언제 풀고 내려왔는지에 대해선 별로 관심이 없는 아마추어들을 많이 보았다.

키가 크고 팔다리가 긴 마른 체형의 골퍼들은 백 스윙을 하면서 클럽이 허리 이상 올라간 후에 코킹을 해야만 클럽을 길고 높게 가져갈 수 있어서 코킹을 좀 늦게 해야 한다.

상체의 근육이 발달하여 가슴이 두껍고 넓은 체형의 골퍼들은 테이크 어웨이하여 클럽이 오른쪽 다리를 지날 때 일찍 코킹을 해주어 스윙을 깊고 넓게 할 수 있도록 한다. 이렇게 골퍼에 따라, 백 스윙의 형태에 따라 손목의 코킹 방법은 모두 달라진다.

그러나 백 스윙 톱에서의 모습을 보면 어쨌든 모두가 왼손, 오른손 손목의 코킹이 이루어져 있다는 것이다. 이는 골프 스윙의 파워(hammer power)를 내 주는 근원적인 동작이기 때문이다.

문제는 이러한 파워 있는 동작을 하는 데는 많은 연습을 하지만 실제 그 파워를 볼에 전달해 주는 연습은 별로 하지 않는다는 것이다. 코킹한 손목을 임팩트하는 순간까지 그대로 유지시켜 다운 스윙하는 연습을 하지 않으면 다운 스윙을 시작하면서부터 손목의 코킹이 풀어져 버리는 현상(early release)〈사진 1〉, 또는 다운 스윙을 시작하면서 아예 오른쪽 팔꿈치가 펴지

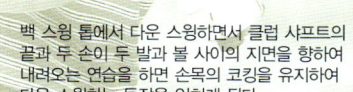

백 스윙 톱에서 다운 스윙하면서 클럽 샤프트의 끝과 두 손이 두 발과 볼 사이의 지면을 향하여 내려오는 연습을 하면 손목의 코킹을 유지하여 다운 스윙하는 동작을 익히게 된다.

며 손목의 코킹이 풀어져버리는 현상(casting)〈사진 2〉이 일어난다.

이 모두 임팩트에 오기 전에 파워를 다 잃게 되는 심각한 문제의 골프 스윙이다.

이러한 골퍼들을 위해 간편하면서 도구를 사용하지 않고도 쉽게 몸에 익힐 수 있는 방법이 있다. 〈사진 3〉처럼 백 스윙 톱에서 다운 스윙의 시작, 다운 스윙을 하면서 클럽 샤프트의 끝과 두 손이 두 발과 볼 사이의 지면(볼에 가까워도 좋다)을 향하며 내려오는 연습을 해 준다. 특히 백 스윙 톱에서 다운 스윙 스타트 때 느린 동작으로 천천히 반복해 주면 손목의 코킹, 오른쪽 팔꿈치의 접힘 등이 풀어지지 않고 다운 스윙된다는 것을 느낄 수 있다. 이것은 파워를 내는 동작으로 연결된다. 즉, 다운 스윙을 하면서 손목의 코킹을 유지하여 임팩트 순간에 비로소 손목의 코킹이 풀어지게 하여 클럽 헤드에 스피드를 더해 주는 기회를 만들 수 있다는 것이다.

아령이나 무거운 클럽을 왼손이나 오른손 하나로 쥐고 스윙 연습을 하면 손목과 팔의 힘을 키울수 있어 스윙 스피드를 빠르게 할 수 있다.

상·하체의 움직임이 많아 오히려 파워를 손실하는 골퍼들이 많다. 두 발을 모으고 클럽을 휘둘러보면 더 빠른 헤드 스피드를 느낄 수 있다.

● 클럽 헤드 스피드, 스윙 스피드가 빨라야 거리가 난다

남자든 여자든 모든 골퍼들은 거리가 많이 나는 사람을 가장 부러워한다. 만약 거기에다 타깃 방향까지 곧장 가는 샷마저 구사하면 마치 타이거 우즈처럼 남들이 부러워하는 골프의 우상이 될 수 있다. 골프에서 거리가 나는 것, 파워가 있다는 것, 스피드가 빠르다는 것, 이 모든 말은 같은 의미로, 결국 골프도 스피드의 스포츠라는 것이다.

드라이버를 많이 쳐 놓고 난 다음 두 번째 샷을 8, 9번 아이언 클럽으로 할 수 있는 사람과 드라이버 거리가 적어 두 번째 샷을 4, 5번 아이언 클럽으로 해야 하는 사람의 차이는 엄청난 것이다. 그래서 많은 학생들이 와서 어떻게 하면 거리를 늘릴 수 있는지 물어오곤 한다. 한마디로 스윙을 빠르게 해야 한다고 대답하면 모두 의아해하며 "지금도 스윙이 빨라서 스윙을 느리게 하라고 하던데요"라고 대답한다. 그러나 분명히 스윙이 느려서 거리가 나오지 않았던 것이지 스윙이 빨라서였던 것은 아니다. 단지 몸으로 스윙을 세게 하려고 했을 뿐 실제의 클럽 헤드 스피드를 임팩트 순간에 빠르게 해주지는 못했던 것이다.

일반 아마추어의 드라이버 헤드 스피드는 85mph(mile per hour)인 데 반해 타이거 우즈,

데이비스 러브 3세(Davis Love Ⅲ), 프레드 커플스(Fred Couples) 등의 선수들이 가진 스피드는 130mph 이상인 것을 보더라도 가히 차이를 느낄 수 있다. 그들이 휘두르는 클럽의 임팩트 순간 헤드 스피드는 물론 전체 스윙 템포도 빠르다는 것은 이미 인정된 사실이다.

'슬로 백 스윙(slow back swing), 패스트 다운 스윙(fast down swing)'이라는 말은 거리를 내 주는 말과는 전혀 상관없는 말이다. 스포츠를 하면서 '슬로'란 단어를 사용한다는 것 자체가 이상한 것이며 '슬로'라는 말 대신 '스무드(smooth)'라는 말로 바꾸어 주어야 한다. 특히 골프 스윙을 하면서 백 스윙의 스타트인 테이크 어웨이 때 '슬로' 대신 '스무드'라고, 또는 다운 스윙 스타트 때 '스무드하게'라고 바꿔보자. 그리고, 전체 스윙 템포는 빠르게 해야 한다. 느린 스윙은 전체 스윙 스피드를 느리게 만들며 전체 스윙 스피드가 느린 사람은 전체 스윙 스피드가 빠른 사람보다 클럽 헤드 스피드가 빠를 수 없다. 헤드 스피드가 빨라야 볼이 멀리 날아 갈 수 있는 것이다. 다음은 헤드 스피드를 빠르게 해주어 거리를 늘려 주는 훈련법을 소개한 것이다.

● 거리를 늘려 주는 훈련법

1 무거운 클럽이나 아령으로 오른손, 왼손 하나만으로 스윙을 연습하면, 거리를 늘리며 방향을 잡아 주는 기술을 닦을 수 있다〈사진 1〉.

2 클럽 헤드 스피드를 늘리는 데 가장 쉽고 간단한 방법으로는 지금 그립을 잡고 있는 손의 강도를 절반으로 줄이는 것이다. 그렇게 하면서도 자신 있게 클럽을 휘두를 수 있으려면 손의 악력을 키워 줘야 한다.

3 체중 이동을 위해 백 스윙 때 반드시 약간 옆으로 움직여야 하고(타깃 방향의 반대로), 피니시에서는 오른쪽 어깨, 오른쪽 히프, 오른쪽 무릎이 몸의 중심선을 넘어서 타깃 쪽으로 이전되어 있어야 한다. 그러나 다운 스윙을 시작하여 임팩트를 지날 때 까지는 머리를 뒤에 남겨 두어야 하며 상체를 타깃 방향으로 움직여 나가서는 안 된다.

4 실전 게임 때는 스윙에 대한 생각(swing thoughts)으로 볼 앞에서 굳어지는 자세나 부정적인 생각을 버리고 편안한 마음으로 피니시 동작만을 연상한다.

5 하체의 움직임이 많으면 상체의 꼬임이 일어나지 않아 몸통의 턴에서 나오는 파워를 잃고, 상·하체의 움직임이 많으면 두 팔의 속도가 느려져서 헤드 스피드를 잃게 되므로 두 발을 모아 클럽을 휘둘러 볼을 쳐 보는 연습을 한다〈사진 2〉.

6 가장 중요한 것은 스윙의 스피드임을 명심한다. 이제 어드레스하면 스윙의 테크닉이나 스윙의 각 부분에 대한 생각은 잊어버려야 한다. 특히 드라이버 샷을 할 때는 그저 과감히 태평양 바다에 볼을 쳐서 날린다는 생각으로 긴장감 없이 편안하게 스윙하려는 마음이 거리를 가장 많이 낼 수 있는 멋진 방법임을 알아야 한다.

Chapter. 3 효과적으로 거리 내는 방법

리듬, 타이밍, 템포와 스윙 스피드와의 관계

스윙의 기술적인 면에 대한 생각보다 자신의 스타일에 맞춘 템포에 따라
규칙적인 흐름을 가지고 스윙하면 임팩트의 타이밍이 좋아져서 클럽 헤드 스피드의
향상과 견고한 샷으로의 발전을 이룰 수 있다.

● **스윙 때는 '한 가지 스윙 생각만'**

골프를 치다 보면 어느 순간부터인가는 아무리 연습 볼을 많이 쳐 봐도 골프 스윙이 나아지지 않는다. 골프 코스에 나가 실전 게임을 할 때 스코어가 줄기는커녕 오히려 샷이 잘 되지 않고 연습한 내용이 전혀 통하지 않으며 이런 결과로 인해 울분이 터질 것 같은 기분이 들게 된다. 연습을 많이 하고 아무리 노력해도 골프는 왜 잘 안 되는 걸까? '바로 이것이야' 하고 깨달은 바를 계속 반복 연습하여 몸에 익혀 골프 코스에 가서 해 보았지만 실전 게임에서는 전혀 도움이 안 되는 이유는 무엇일까? 이렇게 의문을 가지면서도 연습을 하지 않으면 불안한 마음이 들어 연습하게 되고, 다시 새로운 묘안을 발견하여 다시 연습하지만 역시 골프 코스에 가서는 전혀 효과가 나오지 않는다. 골퍼라면 누구나 이런 딜레마에 빠지게 된다.
올바르지 않은 스윙으로 또는 자신과 맞지 않는 여러 가지 스윙 이론을 생각하며 스윙해도, 오랜 시간 동안 반복하여 볼을 치면 볼을 잘 맞힐 수 있다는 것이다.
왜냐하면 같은 자리에서 오랜 시간 동안 같은 스윙으로 연습하면, 백 스윙을 할 때 몸이 움직이는 순서의 반대로 다운 스윙이 움직이게 되는, 즉 타이밍이 맞게 되어 볼을 정확히 맞힐 수 있게 되기 때문이다. 또 스윙을 많이 하다 보면 자신만의 스윙 박자, 즉 리듬을 갖게 되고, 전체 스윙의 템포도 기계적으로 되어 볼이 잘 맞게 된다. 그러나 우리가 골프 코스에 가서는 18홀 라운딩할 때 45개 내지 60개 정도의 볼을 치기 때문에 연습장에서 처음 45개 내지 60개의 볼을 칠 때와 같은 상황이 된다. 적어도 100개 이상의 볼을 쳐야 타이밍과 리듬이 맞아 그제서야 볼을 맞히는 사람들은 18홀 라운딩을 하면서 연습장에서 경험했던 좋은 샷을 한다는 것이 쉽지 않을 것이다.
이러한 이유 때문에 많은 아마추어 골퍼들이 골프 코스에서 라운딩을 마칠 즈음부터 볼이 잘

맞기 시작하니까 "난 36홀 체질인가 봐" 하는 말들을 하는 것이다.

또, 너무 많은 연습으로 잠시 타이밍이나 리듬이 좋아져 볼을 잘 치게 되었던 것을 마치 연습 도중 자신이 발견한 새로운 스윙의 테크닉에서 기인된 것으로 잘못 오해해, 골프 코스에서 새로운 스윙 테크닉을 생각하며 스윙을 시도한다면 그날의 게임은 '지나친 분석에 의한 무능력 상태(paralysis by analysis)'가 되는 것이다. 그래서 골프 코스에서의 실전 게임은 물리학이나 기계학 등의 지식으로 풀어 가는 것이 아니라 스피드가 생명인 스포츠라는 영역 안에서 해결되어야 한다.

골프 볼은 임팩트 순간 클럽 헤드의 스피드에 의해 거리를 갖게 되고 탄도(trajectory)도 갖게 된다. 그런데 골프 코스에서 실제 볼을 치면서 스윙에 대한 여러 가지 생각(swing thoughts)을 하게 되면 임팩트 순간 클럽 헤드의 스피드는 스윙에 대한 생각을 하나 더 할 때 마다 배가 되어 떨어지게 된다.

1 오른손에 든 볼을 던질 때와 같은 느낌으로 클럽을 던진다는 생각을 하며 드라이버 샷을 해본다.

여기서 잠시 잭 니클라우스의 조언을 생각해 볼 필요가 있다. "골프 스윙을 하면서 한 가지 이상의 스윙 테크닉을 생각해도 스윙 리듬을 잃지 않고 스윙을 잘 할 수 있는 재능을 부여받은 빅 잭이라는 사람이 있다 치자. 엄청난 재능을 가진 그이지만, 그 역시 한 가지 정도만의 스윙에 대한 생각을 가지고 실전 게임에 임해야 성공적인 라운딩을 할 수 있을 것"이라고 했다. 골프 천재인 잭 니클라우스 역시 연습할 때나 첫 번째 홀 첫 티 샷에서부터 18홀 라운딩 끝날 때까지 그날에 꼭 필요한 오직 한 가지의 간단한 스윙 생각만을 가지고 볼을 치고 플레이한다는 말이다. 예를 들어 오늘은 백 스윙 테이크 어웨이를 스무드하게 한다는 생각 한 가지만을, 다음 라운딩에서는 백 스윙 톱에서 다운 스윙 시작을 스무드하게 한다는 생각 한 가지만을 해야 하는 것이다.

특히 드라이버 샷을 할 때 어드레스 때, 백 스윙 때 너무 많은 생각을 하다 임팩트 순간의 헤드 스피드를 잃게 되어 스카이 샷을 자주 유발하는 사람들은 드라이버 샷을 할 때마다 오로지 클럽을 마치 오른손에 든 볼이라고 생각하며 클럽을 던져 준다는 생각 하나만을 갖고 스윙에 임해야 한다〈사진 1〉.

이렇게 간단한 생각 하나만을 가지고 실전 게임에 임해 보면 골프가 그렇게 많은 시간과 노력과 고통을 수반해야만 잘 되는 스포츠가 아니라는 것을 알게 된다. 나아가 지나친 연습으로 만들어진 자기만의 스윙 생각들에서 벗어나야만 스윙 스피드를 갖게 되며 스피드 스포츠로서의 골프의 참맛을 알게 될 것이다.

Chapter.3 효과적으로 거리 내는 방법

● **자신만의 좋은 리듬을 찾아 연습하면 헤드 스피드를 가속시킬 수 있다**

골프 용어 중에서 템포, 리듬, 타이밍이라는 단어들의 의미를 혼동하며 쓰는 경우를 많이 보았다. 템포라는 말은 골프 스윙 전체의 빠르기를 말한다. 이는 개인적인 특성이나 기호에 따라 느리기도 하고 빠르기도 하다. 따라서 느린 템포의 스윙보다 빠른 템포의 스윙이 좋다 혹은 나쁘다라고 말할 수는 없는 것이다.

타이밍이 좋았다 나빴다 하는 말은 골프 스윙에서 몸과 클럽이 잘 조화되어 임팩트 때 볼을 잘 콘택트할 수 있었느냐 없었느냐 하는 말이다. 타이밍이 좋으려면 백 스윙을 했을 때, 몸이 움직이는 순서를 역으로 하여 다운 스윙을 하면 된다. 예를 들어 백 스윙의 움직임이 ①손, ②팔, ③어깨, 상체 ④히프, ⑤다리, 발 순서로 되었다면 다운 스윙은 5-4-3-2-1의 순서로 되어야만 타이밍이 좋았다고 할 수 있으며, 더불어 최대의 스윙 스피드를 가질 수 있는 것이다. 어쨌든 이것은 기술적인 문제로 많은 연습이 필요한 부분이다.

그러면 리듬이란 무엇인가? 리듬이란 자신만이 갖고 있는 속도감에 맞춘 전체 골프 스윙에 규칙적인 흐름을 말한다. 아널드 파머는 골프에서 좋은 리듬은 골퍼들을 감옥에서 탈출시키는 것과 같다고 했다. 또, 좋은 리듬을 가진 것을 자신의 골프 스윙에서 가장 큰 장점으로 꼽고 있는 어니 엘스도 좋은 리듬감은 골프 코스에서 플레이할 때 모든 종류의 문제점을 해결해 줄 수 있어 나쁜 샷을 했을 때 덜 나쁘게 하고 좋은 샷은 더욱 좋게 만든다고 말하고 있다.

타이거 우즈(Tiger Woods), 벤 호건(Ben Hogan), 톰 왓슨(Tom Watson)이나 레니 웨킨스(Lanny Wadkins)와 같이 빠른 템포의 스윙을 하는 선수들은 그들의 말이 빠르고 걸음이 빠르며 행동이 빠르기 때문에 그들에게 있어서의 완벽한 리듬은 '빠른 리듬'인 것이다.

반대로 프레드 커플스(Fred Couples), 어니 엘스(Ernie Els)와 같이 편안하며 느리게 걷고 느리게 말하는 타입의 사람은 부드러운 박자로 가는 리듬이 어울린다. 그들에게 레니 웨킨스나 닉 프라이스(Nick Price)와 같은 빠른 리듬으로 스윙할 것을 권했다면 지금처럼 유명한 선수가 되지 못했을 것이다. 빠른 리듬을 가진 벤 호건을 프로 포커 선수에, 부드럽고 여유로운 리듬을 가진 샘 스니드(Sam Snead)를 농부에 비유한 것은 이러한 개인에 따른 리듬의 차이를 이해하는 데 도움이 되는 좋은 예가 된다.

따라서 자신에게 맞는 리듬을 찾는 것은 아주 중요한 일이다. 우선 자신이 어떤 타입의 사람인지를 구분한 다음 거기에 맞

드라이버 헤드 끝을 잡고 임팩트를 지나며 휙휙 소리가 나게 스윙 연습을 해보면 스윙의 리듬을 찾을 수 있다.

는 리듬을 찾아야 한다. 말이나 걸음걸이가 느리며 행동이 느긋한 사람은 테이크 어웨이할 때 '하나(one)'라고 카운트하고, 백 스윙 톱에 갔을 때 '둘(two)'이라고 말하고 다운 스윙하여 임팩트를 지나 피니시할 때 '셋(three)'이라고 말한다.

실제 샷을 할 때는 실행하지 않더라도 연습 스윙할 때 이렇게 해 보면 여러 가지 복잡한 스윙 이론을 생각하며 골프 스윙을 할 때보다 클럽 헤드의 스피드를 높여 주는 데 도움이 된다는 것을 알 수 있다.

또 말이나 걸음걸이가 빠른 사람은 빠른 리듬이 필요하기 때문에 '하나~둘(one~two)' 하는 리듬에 맞춰 연습해 본다. '하나(one)'는 백 스윙을 하면서, '둘(two)'은 다운 스윙, 임팩트 피니시를 하면서 카운트한다. 텔레비전 골프 중계를 보며 어니 엘스의 스윙에 '하나~둘~셋(one~two~three)'의 리듬을, 타이거 우즈 스윙에 '하나~둘(one~two)'의 리듬을 대비해 보고, 자신의 골프 스윙에도 적용해 볼 것을 추천한다.

골프 코스에서 게임을 하는 도중 갑자기 자신의 리듬을 잃었을 때 〈사진 1〉처럼 드라이버 헤드의 끝을 가볍게 잡고 휙휙 소리가 나게 휘둘러 보는 연습(swish drill)을 해 보는 것도 리듬을 되찾는 좋은 방법이 된다. 휙휙 소리가 다운 스윙의 시작에서 나지 않고 임팩트를 지나면서 나게 스윙해 보며 점점 소리가 커지면서 리듬을 되찾게 될 것이다. 투어 프로들도 게임 도중 이러한 연습을 하는 것을 종종 볼 수 있다.

볼을 차례대로 쉬지 않고 쳐보는 연습으로 얻어진 리듬감을 기억하여 실제 샷을 해보자.

또 볼을 10개쯤 세로로 5cm 간격으로 늘어놓고, 첫 번째 볼 앞에서 어드레스하여 볼을 치고 난 다음 쉬지 말고 곧장 차례로 10번째 볼까지 연속적으로 스윙하며 볼을 치면 스윙의 리듬을 자동적으로 익히게 된다〈사진 2〉.

좋은 리듬은 클럽을 잘 컨트롤하여 최대의 스윙 스피드(헤드 스피드)를 가져다 주며, 스윙하는 동안 처음부터 끝까지 완벽한 밸런스를 유지해 준다.

Chapter. 3 효과적으로 거리 내는 방법

● 샷의 모든 것이 타이밍에 달려 있다

일반 골퍼들이 많이 사용하고 있는 단어 중, 그 참뜻은 이해하지 못하지만 가장 중요한 부분임에는 틀림없다고 느끼는 것이 있다. 언젠가 박세리가 한 인터뷰에서 "오늘 챔피언의 자리에 있게 해 준 훌륭한 샷들은 타이밍(timing)이 좋았기 때문에 만들어졌다"라고 말한 적이 있다. 미국의 어떤 프로는 "It's all in the timing"이라고도 표현했다. 즉, 대부분의 투어 프로들은 실수 샷의 원인이 나쁜 타이밍에 있다고 여긴다.

이러한 의미로 쓰인 타이밍이란 우리가 생각하는 스윙의 빠르고 느린 템포(tempo)와 다르며 리듬과도 다른 것임을 알아야 한다. 즉, 스윙 템포나 리듬이 타이밍에 영향을 주는 요소이기는 하지만 템포나 리듬이 개인마다 좀 달라도 타이밍은 좋을 수 있다. 예를 들어, 빠른 템포의 스윙을 하는 레니 웨킨스는 그다지 리드미컬하지는 않지만 완벽한 타이밍을 가지고 있는 대표적인 사람이다. 어니 엘스, 프레드 커플스, 바비 존스(Bobby Jones)나 페인 스튜어트(Payne Stewart), 래리 마이츠(Larry Mize) 같은 사람들의 스윙은 리드미컬하면서도 좋은 타이밍을 가지고 있다. 즉, 자신의 템포에 맞추어 리듬을 갖게 되면 좋은 타이밍을 갖는 기회를 만들 수 있다.

히프나 몸이 팔보다 빨리 나가게 되면 임팩트 타이밍이 느려진다. → 두 발을 모으고 왼발 뒤꿈치는 들고 스윙 연습을 하면 팔과 몸이 일체가 되며 임팩트 타이밍이 좋아진다.

히프나 몸통보다 두 팔이 먼저 나가 스윙되면 임팩트 타이밍이 빨라진다. → 히프, 하체가 리드하는 야구 스윙 연습을 하면 임팩트 타이밍이 좋아진다.

좋은 타이밍은 팔과 클럽이 몸통, 히프 턴과 얼마나 잘 연결되고 조화되었는지가 중요한 요인으로 작용한다. 그래서 임팩트 순간에 올바른 스윙 패스로 클럽 페이스가 타깃 방향에 스퀘어하게 됐을 때 타이밍이 좋다고 한다. 다운 스윙에서 히프나 몸통이 팔보다 너무 빨리 나가게 되면〈사진 1〉 푸시 샷을 하거나 뒤땅을 치게 되며, 팔이나 어깨가 히프나 몸통보다 너무 빨리 나가게 되면〈사진 2〉 풀 샷이 되거나 토핑 샷을 하게 된다. 푸시 샷을 하거나 뒤땅을 많이 치는 사람은 팔을 조금 더 빨리 스윙하는 연습을 해야 하며, 풀 샷이나 토핑 샷을 많이 하는 사람은 임팩트를 지나면서 올바른 히프 턴을 위한 연습이 필요하다.

다운 스윙 때 히프나 몸통이 팔보다 너무 빨리 나가는 골퍼들은 두 발을 모으고 볼 앞에 어드레스한 다음, 왼발을 한 발자국 뒤로 물려 놓고 왼발 뒤꿈치를 들고 발가락은 땅에 닿게 하고 스윙 연습을 하면 잃어버렸던 타이밍을 찾을 수 있다. 반대로 팔이 히프나 몸통보다 빨리 나가는 골퍼들은 똑바로 서서 클럽을 잡은 두 팔을 앞으로 쭉 뻗어 공중에서 클럽을 휘두르며 스윙 연습을 한다. 마치 야구를 할 때 타자가 배트로 스윙하듯이 하체가 스윙을 리드하는 것을 느끼게 되면 타이밍이 좋아질 뿐 아니라 클럽 헤드의 스피드가 빠르게 되어 거리가 늘어나게 된다.

Chapter. 3 효과적으로 거리 내는 방법

릴리스는 클럽 헤드 스피드를 위한 또 하나의 무기

골프 스윙에서 릴리스란 축적해 놓은 에너지를 모두 풀어 내놓는 행위로 릴리스를 올바로 하지 못하면 스윙의 파워와 방향성을 모두 잃게 된다.

● **골프 스윙에서 릴리스란?**

릴리스(release)라는 단어의 뜻을 오해하여 사용하거나 그 뜻을 모르고 있다면 골프 스윙 자체를 이해하기 힘들다. 릴리스는 단순히 그 의미를 풀이하자면 몸통과 두 팔과 클럽 헤드를 어드레스 때와 비슷한 상태로 되돌려 놓는다는 말로, 백 스윙하면서 축적해 놓은 에너지를 풀어 내놓게 된다는 것이다. 즉, 백 스윙 때는 몸통이 턴하고 손목이 엄지손가락 쪽으로 꺾이는 코킹이 일어나고 왼팔 앞부분의 회전이 몸통의 턴과 함께 일어난다〈사진 1〉.

다운 스윙을 하여 임팩트를 지나면서 히프와 몸통이 턴을 하며 손목 코킹도 풀어지고 왼팔 회전도 일어나게 되는 것이다〈사진 2〉. 임팩트 존(zone)에 오기 전에 몸통이 이미 타깃 방향

백 스윙 때는 손, 팔, 어깨, 몸통, 히프가 모두 돌려지고 열려져서 파워를 축적한다.

손, 팔, 어깨, 몸통, 히프 모두 다시 돌려 닫혀지면서 파워를 모두 풀어 놓은 상태다.

다운 스윙을 하면서 하체가 너무 빨리 움직여 두 팔이 따라가지 못하게 되면 릴리스가 늦어진다.

몸통 턴이나 히프 턴이 되지 않고 손, 팔만 로테이션된 상태.

몸통 턴, 히프 턴과 함께 손, 팔이 모두 릴리스된 상태.

과 마주보게 되거나 손목의 코킹이 다 풀어지거나 왼팔의 회전이 이미 이루어진 것을 보고 '얼리 릴리스(early release)되었다' 고 한다. 백 스윙 때 축적했던 에너지를 임팩트 순간까지 가지고 오지 못하고 그 이전에 에너지, 즉 파워를 손실하고 만 것이다. 그런데 아마추어 골퍼들에게 주로 일어나는 얼리 릴리스 현상은 손목의 코킹이 빨리 풀리는 것이다. 몸통의 턴과 함께 왼팔 회전이라는 부분에서의 릴리스는 얼리 릴리스가 문제가 되는 것이 아니라 릴리스가 되지 않는다는 것이 문제인 것이다. 임팩트를 지나며 클럽 페이스가 오픈되어 슬라이스의 원인을 만드는 것은 바로 이 부분에서의 릴리스에 문제가 있기 때문이다. 릴리스의 문제점들을 살펴보면 다음과 같다.

첫째, 막 골프를 시작한 아마추어 골퍼들은 대부분 그립을 잘못 잡아 릴리스가 일어나지 못하며, 올바른 스윙 패스를 갖지 못할 때, 또는 왼팔의 긴장이 몸통, 팔과 손, 클럽이 함께 자유롭게 회전되는 것을 막을 때 올바른 릴리스를 할 수 없게 된다. 둘째, 골프에 입문한 지 2~3년 정도 되는 골퍼들의 문제점은 다운 스윙을 하면서 하체가 너무 빨리 움직여 두 팔이 미처 따라 가지 못하고 스윙될 때〈사진 3〉, 팔과 손, 클럽의 릴리스가 늦어지게 되는 데 있다. 이로 인해 토핑 샷, 뒤땅 샷을 자주 하게 된다.

반대로 프로급 골퍼들에게서 자주 보이는 릴리스의 문제점은 충분한 히프 턴이나 어깨와 몸통의 턴 없이 몸과 머리를 볼 뒤에 남겨 놓고 두 팔과 두 손만을 릴리스한 상태〈사진 4〉가 되어 훅 샷을 유발할 수 있다는 것이다. 이러한 사람들은 몸통과 함께 왼팔 회전, 클럽의 회전이 이루어지도록 연습해야 한다〈사진 5〉.

Chapter. 3 효과적으로 거리 내는 방법

오른손잡이 골퍼는 오른팔의 파워를 이용해야 한다

오른손잡이의 파워 소스는 오른손·팔에 의해 만들어진 손목의 코킹, 오른 팔꿈치의 접힘, 손등의 커핑 등으로 왼손·팔에 의해 만들어진 그것에 비해 더 많은 요소가 있다.

● **오른손잡이 골퍼는 오른팔의 파워를 이용해야 헤드 스피드를 늘릴 수 있다**

골프 스윙을 '왼쪽 어깨를 턴해서 다시 왼쪽 히프를 턴하여 가는 것'이라고 일축하여 표현하는 사람들이 있다. 그만큼 골프 스윙에 있어서 왼쪽 몸의 움직임이 중요한 것(오른손잡이의 경우)임에 틀림없는 모양이다. 그래서 어떤 골퍼들은 아예 오른쪽 팔을 묶어 놓고 왼쪽 팔과 손만을 사용하여 생활하려는 열성을 보이기도 한다. 그만큼 골프에서 왼쪽 몸의 움직임이 많이 강조되어 왔는데, 때로는 너무 강조된 나머지 오히려 골프 스윙을 하는 데 해가 되기도 한다. 왼팔로 스윙을 리드해라, 왼팔을 높이 올려라, 왼쪽 팔꿈치를 펴라, 왼팔을 뻗어라, 왼팔로만 볼을 쳐라 등은 모두 오른손잡이 골퍼에게 필요한 이야기다.

백 스윙 때 왼팔과 클럽에 의해 2레버가 형성된다.

백 스윙 때 오른팔에 3레버가 형성되어 왼팔보다 더 많은 파워 소스를 가지고 있다.

왼손, 오른손 모두 코킹의 상태를 유지하여 레버를 지키고 있다. 오른손은 손목의 코킹뿐 아니라 팔꿈치가 아직 펴지지 않아 또 하나의 레버를 유지하고 있다.

오른손 손등의 커핑 상태가 유지되어 임팩트를 지나며 풀리게 될 때 또 하나의 파워 전달 요소가 더해진다.

오른 손등의 커핑 상태가 임팩트를 지나며 풀어져야 하는데, 볼을 퍼올리는 동작으로 인해 오른 손등의 커핑 모양이 일찍 다 풀어져 파워를 이미 잃은 상태.

그런데 실제로 오른손잡이 골퍼에게 있어서 오른쪽은 볼에 파워를 전달해 주는 중요한 부분이다. 오른손잡이인 테니스 선수, 야구 선수는 오른손, 오른팔, 오른쪽 몸을 더없이 중요하게 여기는데 왜 유독 골프만 오른손잡이 골퍼들에게 왼팔, 왼손과 왼쪽 부분의 움직임만을 강조하는지 모르겠다. 나아가 이러한 이론은 골프를 처음 배우는 사람에게는 더욱 부담을 주기도 한다. 이러한 이론에서 벗어나 오른손잡이 골퍼에게 몸의 왼쪽 부분은 골프 스윙을 리드하는 부분, 또 왼손잡이 골퍼들에게는 몸의 오른쪽이 골프 스윙을 리드하는 부분이라고 가볍게 생각해 볼 필요가 있다. 실제 볼을 치고 나가야 하는 부분은 오른손잡이 골퍼의 경우 몸의 오른쪽이 될 것이며 왼손잡이 골퍼는 몸의 왼쪽이 될 것이다.

골프 스윙의 파워, 즉 클럽 헤드 스피드를 빠르게 해주어 볼이 많이 뜨고 거리가 많이 나가게 해주는 요소는 여러 가지가 있겠지만 그 근본적인 요소는 손목의 코킹에 의해 만들어진 팔과 클럽에 의한 지렛대의 힘인 것이다. 오른손잡이에게 왼쪽 팔로 만들어진 지레는 왼팔과 클럽으로 2레버(lever)이지만〈사진 1〉오른팔로 만들어진 지레는 클럽과 오른팔 앞부분과 접혀진 팔꿈치에 의한 오른팔 뒷부분까지 3레버로 1레버가 더 많게 된다〈사진 2〉.

그래서 임팩트 때 오른 팔꿈치가 펴지면서 나오는 힘, 손목의 코킹이 풀어져 나오는 힘〈사진 3〉, 또 커핑(cupping)하고 있던 오른쪽 손등이 임팩트를 지나면서 펴지며 클럽 헤드에 스피드를 더해 주는 힘〈사진 4〉등은 오히려 왼손의 코킹이 풀리며 클럽 헤드에 전달되는 파워보다 더 크다고 할 수 있다.

파워의 손실로 일어나는 뒤땅 샷이나 토핑 샷은 오히려 오른팔의 역할에 대한 무관심으로 나타난 것이다. 임팩트 때 오른 팔꿈치를 곧게 펴주지 않고 오른 팔꿈치가 둥글게 구부러지면서 오른쪽 손등의 커핑 상태〈사진 5〉를 유지하지 못하고 손등을 국자 모양으로 하여 볼을 퍼올리듯 가격할 때 나타나는 샷들이다. 이러한 문제를 해결하려면 백 스윙 때 3개의 레버를 가진 오른팔이 임팩트 때 정확히 움직일 수 있도록 연습해야 한다. 왼손잡이 골퍼에게는 물론 3개의 레버를 만드는 왼팔의 힘이 잘 작용해야 클럽 헤드에 스피드를 가속시킬 수 있다.

Chapter. 3 효과적으로 거리 내는 방법

긴 클럽으로 거리 내기

드라이버나 페어웨이 우드, 롱 아이언으로 거리를 내려면 클럽 헤드의 스피드가 빨라야 하며 클럽 헤드 스피드가 빠르려면 스윙의 스피드와 템포가 빨라야 한다.

● 티잉 그라운드를 잘 사용하면 20야드는 더 늘릴 수 있다

악성 슬라이스 드라이버 샷, 몸의 에임과 티잉 그라운드(teeing ground)를 잘 설정하면 드로 샷으로 전환시킬 수 있다.

벤 호겐은 "드라이브 샷을 잘할 수 없다면 골프 플레이를 잘할 수 없다"라고 단호하게 말했으며 바이런 넬슨은 "내 골프 백에서 가장 중요한 클럽은 드라이버다"라고 했다. 라운딩을 마치고 난 어떤 아마추어 골퍼는 "오늘 하루 다른 모든 샷이 잘 안 됐지만, 마음에 드는 잘 맞은 딱 한 번의 드라이버 샷 때문에 기분이 좋다"라는 말을 하는 것을 들었다. 이렇듯 티잉 그

티잉 그라운드의 오른쪽 티 마커 근처에서 티 샷을 하면 다운 스윙의 궤도를 아웃사이드에서 인사이드하도록 도와 준다. 이때 몸까지 왼쪽 방향으로 에임하면 드라이버 훅 샷을 막을 수 있다.

라운드에서 첫번째로 하는 드라이버 샷은 그날의 골프 게임을 성공으로 이끄는 열쇠가 되는 것이다. 두 번째 샷을 하기에 최적인 위치의 페어웨이에 드라이버 샷을 해 놓으면 그 때부터 신바람이 나며 콧노래가 절로 나온다. 이런 좋은 기분은 골프 스윙의 리듬과 타이밍을 좋게 하여 좋은 스윙이 나오게 함으로써 게임 결과를 성공적으로 이끈다. 그러나 반대로 볼은 잘 맞은 것 같은데 볼에 훅이나 슬라이스 스핀이 생겨서 타깃 방향보다 왼쪽이나 오른쪽으로 많이 휘어져 OB가 난다든지 해저드에 빠지는 경우가 있다. 이런 상황이 발생하면 그때부터 난감해지며, 긴장되면서 골프 스윙의 리듬이 깨져 자신만의 스윙 감각을 잃어버리는 경우가 생긴다. 그래서 훅 샷이나 슬라이스 샷을 자주 하는 사람들은 티잉 그라운드에 올라가는 것조차 두려워하기도 한다.

티잉 그라운드에서의 드라이버 샷이 오른쪽, 왼쪽으로 많이 휘어지는 가장 큰 원인은 볼을 보내고자 하는 타깃 방향과 어깨, 힙, 무릎, 양발을 평행하게 만들지 못하는 데 있다. 이로 인해 다운 스윙 때 클럽이 인사이드에서 아웃사이드로, 또는 아웃사이드에서 인사이드로의 스윙이 되면서 임팩트 때 클럽 페이스가 타깃 방향에 스퀘어하지 못하면, 오른쪽에서 왼쪽으로 또는 왼쪽에서 오른쪽으로 심하게 도는 스핀이 만들어진다. 볼이 왼쪽으로 커브를 그리며 날아가는 샷을 주로 하는 사람들은 볼이 왼쪽으로 날아가는 것을 두려워한 나머지 아예 타깃 방향의 오른쪽으로 에임하여 어깨와 스탠스를 클로즈하여 티잉 그라운드의 왼쪽 티 마커에서 가까운 위치에 티를 꽂고 티샷을 하기도 한다.

하지만 왼쪽 티 마커에 가까운 위치에서 하는 티샷은 다운 스윙 궤도를 인사이드에서 아웃사이드가 되게 만든다. 또 클로즈 스탠스, 즉 오른쪽 방향으로 세워진 몸의 정렬은 다운 스윙을 더욱 인사이드에서 아웃사이드의 스윙을 하게 만들어 훅성 샷에서 벗어나지 못하게 된다. 이와 마찬가지로 볼이 오른쪽으로 날아가는 것을 두려워한 나머지 아예 타깃 방향의 왼쪽으로 몸을 에임하여 어깨와 스탠스를 오픈, 티잉 그라운드의 오른쪽 티 마커에 가까운 위치에서

티잉 그라운드의 왼쪽 티 마커 근처에서 몸을 오른쪽 방향으로 에임해 티 샷을 하면 인사이드에서 아웃사이드의 다운 스윙 궤도를 갖게 되어 슬라이스 샷을 고칠 수 있다.

Chapter.3 효과적으로 거리 내는 방법

티를 꽂고 티 샷을 하는 것 역시 악조건만을 만든다.

한국인뿐 아니라 슬라이스 샷을 많이 하는 미국인 중에도 몸의 에임을 타깃 방향의 왼쪽으로 오픈해 놓고 티잉 그라운드의 오른쪽 티 마커에 가까운 위치에서 티 샷을 하는 이들이 있다. 이것을 보고 미국의 골프 코치들은 "Never ending better(갈수록 결과가 절대 좋아지지 않는다)"라는 말을 한다. 이러한 시도가 결국은 점점 볼에 슬라이스 스핀만 더 많이 생기게 만들어 평생 슬라이스 샷에서 벗어나지 못하는 고민에 빠지게 된다는 것을 경고하는 것이다.

하지만 의외로 이러한 문제점을 간단히 해결할 수 있는 방법이 있다. 드라이버 샷에 훅 스핀이 많이 나는 사람은 인사이드에서 아웃사이드의 다운 스윙 궤도를 완화시켜 주면 된다. 즉, 타깃 방향보다 몸의 에임을 약간 왼쪽으로 하며 티잉 그라운드의 오른쪽 티 마커 방향에서 티 샷을 하면 된다〈사진 1〉. 이렇게 하면 너무 심하던 인사이드에서 아웃사이드의 다운 스윙 궤도가 완만하게 될 뿐 아니라 혹시 볼이 왼쪽으로 휘더라도 페어웨이에 떨어지게 된다. 반대로 훅성 샷을 해 보는 것이 평생의 소원인, 악성 슬라이스 샷의 주인공들은 티잉 그라운드 왼쪽 티 마커 방향에서〈사진 2〉 타깃 방향보다 오히려 더 몸의 에임을 오른쪽으로 하고 특히 스탠스를 클로즈하여 몸의 자세를 취하고, 다운 스윙을 하면서 골프 클럽을 더 오른쪽으로 던져 준다는 생각을 하며 스윙한다. 이렇게 하면 다운 스윙 궤도가 인사이드에서 아웃사이드로 변화되어 볼이 오른쪽에서 왼쪽으로 도는 스핀을 갖게 된다. 특히 티잉 그라운드의 왼쪽 티 마커 가까운 지점에 티를 꽂고 드라이버 샷을 하면 이제까지 한 번도 해 보지 못했던 드로 샷까지도 해 볼 수 있게 된다.

● 페어웨이 우드로 실수 줄이는 방법

어떤 골프 클럽으로도 토핑 샷을 할 수 있지만 특히 페어웨이 우드 4, 3번을 사용할 때 토핑 샷을 자주 하게 된다. 골프를 처음 시작한 초보자라면 5번이나 7번 우드를 사용, 중요한 한 타의 실수 샷을 막을 수 있다.

3번 우드로 토핑 샷을 하는 세 가지 원인을 분석, 그에 대한 치료를 하면 3번 우드를 사용해도 겁먹지 않고 스윙을 할 수 있다. 그 자세한 방법은 다음과 같다.

첫째, 어드레스 자세에서 히프를 뒤로 빼서 등을 지면과의 수직선에 20도 각도로 굽히지 못하는 경우. 즉, 히프를 뒤로 빼지 않고 등을 너무 곧게 세워 스윙하거나 등을 너무 많이 굽혀 활처럼 휘어져 있는 자세로 스윙한다면 몸을 세웠다 굽혔다 하는 움직임이 일어나 토핑 샷이 나오게 된다. 〈사진 1〉처럼 몸이 일어나면서 임팩트에 오게 되는 것이다.

이러한 토핑 샷은 올바른 자세를 갖게 함으로써 고칠 수 있다. 즉, 무릎을 굽히지 않고 똑바로 서 있는 자세에서 먼저 히프를 뒤로 빼고 등은 20도 정도 앞으로 숙인다. 그 다음 양쪽 허벅지를 앞으로 살짝 내밀어 두 무릎에 탄력성을 갖게 하여 어드레스하고, 스윙하는 동안 등이나 무릎의 숙여진 각도를 그대로 유지한다는 생각을 하며 스윙 연습을 하면 고칠 수 있다.

둘째, 백 스윙의 테이크 어웨이 때 타깃 라인에서 클럽을 너무 안쪽으로 가져가면 다운 스윙 때 스윙 플레인이 가파르게 된다. 이로 인해 백 스윙 톱에서 볼에 몸이 덮쳐지면서 내려오는

어드레스 때 등이 너무 곧추세워져 있었거나 등이 너무 구부정한 상태였다면 다운 스윙 때 몸을 일으키면서 토핑 샷을 하게 된다.

백 스윙의 테이크 어웨이에서 클럽을 타깃 라인의 안쪽으로 돌려 심하게 인사이드로 스윙되면 다운 스윙 때 상체가 먼저 내려오는 아웃사이드에서 인사이드 스윙이 되어 토핑 샷을 하게 된다.

백 스윙 때 왼쪽 어깨가 오른쪽 어깨보다 더 올라가 스윙이 되거나 팔이 너무 플랫하게 백 스윙이 된 경우, 다운 스윙이 타깃 라인의 인사이드로 내려오게 되면서 왼쪽 히프가 타깃 방향으로 많이 밀리며 두 팔과 손이 몸을 따라오지 못하여 토핑 샷을 하게 된다.

다운 스윙(스윙 패스가 아웃사이드에서 인사이드로 되는 스윙)이 되어, 클럽이 볼의 뒷부분부터 치지 못하고 볼의 윗부분을 치고 가는 토핑 샷이 나오게 된다. 〈사진 2〉처럼 몸이 덮쳐지며 임팩트에 가해진다. 이러한 경우에는 클럽 헤드를 타깃 라인을 따라 테이크 어웨이하여 백 스윙을 조금 업라이트하게 한다는 느낌이 들도록 조절해 준다. 또, 다운 스윙 스타트 때 클럽을 잡은 두 손을 밑으로 2~3cm 정도 내려주어 타깃 라인 안쪽에서부터 시작되는 다운 스윙을 연습해야 한다.

셋째, 팔을 위로 올리지 않고 너무 완만하게 몸통 주변으로 돌리기만 하여 백 스윙을 할 때 오히려 왼쪽 어깨가 오른쪽 어깨보다 높아지기도 하며 또 너무 평평하게 턴이 되는 경우가 있다. 이 때 다운 스윙을 하면서 클럽이 타깃 라인의 안쪽에서 내려오게 되면 클럽이 너무 늦게 몸통의 뒤쪽에서 따라오게 되어 실제 임팩트 순간에서는 클럽 헤드가 볼을 퍼서 올리는 동작으로 된다. 결국 볼의 윗부분만을 가격하게 되어 토핑 샷이 된다. 〈사진 3〉처럼 왼쪽 히프가 먼저 빠지면서 클럽이 뒤따라오게 된다. 이 때는 백 스윙 스타트 때 왼쪽 어깨를 10~20도 내려서 스윙하면 팔이 위로 올려지면서 올바른 백 스윙 플레인을 만들 수 있다. 또 두 발을 모으고 어드레스하여 스윙 연습을 하고 볼을 쳐본다. 다운 스윙할 때 두 팔과 두 손이 히프나 몸통의 회전과 함께 빠르게 나가는 연습이 되어 결국 히프와 몸통, 두 팔이 클럽과 함께 스윙되는 것을 느낄 수 있다. 이러한 연습들을 반복하다 보면 임팩트 순간에 두 손이 클럽 헤드보다 앞쪽(타깃 방향)에 있게 되어 3번 우드로도 토핑 샷이 아닌 견고한(solid) 샷을 구사할 수 있게 된다.

● 롱 아이언 샷을 잘하려면 스윙을 빠르게

롱 아이언이나 3번, 4번 우드를 잡으면 일단 긴장이 되어 자연스러운 스윙이 되지 않는다. 이로 인해 실수 샷을 범하고는 '스윙이 너무 빨랐다' 심지어는 '백 스윙이 너무 빨랐다' 라고 들 말한다. 그런데 실제로는 백 스윙은 느리고 다운 스윙 템포가 빨라졌기 때문이다. 또 드라이빙 레인지에서 연습하는 사람들 중 아이언 샷 연습을 잘하다가 우드 샷 연습을 할 때 볼이 잘 안 맞으면 '스윙이 너무 빨라서 잘 안 맞는 것 같다. 스윙을 천천히 해 봐야겠다' 라고 잘못된 진단을 한다. 실제 드라이빙 레인지에서 그렇게 연습하면 볼이 잘 맞는 것 같지만, 또다시 골프 코스에 나가 롱 아이언 샷을 할 때 스윙을 천천히 하면서 샷을 해봐도 볼은 역시 잘 맞지 않는 것을 알게 된다. 이런 상황이 반복되면 '무엇이 또 문제인가' 하는 딜레마에 빠지게 된다.

클럽 헤드의 스피드가 빠르면 볼이 잘 뜨고 거리도 많이 나고 방향도 좋아진다는 것은 누구나 다 알고 있다. 특히 클럽 헤드가 임팩트 순간을 지나면서 최고의 mph(mile per hour)를 갖게 될 때 가장 좋은 샷을 만들 수 있다. 물론 클럽 헤드의 스위트 스팟에 맞고 클럽 페이스가 타깃 방향에 직각을 이루었을 때는 더욱 그러하다. 아무리 타이밍이나 리듬이 좋아도 임팩트 순간 클럽 헤드의 스피드가 낮은 사람의 샷은 볼의 탄도(볼이 뜨는 정도)가 낮고 비거리가 짧으며 클럽 페이스가 열어 맞기 쉬워 슬라이스 볼이 많이 나온다. 더구나 클럽의 길이가 길어지며 로프트가 작아질수록 임팩트 순간 클럽 헤드의 스피드가 약해지고 클럽 페이스의

1. 일반적으로 긴 클럽으로 스윙할 때는 백 스윙을 천천히 하다가 다운 스윙이 시작되면서 스피드가 빨라지며 손목의 코킹이 풀어지고 스피드를 전부 잃은 임팩트 순간을 맞이한다.

2. 스윙의 리듬을 지키며 빠른 템포의 스윙을 해야, 빠른 헤드 스피드를 필요로 하는 긴 클럽이 효과적으로 일을 해낼 수 있다.

작은 로프트마저 일할 수 있는 기회를 잃어 볼을 띄울 수 없게 된다. 클럽의 길이는 긴데 스피드가 느리면 클럽을 컨트롤할 수 없어 뒤땅을 치게 되거나 스카이 샷, 심지어 토핑 샷, 생크 샷을 할 수 있다.

더구나 성격이 급하고 말이 빠르며 걸음걸이도 빠른 사람에게 스윙을 천천히 하라고 하면 신경이 쓰이게 되고, 백 스윙을 하다가 다운 스윙이 시작되면서 빠른 템포로 바뀌게 되어 결국 클럽 헤드를 캐스팅(casting, 다운 스윙을 시작하면서부터 오른 팔꿈치를 펴버려 손목의 코킹까지 다 풀린 상태)해 버린다든지, 손목 코킹이 얼리 릴리스되어 임팩트 순간에 클럽 헤드의 스피드를 모두 잃게 된다〈사진 1〉.

이러한 사람은 전체 스윙 템포를 빠르게 해야 하며 특히 롱 아이언이나 로프트가 작은 페어웨이 우드로 샷을 할 때는 스윙의 리듬을 가지고 빠른 스피드로 스윙해야 한다〈사진 2〉. 주의할 것은 전체적인 스윙 스피드는 빠르지만 백 스윙의 스타트인 테이크 어웨이와 다운 스윙의 스타트는 부드럽게(쉽게 표현하자면 템포를 조금 늦추는 듯하게) 해야 한다는 것이다. 성격이 느긋하고 움직임이 느린 사람에게 느린 템포의 스윙을 너무 강조하게 되면 전체적인 스윙 템포, 스윙 스피드가 너무 떨어져 클럽이 길어질수록 샷을 하기가 더욱 어려워지며, 특히 드라이버 샷을 할 때 스카이 샷을 하게 된다. 스윙 전체의 스피드가 빠른 사람이 클럽 헤드의 스피드도 빠르며 임팩트 순간 헤드 스피드가 빠르기 때문에 롱 아이언, 드라이버, 로프트가 작은 페어웨이 우드를 잘 운용할 수 있고 나아가 거리에 자신감도 생기는 것이다.

X

문제의 샷들과 치유법

골프 샷에서 생기는 문제점들은 모두 거리와 방향의 문제라 할 수 있다. 거리의 문제점은 스피드로 해결해야 한다. 백 스윙은 빠르게 하고, 임팩트 순간에는 최대 스피드를 내야 거리를 많이 낼 수 있다. 물론 테이크 어웨이와 다운 스윙 스타트는 부드럽게 되어야 한다. 또한 방향의 문제점은 그립, 에임, 볼 포지션의 조절로 간단히 해결할 수 있다. 이처럼 문제의 샷들을 치유해주는 노하우로 골프의 고민을 말끔히 해결해 보자.

part 4

슬라이스 샷, 3분이면 고칠 수 있다

골프를 배우면서 올바른 스윙의 동작 및 골프 클럽의 기능에 대한 이해가 없으면 슬라이스 샷에서 결코 벗어날 수 없으며, 심지어 평생 한 번도 드로 샷을 만들어 보지 못하는 사람들도 많다.

● 슬라이스 샷을 드로 샷으로!

'슬라이스(slice)'란 클럽 헤드가 임팩트 때 타깃 라인과 스윙 패스 라인에 모두 오픈되어 스윙될 때 볼에 왼쪽에서 오른쪽으로 스핀이 생겨 결국은 목표의 오른쪽으로 가는 것을 말한다. 그 원인은 여러 가지가 있겠으나 대표적인 몇 가지를 소개하며 그에 대한 대책도 생각해 본다.

우선 클럽 샤프트를 자신의 헤드 스피드에 비해 너무 강한 것을 사용하거나 로프트가 너무 낮은 클럽을 사용할 경우에는 'More Flexible, More Loft, Less Slice(샤프트가 잘 휘어지는 클럽, 로프트가 많은 클럽이 슬라이스 샷을 방지시킬 수 있다)'란 말을 기억할 필요가 있다. 드라이버를 포함한 롱 아이언(3, 4, 5, 6번)의 경우 볼을 너무 왼발 쪽에 놓아서 슬라이스가 나기도 하는데, 볼의 위치를 2~4cm만 오른발 쪽으로 옮기고 스윙해 보면 바로 다른 결과를 볼 수 있을 것이다.

자세를 타깃의 왼쪽으로 오픈해서 어드레스하면 슬라이스는 점점 더 심해진다. 차라리 그 반대로 몸 전체를 타깃 방향의 오른쪽으로 어드레스하거나, 〈사진 1〉과 같이 스탠스를 좁혀 서서 오른발을 30cm 가량 뒤로 물리고 스윙 연습하면, 다운 스윙 때 인사이드에서 아웃사이드 궤도를 갖게 된다. 〈사진 2〉와 같이 오른손 그립을 왼손 그립부터 5~8cm 정도 아래로 잡고 스윙 연습을 하면 팔과 손이 회전되어 임팩트 때 클럽 페이스를 스퀘어로 만들기 쉽다. 너무 약한 왼손 그립은 임팩트 때 클럽 페이스가 오픈되어 슬라이스가 날 수 있으므로 왼 손등의 반 이상이 눈에 보이게

오른발을 뒤로 물려 클로즈 스탠스를 취하면 다운 스윙을 인사이드에서 아웃사이드 스윙으로 만들어 준다.

잡는 강한 그립이 좋다.

초보자에게 일어나는 슬라이스 원인은 임팩트 지역에서 왼팔을 뒤로 잡아당겨 생기는 경우이거나, 오른쪽 어깨가 먼저 나가 상체가 볼을 덮치면서 나가는 경우(스윙 패스가 아웃사이드에서 인사이드)가 보통이다. 전자의 경우는 임팩트를 지나면서 재빠르게 왼쪽 팔꿈치를 접어서 고칠 수 있으며, 후자의 경우는 스펀지나 헤드 커버 또는 종이 박스 같은 것을 볼의 5~8cm 앞에 놓고 스윙하여 이를 건드리지 않고 스윙하는 연습을 하면 인사이드에서 인사이드 스윙에 도움이 돼 슬라이스를 막을 수 있다.

오른손을 왼손의 5cm 정도 아래로 잡으면 두 팔의 로테이션을 도와줄 뿐 아니라 몸통, 팔, 클럽이 함께 움직이며 스윙할 수 있게 해 준다.

구력이 있는 골퍼들에게서 흔히 볼 수 있는 슬라이스 원인은 무엇일까? 하체가 몸을 리드하는 것에 너무 집착한 나머지 다운 스윙 때 히프가 타깃 방향으로 너무 많이 움직이게 되어 팔과 클럽은 뒤늦게 따라가게 되고, 임팩트 때 몸과 팔, 클럽의 연결성(connection)이 없어져 클럽 페이스가 오픈되는 경우가 대부분이다. 이 경우 오른손으로만 볼을 치는 연습을 하거나 두 발을 모으고 스윙 연습을 한다거나 양쪽 겨드랑이에 헤드 커버를 끼우고 스윙 연습을 하면, 몸통 턴과 함께 팔과 손이 함께 스윙되는 것을 느낄 수 있고, 임팩트 때 클럽 페이스가 타깃 방향에 스퀘어되는 기회를 자주 가질 수 있다.

Chapter. 4 문제의 샷들과 치유법

● 그립, 에임, 볼 포지션으로 3분이면 슬라이스 샷을 고칠 수 있다

많은 사람들을 상대로 골프를 가르치면서 알게 된 것은 슬라이스성 볼의 구질을 가지고 있는 사람이 85% 이상 되며, 5~10년 이상 골프를 즐기면서도 슬라이스를 고치지 못하여 고민을 하는 사람들이 많다는 것이다. 그들 중 대부분은 이미 굳어진 스윙 습관을 가지고 있었으며, 이는 스윙의 어느 부분을 고쳐서 이루어질 수 있는 것이 아니었다. 또 학생들 스스로도 스윙을 고치게 되면 타이밍, 리듬 등이 깨지게 되어 볼을 잘 칠 수 없게 될까 두려워 아예 엄두도 내지 않으려 했다.

이러한 경우에는 스윙하기 전, 셋업할 때 몇 가지 프리스윙을 고침으로써 슬라이스 볼에서 벗어날 수 있다. 골프를 시작한 후 처음으로 드로 볼(draw ball)을 치는 기쁨을 이러한 과정을 통해 맛볼 수 있다. 그 방법을 소개해 보면, 먼저 그립을 강한 그립으로 바꾸어 왼팔의 회전을 도와 주어야 한다. 왼쪽 손등을 ⅜인치 시계 방향으로 돌려 강하게 그립하면〈사진 1〉 30야드의 슬라이스를 막게 된다〈그림 A〉. 그 다음은 타깃 방향에 평행하도록 만들어진 에임을 고치는데, 오른발을 뒤로 빼줌으로써 몸의 방향이 타깃의 오른쪽으로 향하도록 한다〈사진 2〉. 이렇게 하면 다운 스윙 때 인사이드에서 아웃사이드 스윙 궤도를 만들 수 있는 기회를 갖게 되어 드로성 샷을 기대할 수 있다. 또한 볼 포지션이 왼발 쪽으로 치우쳐 있게 되면 슬라이스 볼을 유발시키므로 볼을 오른발 쪽으로, 처음에는 5~7cm 정도 옮겨 놓는다(점차 3~5cm, 2~4cm 정도로 줄인다). 이 역시 다운 스윙 때 인사이드에서 아웃사이드의 스윙 궤

자신이 그립하고 있는 두 손을 위에서 내려다 볼 때의 왼손 손등과 오른손을 시계 방향으로 ⅜인치를 돌려 주면 30야드의 슬라이스를 막아줄 수 있다.

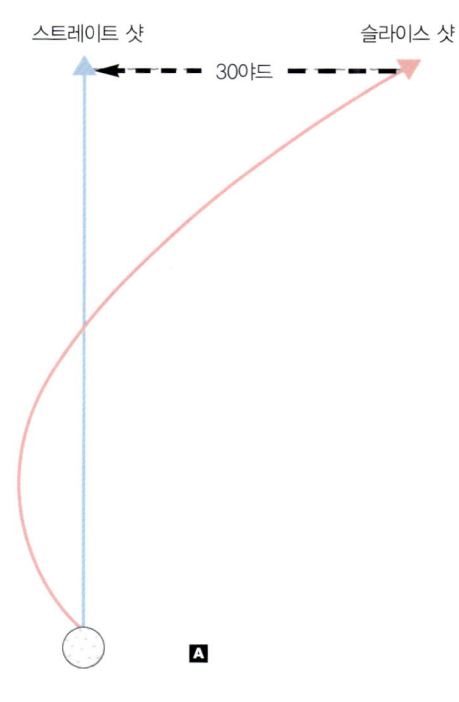

오른발을 뒤로 빼 주며 에임을 타깃의 오른쪽 방향으로 하고, 클럽 페이스를 스퀘어로 놓고 그립한 후 스윙하면 오른쪽에서 왼쪽으로 스핀하는 볼을 구사할 수 있다.

클럽 페이스를 타깃 방향에 아주 조금 클로즈시키고 난 다음 그립한다.

도를 만들어 주는 방법이다.

이렇게 그립은 강한 그립, 에임은 오른쪽으로, 볼은 오른발 쪽으로 옮겨 놓고 편한 마음으로 그동안 해 왔던 것처럼 부담 없이 스피드만 생각하며 스윙한다. 여기에서도 중요한 것은 이렇게 어드레스를 하면서도 클럽 페이스는 타깃 방향에 스퀘어(90도 각도)하게 놓은 다음 그립하여 클럽 페이스가 타깃 방향에 오픈되지 않도록 주의해야 한다. 만일 위에 열거한 방법에도 불구하고 여전히 슬라이스성 볼이 생기면, 클럽 페이스를 타깃 쪽에 아주 조금 클로즈시켜 준 다음〈사진 3〉 그립하여 볼을 쳐본다. 너무 클로즈되어 훅이 나게 되면 클럽 페이스를 다시 조금씩 스퀘어에 가깝게 놓으면 된다. 이렇게 하면 이제까지 한 번도 만들어 보지 못한 드로 샷을 만드는 기쁨을 맛볼 수 있게 된다.

Chapter. 4 문제의 샷들과 치유법

훅 샷, 강한 왼팔 로테이션이 있어야 만들어진다

프로 골퍼들이 인사이드에서 아웃사이드로 스윙하며 강한 왼팔 로테이션으로 훅 샷이 생기는 반면, 아마추어 골퍼들은 클럽 샤프트의 강도가 너무 강하거나 스윙 스피드에 비해 너무 낮은 로프트의 드라이버를 사용할 때 일어난다.

● **훅 샷이 일어나는 원인과 치료 방법**

볼이 왼쪽으로 휘는 훅 샷(hook shot)을 하는 사람들은 대부분 오른손 그립이 잘못되어 있다는 것을 알 수 있다. 오른 손바닥이 하늘 방향으로 향하며 잡혀져 집게손가락의 두 번째 뼈마디 부분이 클럽 샤프트의 아래에 위치한 것을 볼 수 있는데(강한 그립)〈사진 1〉, 이렇게 되면 임팩트 때 오른손으로 클럽 페이스를 빠르게 또는 너무 일찍 닫게 만들어, 볼의 탄도가 낮아

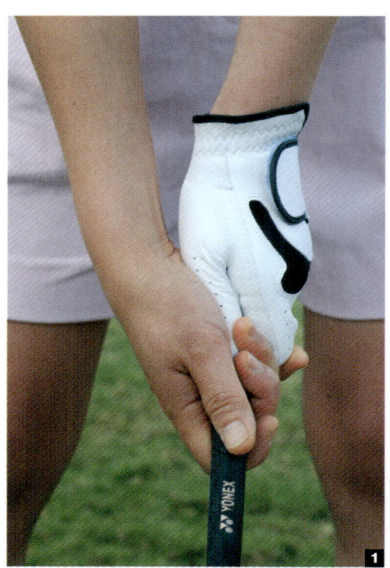

대부분 아마추어 골퍼들의 훅 샷 원인은 오른 손바닥을 샤프트 밑에 가져다 대고 그립하여 오른손의 그립을 강하게 하기 때문이다.

클럽을 지면과 평행하게 들어올렸을 때 오른손 집게손가락의 두 번째 뼈마디 부분이 눈에 살짝 보이게 그립해야 훅 샷을 피할 수 있다.

지며 볼이 왼쪽으로 가게 된다. 이때는 오른 손바닥을 타깃 방향으로 향하며 클럽에 갖다 대고 집게손가락과 가운뎃손가락 사이를 약간 벌려, 집게와 엄지손가락으로 마치 권총 방아쇠를 당기는 듯한 모양을 만들어 그립한다. 어드레스한 자세로 클럽을 지면과 평행하게 될 때까지 그대로 들어올렸을 때 오른손 집게손가락의 두 번째 뼈마디 부분이 눈에 보일 듯 말 듯 해야 한다.〈사진 2〉. 또한 오른 손바닥이 타깃 방향을 향하고 있어야 임팩트 때 클럽 페이스가 타깃 방향과 직각이 되어 볼에 콘택트할 수 있는 확률을 높일 수 있다.

실제 초보자들에게서 흔히 볼 수 있는 모습으로, 다운 스윙 때 상체가 먼저 볼을 향해 덮쳐지면서 스윙이 내려와 클럽 페이스가 섯 다운(shut down, 클럽 페이스가 타깃 방향의 왼쪽을 향하게 될 뿐 아니라 로프트까지 낮아지게 되는 것)되는 경우가 있다. 이 때 클럽 패스는 아웃사이드에서 인사이드이면서 클럽 페이스가 닫혀(스윙 패스와 타깃 라인에 모두 닫혀짐) 풀 훅 샷을 만들게 된다. 이러한 경우에는 오른손은 오른쪽 바지 주머니에 넣고 왼손 하나만으로 클럽을 잡아 스윙 연습을 하는 것이 가장 좋은 방법이다. 즉, 백 스윙 톱에서 다운 스윙을 시작하기 전에 왼쪽 히프를 타깃 쪽으로 2~3cm 정도 측면 이동하며, 히프를 턴할 때 왼손이 몸통과 함께 스윙되도록 연습한다. 이렇게 하면 몸의 왼쪽 부분(왼발, 왼쪽 무릎, 왼쪽 히프, 왼쪽 팔, 왼쪽 어깨)이 스윙을 리드하게 되어 올바른 스윙 궤도가 만들어지며, 임팩트 때 클럽 페이스가 닫히는 것을 막을 수 있다. 또는 〈사진 3〉처럼 백 스윙하여 다운 스윙할 때 임팩트를 지나면서 오른손을 놓아 주어 왼팔 하나로 스윙해 나가는 연습을 해도 좋다.

핸디캡이 낮은 골퍼들이나 가끔 투어 프로들에게도 일어나는 훅 샷은 스윙 패스가 인사이드에서 아웃사이드일 때 임팩트에서 클럽 페이스가 닫히는(스윙 패스와 타깃 라인 모두에) 경우이다. 이런 경우 펀치 샷을 상상하면서, 임팩트를 지나 클럽을 들어올려 피니시하지 않고 두 팔을 뻗어 팔로스루하는 연습을 하면 고칠 수 있다(연습 때에는 볼을 티 위에 놓고 하는 것이 좋다)〈사진 4〉.

3 아웃사이드에서 인사이드로 스윙을 하여 훅이 나는 경우 임팩트를 지나며 오른손을 놓는 연습을 한다.

4 인사이드에서 아웃사이드로 스윙을 하여 훅이 나는 경우 펀치 샷을 하는 방법으로 연습한다.

● 훅이 나는 로 핸디캡 골퍼의 고민 풀기

미국 투어 프로들 중에도 클래식 골프 스윙을 하는 경우에 훅 샷을 유발하는 프로들을 볼 수 있다. 다운 스윙이 인사이드에서 아웃사이드로 되면서 왼팔 로테이션이 빠르게 일어나 임팩트 순간에 클럽 페이스가 스윙 패스에 4도 이상 닫힐 때 훅 샷이 일어나며, 클럽 페이스가 스윙 패스에 2도 정도 닫히며 타깃 라인에는 직각으로 될 때 드로 샷이 된다. 또는 다운 스윙이 인사이드에서 인사이드의 패스로 가면서도 몸통, 두 팔, 또는 두 손의 로테이션이 빨라져 임팩트할 때 클럽 페이스가 타깃 라인, 스윙 패스에 모두 클로즈되면 볼은 타깃 방향으로 잘 날아가다가 갑자기 타깃의 왼쪽으로 날아가 버리는 일종의 훅 샷이 되고 만다.

이러한 경우로 훅 샷이 나는 사람들은 〈사진 1〉처럼 공 앞에 디벗을 만들어 주어 클럽의 릴리즈(로테이션)를 늦추게 하여 훅 샷의 원인을 고칠 수 있다.

그러나 위의 경우와 같이 스윙하여 훅 샷이 일어나는 아마추어 골퍼는 찾아보기 힘들다. 사실 다운 스윙을 타깃 라인의 안쪽에서부터 바깥으로 나가며 스윙하여 왼팔과 클럽, 몸통, 히프가 로테이션되는 아마추어 골퍼는 거의 없다. 스트레이트 샷이나 드로 샷은 스윙 패스에 클럽 페이스가 0~2도 정도 닫힐 정도로 올바른 로테이션 또는 릴리즈가 일어나야 하는

볼 앞에 디벗을 만들어 준다는 생각을 하며 스윙하면 클럽의 로테이션을 지연시켜 줄 수 있다.

데, 클럽 페이스가 4도 이상 닫힐 정도(훅 샷)로 클럽, 두 팔과 손, 몸통의 로테이션이 잘 되도록 배운 아마추어 골퍼는 거의 없기 때문이다. 대부분의 남자 아마추어 골퍼들의 훅 샷 원인은 클럽 샤프트의 강도가 너무 강하거나 스윙 스피드에 비해 너무 낮은 로프트(클럽 헤드 로프트가 8~9도 되는)의 드라이버를 사용할 때 일어난다. 클럽 샤프트가 너무 강하면 클럽을 닫히게 하려고 백 스윙 톱에서 상체를 덮치면서 다운 스윙을 시작하게 되어, 임팩트로 오면서 클럽 페이스가 심하게 닫히며 풀 훅 샷이 된다.

또 로프트가 적은 클럽으로, 볼이 잘 뜨지 않을까 하여 클럽을 자꾸 들어올리는 스윙을 하면 클럽과 두 손, 두 팔은 로테이션이 안 되고, 왼손등의 손목 부분만 꺾어져, 클럽 페이스의 로프트를 이용하지 못하여 볼이 뜨지 않는 현상이 일어난다. 로프트가 충분히 있고 샤프트의 강도가 탄력성 많은 클럽을 선택하여 스윙하면, 볼이 잘 뜰 뿐 아니라 비거리도 나며 훅 샷이 나는 것도 막을 수 있다.

Chapter. 4 문제의 샷들과 치유법

섕크 샷, 다른 골퍼에게 전염된다

섕크 샷은 아주 약한 오른손 그립을 하거나 아웃사이드에서 인사이드로의 스윙 궤도로 다운 스윙할 때 생길 수 있다. 특히 보기 플레이어들의 섕크 샷은 백 스윙 때 클럽을 잡은 두 손을 몸 주변으로 돌려 스윙 플레인이 너무 낮은 경우에 생긴다.

스윙 궤도가 아웃사이드에서 인사이드일 때 섕크 샷이 일어나는 사람들의 연습 방법은 스펀지를 건드리지 않고 다운 스윙하는 것이다.

'섕크(shank)'란 클럽의 호젤 부분에 볼이 닿아서 볼이 잘 뜨지 않은 채 곧장 오른쪽으로 날아가는 현상이다. 섕크가 발생되는 원인을 체크해 보면 자신의 오른 손바닥이 타깃 방향으로 향하지 않고 샤프트의 윗부분을 덮고 있는 데(아주 약한 그립인 경우) 그 원인이 있다. 또 다른 원인으로는 에임할 때 타깃 방향에서 너무 오른쪽 방향으로 에임하는 경우에도 일어날 수 있다. 실제 스윙에서 살펴보면 섕크는 다운 스윙 궤도가 아웃사이드에서 인사이드로 될 때 대부분 일어난다.

연습 방법으로는 왼쪽 겨드랑이에 클럽 헤드 커버 또는 스펀지를 하나 끼우고 또 하나의 헤드 커버는 볼 앞쪽에 놓고, 임팩트를 지나면서 겨드랑이에 낀 헤드 커버를 떨어뜨리지 않고 동시에 볼 앞쪽에 놓여진 헤드 커버를 건드리지 않게 스윙 연습을 하면 고칠 수 있다〈사진 1〉.

또 어드레스 때 볼과 몸을 너무 가깝게 하여 서 있는 사람들은 다운 스윙을 하면서 몸이 너무 앞으로 밀려져 스윙하게 되어 볼이 클럽의 호젤에 닿아 섕크가 일어나게 된다. 다운 스윙 때 몸무게가 발가락 부분에 너무 많이 실리는 사람들 역시 같은 이유로 섕크가 발생된다. 이런 경우 가장 적당한 연습 방법을 소개한다.

〈사진 2〉처럼 볼 2개를 약 8cm 간격으로 벌려 놓고 몸에서 멀리 있는 볼에 골프 클럽을 놓고 어드레스하여 하프 백 스윙을 한 다음 〈사진 3 4〉처럼 다운 스윙한다. 임팩트 때에는 몸에 가까운 쪽의 볼을 치도록 한다. 점차 백 스윙을 늘려 스윙하여 완벽한 샷이 나올 때까지 연습한다. 보기 플레이어들에게 흔히 볼 수 있는 섕크 샷은 백 스윙 때 클럽을 잡은 두 손을 너무 많이 돌려서 생기는 경우이다.

볼과 몸의 간격을 너무 가깝게 어드레스했거나 다운 스윙 때 몸무게가 발가락 부분에 너무 많이 실리게 되어 생크 샷을 일으키게 된 사람들의 연습 방법.

그 결과 클럽 페이스를 오픈시키며 몸 주변으로 클럽을 돌리면서 매우 완만한 백 스윙 플레인을 만들어 백 스윙하고, 다운 스윙 궤도를 아웃사이드에서 인사이드로 스윙하거나, 심하게 인사이드에서 아웃사이드로 스윙해도 생크 샷이 된다. 또는 다운 스윙 때 몸이 타깃 방향으로 너무 많이 움직여서 머리가 볼 앞쪽까지 나가는 경우도 있다. 팔과 손이 뒤늦게 따라가서 클럽이 타깃 라인의 너무 안쪽에서 나가게 되며 클럽의 호젤 부분이 볼에 접근할 때 역시 생크 샷을 만들게 된다.

이런 경우에는 다운 스윙을 두 팔과 두 손으로 스타트하여 몸통과 함께 스윙하는 연습을 하거나 두 발을 모으고 스윙하여 볼을 쳐보는 연습이 좋다.

Chapter.4 문제의 샷들과 치유법

스카이 샷, 드라이버의 로프트가 커서 생기는 것 아니다

스카이 샷은 백 스윙 때 부드럽게 클럽을 테이크 어웨이하지 않고 곧장 들어올리는 동작 때문에 생기며, 다운 스윙 때 스윙 플레인이 너무 가파르게 내려와도 생긴다.

클럽 페이스가 볼 가운데에서 윗부분을 스치며 클럽 헤드의 밑부분에 볼이 콘택트되며 만들어지는 샷을 '토핑 샷'이라고 한다. 반대로 스윙 때 클럽 헤드가 볼의 뒤에 떨어지면서 클럽 헤드의 윗부분에 볼이 콘택트되는 샷을 스카이 샷(skying)이라고 한다. 즉, 스카이 샷은 볼이 곧장 높게 뜨며 바로 눈앞에 떨어지는 샷으로, 백 스윙 때 너무 업라이트 스윙하거나 곧장 골프 클럽을 들어올리는 동작 때문에 생긴다. 이러한 이유 때문에 스카이 샷이 나오는 사람은 볼에서 오른쪽 옆으로 20~30cm 정도 떨어진 곳에 티를 꽂아 놓는다. 그리고 볼 앞에 어드레스하고 골프 클럽을 빗자루로 바닥을 쓸듯이 그 티까지 쓸고 가면서 테이크 어웨이하여 백 스윙 연습을 하면 고칠 수 있다.

또는 다운 스윙 때 스윙 플레인이 너무 가파르게 되어 내려오면 스카이 볼이 나오는 경우도 있다. 이런 문제점을 가진 사람들은 골프 클럽을 공중에서 야구 스윙하듯이 여러 번 휘둘러 연습한 다음 티를 높게 꽂아 볼을 쳐 보는 것도 좋다. 또는 백 스윙을 반쯤 한 다음 그 자리에서 클럽 헤드를 땅에 내려 땅 바닥에 대고 땅을 쓸면서 볼을 지나 팔로스루까지 가는 연습을 하는 것도 효과적이다.

또 다른 경우로는 볼에 눈과 머리를 고정시키는 것에 지나치게 집중한 나머지 백 스윙 때〈사진 1〉과 같이 역피벗(reverse pivot) 현상이 일어나거나, 어드레스 때 왼쪽 어깨를 낮게, 오른쪽 어깨를 높게

머리를 볼에 너무 고정시켜 백 스윙하면 역피벗 현상을 일으키며, 다운 스윙을 하면서 뒤땅을 치게 되어 스카이 샷을 만드는 원인이 된다.

왼발이 오른발보다 높은 오르막 지형에서 왼쪽 어깨가 높게 어드레스되어 백 스윙 때 몸무게가 오른쪽으로 이전되는 것을 느낄 수 있다.

스윙 플레인이 완만하게 다운 스윙이 되며 스위프하여 볼을 치는 연습을 하면 스카이 샷을 막을 수 있다.

하여, 백 스윙 때 올바른 어깨 턴이 이루어지지 않아, 다운 스윙에서 클럽 헤드가 볼의 뒤땅에 떨어지면서 스카이 샷이 나오는 경우다. 이러한 경우에는 오르막 지형(왼발이 오른발보다 높게 위치하게 되는 지형)에서 볼을 놓고 스윙 연습을 하면 즉시 다른 느낌을 갖게 된다.

어드레스 때 볼은 왼발 쪽에 놓고 왼쪽 어깨가 오른쪽 어깨보다 높은 상태〈사진 2〉에서 백 스윙을 하면〈사진 3〉, 역피벗과는 달리 몸무게가 오른발 쪽으로 상당 부분 옮겨지는 것을 느낄 수 있다. 그리고 다운 스윙하여 포워드 스윙에서 스윙 플레인이 완만해지며 스위프하여 볼이 쳐지는 듯한 느낌을 갖게 되는데〈사진 4 5〉 이러한 동작을 거듭 연습하게 되면 스카이 샷은 곧 사라지게 된다.

Chapter. 4 문제의 샷들과 치유법

뒤땅 샷, 볼의 앞땅을 치면 해결된다

뒤땅 샷을 고치기 위해서는 임팩트 때 손과 팔이 볼보다 앞으로 나가는 연습과 손목의 힘을 키워 백 스윙 때 왼 팔꿈치를 굽히지 않고 클럽을 위로 올릴 수 있는 연습을 해야 한다.

● **뒤땅을 치는 사람들, "볼의 앞땅을 치세요"**

드라이빙 레인지 매트에서 연습할 때 사람들이 스윙하여 뒤땅(chunking)을 쳐도 볼이 잘 떠서 날아간다. 이는 매트가 딱딱하여 공이 약간 바운스(튀어오르기)하기 때문이다. 심지어 어떤 이들은 그러한 샷이 잘된 것인 줄 알고 계속 뒤땅을 치면서도 "굿 샷! 나이스 샷!" 하며 연습한다. 그러나 이런 샷들은 골프 코스에서는 볼이 뜨지도 않고 거리도 멀리 가지 않는 잘못된 샷이다. 그래서 '연습장에서는 볼이 잘 맞는데 필드에만 오면 뒤땅을 쳐서 볼이 잘 맞지 않는다' 는 말을 하게 된다. 그러한 고민과 딜레마에 빠져 있는 사람들에게 해 주고 싶은 말이

손목의 꺾임이 빨리 풀리는 얼리 릴리스 현상으로 뒤땅 샷을 치게 되는 모습.

임팩트 백을 놓고 스윙하며 손과 팔이 클럽 헤드보다 앞서 나아가는 연습을 한다.

있다. "볼의 앞땅을 치세요."

임팩트 때 골프 클럽의 헤드가 볼의 뒷땅에 떨어져 땅을 먼저 치고 난 다음 볼을 가격하는 것이 아니라 클럽 페이스의 아랫부분(리딩 에지)이 볼을 먼저 치게 되면 볼은 클럽 페이스의 눕혀져 있는 각도(loft)에 의해 백 스핀(back spin)을 갖게 된다. 그리고 나서 마침내 골프 클럽 헤드의 리딩 에지(leading edge, 클럽 페이스의 밑부분)가 볼이 있었던 자리의 땅의 부분에 떨어지며 땅을 파고 나가게 되는 것이다. 볼의 뒷땅을 치면 볼의 뒷부분에서부터 잔디를 파고 가게 되지만 클럽 헤드의 리딩 에지가 볼을 먼저 치고 난 다음 땅을 치게 되면 디벗이 볼 앞에서 생기게 되며 이러한 샷이 바로 견고한 샷(solid shot)이다. 이 때 볼이 클럽 페이스의 눕혀져 있는각도에 의해 백 스핀을 갖게 되어 볼이 뜨는 것이다.

볼의 뒷땅을 심하게 치는 사람들은 이렇게 하면 고칠 수 있다. 볼이 없다고 상상하고 볼의 앞부분 땅을 친다고 생각하고 스윙하면 골프 클럽의 헤드가 임팩트를 지나는 순간 자동적으로 볼을 먼저 가격할 수 있는 기회를 가질 수 있게 되어 뒷땅을 치는 고민에서 풀려날 수 있다.

또, 뒷땅 샷을 하는 원인들을 알아보고, 그 원인들을 제거하면 뒷땅 샷에서 벗어날 수 있다.

클럽 헤드보다 손과 팔이 먼저 나아가며 스윙해야 뒷땅 샷을 고칠 수 있다.

● 뒷땅 샷의 다양한 원인들
- 오른손 그립이 너무 강하여(손바닥이 하늘을 향해 있는 모양) 다운 스윙 때 릴리스가 너무 빨리 일어나게 되는 경우.
- 백 스윙 톱에서 클럽 페이스가 심하게 오픈되는 경우.
- 볼을 왼발 쪽에 너무 가깝게 놓는 경우.
- 몸의 정렬이 타깃 방향보다 너무 많이 오른쪽으로 치우친 경우.
- 백 스윙 때 왼쪽 팔꿈치가 너무 굽혀져 있는 경우.
- 왼쪽 손등이 꺾어져 임팩트되는 경우.
- 백 스윙이 너무 짧은 경우.
- 다운 스윙 때 몸무게가 오른쪽에서 왼쪽으로 이동되지 않고 오른쪽에 남아 있는 채로 스윙하는 경우.
- 다운 스윙 때 스윙 플레인이 너무 완만하게 얕은 각도로 볼에 접근하는 경우.

위의 모든 경우가 잘못된 임팩트를 만들어 뒷땅을 치게 만든다. 즉, 임팩트 전에 손목의 코킹이 빨리 풀리며 클럽 헤드가 손과 팔보다 먼저 나가, 손과 팔이 클럽의 헤드를 뒤늦게 따라가면서 스윙이 되는 현상이다〈사진 1〉. 이러한 문제점들은 타이어나 임팩트 백에 대고 스윙하여〈사진 2〉임팩트 때 손과 팔이 볼보다 먼저 앞으로 나가도록 연습하면〈사진 3〉고칠 수 있다.

손목 코킹의 힘이 부족해 왼팔 팔꿈치가 심하게 구부러지며 클럽이 올려진 경우.

● 손목의 코킹 대신 왼쪽 팔꿈치를 더 많이 굽히면 뒤땅

백 스윙 때 왼쪽 손목 코킹의 힘으로만 클럽이 들려서, 왼쪽 팔꿈치를 굽히지 않고 왼팔로 클럽을 높이 올려야 함에도 불구하고, 손목 코킹의 힘이 부족하여 왼쪽 팔꿈치를 구부려서 클럽을 높이 올리는 사람들이 있다. 이런 경우 백 스윙 때 손목 코킹의 정도(각)보다 왼쪽 팔꿈치의 접혀진 정도(각)가 더 커서〈사진 1〉다운 스윙 때는 더 많이 굽혀진 왼쪽 팔꿈치가 펴지며 그나마 약하게 코킹되었던 왼쪽 손목의 코킹까지 풀어지게 만든다. 따라서 임팩트 지역에 오면서는 클럽 헤드를 지면에 떨어뜨려 줄 손목 코킹의 힘이 이미 다 상실되어 클럽 헤드가 공에 오기 전에 지면에 떨어지게 된다. 볼을 가격하기 전에 미리 클럽 헤드가 지면을 치게 되는 현상이 일어나게 되는데, 이렇게 골프 스윙에서 손목 코킹의 힘이 부족하면 뒤땅 샷을 할 수밖에 없게 된다.

마치 망치(골프 클럽)로 못(볼)을 박을 때 손목 코킹의 힘을 이용하는 것과 같다. 손목의 코킹

왼팔의 구부러짐 없이 손목 코킹의 힘으로만 클럽을 들어올리는 훈련을 하기 위해 아령을 가지고 한 손으로만 연습한다.

이 풀어지며 그 에너지가 망치의 머리(클럽 헤드)에 전달되어 망치 머리는 스피드를 갖게 되고 못을 박을 수 있게 된다. 이 때 손목 코킹의 양보다 팔꿈치를 더 많이 접으면 망치의 머리가 못을 박을 수 없게 되는 것과 같은 원리다.

그래서 손목의 힘을 키워서 클럽을 들어올리고 왼쪽 팔꿈치는 되도록 펴 주어 왼팔의 힘으로 클럽이 높이 올라갈 수 있게 해 주어야 스윙 아크가 커져서 클럽 헤드의 스피드를 빠르게 할 수 있다. 뿐만 아니라 코킹이 풀리며 클럽 헤드가 볼 밑에 있는 지면에 떨어져 볼에게 먼저 일을 할 수 있는 기회를 갖게 해 준다. 이렇게 손목의 코킹의 힘을 키워 주며 왼쪽 팔꿈치를 굽히지 않고 클럽을 높이 올릴 수 있는 힘은 무거운 클럽을 이용하여 훈련할 수 있다.

또는 〈사진 2〉처럼 자신의 능력에 맞는 아령으로 골프 클럽을 가지고 스윙하는 동작과 똑같이 훈련하면 손목의 코킹에 필요한 근육과 스윙 때 왼쪽 팔꿈치가 많이 접히는 것을 막아 뒤땅 샷에서 벗어나게 할 수 있다.

Chapter. 4 문제의 샷들과 치유법

토핑 샷, 볼을 띄우려는 생각을 버려야 한다

클럽 헤드를 들어올려 볼을 퍼올리는 동작으로 인한 토핑 샷은 골프 스윙의 근본적인 이해 부족에서 오는 것이다. 어떤 자세가 토핑 샷을 유발하는지 알아보고 잘못된 부분을 고쳐 나가자.

● 퍼올리는 동작이 문제다

처음 골프를 배우면서 볼을 치기 시작할 때 가장 많이 일어나는 샷이 토핑 샷(topping shot)이다. 골프를 배우기 전 텔레비전이나 연습장에서 볼을 치는 사람들을 구경한 경험이 있을 것이다. 땅에 정지되어 있던 볼이 하늘 높이 날아가는 모습을 보면서 사람들은 볼을 띄워서 날려 보내야겠다는 선입견을 갖게 된다.

야구나 배구, 농구, 테니스, 탁구 등 거의 모든 구기 운동들은 날아다니는 볼에 손이나 클럽을 갖다 대면 많은 노력 없이도 볼이 날아온 그대로 날아가게 된다. 그러나 골프는 지면에 정지되어 있는 볼을 날려 보내야 하는 어려움이 있어 골프 클럽의 기본 원리나 기능을 깨닫지 못하면 볼을 정확하게 띄우기가 어렵고 시간과 노력이 많이 들게 된다.

골프 클럽과 같은 기능을 가진 하키 스틱의 움직임을 연상하면 골프 볼이 날아가기 위해 골프 클럽이 어떻게 움직여야 하는지 알 수 있다.

볼이 떠서 공중으로 날아가게 되는 것은 마음이나 몸이 하는 것이 아니라 골프 클럽의 헤드가 해 주는 일이다. 그런데 사람들은 그저 볼을 띄워야겠다는 마음 때문에 골프 클럽을 들어 올리는 동작을 하게 되고, 결국 골프 클럽의 헤드가 지면에 정지해 있는 볼까지 내려가지 못하고 볼의 절반 윗부분만을 치거나 아예 볼을 건드리지도 못하고 그냥 지나가는 경우도 있다. 또 골프 클럽 헤드로 볼을 들어올리려는 동작으로는 골프 클럽 헤드의 밑부분만이 볼에 콘택트되어 클럽 페이스의 각도가 전혀 기능을 하지 못하고 백 스핀을 갖지 못해 볼이 뜨지 않게 된다. 이렇듯 볼을 띄워야겠다는 선입견을 갖고 스윙을 하면 다운 스윙을 시작하면서 오른쪽 팔꿈치가 빨리 풀어지며, 오른 손등의 커핑 상태를 유지하지 못하고 활처럼 휘어지는 모양이 되어 클럽이 손보다 앞서가게 되는, 즉 클럽 헤드로 볼을 퍼올리는 동작이 일어나게 되어 토핑 샷이 되는 것이다〈사진 1〉. 이러한 경우를 치료해 줄 수 있는 두 가지 방법을 소개한다.

첫째, 볼은 땅에 있으므로 일단 골프 클럽의 헤드가 땅까지 내려가야 골프 클럽이 볼을 움직이게 할 수 있다. 따라서 골프 클럽의 헤드가 땅까지 내려갈 수 있도록 골프 클럽을 쥐고 있는 손에 힘이 들어가지 않게 주의하여 "Let the club work!(클럽이 일을 해 주어야 하는 것이지 나의 마음으로 공을 띄울 수 있는 것이 아니다.)" 또는 "Down under the ball"이라는 말을 되새기며 클럽 헤드를 땅에 떨어뜨리는 스윙 연습을 해야 한다.

둘째, 〈사진 2〉와 같이 볼 뒤에서 한 발 정도 떨어진 위치에 헤드 커버를 놓은 채 쇼트 아이언을 이용하여 헤드 커버를 건드리지 않고 볼 치는 연습을 한다. 만일 다운 스윙을 하면서 클럽을 들어올려 볼을 떠올리려는 동작을 하면 헤드 커버를 치게 된다. 또 임팩트 구간으로 가면서 몸무게를 왼발 쪽으로 옮기고 손이 클럽보다 먼저 앞으로 나가게 하면서 연습을 하면 헤드 커버를 건드리지 않고 볼을 칠 수 있어 볼 앞쪽에 디벗이 생기게 된다. 클럽을 들어올려 토핑 샷을 하는 골퍼들에게 필수적인 연습이다.

오른 손등이 활처럼 휘어지며 클럽 헤드로 볼을 퍼올리는 동작.

볼 뒤에서 한 발 정도 떨어진 위치에 헤드 커버를 놓은 채, 쇼트 아이언을 이용하여 헤드 커버를 건드리지 않고 볼을 치는 연습으로 토핑 샷을 고치도록 한다.

Chapter. 4 문제의 샷들과 치유법

임팩트를 지나며 볼을 치려 할 때
머리와 몸통이 볼 앞쪽으로
나아가게 되어 토핑 샷을 하는
사람들은, 임팩트를 지나며
머리를 볼 뒤편에 남겨 두고
두 팔이 먼저 나아가는
스윙 연습을 해야 한다.

● **토핑 샷의 여러 가지 원인 분석과 치유법**

토핑 샷에서 벗어나고 싶다면 어떻게 해야 할까? 우선 토핑 샷을 유발하는 스윙 전 단계인 셋업, 그립, 에임의 모양이 어떤지 알아보고 잘못된 부분을 고쳐 주면 된다. 볼이 너무 왼쪽에 치우쳐 있을 때나 볼과 몸 사이의 거리가 너무 멀리 떨어져 있을 때, 오른손 그립을 너무 많이 손바닥 부분에 쥐고 그립하게 될 때 토핑 샷이 생기게 된다.

이제 인스윙에 들어가서 그 원인을 살펴보자.

첫째, 백 스윙을 너무 길게 하면서 스윙의 중심축이 일으켜 세워지는 현상이 있을 때, 임팩트 때 원래 어드레스 상태에서 척추의 기울어진 각도와 같은 상태로 돌아오지 못하면 토핑 샷을 하게 된다. 둘째, 임팩트 구간에서 왼쪽 팔꿈치를 심하게 구부리며 왼팔을 잡아당겨 스윙하면 토핑 샷을 하게 된다. 셋째, 다운 스윙 때 손목 코킹이 너무 일찍 풀리는 경우, 넷째, 몸무게 이동이 잘 되지 않아 몸무게가 오른쪽에 남아 있을 때 등이다.

이 모든 경우에 스윙 곡선의 가장 밑부분(bottom of arc)이 너무 빨리 만들어져 스윙 곡선의 윗부분(upward of arc)에서 볼의 가운데 위쪽을 가격하게 되어 토핑 샷이 나오게 된다.

경력이 있는 골퍼들이 토핑 샷을 하는 경우는 첫째로 다운 스윙을 하면서 머리와 몸이 볼보다 앞쪽으로 나갈 때다. 백 스윙을 하면서는 머리가 오른쪽으로 조금 움직였다 하더라도 다운 스윙을 하면서 임팩트를 지날 때까지는 볼 뒤쪽에 남겨 두고 나아가는 연습이 필요하다 〈사진 1〉. 둘째, 다운 스윙의 궤도를 인사이드에서 아웃사이드로 해야 한다는 말의 강조로 임팩트 전 왼쪽 히프가 너무 많이 타깃 방향으로 밀리며 왼쪽 어깨가 들리고 클럽은 몸 뒤편에서 따라오는 경우 일어나게 된다〈사진 2〉. 두 발을 모으고 볼을 쳐 보며 몸과 팔, 클럽이 일치되어 움직이는 스윙을 몸에 익혀야 한다〈사진 3〉.

2 힙프가 너무 많이 타깃 방향으로 밀리고 클럽이 몸통 뒤에서 따라오게 될 때 왼쪽 어깨가 들리며 주로 토핑 샷이 된다.

3 몸과 팔, 클럽이 함께 움직여 스윙되도록 하는 연습이다.

골프에 대한 근본적인 이해

골프를 처음 배울 때, 먼저 골프 클럽의 기능을 알고 골프 스윙을 익힌다면 클럽이 어떻게 작용해 볼이 멀리 날아가고 정확한 방향으로 가는지를 알 수 있어 골프 스윙에 대한 올바른 개념이 생기게 된다. 또한, 골프 클럽이 일을 잘 해낼 수 있게 해 주는 몸, 두 팔, 두 손, 하체의 움직임을 배우고 익히면 골프라는 스포츠가 훨씬 쉬워질 것이다.

part 5

Chapter.5 골프에 대한 근본적인 이해

골프는 중용을 좋아한다

골프 스윙을 이루는 모든 요소 하나하나가 중간, 중용, 중립, 중성의 상태가 되었을 때 가장 이상적인 샷을 할 수 있다. 적당량의 연습과 적당한 긴장 상태가 필요한 것 역시 골프가 중용의 상태를 좋아하기 때문이다.

● **골프는 중용의 자세에서 보다 정확한 샷이 나온다**

정확하게, 원하는 샷을 만들기 위한 골퍼들의 노력은 대단하지만 그럼에도 불구하고 정확한 샷을 구사한다는 것은 결코 쉬운 일이 아니다. '정확한 샷을 항상 일정하게 하려면 어떻게 해야 하나?' 라는 질문을 받았을 때 다음의 한 마디로 요약해 줄 수 있다.

골프 스윙을 이루는 모든 요소 하나하나가 중립(중간, 중용, 중성)의 각도, 중립의 자세, 중립의 움직임을 가졌을 때 가장 정확한 샷이 된다.

골프의 일반적인 샷(트러블 샷, 벙커 샷, 쇼트 게임의 샷, 특수한 샷을 제외한)을 구사할 때 적용되는 이 말은 골프의 기본적인 자세를 포함, 백 스윙, 다운 스윙, 임팩트를 지나 팔로스루(follow-through), 마무리(finish)에 이르기까지 모든 동작에 해당되는 말이다.

먼저, 이러한 중용의 이론은 프리스윙(pre-swing)의 자세를 살펴보면 더욱 잘 알 수 있다. 먼저 왼쪽 손등이 그립에 얹혀 있는 모양을 관찰해 보면 왼쪽 손등이 지면과 평행하면 강한 그립이, 직각으로 세워 있으면 약한 그립이 만들어지며, 그 중간의 각도인 45도 정도로 눕혀 있어야 '뉴트럴 그립' 이라 불리는 중성의 그립이 된다.

볼의 위치가 왼쪽 발에 치우쳐 있으면 백 스윙이 너무 완만해지거나 다운 스윙 때 스윙의 궤도가 아웃사이드에서 인사이드가 되기 쉽다. 토핑 샷 또는 뒤땅 샷도 나오게 된다. 반대로 오른발 쪽으로 치우치면 그 반대 현상이 일어나므로 볼의 위치는 중간 클럽의 경우 양발 중간이 가장 좋다. 즉, 볼의 위치가 스탠스 중간에 있게 되면 클럽 샤프트의 끝이 배꼽을 향하게 되므로 골프 클럽과 양팔, 몸통이 하나가 되어 움직일 수 있는 상황이 만들어진다. 몸과 볼의 간격도 너무 멀거나 너무 가깝지 않아야 한다. 어느 경우에든 스윙 때 몸의 중심축이 위아래로 움직이게 되어 좋은 자세를 가질 수 없게 되고, 또 백 스윙의 모양을 납작하게 만들거나 가파르게 만들게 되어, 다운 스윙에 문제점을 일으키게 된다. 스탠스의 너비도 자신의 어깨 너비(왼쪽 어깨와 오른쪽 어깨와의 간격)보다 넓으면 하체와 상체와의 꼬임이 어렵고 좌·우측으로 움직임이 많아 어깨 턴도 제대로 될 수 없다. 반대로 너무 좁게 벌리면 하체의 스웨이(sway) 현상이나 역피벗 현상이 일어나기 쉽다.

몸무게도 왼쪽이나 오른쪽에 너무 치우치지 않고, 왼쪽 50%, 오른쪽 50% 싣는 것이 이상적이다. 따라서 기본 자세의 모든 부분이 너무 많지도 적지도 않은, 강하지도 약하지도 않은 중간의 자세를 가질 때 가장 이상적인 스윙이 이루어진다고 할 수 있다.

클럽 페이스 또한 중립이 되어야 한다. 스윙의 어느 위치에서도 오픈이나 클로즈가 아닌 스퀘어 상태가 이루어져야 한다. 백 스윙 톱에서는 클럽 페이스가 중간 각도인 45도로 하늘을 향하고 있어야(백 스윙 톱에서 클럽 페이스가 스퀘어되었다고 함) 임팩트 때 클럽 페이스가 타깃 방향과 직각으로 되어(이러한 상황을 임팩트 때 클럽 페이스가 스퀘어되었다고 함) 볼이 타깃 방향으로 갈 수 있다.

스윙 플레인을 살펴보아도 백 스윙할 때나 다운 스윙할 때, 너무 완만하거나 너무 급하지 않은 그 중간의 플레인에 가까운 스윙 플레인을 구사할 때 올바른 샷을 구사할 수 있게 된다. 또 〈그림 1〉에서 보면 백 스윙의 테이크 어웨이 때 클럽 헤드가 그리는 스윙 궤도도 타깃 방향의 안쪽(몸이 서 있는 지역을 중심으로)인 인사이드로 치우쳐 가거나〈그림 1-①〉 타깃 방향선의 바깥쪽 방향(아웃사이드)으로 클럽 페이스를 가져가면〈그림 1-②〉 좋은 백 스윙 형태를 이룰 수 없다. 그 중간 방향〈그림 1-③〉으로 클럽 페이스를 테이크 어웨이하여 가는 스윙 궤도가 가장 이상적이다. 또 임팩트 때 클럽 페이스의 스위트 스팟(sweet spot), 즉 페이스의 가장 중간 위치에 볼이 가격되어야 볼에 많은 백 스핀이 발생되어 볼이 잘 뜨게 된다〈그림 2〉, 〈그림 3〉처럼 볼의 이퀘이터(eguator, 볼의 가장 가운데)의 윗부분을 치게 되면 토핑이 되어 볼이 잘 뜨지 않게 된다.〈그림 4〉처럼 클럽 페이스의 토(앞부분) 또는 힐(뒷부분) 쪽에 볼이 콘택트되어도 좋지 않은 샷이 된다. 또 드라이빙 레인지(driving range)에서의 연습은 안 해도 문제지만 지나치게 많이 해도 연습할 때 사용되는 일정한 근육에 과장되게 기억되어 근육의 중간적인 움직임이 나오지 않는다. 따라서 골프 실력을 높이기 위해 무조건 연습장에서 많은 볼을 쳐대는 것은 바람직하지 못하므로 연습량 또한 적당한 것이 좋다. 골프 게임을 하면서도 긴장감이 전혀 없는 상태보다는 약간 긴장한 상태가 오히려 근육의 메모리가 올바로 나오게 되므로 골프에서는 긴장 역시 적당량 필요한 것이다.

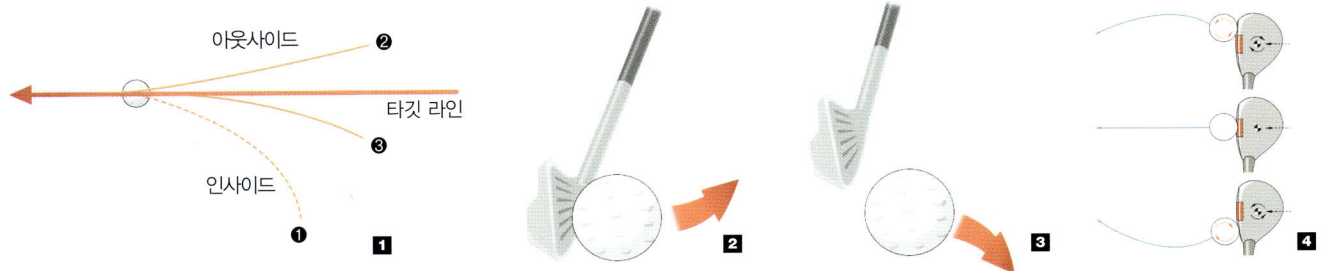

Chapter. 5 골프에 대한 근본적인 이해

골프에서 '스퀘어'가 갖는 의미

클럽 페이스를 타깃 라인에 직각, 즉 스퀘어하게 하고 그립과 에임, 몸의 자세까지 모두 스퀘어하면 가장 이상적인 스윙 모델이라 할 수 있다. 특히 신체 조건과 상관없이 임팩트 때 클럽 페이스의 스퀘어는 누구에게나 필요한 과제다.

● **골프 스윙의 어느 위치에서든지 스퀘어된 모양을 만든다**

골프 용어 중에서 꼭 알아야 할 단어가 '스퀘어(square)'다. 클럽 페이스가 '스퀘어하다'라는 말을 일단 어드레스와 임팩트 순간에서 알아보면, 클럽 페이스가 타깃 지점과 볼을 잇는 타깃 라인에 직각으로 되어 있는 것을 말한다. 골프 샷의 모든 것이 결정되는 임팩트 순간, 클럽 페이스가 타깃 방향에 스퀘어가 되는 것은 가장 이상적인 순간이라고 할 수 있다.

또, 테이크 어웨이하여 클럽이 2시 방향(자신이 시계의 중심에 서 있다고 보고 볼이 놓인 위치를 12시 위치라고 가정했을 때)에 왔을 때 클럽은 움직이지 않고 그대로 둔 채 자신의 몸과 두 발을 2시 방향으로 돌려 놓고, 이 때 클럽 페이스가 자신의 몸(어깨, 히프, 양 발) 모두에 직각으로 되어 있으면 클럽 페이스가 2시 방향에서 스퀘어되었다고 한다. 클럽이 3시 방향

클럽이 허리 부분에 왔을 때 토가 하늘로 향하고 있어야 스퀘어한 모습이 된다.

백 스윙의 ¾ 위치에서 스퀘어한 모습은 왼손의 집게손가락과 가운뎃손가락의 너클이 보이게 클럽이 위치하는 것이다(모든 손가락의 마디가 다 보이면 오픈, 전혀 보이지 않으면 클로즈되었다 한다).

Chapter. 5 골프에 대한 근본적인 이해

백 스윙 톱에서 오픈된 클럽 페이스 모양.

백 스윙 톱에서 클로즈된 클럽 페이스 모양.

까지 왔을 때(백 스윙의 ½ 위치), 클럽 페이스의 토(toe) 포지션이 지면을 향하거나 몸의 뒤쪽 방향을 향하지 않고 하늘을 향해 있으면〈사진 1〉 클럽 페이스가 3시 방향에서 스퀘어되었다고 한다. 백 스윙의 ¾까지 갔을 때에는 왼팔이 지면과 평행하고 그립을 잡고 있는 왼손에서 가운뎃손가락과 집게손가락의 첫 번째 마디가 보여야〈사진 2〉 스퀘어되었다고 한다(어드레스 때 그립을 잡아 중성 그립일 때 왼손 가운뎃손가락과 집게손가락의 첫 번째 마디가 바로 내려다보일 때와 같다).

만약 모든 손가락의 마디가 다 보이면 '클럽이 백 스윙의 ¾ 포지션에서 오픈되었다'라고 하며, 모든 손가락의 마디가 보이지 않게 되면 '클럽이 백 스윙의 ¾ 포지션에서 클로즈되었다'라고 한다. 또 백 스윙 톱에서 클럽 페이스의 전면이 정면을 향해 있으면〈사진 3〉 '클럽 페이스가 오픈되어 있다'라고 하고, 전면이 모두 하늘을 바라보고 있으면〈사진 4〉 '클로즈되어 있다'라고 하며, 45도 각도로 기울어져 하늘을 보고 있으면〈사진 5〉 '클럽 페이스가 스퀘어되어 있다'라고 한다.

또 클럽 페이스와 왼쪽 손등의 모양은 서로 밀접한 관계를 가지고 있어 어드레스 때 그립한 왼쪽 손등이 자신의 눈에 다 보이면 스윙 중 많은 포지션에서 클럽 페이스를 클로즈시키는 현상이 일어나게 된다. 반대로 그립한 왼쪽 손등이 자신의 눈에 거의 보이지 않게 잡고 있으면 클럽 페이스가 스윙의 많은 포지션에 오픈되는 현상이 일어난다. 그래서 왼쪽 손등도 45도만큼 눈에 보이게 잡혀졌을 때 '왼손이 스퀘어한 그립으로 되었다'라고 한다.

타깃 방향에 클럽과 몸을 에임하여 몸이 타깃 라인과 평행하게 되었을 때 '몸의 라인이 타깃 라인에 스퀘어하다'라고 한다〈사진 6〉. 좀더 구체적인 표현을 살펴보면, 어깨가 타깃 라인

5 백 스윙 톱에서 스퀘어된 클럽 페이스 모양.

6 어드레스 때 몸이 타깃 방향에 스퀘어된 모습.

과 스퀘어하다, 히프가 타깃 라인과 스퀘어하다, 두 팔이 타깃 라인과 스퀘어하다, 무릎이 타깃 라인과 스퀘어하다, 양쪽 엄지발가락을 잇는 발 라인이 타깃 라인과 스퀘어하다 등으로 표현한다.

몸의 방향, 특히 어깨가 타깃 라인의 오른쪽(왼쪽)으로 향하게 되면 '몸이 타깃에 클로즈(오픈)되었다' 라고 하며 양쪽 엄지발가락을 잇는 발 라인이 타깃의 오른쪽(왼쪽)이면 '스탠스가 클로즈(오픈)되었다' 라고 한다. 그런데 클럽 페이스는 타깃 라인에 왼쪽으로 향해 닫혀 있을 때 '클럽 페이스가 클로즈되었다' 라고 한다. 오른쪽으로 열려 있으면 '클럽 페이스가 오픈되었다' 고 한다.

가장 이상적인 스윙 모델이란. 스윙 중 어느 포지션에서든 클럽 페이스가 스퀘어하고 그립, 몸의 자세가 모두 스퀘어하게 된 상태를 말한다. 그러나 각 개인에 따라 다른 신체적인 조건이나 오른쪽, 왼쪽 눈의 발달 상황에 따라 모든 포지션을 스퀘어하게 만든다는 것은 불가능하다. 미국의 유명한 투어 프로들의 어느 스윙 포지션을 서로 비교해 보아도 클로즈되어 있는 경우, 오픈되어 있는 경우, 스퀘어되어 있는 경우 등 각자의 신체 특징에 따라 다른 모양을 하고 있는 것을 알 수 있다. 그러나 임팩트 순간에 클럽 페이스가 타깃 라인에 스퀘어되도록 만들려는 노력은 신체적 조건에 상관없이 누구나 해야 하는 골프의 기본 공식이다.

Chapter.5 골프에 대한 근본적인 이해

골프 스윙에 대한 이해

골프는 처음 배울 때부터 골프 클럽이 어떻게 작용하여 볼이 멀리 날아가고 정확한 방향으로 가는지 또 그렇게 골프 클럽이 일을 잘 해낼 수 있도록 몸, 두 팔, 두 손, 하체는 어떻게 움직여야 하는지 먼저 이해하고 넘어가야 한다.

● 골프 클럽과 스윙의 근본적인 이해

골프를 10~20년 하면서도 골프 클럽이 어떻게 움직여야 하는지, 또 내 몸과 팔, 손이 어떻게 움직여야 볼을 띄우고, 멀리 보내고, 정확한 방향으로 보내지는지에 대한 생각을 단 한 번도 해보지 않고 그저 볼을 치기만 하는 사람들이 많다. 사실은 골프라는 스포츠를 처음 배울 때, 골프 클럽이 어떻게 일을 하여 볼이 날아가고 또 정확한 방향으로 가는 것인지 설명을 듣고 이해한 다음 그립과 에임, 셋업, 그리고 스윙을 하는 것에 대해서 배워야 한다. 그럼에도 불구하고 골프 클럽부터 장만하여 그립 잡는 법을 배우고 나면 바로 볼 치는 것을 배우게 된다. 이 때부터 골프라는 스포츠가 쉽게 즐길 수 있는 것이 아니라는 생각과, 볼이 잘 맞지 않아 고민이 쌓이기 시작한다. 볼이 잘 맞지 않는 이유나 원인, 나아가 어떻게 고쳐야 하는 것인지에 대한 방법도 몰라 애를 태우게 되니 골프를 하면서 즐거움보다 고통과 어려움을 더 많이 느끼게 된다.

골프라는 운동의 개념을 쉽게 풀이하자면 이렇다. 몸 전체와 팔과 손이 클럽과 클럽 페이스를 움직이며 파워를 축적하여 백 스윙하여 갔다가 그 파워를 서서히 풀어 마침내 볼에 최대의 파워를 풀어 놓고, 서서히 닫혀지며 피니시하는 동작이다. 그 파워의 축적은 백 스윙을 하면서 몸, 팔, 손, 클럽과 클럽 페이스가 열림으로써 이루어지는 것이다. 다운 스윙을 시작하면서 열렸던 모든 부분이 서서히 닫히면서 파워를 풀어 놓는 것이다. 이것을 골프 용어로 '릴리스'라고 한다. 닫혀지면서 풀어 놓는 동작은 다운 스윙이 시작되면서 조금씩 일어나다가 볼에 와서 파워를 다 풀어 놓으며 클럽 페이스는 스퀘어하게 된다. 그 이후에 계속 몸과 팔, 손이 닫히며 클럽 페이스도 닫히게 되는 것이다〈그림 A〉.

그런데 거의 모든 아마추어 골퍼들의 현상은 이러하다. 힘의 축적을 위해 백 스윙을 하면서는 몸, 팔, 손, 클럽과 클럽 페이스를 아주 잘 열어 놓는다. 그러나 다운 스윙을 하면서는 클럽과 클럽 페이스를 닫으며 힘을 풀어 놓는 동작을 하지 않아 열린 클럽 페이스가 닫히지 못하고 스윙하게 된다〈그림 B〉.

클럽 페이스가 열렸다가 닫히는 현상에 의해 클럽 헤드의 스피드가 더욱 빠르게 되며 닫히는 어느 순간에 스퀘어도 이루어지는 것인데, 닫히지 않고 스윙되는 클럽 헤드의 스피드는 분명히 느리고 슬라이스의 원인이 된다. 그래서 처음 골프를 배우는 사람들의 90% 이상이 볼이 오른쪽으로 가는 원인이 되는 것이다.

그런데 일부 아마추어 중에는 몸, 팔, 클럽과 클럽 페이스를 제대로 열지 못하고 닫혀 있는 상태로 백 스윙을 하기도 한다. 이러한 사람들이 다운 스윙을 하면서 몸이 돌아가는 동작에 따라 클럽, 클럽 페이스가 닫히면 클럽 헤드의 스피드는 느리며 볼은 왼쪽으로 가는 사이드 스핀(side spin)을 갖게 된다. 사실 이러한 현상들은 골프를 오랫동안 한 사람들에게도 있지만 그들은 매일 볼을 치면서 클럽 페이스를 스퀘어하는 노하우를 나름대로 어렵게 터득하여 골프 게임을 즐기고 있다. 그래서 처음 골프를 배우는 사람들이나 오랫동안 골프를 하여도 볼이 잘 맞지 않는 사람들, 슬라이스 샷이 고질병인 사람들, 거리가 좀처럼 늘지 않는 사람들은 가장 원초적인 골프 스윙의 동작을 체크해 보길 바란다. 백 스윙 때 골프 클럽, 클럽 페이스를 열어 놓기만 하고 다운 스윙을 하면서 닫혀지는 동작은 전혀 하지 않았나를 말이다. 즉 몸, 팔, 손의 움직임으로 클럽과 클럽 페이스가 반드시 열려지며 파워가 축적되어야 하며 다운 스윙을 시작하면서부터 몸과 팔, 손의 움직임으로 클럽과 클럽 페이스가 닫히며 파워를 풀어 주는 동작이 함께 이루어져야 한다는 것이다. 만일 백 스윙 때 몸은 열리며 나가고 있었으나 팔과 손이 열리지 않고 로테이션이 되지 않아 클럽과 클럽 페이스가 닫힌 상태가 되면, 다운 스윙을 하면서 닫혀진 클럽과 클럽 페이스가 몸이 돌려지며 닫히는 동작에 의해 더 닫히게 되어 왼쪽으로 가는 샷을 연속하게 된다. 백 스윙 때 몸의 어느 부분 하나하나, 클럽, 클럽 페이스 모두 열렸던 양만큼 다운 스윙 때 닫아 주어야 스윙 때 클럽 헤드의 스피드도 생기며, 타깃 쪽으로 볼이 나가게 된다.

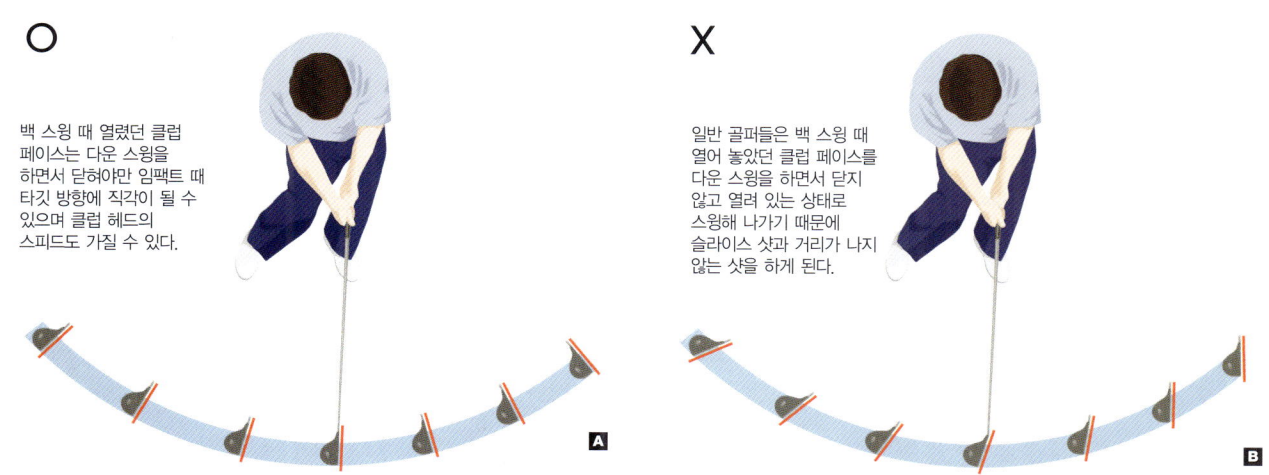

O 백 스윙 때 열렸던 클럽 페이스는 다운 스윙을 하면서 닫혀야만 임팩트 때 타깃 방향에 직각이 될 수 있으며 클럽 헤드의 스피드도 가질 수 있다.

X 일반 골퍼들은 백 스윙 때 열어 놓았던 클럽 페이스를 다운 스윙을 하면서 닫지 않고 열려 있는 상태로 스윙해 나가기 때문에 슬라이스 샷과 거리가 나지 않는 샷을 하게 된다.

Chapter.5 골프에 대한 근본적인 이해

● 클럽의 기능을 알아야 골프 스윙을 쉽게 배울 수 있다

골프를 배우는 단계를 살펴보면, 먼저 그립, 에임, 몸의 자세, 볼의 위치, 몸무게의 배분, 볼과 몸과의 간격, 발의 벌림 등 프리스윙에 대해 먼저 배운 다음 백 스윙, 다운 스윙, 임팩트, 팔로스루, 피니시 등의 인스윙을 배우면서 볼을 치기 시작한다. 볼을 치기 시작한 지 10년, 20년이 되어도 클럽의 헤드가 어떠한 역할을 하며 움직이는 것인지에 대해 한 번도 생각하지 않고 그저 볼을 치고 게임 스코어에만 연연하며 '왜 이렇게 골프가 늘지 않는 것일까' 하는 의문만 가질 뿐이다. 스윙에 대한 잘못된 점만을 찾아 고치려 할 뿐 골프 클럽의 기능에 대한 간단한 상식조차 생각해 보려 하지 않는 것이 골퍼들이 가진 문제점 중 하나다. 자신이 사용하고 있는 무기의 기능에 대해 전혀 알지 못한 채 전쟁터에 나간 군인이 전투를 잘 수행할 수 있을까?

상당수의 골퍼들이 가지고 있는 골프 볼의 방향과 거리에 관한 근본적인 문제점은 한마디로 클럽 헤드의 운영이 잘못되고 있기 때문이다. 많은 사람들이 골프를 배우기 시작하면서 다음과 같은 골프 클럽의 기능을 알아둘 필요가 있다. 골프 클럽의 헤드는 스윙 중 토 부분이 힐 부분보다 먼저 가야만(Toe pass the heel) 클럽 헤드의 스피드가 빠르게 될 뿐 아니라, 임팩트 때 클럽 페이스를 스퀘어하게 만들어 줄 수 있다는 사실이다.

그러나 그러한 사실을 알기도 전에 그저 볼을 떠올려 공중에 날려보내려는 시도만을 했기 때문에 클럽 헤드의 페이스로 볼을 퍼 올리는 동작〈사진 1〉이 나올 뿐이다. 이로 인해 임팩트 때 클럽 페이스는 열리고 골프 스윙의 동작 중 가장 적이 되는 볼을 퍼올리는 동작이 일어나 볼이 오히려 뜨지 않는 토핑 샷을 하거나 클럽의 회전이 일어나지 않아 클럽 헤드의 스피드도 없고 파워의 손실, 즉 거리의 손실이 생기게 되는 것이다. 우선 이 문제를 해결하기 위해서 클럽이 오른쪽 허리 위치(9시 방향)에서 왼쪽 허리 위치(3시 방향) 사이에 움직일 때 클럽의 모양이 어떻게 변화되어 가는지 알아보는 것이 필요하다.

백 스윙 때 클럽이 9시 방향에 갔을 때, 또 다운 스윙을 하여 다운 스윙이 오른쪽 허리 부분(9시 방향)까지 왔을 때에 똑같이 클럽 페이스의 앞면은 정면을 향해 있으며 토는 하늘을 향해 있어야 한다〈사진 2〉. 여기에서 아주 중요한 움직임이 있다는 것을 알아야 한다. 즉, 클럽 헤드의 토 부분이 힐 부분보다 앞서 움직여야 하는 것이다. 그리하여 임팩트 때에는 어드레스 때와 똑같이 클럽 페이스가 스퀘어하며 팔로스루의 3시 방향에 와서는 클럽 페이스의 뒷면이 정면을 향하고 있어야 한다. 이 때 클럽 헤드의 토 부분은 역시 하늘로 향해 있어야 한다〈사진 3〉.

클럽의 로테이션 없이 클럽 헤드의 페이스로 볼을 퍼올리는 동작으로 인해 골프 스윙의 적이 되는 왼쪽 손목의 커핑(cupping) 현상이 일어나게 된다.

❷ 클럽이 백 스윙의 9시 방향으로 내려왔을 때의 클럽 헤드 모양.

❸ 임팩트를 지나 팔로스루하여 클럽이 3시 방향에 있을 때의 클럽 헤드 모양.

이렇게 클럽 헤드의 회전이 일어나야만 클럽 헤드의 스피드가 생기며, 임팩트 때 클럽 페이스가 스퀘어되고 드로성 구질을 기대할 수 있는 것이다. 골프 클럽은 그렇게 디자인되어 있는 것이다.

이러한 골프 클럽의 기능을 잘 이용하여 스윙하려면 우선 손의 동작을 클럽 페이스의 올바른 움직임에 맞추어 연습해야 한다. 〈사진❹〉처럼 왼손을 클럽 페이스의 앞면, 오른손을 클럽 페이스의 뒷면이라고 하고 엄지손가락을 클럽 헤드의 토 부분이라고 하여 스윙해 보자. 오른쪽 허리 부분에서 왼쪽 허리 부분까지의 움직임을 관찰하면 클럽 페이스와 팔, 손의 동작 관계를 알 수 있게 된다.

왼손을 클럽 페이스의 앞면, 오른손을 클럽 페이스의 뒷면이라고 생각하고 엄지손가락을 클럽의 토라고 생각하여 백 스윙, 다운 스윙해 보면 클럽과 손의 올바른 움직임을 배울 수 있다.

Chapter. 5 골프에 대한 근본적인 이해

빗자루 양면과 토에 각각 다른 색을 칠하고 스윙 연습을 하여 클럽과 같은 빗자루의 색깔이 어떻게 변화하는지 살펴보고
클럽 헤드의 움직임과 왼팔 로테이션 및 스윙의 개념을 파악한다.

● **왼팔 로테이션을 알아야 골프 스윙을 이해할 수 있다**

많은 아마추어 골퍼들이 스윙뿐 아니라 골프 전반에 대해 오해를 갖는 것은 잘못된 선입관 때문이다. 즉, 골프를 처음 시작할 때는 누구나 볼을 떠올려 날아가게 해야 한다는 선입견을 갖게 되고, 이 때문에 정지돼 있는 볼을 마치 국자로 퍼올리는 듯한 동작이 나오게 된다. 이 동작으로 볼을 치게 되면 왼쪽 손등의 손목 부분이 꺾이는 현상이 일어나게 된다.

이는 어떠한 골프 스윙에서뿐 아니라 심지어 퍼팅이나 칩 샷 동작에도 장애가 되는 요소로, 아마추어는 물론 프로 골퍼들에게도 종종 나타나는 현상이다. 이러한 자세는 클럽 페이스의 밑부분인 리딩 에지로 볼의 위쪽 부분을 치고 나가는 토핑 샷을 만들게 되고, 볼이 뜨지 않으면 더욱 띄우려는 마음이 강해져 퍼올리는 동작이 더 심해지는 악순환이 생긴다.

이러한 문제를 해결하는 방법 중 하나는 처음 골프를 시작할 때 골프 클럽과 볼 대신 일주일 정도 빗자루로 스윙 연습을 하는 것이다. 앞면에 빨간색을, 뒷면에는 파란색, 토 부분에 흰색을 칠한 빗자루는 골프 스윙 때 클럽의 기능, 스윙 개념을 알게 해 주는 도구다. 스윙을 알기 전에 클럽 기능을

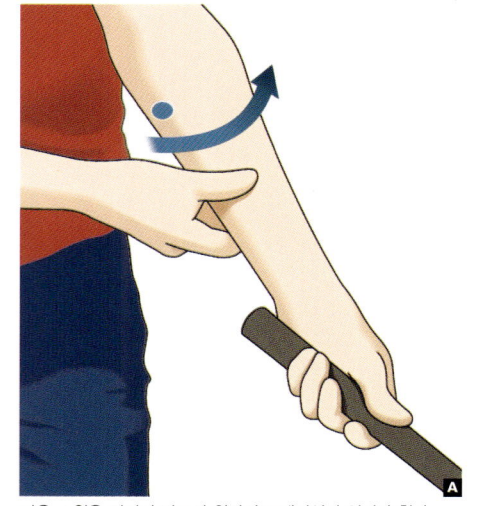

다운 스윙을 하면서 반드시 왼팔의 로테이션이 있어야 한다.

왼 손목을 꺾어 나가게 되면 빗자루로 지면을 쓸어가는 동작과는 다른 모양으로, 올바른 골프 스윙 동작 또한 아니다.

알게 하는 것은 보기 플레이어는 물론, 이미 상당 수준에 올라 있음에도 불구하고 일정성과 안정성을 찾지 못하는 싱글 핸디캐퍼(handicapper)에게도 효과적이다. 이렇게 색을 칠한 빗자루로 스윙 연습을 하면 골프 스윙의 가장 큰 문제인 왼쪽 손등, 손목 부분 꺾임 방지에 대한 대책과 동시에 왼팔 앞부분을 로테이션〈그림 A〉할 수 있게 해 주는 마법의 골프 스윙 티칭 도구인 것이다.

빗자루 스윙법을 좀더 자세하게 알아보면 다음과 같다. 먼저 빗자루로 백 스윙 시작인 테이크 어웨이로부터 백 스윙 톱까지 빗자루의 앞면, 즉 빨간색이 보이게 스윙한다. 다운 스윙이 오른쪽 허리부분에 내려왔을 때에는 빗자루 앞면 빨간색이 앞쪽을, 뒷면 파란색은 뒤쪽을 향한 상태가 되어야 한다. 이 지점에서부터 임팩트를 지나 왼쪽 허리 지점에 오는 팔로스루까지는 파란색이 보여야 한다. 왼쪽 허리 지점에서는 빗자루 뒷면의 파란색이 앞쪽을 향해야 하고, 앞면의 빨간색은 뒤쪽을 향해 있는 상태가 되어야 한다〈사진 1〉.

빗자루로 스윙 연습을 하면 왼쪽 손등의 손목 부분을 꺾는 동작〈사진 2〉 대신 왼팔의 로테이션〈그림 A〉을 배울 수 있다. 골프 스윙은 몸통 움직임과 함께 왼팔의 로테이션이 이뤄져야 클럽 페이스에 의해 백 스핀이 생겨 볼이 자동으로 띄워지며 오른쪽에서 왼쪽으로 도는 드로성 스핀도 만들 수 있어 거리를 더 가게 할 수 있다.

Chapter.5 골프에 대한 근본적인 이해

● **팔과 손, 클럽의 움직임을 절제해야 올바른 스윙을 할 수 있다**

'큰 근육을 이용해 파워를 내라'는 말은 골프를 2~3년 이상 한 골퍼라면 누구나 잘 아는 내용이다. 그러나 실제 골프 스윙을 하면서는 그러한 내용이 몸에서 표현되지 않아 고민하는 사람들이 많다. 또 사실 그러한 내용이 무엇을 뜻하는 것이며, 어떻게 해야 팔과 손의 움직임을 절제하고 몸통과 같은 큰 근육을 사용하여 스윙할 수 있을까 하는 구체적인 방법을 모르는 사람들이 대부분이다. 많은 골퍼들이 손과 팔, 몸통이 함께 연결되어 스윙되어야 한다는 생각은 하면서도 실제 보면, 클럽을 몸통 주변으로 돌리면서 백 스윙하여〈사진 1〉다운 스윙할 때 클럽이 타깃 라인의 바깥쪽에서 안쪽으로 향하게 되어 몸통, 팔, 클럽의 연결성이 전혀 없는 스윙을 하는 것이다.

그래서 움직임의 순서가 뒤죽박죽이 되어 타이밍이 맞지 않고 결국 일정한 샷을 구사하기 힘들게 되는 것이다. 연습장에서 골프 볼을 100개

클럽을 몸 뒤 방향으로 돌리며 스윙하면 몸통, 두 팔, 클럽이 일체된 스윙을 할 수 없다.

벽을 등지고 서서 발뒤꿈치와의 거리를 60cm 정도 두고 백 스윙 연습을 해보자. 스윙을 하는 동안 내내 클럽 헤드가 벽을 치는 일이 없어야 몸통과 두 팔, 클럽이 함께 일체된 스윙을 하는 것이다.

이상 연속적으로 가격하게 되면 아무리 팔과 클럽이 몸통에서 벗어난 연결성 없는 스윙을 해도 그 나름의 타이밍이 생겨 볼이 맞는 것 같다. 그러나 실제 골프 코스에 가서 40~65개 볼만을 치게 되는 상황에서는 막상 연습장에서 가졌던 그러한 타이밍이 나오지 않는다. 그래서 몸과 팔, 클럽의 연결성이 없는 스윙을 하게 되고 우연히 잘 맞은 1~2개의 샷을 제외하고는 거의 모든 샷이 마음에 들지 않게 된다. 따라서 쉽고, 간단하게 클럽과 팔, 몸이 함께 움직이는 연습을 할 필요가 있다.

먼저 벽을 등지고 발뒤꿈치에서 60cm 거리에 서서 어드레스하여〈사진 2〉 테이크 어웨이하고〈사진 3〉, 손목이 코킹되어 클럽이 들어올려지며 왼쪽 어깨 턴으로 백 스윙 톱에 이르게 된다〈사진 4〉. 다운 스윙은 두 팔이 타깃 라인의 안쪽에서 내려와 몸통과 함께 회전되며, 오른쪽 어깨를 돌려 피니시한다(사진 5 6 7). 이 때 스윙을 하는 동안 내내 클럽 헤드가 벽을 치는 일이 없어야 클럽과 팔과 몸통이 함께 연결되는 스윙이 되는 것이며 큰 근육이 주관이 되어 스윙된 것이다. 만일 백 스윙 때 클럽 헤드가 벽을 치게 되면 팔과 클럽이 몸통 주변을 돌며 몸통 바깥으로 나가게 되어 스윙 플레인이 너무 플랫하게 될 것이며, 〈사진 6 7〉의 위치에서 다운 스윙을 하여 클럽 헤드가 벽을 치게 되면 클럽과 팔이 몸통의 턴에 따라 오지 못하는, 다운 스윙의 궤도가 지나치게 인사이드에서 아웃사이드의 스윙이 된 것이다. 또 임팩트를 지나며 왼팔을 몸통 뒤로 잡아당기는 사람(슬라이스 샷, 샹크 샷 유발)이라면 〈사진 5〉의 위치에서 팔꿈치가 벽을 칠 것이며 피니시가 되면서 클럽 헤드가 다시 벽을 치게 될 것이다.

다운 스윙 때 몸통, 두 팔과 클럽이 함께 일체된 스윙을 하지 못하면 임팩트를 지나 팔로스루, 피니시 때 클럽 헤드나 팔꿈치가 벽을 치게 된다.

Chapter. 5 골프에 대한 근본적인 이해

● **스윙을 하면서 몸의 중심축이 이동한다**

골프 스윙이 흔히 〈사진 1〉에서처럼 몸의 중심축(척추)을 중심으로 이루어진다고 생각한다. 이렇게 생각하는 사람들의 백 스윙에서는 체중 이동이 왼쪽에서 오른쪽(오른손잡이 기준)으로 되지 않고 오히려 왼쪽, 즉 타깃 방향으로 기울어지는 경향이 있다. 오른쪽으로 가야 할 체중이 왼쪽에 남아 있는 상황에서 다운 스윙을 하게 되면, 다시 몸이 오른쪽으로 기울어져 전혀 체중 이동 없이 다운 스윙이 되고 파워도 잃게 된다.

〈사진 2〉처럼 골프 스윙을 하는 동안에는 몸의 오른쪽과 왼쪽에 두 개의 축이 더 있다고 본다. 백 스윙 때는 상체와 머리가 타깃의 반대 방향으로 움직여 체중이 오른쪽으로 옮겨지면서 몸의 오른쪽이 중심축이 된다〈사진 3〉.

이 때 오른쪽으로 체중이 이동하지 않고 몸의 중심축을 중심으로 턴(turn)한다고 생각하며 백 스윙하거나, 머리를 움직이지 않는 것에만 집착하면 몸에서 상당한 무게를 차지하고 있는

1 어드레스 때에는 몸의 중심축이 가운데에 있다(실제로는 오른손 그립이 왼손 그립보다 밑에 위치하기 때문에 중심축이 오른쪽으로 2도 정도 기울어져 있다).

2 골프 스윙을 하면서 새롭게 만들어지는 2개의 중심축.

3 백 스윙을 하면서 몸의 중심축이 오른쪽으로 이동한다.

4 다운 스윙을 하면서 몸의 중심축이 왼쪽으로 이동한다.

5 몸의 중심축이 왼쪽으로 이동한 피니시 모습.

머리의 무게가 왼쪽에 여전히 남아 오른쪽으로의 중심축 이동이 일어나지 못한다.

다운 스윙을 시작해 임팩트를 지날 때는 왼쪽 히프가 턴하면서 체중이 왼발에 80% 실리게 된다〈사진 4 5〉. 이 때는 몸의 왼쪽이 중심축이 된다. 여기에서 왼쪽 무릎과 왼쪽 히프가 스윙을 리드하지 못하고 상체가 볼을 덮치듯이 나가거나 또 머리가 너무 타깃 쪽으로 움직이면 안 된다.

몸의 오른쪽 상체가 타깃의 반대쪽으로 기울어지면 몸의 왼쪽 중심축으로 체중 이동이 이루어지지 않고 오른발 쪽에 남아 있게 돼 파워를 크게 잃게 된다. 이런 스윙을 하면 짧은 클럽은 제 거리를 날아가는데 롱 아이언이나 페어웨이 우드는 뒤땅을 치거나 토핑이 자주 생겨 제 거리가 나지 않는다. 특히 드라이브 거리가 형편없이 짧으며 가끔 스카이 샷이 나오기도 한다. 긴 클럽일수록 백 스윙 때 왼쪽 어깨와 머리를 우측으로 움직여 체중 이동을 쉽게 하면서 몸의 중심이 이동함을 느껴야 한다. 특히 상체가 뚱뚱하고 가슴이 두꺼운 사람은 스윙 때 좌우로 움직이는 것이 필수적이다. 이 때 하체의 흔들림은 물론 없어야 한다. 하체가 고정되지 않고 상체가 움직이면 '스웨이(sway)'가 돼 역시 파워를 잃는다.

Chapter. 5 골프에 대한 근본적인 이해

스윙과 라이 앵글이 맞아야 정확한 샷이 가능하다

클럽의 라이 앵글은 지형, 클럽의 길이, 스윙의 형태에 따라 변할 수 있다. 스윙을 올바로 고쳤음에도 불구하고 볼의 방향성이 좋지 않은 것은 클럽의 라이 앵글이 자신의 스윙과 맞지 않기 때문이다.

쇼트 아이언(9번, pitching wedge, sand wedge)으로 치면 볼이 왼쪽 방향으로, 롱 아이언(5번, 4번, 3번)으로 샷을 하면 오른쪽 방향으로 가는 이유는? 또 스윙을 올바르게 고쳐 우드 샷의 방향은 잡았는데도 여전히 아이언 샷의 방향이 일정치 않은 것은 왜 그럴까? 볼이 발보다 높이 있는 지형(uphill sidehill)에서 치면 볼이 왜 왼쪽으로 가고, 또 이러한 지형에서 롱 아이언 사용 때 타깃의 오른쪽 방향으로 에임하여 스윙했는데도 볼이 왼쪽으로 휘어져 타깃으로 향하지 않고 오른쪽 방향으로 가는 이유는 무엇일까. 짧은 아이언은 잡아당겨서 스윙하고 롱 아이언은 밀어 쳐서 그런 것인가. 이 모든 질문의 해답은 클럽의 라이 앵글에 있다. 스윙과 샷이 일정치 않은 것은 클럽의 라이 앵글이 자신의 스윙과 맞지 않은 클럽들이 섞여서 골프 클럽 세트를 이루고 있기 때문이다. 따라서 스윙을 고치기 이전에 클럽의 라이 앵글 점검이 필수적이다. 라이 앵글이란 클럽 헤드의 바닥(sole)을 땅에 대고 세워 놓았을 때 샤프트의 중심선과 지면이 이루는 각도를 말한다〈그림 A〉. 라이 앵글이 '플랫하다', '업라이트하다' 라는 말은 어드레스 때 사용하는 말이 아니라 임팩트에서 클럽 헤드의 모양을 두고 하는 말이다. 임팩트에서 클럽 바닥의 힐 부분(뒷부분)이 들리고 토 부분(앞부분)이 지면에 닿으면서 볼을

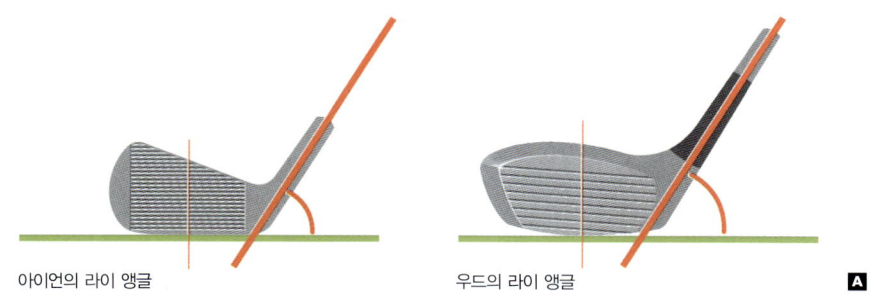

아이언의 라이 앵글   우드의 라이 앵글   A

B 임팩트 때 힐 부분이 들려 볼을 치게 되면 라이 앵글이 '플랫하다' 하며 볼이 날아가는 시작 방향이 오른쪽이 된다.

C 임팩트 때 토 부분이 들려 볼을 치게 되면 라이 앵글이 '업라이트하다' 하며 볼이 날아가는 처음 시작 방향이 왼쪽이 된다.

D 임팩트 때 클럽의 바닥이 모두 지면에 닿으며 볼을 치게 되면 타깃 방향으로 날아가기 시작한다.

치면 그 클럽은 라이 앵글이 플랫하다고 하며 볼은 오른쪽으로 날아가기 시작한다〈그림 **B**〉. 반대로 임팩트 때 토 부분이 들리고 힐 부분이 지면에 닿으면서 치고 나가면 라이 앵글이 업라이트하다고 하며 볼은 왼쪽으로 날아가기 시작한다〈그림 **C**〉. 아이언의 경우, 토 부분이 4도 정도 위로 올려졌을 때 볼이 타깃의 왼쪽으로 날아가다 결국 타깃에서 왼쪽으로 6.6m 정도 떨어져 가 있게 되고 우드의 경우 4m 정도 왼쪽으로 떨어져 날아가 있게 된다.

또한 디벗 자국을 살펴보아도 자신의 클럽 라이 앵글이 어떠한지 알 수 있다. 디벗 자국이 토 쪽으로 깊게 파여 있으면 자신의 스윙에 비해 클럽이 플랫하다고 할 수 있으며 힐 쪽 부분이 더 깊게 파여 있으면 업라이트한 라이 앵글의 클럽을 사용하고 있다고 보면 된다.

대부분 짧은 클럽(쇼트 아이언)은 몸이 볼 앞쪽으로 밀려나가 스윙이 되지 않는 한, 〈그림 **C**〉처럼 임팩트 순간에 클럽 바닥의 힐 부분이 지면에 닿고 토가 들려지면서 볼을 치기 쉽기 때문에 볼의 방향이 왼쪽으로 시작하기 쉽다. 또, 볼이 발보다 높이 있는 지형에서 클럽을 지면에 대고 어드레스하고 서서 보면 이미 토가 들려져 있어 임팩트 때 짧은 아이언은 더욱 업라이트한 라이 앵글이 되어 볼의 방향이 더욱 왼쪽으로 갈 것이며, 롱 아이언은 임팩트 때 토가 쇼트 아이언의 그것보다 많이 들려 있지 않기 때문에 볼의 방향이 그다지 왼쪽으로 많이 가지 않게 되는 것이다. 또 볼이 발보다 밑에 있는 상황에서 클럽은 이미 어드레스 때 〈그림 **B**〉과 같은 모양으로 세워지고, 임팩트 때는 볼이 발보다 밑에 있기 때문에 토 부분이 지면에 닿고 힐이 들어올려져 쳐서 볼이 오른쪽으로 가는 것이다. 이렇게 클럽의 라이 앵글은 지형에 따라 바뀔 수 있으며 클럽의 길이에 따라, 스윙의 형태에 따라 다르게 되므로 임팩트 순간에 〈그림 **D**〉과 같이 클럽의 바닥 전면이 지면에 닿아 볼이 타깃을 향해 가는 클럽의 선택이 우선이다.

클럽의 라이 앵글이 자신의 스윙에 비해 너무 플랫한 사람은 볼이 밀려 오른쪽으로 가는 것을 막기 위해 클럽이나 팔을 당겨 왼쪽으로 볼을 보내려고 한다든지, 에임을 의도적으로 타깃의 왼쪽 방향으로 한다든지, 두 손을 사용하여 클럽 페이스를 재빨리 클로즈시키려는 움직임이 일어난다. 결국 샷에 일정성이 없어지고 방향성도 좋지 않게 되어 스윙에 대한 고민이 쌓이게 된다. 자신의 스윙에 비해 클럽이 너무 업라이트한 사람 역시 볼이 왼쪽으로 가는 것을 막기 위해 임팩트 때 클럽을 푸시 또는 블록하여 볼을 페이드시키려 하거나 셋업을 타깃의 오른쪽 방향으로 해도 원하는 스트레이트 샷이 나오지 않아 고민에 빠지게 된다.

Chapter. 5 골프에 대한 근본적인 이해

스윙 능력에 맞는 클럽과 볼을 선택한다

골프 볼과 골프 클럽이 자신의 체형이나 구미에 맞는 것도 중요하지만 자신의
골프 스윙 능력에 맞는 것을 선택하는 것이 무엇보다 중요하다.

골프 스윙을 멋지게 구사할 수 있는 사람도 골프에 필요한 장비를 올바르게 갖추고 있지 않으면 권투 선수가 자신에게 맞지 않는 글러브를 끼우고 시합에 참석하거나 테니스 선수가 자신에게 맞지 않는 라켓으로 스윙을 하는 것과 같다. 따라서 골프 볼과 골프 클럽이 자신의 체형이나 구조에 어울리는 것도 중요하지만, 자기의 골프 스윙 능력에 맞는 것을 선택하는 것이 무엇보다도 중요하다.

골프 볼이나 골프 클럽의 종류도 여러 가지여서 자신에게 맞는 것을 알아내려면 먼저 골프 스윙 때 클럽 헤드 스피드가 어떠한지 알아야 한다. 일반적으로 헤드 스피드가 85~95mph(miles per hour)인 사람, 즉 드라이버 거리가 평균 200~220야드를 기준으로 그 이하의 헤드 스피드로 스윙을 하는 사람의 경우 볼의 컴프레션(compression, 압축량)이 75~90(볼에 붉은색으로 수치가 표시되어 있음) 정도의 볼을 사용할 때 부드러운 느낌을 갖게 되며 자기가 가진 스윙 스피드로 최대의 거리를 낼 수 있다.

그 이상의 헤드 스피드를 가진 사람은 90~105 정도의 컴프레션을 가진 볼을 써도 좋다. 개인의 선호도에 따라, 내구성이 좋고 단단한 2피스(piece) 볼(탄력성이나 스핀감은 떨어짐)이나, 최대의 스핀과 컨트롤, 민감한 감각을 주긴 하지만 내구력이 적은 3피스 발라타 커버드 볼(3 piece balata covered ball)을 선택할 수 있다. 또 볼의 딤플(dimple, 표면의 올록볼록한 홈)의 깊이와 너비, 모양은 볼을 높게 또는 낮게 뜨게 하는 데 영향을 준다. 볼이 높게 뜨는 사람에게는 작고 깊은 딤플의 볼이 좋으며, 볼이 많이 뜨지 않는 사람에게는 크고 얕은 딤플을 가진 볼이 좋다.

또 클럽은 스윙을 할 때 클럽 헤드 스피드가 70~85mph인 사람(드라이버 거리 180~200야드)은 레귤러 샤프트(regular shaft)보다 시니어(senior) 또는 A 샤프트, L 샤프트가 스트레

이트 샷을 하는 데 도움이 되며, 거리도 더 많이 내줄 수 있다. 최소한 헤드 스피드가 100mph는 넘어야(평균 드라이버 거리 220~240야드 캐리) 스티프 샤프트(stiff shaft)를 사용할 수 있다. 또 스윙 스피드가 낮은 사람들은 볼을 높이 띄울 수 있게 해주는 플렉스 포인트(flex point)가 낮은 클럽을 사용해야 더 많은 거리를 낼 수 있다. 로프트가 많은 클럽일수록 정확한 스윙이 되지 않아도 보완 작용을 해 주어 나쁜 샷을 막을 수 있다.

언젠가 타이거 우즈의 선생인 부치 하먼이 여성 골퍼들을 가르치면서 여성용 클럽으로 시범 샷을 보여 준 적이 있었다. 그 때 그는 "나도 느낌이 좋고 샷을 쉽게 스트레이트로 할 수 있는 여자 골프 클럽를 사용했으면 좋겠다"라고 말한 적이 있다. 그 역시 4년 동안 미국 투어 프로로 활동한 경력이 있으며 아직도 훌륭한 골프 샷을 해낼 수 있는 능력이 있음에도 2, 3, 4번 아이언 대신에 쉽게 에어번(airborne)되는 7번 우드, 또는 5번 우드를 즐겨 사용하고 있다. 우리 나라 골퍼들이 골프를 스트레스 없이 쉽고 재미있게 오래 즐길 수 있는 스포츠로 받아들일 수 있는 방법은 바로 골프 클럽의 선택에 있다. 골프 클럽을 구입할 때 무조건 선호도가 높고 가격이 비싼 것을 고를 것이 아니라 나의 스윙 능력에 맞으며 부담되지 않고 쉽게 스윙하여 포기빙(클럽이 나의 스윙을 용서해 준다는 의미)이 많이 있는 쉬운 클럽을 골라야 한다는 것이다. 즉, 골프 클럽의 라이 앵글(lie angle)이나 스윙 웨이트(swing weight)가 자신의 스윙과 잘 맞는다면 "more flexible, more loft, weaker tip make better golf (샤프트가 강하지 않고 부드러우며, 로프트가 많고, 휘어지는 포인트가 낮은 골프 클럽을 사용해야 골프 실력이 향상된다)"라는 말을 해 주고 싶다.

Chapter. 5 골프에 대한 근본적인 이해

스윙 플레인을 알면
골프 스윙을 모두 이해한 것이다

볼 콘택트가 일정치 않으면 그 원인은 스윙 플레인에 있다. 클럽 샤프트가 올바른 플레인 상에서 스윙될 때 가장 많은 파워와 정확한 방향을 가질 수 있다는 것을 알면 스윙 플레인을 이해하는 것이고 스윙 플레인을 알면 골프 스윙의 전부를 이해하는 것이다.

● **스윙 플레인이란?**

스윙 플레인(swing plane)이란 간단히 말해 스윙을 하면서 클럽 샤프트가 만들어 놓는 면을 의미한다. 〈그림 A〉처럼 어드레스 할 때 클럽 샤프트와 지면이 이루는 각을 샤프트 플레인 앵글(plane angle)이다.

그런데 골프 스윙이 잘 되면 '임팩트 때 스윙 패스(swing path, 스윙을 하면서 클럽 헤드가 그리는 길)가 인사이드에서 인사이드로 되었다' 하고 잘 안 된 샷을 보면 '스윙 패스가 아웃사이드에서 인사이드로 되었다' 고 하는, 스윙 패스에 대한 이야기를 듣게 된다. 그러나 사실, 스윙 패스와 관계없이 볼의 방향은 임팩트때 클럽 페이스가 타깃 라인에 스퀘어하기만 하면 타깃 방향으로 날아가고, 또 스윙 패스와 상관없이 토핑 샷이나 뒤땅 샷이 아닌 솔리드(solid)한 샷을 하려면 어드레스에서 백 스윙을 하여 임팩트를 지나 피니시까지 클럽 샤프트의 움직임이 올바른 스윙 플레인 위에 있도록 하면 된다.

백 스윙을 할 때 플레인은 매 순간 변화하지만, 옆모습에서 본 클럽의 끝이 항상 볼을 향하고 있어야 올바른 백 스윙 플레인이 만들어진다. 다운 스윙에서는 매 순간 같은 플레인을 만들어야 하며 옆모습에서 본 클럽의 끝도 항상 볼을 향하고 있어야 한다. 우선 어드레스할 때 볼과 몸의 간격을 잘 조절만 할

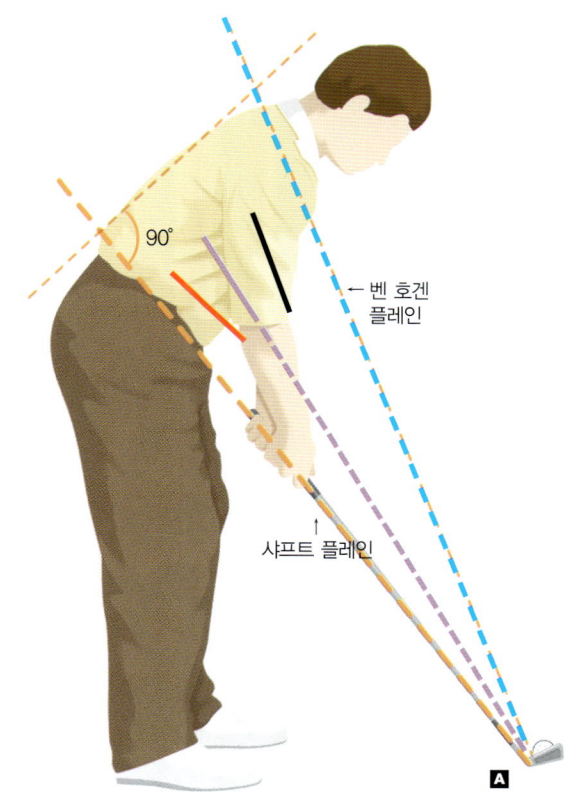

척추를 앞으로 기울여 샤프트 플레인과 만나서 이루는 각이 90도일 때 헤드 스피드를 가장 빠르게 할 수 있고, 스윙할 때 올바른 플레인을 만들 수 있게 된다. 클럽 샤프트가 콘 모양 안에서 움직여야 한다. 백 스윙의 ¾ 위치에서 클럽 샤프트가 보라색처럼 볼을 향하여 눕혀져 있어야 올바른 백 스윙 플레인을 만드는 것이다. 측면에서 볼 때 백 스윙의 어느 위치에서도 클럽의 끝은 볼을 향해야 가장 이상적인 백 스윙이 된다. 빨간색처럼 눕혀져 있으면 플랫하다고 하며 검정색처럼 세워져 있으면 업라이트하다고 한다.

백 스윙의 ¾위치에서 클럽의 끝(butt end)이 볼을 향해야 하며 샤프트가 오른쪽 어깨와 팔꿈치 사이에 위치할 때 가장 이상적인 백 스윙 플레인이 만들어진다.

Chapter. 5 골프에 대한 근본적인 이해

1 테이크 어웨이할 때 클럽이 어드레스 때 만들어진 샤프트 플레인 위에 있어야 한다.

2 왼팔이 지면과 평행하게 되는 백 스윙의 ¾ 위치에서 클럽 샤프트의 연장선이 볼을 향하지 않고 발과 볼 사이를 향해 있으며, 샤프트가 오른쪽 어깨에 가깝게 또는 오른쪽 어깨 위쪽에 위치하면 백 스윙 플레인이 가팔라진다.

수 있다면 몸의 자세가 곧추세워지지도, 너무 굽혀져 있지도 않게 되어 제대로 된 플레인을 만들 수 있는 조건이 된다. 등이 곧추세워지면 어드레스 때 샤프트 플레인 앵글이 가파르게 되고, 등이 너무 많이 굽혀지면 척추의 각이 커지며 어드레스 때 샤프트 플레인 앵글이 플랫하게 된다. 그래서 스윙을 하면서 올바른 플레인을 갖게 하려면 어드레스하면서부터 척추를 앞으로 기울이고 척추와 클럽 샤프트 사이의 각을 직각에 가깝게 만들어 주어야 한다(척추와 클럽 샤프트 사이의 각이 직각일 때 클럽 헤드의 스피드를 최대로 낼 수 있다). 여기에 또 다른 플레인 하나를 그려 넣는다. 〈그림 A〉에서 보면 오른쪽 어깨와 볼을 잇는 파란색 선이 바로 벤 호겐의 플레인이다. 스윙을 하는 동안, 측면에서 보면 백 스윙 톱과 피니시 때를 제외하고는 샤프트 플레인 앵글과 벤 호겐의 플레인 앵글로 만들어진 원뿔 모양 안에서 클럽이 움직여야만 일정한 샷을 할 수 있는 근본적인 바탕이 된다.

백 스윙의 시작인 테이크 어웨이할 때는 〈사진 1〉처럼 클럽이 어드레스 때 샤프트 플레인을 따라 움직여야 한다. 클럽을 쥐고 있는 두 손이나 클럽 샤프트가 어드레스 때 샤프트 플레인 바깥으로 빠져나가 테이크 어웨이되면 일찌감치 클럽과 손, 몸통의 연결성이 깨져 버리고 백 스윙 때 올바른 플레인을 갖기 힘들게 된다. 백 스윙을 할 때 클럽을 쥔 두 손의 위치가 오른

❸ 다운 스윙을 하는 동안 플레인은 항상 일정하다. 옆면에서 볼 때 클럽 샤프트의 연장선이 어느 위치에서도 항상 볼을 향하고 있어야 일정한 플레인을 만들 수 있는 것이다

❹ 일반적으로, 프로들은 임팩트 때 클럽 샤프트가 어드레스 때 샤프트 플레인의 약간 위에 위치한다.

쪽 허리 위로 올라가면서 클럽 샤프트는 어드레스 때 샤프트 플레인을 벗어나 포지션마다 다른 플레인을 만든다. 그러나 측면에서 볼 때 샤프트 라인, 즉 샤프트의 끝(butt end)이 항상 공을 향하고 있어야 포지션마다 이상적인 플레인을 만들 수 있다.

다운 스윙 때는 백 스윙의 ¾ 위치에서 만든 플레인과 동일한 플레인에 샤프트가 위치해야 가장 올바른 다운 스윙을 할 수 있다. 포지션마다 다운 스윙 플레인은 동일하며 하나여야 한다. 임팩트 때에는 클럽 샤프트가 〈사진 ❹〉처럼 어드레스 때 샤프트 플레인보다 5cm 정도 위쪽에 위치할 때 가장 훌륭한 샷을 할 수 있다. 그런데 우선 당장 아마추어 골퍼들이 스윙의 발전을 이루려면 스윙하는 동안 클럽이 원뿔 모양 바깥으로 빠져나가지 않게(어드레스 때 샤프트 플레인 밑으로 클럽이 빠지면 스윙 플레인이 너무 플랫해지며, 어드레스 때 샤프트 플레인 위쪽에서 클럽이 움직이면 스윙 플레인이 너무 가파르게 되는 것이다) 연습해야 하는 것이 시급한 일이다.

Chapter.5 골프에 대한 근본적인 이해

어드레스 때 샤프트 플레인 앵글

백 스윙 플레인이 너무 가파르다.   백 스윙 플레인이 너무 가파르면 다운 스윙이 인사이드에서 아웃사이드로 되기 쉽다.

● 스윙 플레인이 잘못되면?

볼 콘택트가 항상 일정치 않다는 문제를 가지고 있다면 그 원인으로 스윙 플레인을 생각해 볼 수 있다. 클럽 샤프트가 올바른 플레인 상에서 스윙될 때 가장 많은 파워와 가장 정확한 방향을 가질 수 있게 된다는 것을 알면 스윙 플레인을 이해하는 것이고, 스윙 플레인을 알면 골프 스윙의 거의 전부를 이해하는 것이라 해도 지나치지 않는 것이다. 스윙 플레인이란 간단히 말해 스윙을 하는 동안 클럽 헤드가 그리는 원이 만들어 놓은 면(또는 클럽 샤프트에 의해 만들어진 경사면)이며, 어드레스 때 클럽이 볼 뒤에 세워져 있을 때 클럽 샤프트와 지면과의 각에 의해 테이크 어웨이의 샤프트 플레인이 결정되어 〈그림 A〉에서 보는 것처럼 우드로 스윙하면 아이언으로 스윙한 것보다 완만한 면을 그리게 되는 것을 볼 수 있다.

스윙 플레인은 다운 스윙 때 스윙 패스를 결정하고 샷의 종류, 볼이 날아가는 높이, 방향, 구질 등 거의 모든 면에 영향을 준다. 특히 백 스윙 톱에서 오른쪽 팔꿈치의 모양을 보면 백 스윙의 스윙 플레인이 어떠했는지 알 수 있다. 〈사진 1〉에서 보는 것처럼 오른쪽 팔꿈치가 마치 닭날개처럼 들려 있는 경우에는 백 스윙 때 스윙 플레인이 너무 위쪽으로 가파르게 만들어져 클럽 샤프트가 어깨선 안쪽으로 들어와 있게 된다.

백 스윙 플레인이 너무 플랫하다.　　　　　　　　　　백 스윙 플레인이 너무 플랫하면 다운 스윙이 아웃사이드에서 인사이드로 되기 쉽다.

다운 스윙 때 타깃 방향의 안쪽에서 바깥으로 나가는(inside to outside) 스윙 패스를 이루게 되는 경향이 많다〈사진 2〉. 〈사진 3〉처럼 오른쪽 팔꿈치가 몸에 너무 붙고 밑으로 처져서 클럽의 방향이 타깃의 왼쪽으로 눕혀져 있으면 스윙 플레인이 너무 완만하게 백 스윙이 된 경우로 클럽의 끝이 볼을 향하지 못하고 타깃 라인의 바깥쪽으로 향하게 된다. 〈사진 4〉에서 보는 것처럼 다운 스윙 때 타깃 방향의 바깥에서 안쪽으로 나가는 스윙 패스를 갖게 되기 쉽다.
백 스윙 플레인이 전체적으로 가파르게 만들어진 사람은 뒤땅을 치는 경우가 많다.
업힐 사이드힐(uphill sidehill, 발이 볼보다 낮은 위치의 지형)에서 골프 클럽을 조금 짧게 잡고 스윙 연습을 하거나 야구 스윙을 많이 연습하면 스윙이 온 플레인에 가까워질 수 있으며, 반대로 전체적으로 백 스윙 플레인이 완만한 사람은 볼이 뜨지 않고 토핑 샷을 많이 하는 경우가 있어서 다운힐 사이드힐(downhill sidehill, 발이 볼보다 높은 위치)에서 스윙 연습을 하여 스윙 플레인을 조금씩 가파르게 만들게 하여 온 플레인에 가까워지도록 해야 한다.

A 아이언, 우드의 스윙 플레인 비교

Chapter. 5 골프에 대한 근본적인 이해

● 왜 온 플레인으로 해야 하나?

많은 아마추어들은 백 스윙 때 골프 클럽이 무겁게 느껴진다. 그 원인은 클럽이 올바른 위치에 있지 않기 때문이다. 예를 들어 클럽을 〈사진 1〉처럼 오른손 집게손가락 위에 놓고도 지면과 수직으로 세울 때는 그다지 무거움을 느끼지 못하지만, 〈사진 2〉처럼 오른손 손가락 전부로 클럽을 쥐어 지면과 평행하게 되도록 클럽을 점차적으로 눕히면 대단히 무겁게 느껴지게 된다. 많은 골퍼들이 백 스윙 때 오른팔을 겨드랑이에 붙여서 가야 한다는 생각을 하며 백 스윙을 하거나, 인사이드 스윙을 강조해 백 스윙 때 클럽을 지나치게 타깃 라인 안쪽으로 데려가게 될 때, 또 손이나 팔로 클럽 페이스를 열면서(fanning) 클럽을 몸통 주변으로 돌리며 백 스윙했을 때 클럽이 〈사진 3〉처럼 눕혀지게 된다.

이런 경우에는 클럽이 마치 〈사진 2〉처럼 무겁게 느껴지며 올바른 스윙 플레인으로 스윙되어 클럽이 올바로 볼을 가격하기 힘들게 된다. 뿐만 아니라 백 스윙 때 너무 완만한 스윙 플레인이 되어 온 플레인에서 벗어날 수밖에 없다. 이런 현상은 아마추어 골퍼, 특히 등을 곧추세워 척추의 각을 만들지 못한 자세로 스윙하는 여성 골퍼들에게 많이 일어난다. 어드레스할 때 그립을 가볍게 잡았는데(강도 3~4)도 백 스윙을 하면서 클럽이 무겁게 느껴지는 것은 바로 이러한 자세에 원인이 있다. 이러한 경우에는 척추를 20~30도 각도로 만들어 등을 앞으로 기울인 상태에서, 클럽을 테이크 어웨이한 다음 두 손이 허리 부분에 왔을 때 손목 코킹의 힘으로 클럽이 위로 올려져야 한다〈사진 4〉.

백 스윙의 ¾ 위치에 가게 되면 클럽이 지면과 수직으로 되는 것은 아니다. 왼손 집게손가락과 가운뎃손가락 첫째 마디가 눈에 보일 정도로 눕혀지면 완벽하다. 그래서 〈사진 4〉처럼 클럽이 올라갈 때 클럽의 무게가 가볍게 느껴지면 올바른 백 스윙 톱의 모양이 만들어지고 임팩트를 지나며 클럽의 스피드를 최대로 낼 수 있게 된다. 물론 온 플레인으로 백 스윙이 이루어지고 다운 스윙 궤도도 올바르게 된다.

1. 클럽이 세워지면 가볍다.

2. 클럽이 눕혀지면 무겁고 힘들다.

3. 손이나 팔로 클럽 페이스를 열면서(fanning) 클럽을 돌리며 백 스윙하면 플랫한 스윙 플레인을 만들며 문제 샷들을 유발시킨다.

4. 백 스윙 플레이이 온 플레인이 되면 클럽이 가볍고, 쉽게 스윙할 수 있어 헤드의 스피드를 낼 수 있을 뿐 아니라 정확하고 견고한 샷(solid contact)을 만들 수 있다.

Chapter.5 골프에 대한 근본적인 이해

스윙 패스와 클럽 페이스가 샷의 방향을 결정한다

가장 이상적인 샷은 스트레이트 샷으로 다운 스윙 때 자신이 어드레스하고 서 있는 '타깃 라인 안쪽에서만 클럽이 움직이는 인사이드→스퀘어→인사이드 스윙인 것이다. 그러나 스윙 궤도와 관계없이 클럽 페이스가 임팩트 때 타깃 라인에 직각만 이루면 타깃으로 가는 볼을 만들 수 있다.

● 인사이드와 아웃사이드에 대하여

인사이드(inside), 아웃사이드(outside)의 의미가 골프에서 대단히 중요하듯이 골프와 관련된 서적, 칼럼, 비디오 등에서도 이 두 단어를 자주 사용하여 골프 스윙을 설명하고 있다. 하지만 인사이드나 아웃사이드가 무엇인지 알지도 못하고, 한 번 생각해 본 적도 없이 스윙해도 볼만 똑바로 날리고 거리도 많이 가게 만들 수 있는 골퍼들이 많다. 그런데 왜 그렇게 머리 아프고 복잡한 것을 꼭 알아야 하느냐는 질문을 자주 받는데, 답하자면 굳이 이렇다.

테이크 어웨이 때 클럽을 인사이드로 가져가는 모습.

테이크 어웨이 때 클럽을 아웃사이드로 가져가는 모습.

다운 스윙의 궤도를 타깃 라인의 인사이드로 시작하여 인사이드로 나가며 클럽 페이스가 임팩트 때 타깃 방향에 직각이 되어야 스트레이트 샷을 할 수 있다.

내가 하고 있는 골프 샷의 유형을 알려면 스윙의 길을 알아야 하고, 그럼으로써 내가 원하는 샷을 마음대로 할 수 있는 방법을 알게 되며 잘못된 샷의 원인을 알아 스스로 고칠 수 있게 된다. 스윙의 길을 나타내는 말에는 스윙 궤도, 스윙 패스, 클럽 패스, 클럽 헤드 패스 등 다양한 용어들이 있으며, 모두 스윙을 하는 동안 클럽 헤드가 그리는 길이라는 의미로 똑같이 받아들이면 된다. 인사이드, 아웃사이드라는 단어는 스윙을 하는 동안 클럽이 넘나드는 지역(area)을 말한다. 볼을 보내야 할 목표 지점과 볼을 연결하는 라인을 타깃 라인이라고 하는데, 이 타깃 라인을 중심으로 자신이 어드레스하여 서 있는 지역을 인사이드라고 하며 그 바깥 부분을 아웃사이드라고 한다.

백 스윙 때에는 인사이드에서 아웃사이드의 스윙을 한다느니 또는 아웃사이드에서 인사이드로 스윙을 한다느니 하는 말을 흔히 쓰지 않는다. 테이크 어웨이 때에 클럽을 타깃 라인의 '인사이드로 가져간다' 또는 타깃 라인의 '아웃사이드로 가져간다' 라는 말을 쓰기는 한다. 그래서 타깃 라인을 중심으로 자신이 어드레스하고 서 있는 지역 안쪽으로 클럽을 가져가면 '인사이드로 가져간다' 〈사진 1〉라고 하며, 자신이 어드레스하고 서 있는 지역이 아닌 바깥쪽으로 클럽을 가져가면 '아웃사이드로 가져간다' 〈사진 2〉라고 한다.

인사이드, 아웃사이드 스윙의 문제는 다운 스윙을 할 때 결정된다. 백 스윙 톱에서 다운 스윙을 시작, 천천히 내려올 때 클럽 샤프트의 끝이나 클럽 헤드가 타깃 라인을 중심으로 자신이 위치하고 있는 지역(inside)에서 바깥쪽(outside)을 향하며 내려가는 스윙을 하면 '다운 스윙이 인사이드에서 아웃사이드의 궤도를 가지고 있다' 라고 한다. 이러한 궤도로 스윙할 때 임팩트 순간에 클럽 페이스가 타깃 방향과 직각을 이루며('스퀘어되었다' 고 함) 볼을 치게 되면 드로 샷이 되고, 클럽 페이스가 타깃 방향에 오픈되면 푸시 슬라이스 샷이 되며, 클럽 페이스가 타깃 방향에 클로즈되면 훅 샷이 되는 것이다. 푸시 샷이란 스윙 궤도가 인사이드에

Chapter.5 골프에 대한 근본적인 이해

서 아웃사이드이면서 클럽 페이스가 그 스윙 궤도에 직각, 타깃 라인에 오픈되었을 때 되었을 때 만들어지는 샷이다. 또 백 스윙 톱에서 다운 스윙을 천천히 시작하면서 클럽의 샤프트 끝이나 클럽 헤드가 타깃 라인을 중심으로 바깥쪽(outside)으로부터 자신이 위치하고 있는 지역(inside)을 향하며 스윙되어 내려올 때 '다운 스윙이 아웃사이드에서 인사이드의 궤도를 가지고 있다'라고 한다. 이러한 궤도로 스윙할 때 임팩트 순간에 클럽 페이스가 타깃 방향과 직각이 되어 볼을 치게 되면 페이드 샷이 되고, 클럽 페이스가 타깃 방향에 오픈되면 슬라이스 샷이 되며, 클럽 페이스가 타깃 방향에 클로즈되면 풀 훅 샷이 된다. 풀 샷이란 스윙 궤도가 아웃사이드에서 인사이드이면서 클럽 페이스가 그 스윙 궤도에 직각, 타깃 라인에 클로즈되었을 때 만들어지는 샷이다.

가장 바람직한 샷은 스트레이트 샷으로 타깃 라인을 중심으로 자신이 어드레스하고 서 있는 타깃 라인 안쪽에서만 스윙이 되어 이상적인 다운 스윙이라 할 수 있는 인사이드에서 인사이드의 궤도를 만드는 것이다〈사진 3〉. 물론 이러한 다운 스윙 궤도에 임팩트 순간 클럽 페이스가 타깃 방향에 직각이 되어야만 스트레이트 샷이 만들어진다. 따라서 백 스핀만을 가진 스트레이트 샷을 하는 것은 매우 어렵다고 볼 수 있다.

요즘 미국 투어 프로들이 좋아하는 페이드 샷이나 골프를 처음 시작하여 거리가 나지 않아 고민하는 사람들이 원하는 드로 샷 모두 임팩트 순간 클럽 페이스가 타깃 방향에 직각을 이루어야만 가능한 것이다. 스트레이트 샷, 페이드 샷, 드로 샷 모두 다운 스윙의 스윙 궤도와는 상관없이 임팩트 순간 클럽 페이스와 타깃 방향이 직각을 이루어야만 만들 수 있는 것으로 임팩트 순간 타깃 방향에 클럽 페이스를 직각으로 만들어 주는 연습이 과제인 것이다.

● **스윙 패스와 클럽 페이스의 조합으로 만들어진 11가지 골프 샷**

우리가 하는 모든 골프 샷은 자세히 분류하면 11가지 모양으로 구분할 수 있다. 그 중 자신이 구사하는 샷이 어떤 유형인지, 또 어떻게 이루어진 샷인지를 알고 있는 것은 골프 실력을 향상시키는 데 매우 중요하다. 자신이 가진 문제점에 대한 대책을 세워 스윙을 수정할 수도 있으며 그 결과로 자신에게 필요한 샷을 구사할 수도 있기 때문이다.

일반적으로 가장 바람직한 샷은 도표에서 ①, ②, ③, 그림에서 ①, ②, ③과 같은 샷이다. 즉, 볼의 마지막 방향이 타깃 방향으로 가고 있어야 하며, 임팩트 때 클럽 페이스가 타깃 방향에 직각이 되어야 만들어지는 샷이다. 이때 클럽 패스 또는 스윙 패스는 인사이드에서 인사이드이건, 인사이드에서 아웃사이드이건, 또는 아웃사이드에서 인사이드이건 관계가 없다.

클럽 패스 또는 스윙 패스란 간단히 말해 클럽으로 스윙할 때 클럽 헤드가 그리는 길을 말한다. 특히, 인사이드에서 인사이드, 인사이드에서 아웃사이드, 아웃사이드에서 인사이드란 다운 스윙 때 임팩트 전후 클럽 헤드가 그리는 선을 말하는데, 타깃 라인을 기준으로 클럽 헤드가 타깃 라인 안쪽에 있으면 인사이드, 바깥에 있으면 아웃사이드라고 한다.

결국 임팩트 때 클럽 페이스가 볼의 최종 방향을 결정해 주며, 클럽 패스(또는 스윙 패스)는 임팩트를 막 지난 볼의 처음 방향을 결정한다는 것을 알 수 있다.

[임팩트 이후의 볼이 날아가 만드는 11가지 샷의 모양]

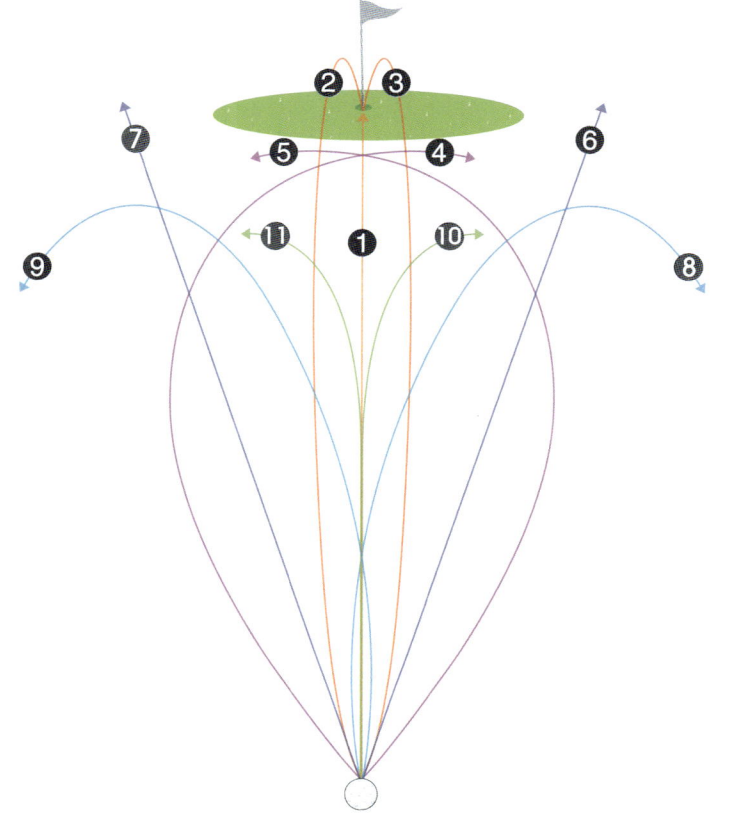

⟨도표⟩ 스윙 패스가 아웃사이드에서 인사이드일 때

스윙패스 라인	타깃 라인	샷의 모양	
오픈	오픈	슬라이스	❹
스퀘어	클로즈	풀	❼
클로즈	클로즈	풀 훅	❾
오픈	스퀘어	페이드	❷

⟨도표⟩ 스윙 패스가 인사이드에서 인사이드일 때

스윙패스 라인	타깃 라인	샷의 모양	
오픈	오픈	스트레이트→오른쪽	❿
스퀘어	스퀘어	스트레이트	❶
클로즈	클로즈	스트레이트→왼쪽	⓫

⟨도표⟩ 스윙 패스가 인사이드에서 아웃사이드일 때

스윙패스 라인	타깃 라인	샷의 모양	
오픈	오픈	푸시 슬라이스	❽
스퀘어	오픈	푸시	❻
클로즈	클로즈	훅	❺
클로즈	스퀘어	드로	❸

⟨예 : 풀 샷, 스트레이트 샷, 푸시 슬라이스 샷⟩

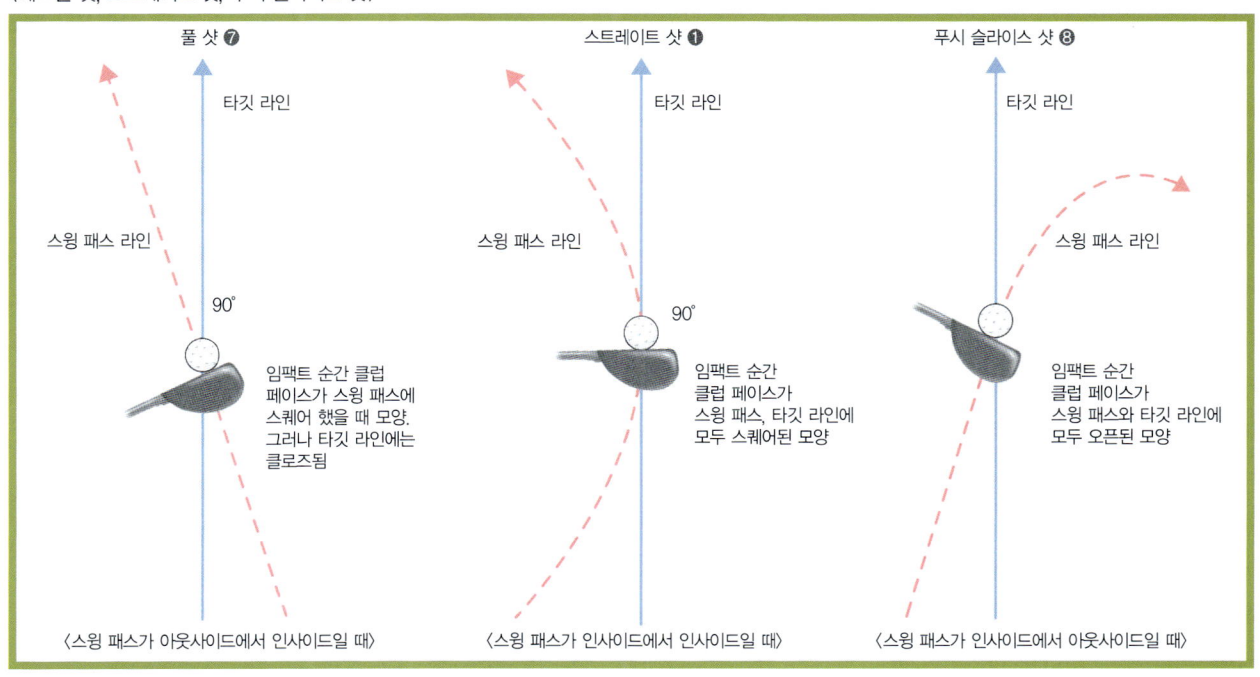

Chapter.5 골프에 대한 근본적인 이해

● 인사이드에 대한 지나친 강조

골프 스윙에 대한 이론 중에서 백 스윙의 테이크 어웨이에 대한 설명만큼 통일되고 분명한 부분도 없을 것이다.

'원피스 테이크 어웨이하라', '싱크로나이즈(synchronize)하라', '인사이드로 해야 한다', '볼로부터 10~16cm는 타깃 라인을 따라 직선으로 하라', '클럽 페이스를 직각(스퀘어)으로 유지하라' 등 골프를 처음 배우면서부터 수없이 많은 백 스윙 이론들을 접하게 되고, 또 많은 이들이 그렇게 하려고 연습과 훈련을 한다. 이렇듯 백 스윙의 테이크 어웨이에 대한 말들이 많은 것은 이 부분이 골프 스윙에서는 첫 단추를 끼우는 것과 같이 매우 중요하기 때문일 것이다.

일반적으로 가장 권장하고 있는 골프 이론 중 하나는 슬라이스성 구질에서 벗어나지 못하는 이들에게 다운 스윙의 궤도를 인사이드에서 아웃사이드로 바꾸도록 하는 것이다. 여러 가지 방법을 동원하여 다운 스윙 궤도를 인사이드에서 아웃사이드로 바꾸어 연습했지만 몸의 보상(compensation), 조작작용(manipulation)만 높아지고 여전히 슬라이스성 구질은 남게 되어 문제가 해결되지 않는 경우가 있다. 또, 다운 스윙의 궤도를 드로성 구질을 가져다 줄 수 있는 인사이드에서 아웃사이드 스윙을 하고 있음에도 불구하고 임팩트 때 클럽 페이스가

1 클럽 헤드를 심하게 타깃 라인의 안쪽으로 가져가서 타깃 라인으로부터 두 손의 거리보다 클럽 헤드의 거리가 더 멀다(클럽 페이스가 열리며 몸과 팔, 클럽의 일체감이 없다).

2 클럽 헤드보다 두 손을 먼저 오른쪽 허벅지 방향으로 움직여 가는 연습을 하면 타깃 라인에서 클럽 헤드가 멀리 떨어지는 것을 막을 수 있다(즉, 슬라이스 샷을 막을 수 있다).

테이크 어웨이 때 심하게 뒤로 클럽 헤드를 움직여 타깃 라인의 인사이드로 가게 되면 다운 스윙때 많은 문제점을 일으키게 된다.

열려 푸시 슬라이스 샷을 연발하고 있다. 이 사람들에게 임팩트 순간에 클럽 페이스를 스퀘어하게 하라는 주문만을 하는 것을 본다.

이러한 사람들의 문제를 쉽고 간단히, 고통스럽지 않게 고쳐 줄 수 있는 방법은 바로 백 스윙의 첫 스타트인 테이크 어웨이 모습을 잘 관찰해 치료함으로써 골프 전체의 스윙을 드로성으로 바꿔 주는 것이다. 대부분의 골퍼들은 골프를 시작할 때부터 귀에 못이 박히도록 들어온 인사이드라는 단어를 테이크 어웨이할 때도 연결시켜 〈사진 1〉과 같이 백 스윙의 테이크 어웨이 동작을, 클럽 헤드를 심하게 타깃 라인의 안쪽으로 가져가면 클럽 헤드가 손보다 더 멀리 인사이드로 가게 된다. 백 스윙 톱에서 클럽 페이스를 오픈시킬 뿐 아니라 다운 스윙 때 볼을 맞히려면 아웃사이드에서 인사이드 다운 스윙을 할 수밖에 없다. 그래서 슬라이스성 샷, 토핑 샷을 피할 수 없다. 〈사진 2〉처럼 좀 과장해서 클럽 샤프트의 끝을 클럽 헤드보다 먼저 오른쪽 허벅지로 가면서 테이크 어웨이를 시작하면 몸과 팔, 클럽이 일체되어 스윙할 수 있는 기회를 갖게 할 수 있으며, 다운 스윙의 궤도를 인사이드에서 아웃사이드로 자연스럽게 만들 수 있다. 〈사진 1〉과 비교해 보면 타깃 라인으로부터 클럽 헤드가 손보다 더 가까이 위치해 있다는 것을 알 수 있다. 이러한 테이크 어웨이 연습은 몸통과 팔, 클럽이 원 피스 테이크 어웨이(one piece take away)를 할 수 있는 기회를 주어 싱크로나이즈(synchronize, 몸과 팔, 골프 클럽이 일체가 되어 스윙되는 상태)된 백 스윙을 하게 된다. 이렇게 하여 백 스윙 톱에서 클럽 페이스가 직각이나 약간 클로즈한 상태로 만들어지며 자연스러운 스윙 상태에서 다운 스윙을 인사이드에서 인사이드의 스윙으로 할 수 있게 된다.

골프 스윙을 올바로 하기 위한 준비 과정

골프 스윙에 문제가 있다면 그립, 에임, 셋업을 먼저 점검해 보자. 문제점의 80~90%를 해결할 수 있다. 그립은 골프에서의 거리, 방향, 리듬, 타이밍을 모두 조절해 주며, 에임 역시 방향과 거리, 스윙 궤도에 직접적인 영향을 준다. 볼 포지션, 몸과 볼의 간격, 몸의 자세에 따라 스윙이 달라지며, 이러한 것들에 의해 백 스윙의 플레인과 다운 스윙의 궤도가 완전히 다르게 바뀔 수 있다. 뿐만 아니라 다운 스윙과 임팩트의 타이밍을 조절하는 스탠스, 발의 벌림 등에 대해서도 꼼꼼히 살펴보도록 하자.

part 6

Chapter.6 골프 스윙을 올바로 하기 위한 준비 과정

골프의 모든 것을 좌우하는 그립

골프 스윙에 문제가 있다면 그것은 곧 프리스윙에 문제가 있는 것이다.
프리스윙 중에서도 그립에 대한 중요성은 아무리 강조해도 지나치지 않는다. 그립 하나로도 골프에서의 거리, 방향의 일관성, 리듬, 타이밍 등을 모두 조절할 수 있기 때문이다.

● **그립에 대한 이해**

골프는 인스윙(in-swing)을 배우기 전, 프리스윙(pre-swing)을 잘 알고 그대로 실행해 주어야 실제로 인스윙에 들어가 백 스윙(back swing), 다운 스윙(down swing), 임팩트(impact), 팔로스루(follow-through), 피니시(finish)에 이르기까지 문제를 일으키지 않게 된다. 기초를 튼튼히 하고 제대로 이루어 놓아야 시간을 낭비하지 않고 큰 어려움 없이 쉽게 실력을 향상시켜 갈 수 있으니, 프리스윙(실제 스윙을 하기 전 자세를 취하는 단계)을 제대로 하는 것이야말로 골프의 첫 단추를 올바르게 채우는 일이다. 만약 골프에 대한 어떤 문제를 가지고 있다면 그 원인의 대부분은 프리스윙을 잘못 배웠기 때문이라 할 정도로 프리스윙의 중요성은 아무리 강조해도 지나치지 않는다. 골프 실력을 좌우하는 중요한 부분인 프리스윙은 그립(grip), 에임(aim), 셋업(setup)으로 나뉘는데, 이 중 그립을 먼저 소개한다.

그립이란 골프 클럽 샤프트(shaft)의 윗부분에 고무 같은 소재로 감싸져 있는 부분을 가리키는 말로, 손을 그 부분에 갖다 대는 행위도 '그립한다'라고 표현한다. 여기에서는 주로 후자의 경우로, 먼저 자신에게 가장 잘 맞는 그립이 무엇인지를 살펴본 후 어떻게 잡는 것이 올바른 방법인지 자세히 알아본다.

우선, 똑바로 선 자세에서 두 팔을 힘없이 떨어뜨리고 자신의 두 손바닥이 어느 쪽을 향해 있는지를 살펴본다. 이 경우 손바닥 면이 향하고 있는 방향이 개인마다 다르기 때문에 이에 맞게 그립을 쥐는 방법도 달라져야 한다. 두 손바닥이 자신의 몸쪽을 향해 있으면 일반적으로 왼손 그립을 중성 그립(neutral grip)으로, 몸의 뒤쪽을 향해 있으면 강한 그립(strong grip)으로, 조금이라도 몸의 앞쪽을 향해 있으면 약한 그립(weak grip)으로 잡는다.

손바닥과 손가락 길이가 거의 같은 골퍼의 경우 올바른 그립 방법은 샤프트의 그립 부분 위에 왼 손바닥과 왼 손가락 사이를 대각선으로 지나가게 갖다 놓는 것이다(손바닥이 손가락보다 더 긴 골퍼의 경우는 손바닥 쪽이 그립 위에 올라오게 한다). 이 때 왼 손바닥이 45도 각도로 지면을 향하게 하고 갖다 대면 중성 그립〈사진 1〉, 45도 이상 지면 쪽으로 향하며 갖다 대면 강한 그립〈사진 2〉, 손바닥이 지면과 직각으로 세워지도록 갖다 대면 약한 그립〈사진 3〉이 된다. 중성 그립이 되도록 클럽을 잡으면 왼손 엄지손가락과 왼손 집게손가락으로 만들어진 V자 모양의 방향이 자신의 오른쪽 턱과 오른쪽 어깨 사이를 향하게 한다.

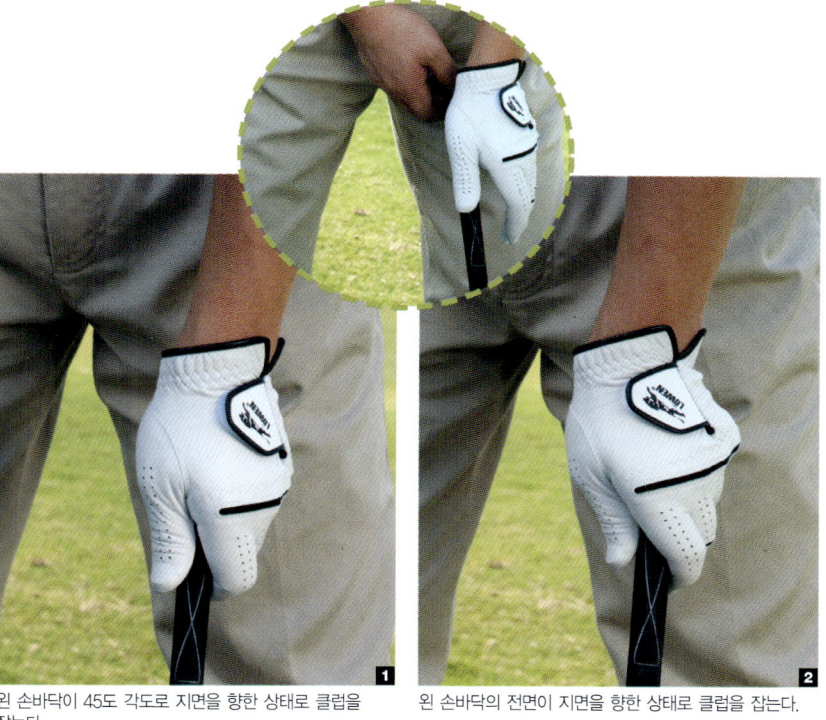

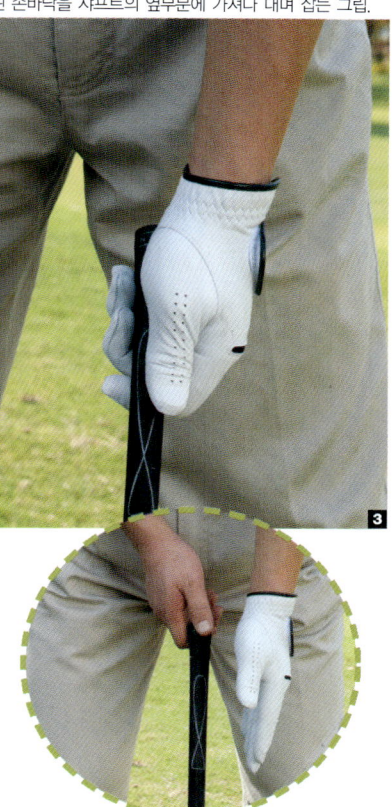

왼 손바닥을 샤프트의 옆부분에 가져다 대며 잡는 그립.

1. 왼 손바닥이 45도 각도로 지면을 향한 상태로 클럽을 잡는다.
2. 왼 손바닥의 전면이 지면을 향한 상태로 클럽을 잡는다.

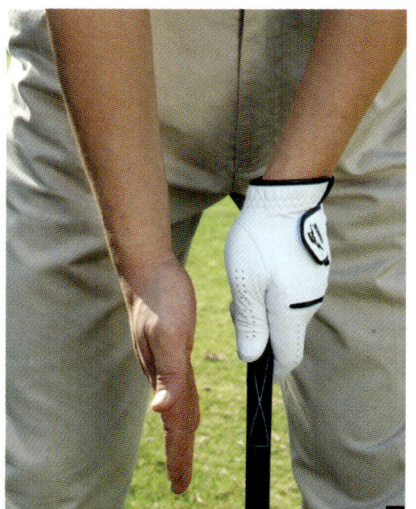

4. 오른 손바닥이 타깃 방향을 향하도록 해서 그립의 옆부분에 갖다댄다.
5. 집게손가락과 가운뎃손가락 사이의 간격을 띄어 엄지와 집게손가락 사이에 골프 볼이 있는 것처럼 만든다.

Chapter. 6 골프 스윙을 올바로 하기 위한 준비 과정

오른손의 강한 그립 : 오른손 집게손가락의 두 번째 마디가 샤프트의 밑에 위치한다.

오른손의 중성 그립 : 오른손 집게손가락의 두 번째 마디가 눈에 보일 듯 말 듯하다.

오른손의 약한 그립 : 오른손 집게손가락의 두 번째 마디가 눈에 보인다.

임팩트 때 클럽의 페이스가 클로즈되기 쉽다.

임팩트 때 클럽의 페이스가 스퀘어로 될 가능성이 높다.

임팩트 때 클럽 페이스가 오픈되기 쉽다.

오른손의 그립은 중성 그립인 경우 손바닥이 타깃 방향을 향하도록 해 샤프트의 옆 부분에 갖다 댄다〈사진 4〉. 마치 엄지와 집게손가락 사이에 골프 볼을 넣고 있는 것처럼 만들면서 가운뎃손가락과 집게손가락의 사이가 약간 떨어지도록 샤프트를 잡는다〈사진 5〉. 오른손 엄지손가락과 집게손가락으로 만들어진 V자의 방향이 왼손 그립과 마찬가지로 자신의 오른쪽 턱과 오른쪽 어깨 사이를 지나가게 한다.

특히 오른손의 그립을 어떠한 모양으로 잡느냐에 따라 임팩트 때 클럽 페이스가 각기 다른 방향을 향하게 된다. 강한 그립을 하면 임팩트 때 클럽 페이스가 목표 방향의 왼쪽으로 향하는 클로즈(close) 페이스가 되기 쉽고, 약한 그립을 하면 오른쪽으로 향하는 오픈(open) 페이스, 중성 그립을 하면 목표 방향과 직각인 스퀘어(square) 페이스가 될 가능성이 많다〈사진 6 7 8〉.

따라서 너무 약한 그립으로 인해 임팩트 때 클럽을 스퀘어시키기 어려워 공이 타깃 오른쪽으로 가는 슬라이스성 샷으로 고민하는 골퍼들은 오른손을 중성이나 약간 강한 그립이 되도록 잡는다.

그립은 오른손 새끼손가락의 위치에 따라 오른 손가락 모두를 왼 손가락 밑에 놓고 잡는 열 손가락 그립, 오른손 새끼손가락을 왼손 집게손가락과 가운뎃손가락 사이에 걸쳐 놓는 오버래핑 그립, 오른손 새끼손가락을 왼손의 집게손가락과 가운뎃손가락 사이에 끼워 넣는 인터로킹 그립의 3가지 형태로 나뉜다〈사진 9 10 11〉. 물론 손가락이 편안한 상태로 잡는 것이 가장 이상적이지만, 손목이 약한 여성이나 어린이들에게는 열 손가락 그립이 적당하다. 또 그립은 보통 샤프트의 끝에서 1~1.5cm 정도 아래로 잡는 것이 무난하나, 상황에 따라 짧은 샷을 하거나 컨트롤 샷을 해야 할 때는 샤프트 끝에서 더 아래로 내려 잡기도 한다.

그립에 있어서 가장 중요한 것은 그립을 잡는 강도다. 그립을 잡는 강도는 골프 스윙의 타이밍, 리듬, 클럽 헤드의 스피드, 릴리스의 컨트롤과 관계되어 스윙 전체를 지배한다고 해도 과언이 아니다. 그립을 잡는 강도가 가장 강한 것을 10, 가장 약한 정도를 1이라고 할 때 3~4 정도의 그립의 세기가 가장 이상적이라 본다. 골프 경력이 많을수록 그립을 잡는 강도는 손에 악력이 생겨 자연스레 약해지게 된다. 그립을 잡는 강도를 '마치 채찍을 잡고 휘두르는 것처럼 약하게' 하라고 표현한다. 골프를 막 시작하는 골퍼들도 이런 원리를 고려하여 마치 두 손에 달걀을 깨지지 않을 정도로 쥐고 있다고 상상하거나 적당량의 치약을 칫솔에 짜듯이 그립하면 스윙의 어려움을 이미 50%는 극복했다고 말할 수 있다. 지금 당장 자신의 그립을 약하게 잡고 스윙하면 그렇게 고민이었던 슬라이스 샷이 줄어들거나 거리가 20~30야드 늘어나는 것을 경험하게 될 것이다.

무엇보다 그립에 대한 이상의 기본을 알고 자신에게 잘 맞는 그립을 선택한 다음 이에 따른 실천이 뒤따라야 한다. 그립을 잡을 때는 매번 올바르게, 정확한 그립으로 잡혀 있나 점검하는 것도 일정한 샷을 날릴 수 있게 만드는 중요한 일이다.

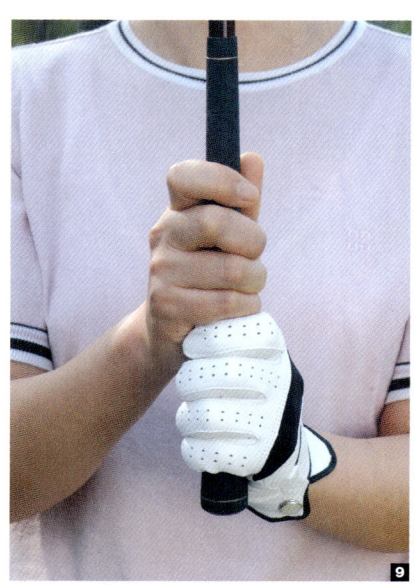
열 손가락 그립

오버래핑 그립

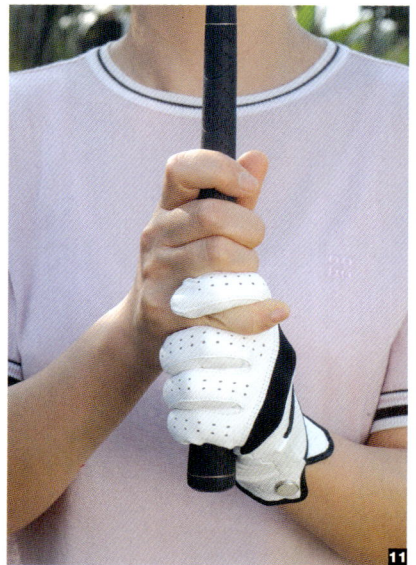
인터로킹 그립

Chapter. 6 골프 스윙을 올바로 하기 위한 준비 과정

● **그립 때 뒤틀어진 클럽 페이스, 스퀘어로 놓아도 소용없다**

아직도 많은 사람들이 골프의 첫 단추를 끼우는 것과 같은 그립을 잘못 이해하고 있다는 사실은 매우 놀라운 일이다. 모든 사람에게 똑같이 중성 그립이 가장 좋다고 하거나, 그립을 잡는 강도(1~10으로 표시)를 강하게 만들며 오른손의 그립을 너무 약하게 만드는 '빨래를 짜듯이 잡아라' 라고 제시하는 것을 종종 볼 수 있다. 심지어 파워를 내주는 그립이 아니고 퍼팅(putting)하거나 치핑(chipping)을 할 때 권하는 '손바닥을 서로 마주보게 잡아라' 라는 말들을 하기도 한다. 또는 손바닥과 손가락의 길이를 고려하지 않고 손가락이 가늘고 긴 서양 사람에게 강조하는, 그립을 손바닥과 손가락이 지나가는 사이에 놓고 감싸 쥐라고 가르치는 것이다. 손가락 길이보다 손바닥이 더 길고 두께도 두툼한 골퍼들은 그립이 손바닥 부분에 더 많이 잡히게 해야 함에도 불구하고 손가락 그립을 권한다는 것이다. 또한 샤프트의 그립 위에 표시되어 있는 손의 위치나 그림에 맞춰 그립을 하기도 한다. 사람마다 손이나 손가락의 길이, 두께가 다름에도 불구하고 클럽을 만드는 공장에서 모든 클럽에 일률적으로 표시해 놓은 것에 맞추어 그립하는 것은 위험하기까지 하다.

볼의 마지막 방향은 스윙의 형태나 스윙 플레인, 스윙 패스에 관계없이 임팩트 순간, 클럽 페이스의 열림과 닫힘에 의해 결정되는 것이다. 자신이 원하는 방향으로 볼이 가주길 바란다면 다운 스윙 때 스윙 패스가 인사이드(inside)냐 아웃사이드(outside)냐에 관계없이 임팩트 때 클럽 페이스만 타깃 방향에 스퀘어하게 해 주면 된다.

이러한 간단한 해결책이 있음에도 불구하고 많은 사람들이 오랫동안 해 오던 자신의 스윙을 고침으로써 샷의 방향을 잡으려 하고 있다. 또 골프를 시작한 지 얼마 안 되는 초보자들은 샷의 방향이 일정치 않으면 무조건 스윙에 무엇이 잘못돼 있나를 고민한다. 이러한 생각을 하게 되는 이유는 문제 있는 샷의 해결책이 아주 가까이에 있다는 사실, 즉 골프의 첫 단추를 끼우는 것과 같은 그립에 있다는 것을 알지 못하기 때문이다.

어느 누구라도 처음 골프를 배우면서 골프 클럽에 그립을 할 때, 왼 손바닥 위에 그립 부분을 갖다 대고 손바닥의 두툼한 부분으로 그립 부분을 감싸 쥐게 되면 클럽 페이스가 뒤틀리며 움직이게 된다. 즉, 왼 손바닥이 하늘을 향하도록 한 채 클럽에 대면 〈사진 1〉, 그립을 주로 손바닥으로 쥐는

왼 손바닥이 하늘로 향한 상태에서 샤프트가 손바닥 위에 올려져 손바닥으로 샤프트를 감싸며 잡는 잘못된 그립 자세. 손바닥이 손가락 부분보다 더 긴 사람에게는 좋지 않은 그립 방법이다.

 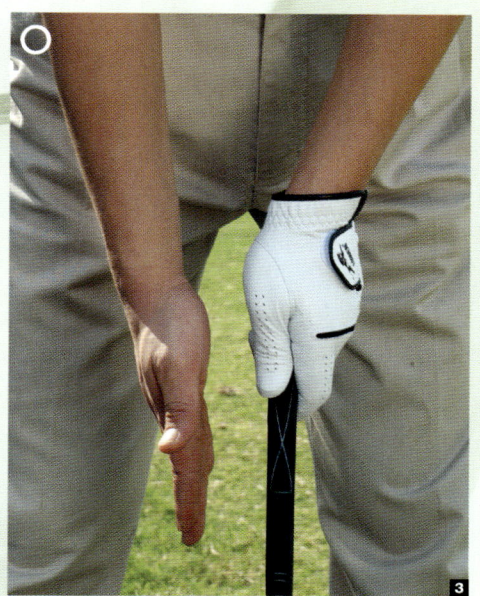

왼 손바닥이 지면을 향한 상태로 샤프트 위에 그대로 대고 잡는다.

오른 손바닥이 타깃 방향을 향한 채 샤프트 옆면에 그대로 대고 잡는다.

경향이 있다. 또 손을 돌려 클럽을 감싸 주어야 하므로 클럽 페이스를 오픈시키거나 클로즈시키게 된다. 이렇게 왼손 그립을 하면서 클럽 페이스가 오픈되거나 클로즈되면 어드레스 때 의도적으로 클럽 페이스를 타깃 방향에 스퀘어하게 놓게 된다. 오른손 그립을 하면서도 손바닥을 그립 밑에 대고 그립 부분을 감싸 쥐었을 경우 역시 마찬가지다. 왼손, 오른손 그립을 다 한 후에 클럽 페이스가 오픈 또는 클로즈되면 역시 타깃 방향과 직각으로 만들고자 클럽 페이스를 돌려 스퀘어로 놓게 된다. 그립하는 동안 클럽 페이스가 뒤틀리게 잡힌 상태에서는 어드레스를 하면서 최종적으로 클럽 페이스를 타깃 방향에 아무리 스퀘어하게 놓아도 임팩트 순간에는 클럽 페이스가 뒤틀어진 처음 그립 상태로 돌아와 볼을 가격하게 된다. 따라서 스윙에 상관없이 볼의 마지막 방향이 오른쪽, 왼쪽으로 마구 휘어져 가는 것은 모두 이러한 이유 때문이다.

그립을 잡을 때 왼 손바닥을 그립 밑에 놓지 말고 손바닥이 지면을 향하게 한 채 그립 위에서 덮어 잡으면 클럽 페이스가 뒤틀리지 않게 된다〈사진 2〉. 이렇게 할 경우 더욱 좋은 것은 왼손 그립의 모양이 아마추어 골퍼들에게 이상적인 중성 그립이나 강한 그립으로 된다는 것이다. 오른손 그립의 방법은 사람의 체형, 스윙의 형태, 샷의 종류에 따라 조금씩 다르지만 오른손바닥을 타깃 방향과 마주보도록 잡는 것을 기본으로 한다〈사진 3〉. 이 때 손가락과 손바닥이 감싸지면서 클럽 페이스가 오픈되거나 클로즈되지 않게 주의하면 스윙을 고치지 않아도 볼을 원하는 타깃 방향으로 날아가게 할 수 있다.

보통 체형의 골퍼들은 오른손의 중성 그립을 기본으로 한다.

키가 크고 마른 체형의 골퍼나 상체가 발달한 체형의 골퍼는 오른손을 약한 그립으로 해야 스윙 아크를 넓게 가져갈 수 있다.

● **그립을 내 몸에 맞춰서 잡는다**

그립은 각자의 손 모양, 손바닥 두께, 손바닥과 손가락 길이의 차이, 새끼손가락·엄지손가락의 길고 짧음 등에 따라 다양한 모양으로 다르게 잡을 수 있다. 따라서 자신과 전혀 다르게 생긴 손을 가진 타이거 우즈의 그립 모양을 흉내내어 똑같이 할 수 없으며, 비디오나 골프 레슨 교본에 가장 이상적인 그립이라고 나와 있는 중성 그립을 똑같이 따라 할 수도 없는 것이다.

누구나 중성 그립을 해야 한다고 권하는 것이야말로 골프 그립에 있어서 가장 잘못된 인식이다. 중성 그립으로 하느냐 약한 그립 또는 강한 그립으로 하느냐 하는 것은 개인마다 다른 신체 구조와 손 모양에 따라 스윙을 가장 효과적으로 할 수 있게 해주는 그립을 취해야 하는 것이지 누구에게나 중성 그립을 권할 수는 없는 것이다. 따라서 제대로 된 그립을 익히기 위해선 학생 중심의 스윙 모델에 입각한 방식으로 가르쳐야 한다. 즉, 각 개인의 신체적 특징을 고려한 스윙 모델을 적용해야 하는 것이다.

하지만 모든 사람을 똑같이 기계적인 틀에 맞추어 일괄적으로 가르치는 교수법이 일반화되어 있어 잘못된 시작을 초래하고 있다. 모든 사람들이 두 팔을 내려뜨리고 똑바로 선 자세에서 손바닥이 몸쪽으로 향하는 신체 구조를 가지고 있다면 왼손 그립을 중성 그립으로 하는 것이 가능하다. 그러나 손바닥이 몸 뒤쪽을 향하거나(이 경우 왼손은 강한 그립이 좋다), 손바닥이 조금이라도 앞을 향하는 사람(이 경우 왼손은 약한 그립이 좋다)이 중성 그립이나 강한 그립을 억지로 하면 손바닥과 손가락에 무리가 올 뿐 아니라 손에서 팔과 어깨, 목으로 이어지는 근육에 긴장을 초래하여 올바른 스윙을 만들 수 없다.

오른손을 약한 그립으로 잡을 수밖에 없는 노인이나 왼손 손바닥이 몸의 뒤쪽 방향을 향하는 사람이 억지로 손을 돌려서 중성 그립으로 바꾸려고 노력하다가 손과 팔뚝, 나아가 어깨 근육에 긴장을 주어 자연스러운 스윙을 할 수 없게 되고 심지어는 몸을 다쳐 골프를 그만둔 사람들도 있다. 이렇듯 그립은 매우 중요하며 골프 생명을 좌우하기도 한다.

즉, 체형에 맞는 좋은 그립은 스윙할 때 필요한 근육을 원하는 대로 움직일 수 있게 해 주는 반면, 체형에 맞지 않는 그립은 불필요한 근육까지 사용하게 만들어 자연스러운 스윙이 나오지 않게 한다. 왼손을 강한 그립으로 취하여 이상적인 스윙을 하고 있는 폴 에이징거(Paul Azinger), 데이빗 듀발(David Duval), 프레드 커플스(Fred Couples)의 그립을 중성 그립으로 바꿀 것을 권했다면 지금까지 그렇게 명성 높은 선수로 남지 못했을 것이다.

따라서 자신에게 어떤 그립이 적당한지 스스로 점검해 보는 방법을 알아둘 필요가 있으며, 적당한 그립을 해야만 그립을 잡은 왼손이 편안하고 손에 무리도 오지 않는다. 나아가 체형에 맞는 좋은 그립은 왼팔의 턴을 도와 주고 골프 스윙에서 가장 중요한 부분인 클럽 헤드 스피드를 빠르게 만들어 줄 수 있다.

보통 체격을 가진 사람의 경우 왼손은 중성 그립 내지 강한 그립으로 잡으면서, 오른손은 손바닥을 타깃 방향과 마주보도록 잡는 중성 그립이 이상적이다.

이 때 오른손을 중성 그립으로 잡으면 오른손 집게손가락 마디가 클럽의 샤프트 옆면에 위치하게 된다〈사진 1〉. 일반적으로 아마추어 골퍼인 경우 왼손의 그립을 약간 강한 그립으로 하면 왼팔과 왼손의 로테이션을 도와주게 되어 클럽 헤드의 스피드를 빠르게 해 줄 수 있으며 슬라이스 샷을 방지해 줄 수 있다.

또 키가 작고 상체 근육이 발달한 사람은 대부분 손가락이 굵고 유연성이 떨어지는 특징이 있어 왼손은 강한 그립을, 오른손은 오른 손바닥이 클럽의 샤프트 위로 살짝 올라온 듯한 약한 그립이 적당하다. 오른손을 약한 그립으로 잡으면 오른손 집게손가락 마디가 클럽의 샤프트 위로 살짝 올라와 보인다〈사진 2〉. 이러한 그립을 하게 되면 백 스윙 때 클럽을 넓게 가져갈 수 있도록 해 주기 때문에 효과적인 스윙을 하게 된다.

키가 크고 마른 체형인 사람에게는 왼손은 중성 그립 내지 강한 그립을 권하고 오른손은 중성 그립이나 오른손 바닥이 클럽 샤프트 위로 살짝 올라와 있는 약한 그립을 해도 무난하다.

오른손을 강하게 그립하면 〈사진 3〉과 같이 오른 손바닥이 샤프트 아래로 위치하여 집게손가락 마디가 클럽 샤프트 아래에 오는 모양이 되는데 이러한 오른손의 강한 그립은 스윙 아크를 좁게 만들며 백 스윙 때 클럽 페이스를 너무 많이 열게 하여 좋지 않은 그립이 된다.

오른손 그립을 강하게 하면 스윙 아크를 좁게 만들며 클럽을 빨리 로테이션시켜 훅 샷을 유발한다.

Chapter. 6 골프 스윙을 올바로 하기 위한 준비 과정

● 약한 그립이냐 강한 그립이냐에 따라 볼 포지션도 달라져야 한다

비교적 모든 사람들에게 공통적으로 적용될 수 있는 것은 그립을 잡는 세기의 정도(1~10으로 표시), 즉 그립의 강도다. 토핑이 잦은 사람이나 슬라이스가 심한 사람에게는 그립의 강도를 반으로 낮추라고 조언할 수 있으며, 이것으로도 문제의 반 이상을 해결할 수 있다.

그런데, '강한 그립이다' 라는 것은 그립의 강도와는 아주 다른 의미로 거리를 멀리, 스피드를 빠르게, 파워를 강하게 할 수 있다는 의미이다. '약한 그립이다' 라는 것은 그 반대의 경우를 말한다. 따라서 강한 그립을 하면 약한 그립으로 스윙하는 경우보다 클럽 헤드의 스피드를 더 빠르게 할 수 있다. 즉, 강한 그립을 하는 것 자체만으로도 이미 클럽 헤드의 로테이션을 빠르게 해 줄 수 있는 자세를 갖춘 것이 된다. 즉, 클럽 헤드의 로테이션 없이는 클럽 헤드의 스피드를 가질 수 없다.

그런데 오른손을 강하게 그립하는 것은 좋지 않다. 오른손을 강하게 그립하면 백 스윙의 테이크 어웨이(take away) 때 클럽이 몸통 주변으로 돌려지게 되는 스윙을 하기 쉬워 스윙 아크를 좁게 만든다. 이때 다운 스윙이 인사이드에서 아웃사이드 스윙이 되면 훅 샷이 되고 아웃사이드에서 인사이드 스윙이 되면 풀 훅 샷이 된다. 또 뒤땅 샷의 원인이 되기도 한다. 특히 키가 크고 마른 체형의 골퍼가 오른손을 약하게 그립하면〈사진 1〉원 피스 테이크 어웨이(one piece take away, 몸과 팔, 클럽이 함께 움직여 백 스윙되어가는 모습)하기 쉽고 스윙 아크를 넓게, 스윙 플레인을 업라이트(upright)하게 도와 준다.

그립은 볼 위치와도 밀접한 관계를 가지고 있다. 왼손을 강한 그립을 하면 클럽 헤드의 로테이션이 빨리 일어나게 되므로 볼을 오른발 쪽에 놓아야 한다. 만일 왼손을 강한 그립으로 하고 볼을 왼발에 가까이 놓으면 클럽 헤드 로테이션이 일어난 다음 볼을 치게 되므로 볼이 타깃의 왼쪽으로 가는 훅성 샷이 나오게 된다.

키가 크고 마른 체형의 골퍼가 오른손을 약한 그립으로 하면 스윙 아크를 넓게 가져가게 된다. 즉, 클럽이 허리 부분까지 왔을 때 오른손등이 눈에 보이게 된다.

왼손이 강한 그립이면서 볼의 위치가 왼발에 있으면 왼팔 로테이션을 최대로 저지해야 한다.

왼손이 약한 그립이면서 볼의 위치가 오른발에 있으면 왼팔 로테이션을 빨리 해줘야 한다.

또, 왼손의 그립을 약하게 하면 클럽 헤드의 회전이 늦게 일어나 클럽 페이스가 닫히는 데 시간이 걸린다. 따라서 볼을 왼발 가까이 놓아야 클럽 페이스가 올바른 타이밍으로 스퀘어되면서 볼을 치게 된다. 왼손을 약한 그립으로 하고 볼을 오른발 가까이에 놓으면 아직 클럽 헤드의 로테이션이 일어나지 않은 상태, 즉 클럽 페이스가 열린 상태에서 볼을 치게 되므로 볼이 타깃의 오른쪽으로 가는 슬라이스성 샷이 나오게 된다. 폴 에이징거의 왼손 그립은 아주 강한 그립으로, 볼을 왼발 쪽에 놓고 스윙을 할 때면 최대한 클럽이나 왼팔의 회전을 저지하며 스윙하는 것을 볼 수 있다〈사진 2〉.

반대로 조니 밀러(Johnny Miller)의 왼손 그립은 아주 약한 그립으로, 볼을 오른발 쪽에 놓고 스윙할 경우 다른 투어 선수들에 비해 최대한 클럽 헤드를 로테이션시키려는 노력을 하면서 스윙한다. 그의 왼손 약한 그립이 빨리 로테이션되고 있는 모습을 볼 수 있다〈사진 3〉.

오른손이 강한 그립인가 또는 약한 그립인가 하는 것 역시 클럽의 로테이션을 빠르게 하느냐 느리게 하느냐를 결정한다. 오른손의 그립이 약하면 볼을 왼발 쪽에 가까이 놓아야 하며, 백스윙의 테이크 어웨이 때 오른손목의 코킹이 늦게 일어나게 된다.

Chapter. 6 골프 스윙을 올바로 하기 위한 준비 과정

● 약한 오른손 그립해야 백 스윙 아크를 넓게 가져갈 수 있다

오른손 그립에 대한 이해가 부족한 경우가 많다. 왼손 그립이 강한 그립이냐 약한 그립이냐 하는 것은 잘 알고 있는 것 같으나 오른손의 그립이 〈사진 1〉처럼 강하게 잡혀 있는 듯한 모양을 보며 강한 그립이라고 오해하는 것은 그립이 강하니 약하니 하는 말에 대한 근본적인 이해가 부족하기 때문이다. 〈사진 2〉처럼 오른손 그립의 모양이, 다운 스윙을 하면서 손이나 클럽을 빨리 로테이션할 수 있게, 손바닥 면이 눈에 보이게 잡혀져 있으면 클럽 헤드의 스피

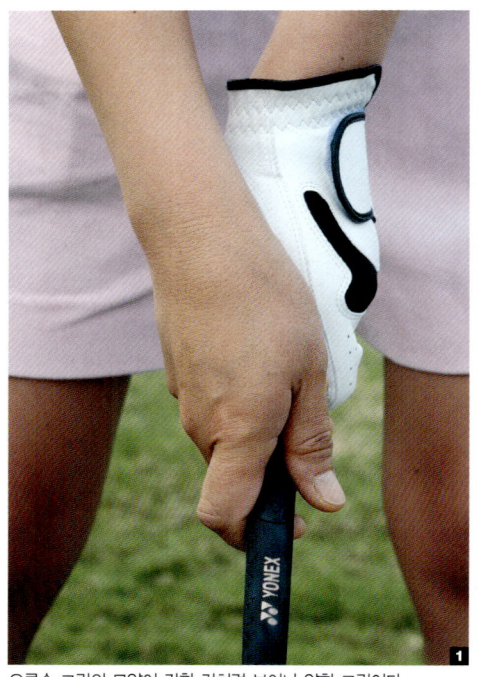
오른손 그립의 모양이 강한 것처럼 보이나 약한 그립이다.

손이나 클럽을 빨리 로테이션할 수 있도록 오른손을 강한 그립으로 잡은 모양.

드를 가속시킬 수 있어 파워를 낼 수 있는 그립이라 하여 '강한 그립' 이라고 하는 것이다. 그런데 일반적으로 오른손 그립은 강하게 잡지 않도록 한다.

드문 예가 되지만 오른손을 0.5~1cm 정도 오른쪽으로(시계 방향) 돌려 강한 그립으로 해서 연습해야 하는 골퍼들이 있다. 슬라이스 샷, 푸시 샷이 심한 경우 볼의 위치를 오른발 쪽으로 조금 옮기면서 몸을 타깃의 오른쪽으로 에임하여 오른손 그립을 약간 강하게 하면 슬라이스 샷을 멈추게 할 수 있다. 그러나 이러한 경우를 제외하고는 오른손 그립은 손바닥이 타깃을 향한 채 잡는 중성 그립을 하는 것이 좋다.

오른 팔꿈치가 일찍 접히며 클럽을 몸 주변으로 돌려서 클럽 페이스가 심하게 열린 모양(오른손의 강한 그립). 　　오른 팔꿈치가 접히지 않도록 클럽을 몸으로부터 멀리 보내며, 스윙 아크를 넓혀 준다(오른손의 약한 그립).

그러나 상체의 근육이 발달하고 가슴이 넓고 두꺼운 골퍼들은 상체의 너비를 이용하여 나오는 파워를 내는 것이 효과적이다. 또 키가 크고 마른 체형이며 팔다리가 긴 골퍼들은 스윙 곡선을 긴 팔로 넓고 높게 가져갈 수 있는 능력이 있어 넓고 높은 곳에서 나오는 에너지가 파워의 근원이 된다. 이렇게 서로 다른 체형의 골퍼지만 스윙 곡선을 넓게 가져가야 하는 공통점이 있어 모두 오른손 그립을 〈사진 1〉처럼 오른쪽 손등이 약간 눈에 보이며, 그립을 한 오른손의 집게손가락 둘째 마디가 클럽 샤프트 위로 살짝 올라와 눈에 보일 듯이 잡혀지는 약한 그립을 해야 한다.

보통 체형의 골퍼의 경우에도 〈사진 3〉처럼 오른쪽 팔꿈치가 빨리 접히고 클럽을 몸 주변으로 돌려서 클럽 페이스가 심하게 열리며(패닝 현상) 백 스윙되는 것을 종종 본다. 이렇게 오른쪽 팔꿈치를 빨리 접으며 일어나는 패닝 현상이 일어나는 골퍼들에게도 오른손 그립을 약한 그립으로 하게 하면 백 스윙의 초기에 스윙 곡선이 〈사진 3〉처럼 좁아지지 않고 〈사진 4〉처럼 넓게 가져갈 수 있다.

Chapter.6 골프 스윙을 올바로 하기 위한 준비 과정

스윙의 성패를 좌우하는 에임

에임이란 클럽 페이스를 타깃 방향의 직각으로, 몸 전체는 타깃 방향에 평행하게 정렬하는 것을 말한다. 간단해 보이지만 실상은 프리스윙 단계 중 가장 어려우며 많은 시간을 투자해서 연습해야 제대로 할 수 있는 부분이다.

볼과 타깃을 연결한 라인과 그 라인에 평행하게 몸을 정렬했을 때 마치 기차 레일을 연상하게 한다.

골프 스윙은 크게 프리스윙(pre-swing)과 인스윙(in-swing) 둘로 나누어 볼 수 있다. 인스윙은 실제 스윙 전체를 총칭하는 말로 테이크 어웨이(take away), 하프웨이 백(halfway back), 윗 백 스윙 포지션(윗 back swing position), 톱 오브 더 백 스윙(top of the back swing), 다운 스윙 스타트(start down swing), 하프웨이 다운(halfway down), 임팩트(impact), 팔로스루(follow-through), 피니시(finish)의 9가지로 나누어 생각해 볼 수 있다. 프리스윙은 실제 스윙을 하기 전 몸의 자세를 취하는 일로 그립(grip), 에임(aim), 셋업(setup)으로 나뉜다.

프리스윙 단계에서 준비가 잘 안 되면 아무리 실제 스윙인 인스윙을 올바르게 하려 해도 잘 되지 않는다. 하지만 프리스윙은 그 중요성에 비해 일반적으로 가볍게 생각하고 지나치는 경향이 많다.

특히 에임은 프리스윙 단계 중에서도 어떻게 연습을 해야 할 것인지조차 생각해 보지도 못하고 간과하기 쉬운 부분이다.

'에임' 이란 클럽 페이스를 타깃 라인에 직각(square)으로, 몸 전체를 타깃 라인에 평행하게 정렬하는 것을 말한다. 단어의 풀이만 보면 간단하지만 실상은 프리스윙 단계 중 가장 어려우며 많은 시간을 투자해서 연습해야 제대로 잘 할 수 있는 부분이다. 연습장에서는 볼이 똑바로 잘 날아가는 것 같은데 실제 골프 코스에 가서는 볼이 잘 맞지 않고 보내고자 하는 쪽으로 잘 가 주지 않는다면 그 원인은 대부분 에임이 잘못되었기 때문이다. 에임을 올바르게 할 수 있게 되면 골프 스윙의 발전과 골프 게임의 향상은

Chapter.6 골프 스윙을 올바로 하기 위한 준비 과정

볼 뒤에 서서 샷, 클럽 방향 등을 분석한다.

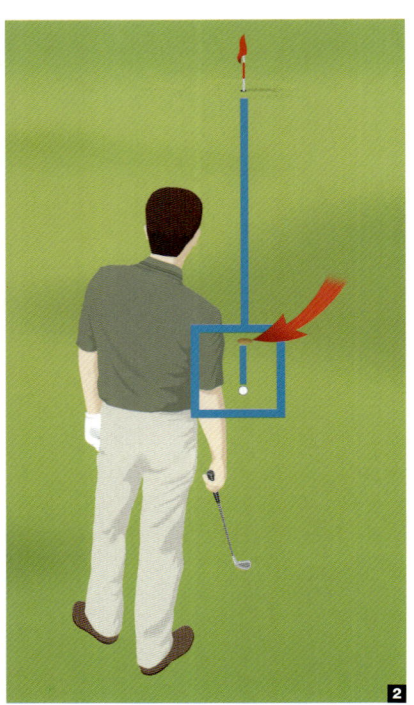
타깃과 볼과의 선을 그린다. 타깃 선상에서 공의 15~30cm 앞에 목표물을 정한다.

타깃 선상에서 공의 15~30cm 앞 목표물을 보면서 오른발 앞으로 공이 위치하게 선다.

저절로 이루어질 수 있다. 반복해서 일정하게 올바른 스윙을 할 수 있게 만들어 주는 데 가장 중요한 역할을 하는 것이 에임이기 때문이다. 연습장에서 연습할 때, 스탠스나 볼의 위치, 몸의 자세, 몸무게의 배분은 항상 점검을 하면서 스윙 연습을 하지만, 에임에 대해서는 생각지 않고 한 지점만을 향해서 볼을 치곤 한다. 이런 습관을 고쳐 주어야 골프 코스에 나가 몸 전체(어깨, 히프, 무릎, 두 발)를 볼이 날아가야 할 방향의 선(타깃 라인)과 평행하게 세워 주는 자세를 바르게 만들 수 있다.

그렇다면 어떻게 해야 에임을 올바로 하여 몸을 타깃 라인에 평행하게 잘 정렬할 수 있을까? 쉽고 간단하게 익혀 항상 반복할 수 있는 방법을 소개한다. 먼저 타깃을 바라보며 볼 뒤에 서서 볼을 어느 방향으로 보낼 것인가, 어떠한 샷을 구사할 것인가, 어떤 클럽을 사용할 것인가 등을 생각한다〈사진 1〉. 다음, 타깃 방향과 볼과의 라인을 그리며 타깃 라인 안에 목표물 하나를 지정한다〈사진 2〉. 목표물은 디벗(divot, 클럽에 맞아서 뜯겨 파인 잔디)자국, 또는 잔디 위에 눈에 띄는 색깔의 물체면 되는데 골프 코스에서는 바람에 쉽게 날려가지 않을 만한 것이 좋다. 볼 앞으로 오면서, 볼 앞 1m 내에 그 라인상에 있는 목표물을 보며 오른발 앞으로 공이 위치하게, 또 공과 몸과의 거리를 조절하여 선다〈사진 3〉. 클럽 페이스를 목표물에서

목표물에서 볼까지의 라인에 클럽 페이스의 제일 아래쪽에 위치한 페이스 라인이 직각이 되도록 맞춘다.

양 발을 타깃 라인과 평행이 된 상태로 나란히 놓고 몸 전체를 모두 타깃 방향과 평행하게 놓는다.

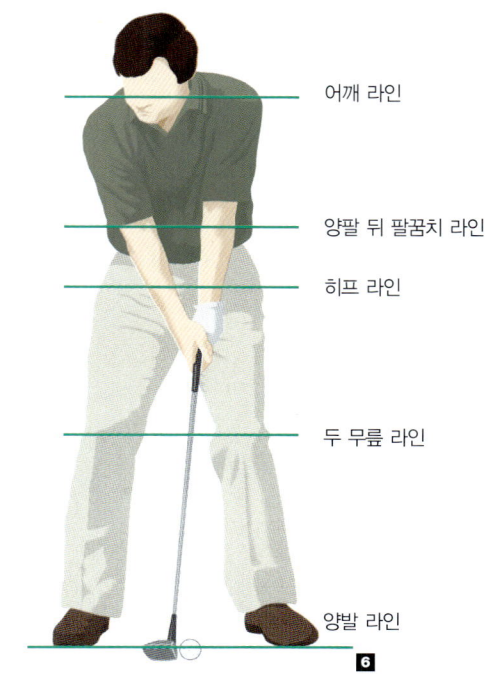
어깨, 양팔 뒤 팔꿈치, 히프, 무릎, 양 발의 라인이 그림과 같이 타깃 라인과 평행이 되도록 놓는다.

볼까지의 라인에 직각으로 맞춘다〈사진 4〉. 왼발을 벌리고, 오른발을 벌리면서 공의 위치를 정한다. 양발 엄지발가락 라인이 타깃 라인과 평행하게〈사진 5〉, 골프 스윙에서 가장 중요하게 영향을 미치는 어깨 정렬을 타깃 라인에 평행하게 맞춘다. 두 무릎 라인이 타깃 라인에 평행하게, 히프도 타깃 방향의 왼쪽이나 오른쪽으로 향하지 않고 타깃 라인에 평행하게, 또한 양 팔 뒤 팔꿈치 라인도 평행하게 맞춘다〈사진 6〉.

이 때 시선도 타깃 라인에 평행되면 더욱 좋다. 머리를 볼 뒤쪽으로 돌려 놓고 백 스윙을 시작하는 사람들의 시선은 타깃 라인과 평행하지 않아 가끔 스윙의 길(path)에 문제를 일으킬 수 있으니, 시선도 꼭 확인하도록 하자.

지금까지 설명한 에임 방법은 일반적인 페어웨이 샷(아이언 3, 4, 5, 6, 7, 8번, 페어웨이 우드)이나 드라이버 샷을 할 경우이며, 쇼트 아이언 샷(short iron 9번, 피칭 웨지, 샌드 웨지), 특수한 경우의 샷(페이드 샷, 드로 샷), 어려운 상황에서의 탈출 샷, 지형에 따른 변화의 샷 등은 타깃 방향에 몸을 오픈(타깃 방향의 왼쪽을 향하게 함)하거나 클로즈(타깃 방향의 오른쪽을 향하게 함)하기도 하고, 또 타깃 방향에 클럽을 오픈(타깃 방향의 오른쪽을 향하게 놓는 것)시키거나 클로즈(타깃 방향의 왼쪽을 향하게 놓는 것)시키기도 한다.

체형에 따른 준비 자세, 셋업

셋업(setup)에는 스탠스, 볼의 위치, 몸의 자세, 몸무게의 배분, 발의 벌림 모양, 근육의 움직일 준비 등이 포함되며, 자신의 체형에 맞는 올바른 셋업 자세를 취할 때 실제 골프 스윙에서의 파워와 일정한 방향성을 갖게 된다.

● **스탠스의 너비가 파워를 좌우한다**

스탠스(stance)란 어드레스 때 두 발을 얼마만큼, 어느 방향으로 어떻게 벌리고 서느냐를 말하며, 스탠스는 다음에 설명할 볼의 위치와 가장 밀접한 관계를 가지고 있다. 스탠스의 너비에 따라 골프 스윙의 파워나 방향성을 잃을 수도 있으므로, 골프를 이제 막 시작한 사람들은 스탠스를 잡는 방법을 잘 알아 두어, 항상 볼 앞에 서는 어드레스 자세를 취할 때마다 반복하여 몸에 익힐 수 있게 연습해야 한다. 스탠스를 올바로 하기 위한 요령은 다음과 같다.

〈사진 1〉처럼 하나의 클럽은 타깃을 향하도록, 또 다른 하나의 클럽은 타깃 방향에 평행하게 되도록 바닥에 놓고 몸 전체를 그 클럽에 평행하게 세우고 두 발은 모은 채로 클럽 페이스를 볼 앞에 갖다 댄다. 이 때 왼발은 발가락 부분만 15~20도 각도로 바깥으로 벌려 주고, 백 스윙 때 어깨나 허리가 잘 턴되지 않는 사람일 경우 오른발(역시 발가락 부분만)도 바깥으로 15도 정도 벌려 준다. 백스윙 때 허리가 어깨보다 더 많이 턴이 되며 상·하체의 꼬임이 되지 않는 사람은 오른발을 타깃 방향과 직각이 되도록 놓든지, 또는 〈사진 2〉처럼 아예 오른발 발가락을 안쪽, 즉 왼발 쪽으로 향하도록 놓는다. 그러나 드라이버 샷의 경우 오른발을 어

발을 모으고 몸 전체를 타깃 방향과 평행하게 세운다.

떻게 벌렸든지 두 발의 안쪽 뒤꿈치 폭은 〈사진 3〉처럼 어깨 폭과 같은 정도로 만들어야 한다. 만일, 어깨 폭보다 너무 넓게 스탠스를 한다면 어깨나 몸의 회전에 장애를 주어 골프 스윙의 근본 파워를 일으키는 '턴' 단계부터 파워를 상실하게 된다. 나아가 이런 경우에는 올바른 턴을 하기보다는 몸을 좌우로 불필요하게 움직이게 되어 스윙의 파워와 볼의 방향성을 잃게 된다.

반대로 너무 좁게 스탠스를 벌려 서는 사람은 백 스윙 때 상체와 하체의 꼬임이 일어나기 어렵고 역피벗 현상이 일어나며 스윙의 베이스가 작아져 몸의 균형을 잡기 힘들다.

올바른 스탠스의 폭은 스윙의 베이스를 견고하게 하여 백 스윙 때 파워 있는 상체의 턴을 만들어 준다. 나아가 몸의 이동성과 안정성 사이의 완벽한 균형을 유지하게 해 주는 프리스윙의 결정적인 역할을 한다.

페어웨이 우드와 롱 아이언(3번, 4번, 5번 아이언)을 사용하는 경우에는 드라이버 스탠스 폭보다 2.5cm 좁게 벌려 놓는다. 미들 아이언(6번, 7번, 8번)인 경우에는 롱 아이언 스탠스보다 2.5cm 좁게 벌려 놓고, 9번과 피칭 웨지, 샌드 웨지는 미들 아이언 스탠스의 폭보다 2.5cm 좁게 벌린다. 이렇게 하면 드라이버 스탠스의 폭보다 7.5cm 좁아져, 자신의 어깨 폭보다 꽤 좁은 스탠스를 취할 수 있게 된다.

슬라이스가 많이 나는 사람의 경우 왼발을 바깥으로 벌리지 말고, 오히려 왼발을 오른발보다 타깃 라인에 가깝게 앞으로 나오도록 한다. 이 때 발가락 부분을 안쪽, 즉 오른발 쪽으로 살짝 돌려 놓는다. 이렇게 왼발의 스탠스를 클로즈하여 스윙 연습을 하면 손이나 팔의 회전을 쉽게 할 수 있어 슬라이스 방지에 도움이 된다.

상·하체의 꼬임이 되지 않는 사람은 오른발 발가락을 안쪽으로 향하게 놓는다.

드라이버 샷의 경우 두 발의 뒤꿈치 폭과 어깨 폭을 같게 한다.

Chapter. 6 골프 스윙을 올바로 하기 위한 준비 과정

● 골프에서 가장 큰 위치를 차지하는 볼 포지션

❶ 일반적인 볼 포지션과 상황에 따라 달라지는 볼 포지션

볼 포지션이란 클럽에 따라 다르게, 스탠스의 어느 위치에 볼을 놓느냐를 말하는 것으로, 골프 스윙에서 가장 중시되는, 몸과 팔과 클럽의 일체 및 연결에 관련이 있다. 또한, 그립과도 밀접한 관계가 있고 뚱뚱한 사람과 마른 사람 등의 체형에 따라 볼의 위치가 달라질 수 있으며, 푸시, 훅, 풀, 슬라이스 샷을 만드는 요인이 되기도 한다. 특히 스윙 패스와 스윙 플레인에 많은 영향을 주는 것으로, 볼 포지션의 중요성은 한 마디로 표현할 수 없을 정도로 골프에서 가장 큰 부분을 차지한다. 먼저 미국 투어 프로들의 볼을 놓는 위치를 살펴보자. 미국의 대다수의 키가 크고 마른 체형의 투어 프로 선수들(tour professional)의 경우 〈그림 D〉처럼 왼발과 볼의 위치는 그대로 두고 오른발을 클럽이 길어질수록 더 벌려서 선다. 이 때 타깃 라인에서 조금씩 뒤로 물러서서 긴 클럽일수록 클로즈 스탠스가 되게, 짧은 클럽일수록 타깃 라인에서 조금씩 앞쪽으로 내밀어 서서 오픈 스탠스가 되도록 만들기도 한다.

그래서 많은 사람들이 볼의 위치를 〈사진 1〉, 〈그림 A〉처럼 긴 클럽, 즉 드라이버 페어웨이 우드는 왼발 뒤꿈치쪽 선에 맞추어, 또 〈사진 2〉나 〈그림 B〉처럼, 롱 아이언(3, 4, 5번)은 왼발 뒤꿈치 안쪽에서 스탠스 폭(왼발 뒤꿈치 안쪽에서 오른발 뒤꿈치 안쪽까지의 길이)의 $\frac{1}{4}$이 되는 위치에, 중간 아이언(6, 7, 8번)은 스탠스 폭의 중간 지점쯤에, 〈사진 3〉, 〈그림 C〉처럼 9번 아이언 또는 웨지는 스탠스 폭의 중간에서 2~3cm 정도 오른발에 가깝게 놓는다. 이렇게 볼의 위치를 다르게 놓는 것은, 중간 아이언이나 짧은 아이언 샷은 클럽이 디센딩 블로 (descending blow, 스윙 곡선의 가장 밑부분에서 클럽이 볼을 치는 것)를 쉽게 할 수 있게, 롱 아이언이나 우드 샷은 클럽이 스윙 곡선의 가장 밑부분을 지나 스윙 곡선의 윗부분을 다시 지나면서 스위핑(sweeping)하는 동작으로 볼을 가격할 수 있게 해 주기 위한 것이다.

이렇게 서양 사람들처럼, 키가 크고 마른 체형의 골퍼, 로 핸디캡 플레이어(low handicapped player)는 볼을 왼발 뒤꿈치에 가깝게 놓는 경향이 있다(짧은 아이언 제외). 그러나 일반적으로 보통 체형을 가진 우리나라 골퍼들이나 상체 근육이 발달한 골퍼들, 대부분의 하이 핸디캡 플레이어(high handicapped player)의 경우에 아이언 샷은 스탠스 폭 중앙에 볼을 놓게 한다. 우드 샷인 경우 스탠스 중앙에서 약간만 왼발 쪽으로 놓게 하는 것이 스윙 패스를 인사이드로 시작할 수 있게 해주어, 다운 스윙을 아웃사이드로 시작하여 생기는 문제점을 막아 줄 수 있다.

볼 포지션은 우선 그립과 밀접한 관계를 가지고 있어서 약한 그립을 잡는 사람은 볼을 보통 사람보다 왼발에 더 가까이 놓는 것이 좋으며, 강한 그립을 잡는 사람은 오른발에 더 가까이 놓는 것이 좋다. 만일 약한 그립을 잡는 사람이 보통 사람의 일반적인 볼 포지션보다 오른발에 더 가까이 놓게 되면 슬라이스가 나게 된다. 강한 그립을 잡는 사람이 볼을 너무 왼발 쪽에 가깝게 놓게 되면 훅 샷이 나게 된다.

가슴이 두껍고 넓은 사람은 볼의 위치를 오른발에 가깝게 놓고, 키가 크고 마른 체형은 일반적인 경우보다 왼발에 가깝게 놓는 것이 좋다.

드라이버, 페어웨이우드 사용 때의 볼 위치.  롱 아이언 사용 때의 볼 위치.  쇼트 아이언 사용 때의 볼 위치.

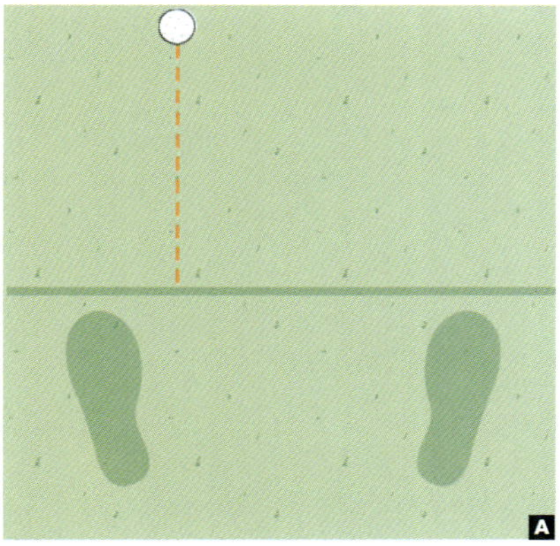

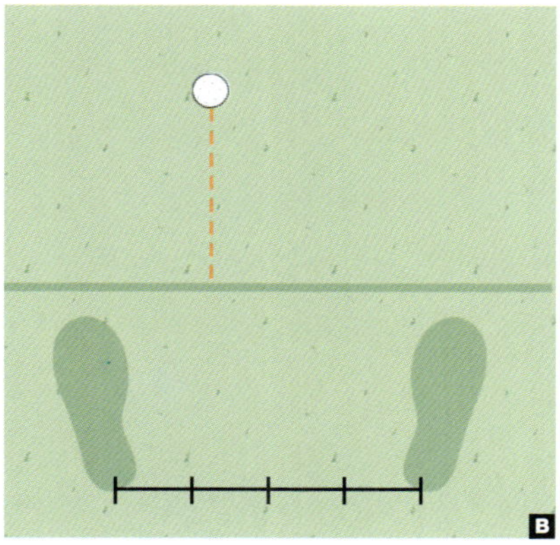

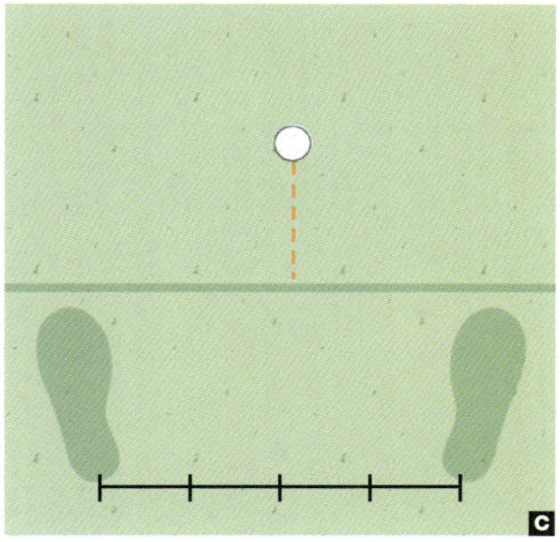

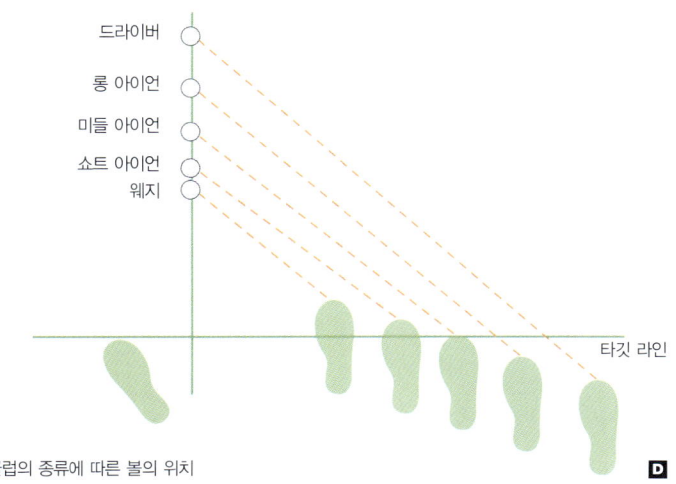

클럽의 종류에 따른 볼의 위치

4 볼을 오른발에 가깝게 놓으면 다운 스윙이 타깃 라인의 안쪽에서 바깥쪽으로 나가게 되어 푸시 샷이나 훅 샷이 생긴다.

5 볼을 왼발에 가깝게 놓으면 다운 스윙을 바깥쪽에서 안쪽으로 하게 되어 풀 샷, 슬라이스 샷이 나오게 된다.

일반적으로 볼을 너무 오른발에 가깝게 놓으면 〈사진 **4**〉처럼 다운 스윙이 타깃 라인의 안쪽에서 바깥쪽으로 나가게 되어 푸시 샷, 훅 샷, 푸시 슬라이드 샷이 나오게 되며, 반대로 〈사진 **5**〉처럼 너무 왼발에 가깝게 하면 다운 스윙을 바깥쪽에서 안쪽으로 하게 되어 풀 샷, 슬라이스 샷, 풀 훅 샷 등이 나오게 된다. 골프를 처음 시작한 경우, 슬라이스가 심하게 나면 볼의 위치를 확인해 보아, 왼발 쪽에 너무 가까이 가 있으면 볼을 스탠스 가운데 방향 쪽으로 조금 옮겨 놓는다. 이렇게 하면 슬라이스를 고칠 수 있으며 볼을 견고하게(solid) 칠 수 있게 된다. 반대로 훅이 많이 나는 사람은 볼을 왼발 쪽으로 조금만 옮겨 놓아도 스윙 패스와 방향성의 향상을 이룰 수 있다.

❷ 볼 포지션의 응용

우리 나라 골퍼들이 슬라이스성 드라이버 샷을 많이 치는 가장 큰 원인은 샤프트가 너무 강하고 로프트는 너무 낮은 것을 사용하기 때문이며, 또 볼을 너무 왼발 쪽으로 치우치게 놓는 것이 큰 이유다. 지금 당장 볼의 위치를 오른발 쪽으로 4~5cm만 옮겨 스윙한다면 다른 결과를 기대할 수 있을 정도로 올바른 볼의 위치는 좋은 샷을 하기 위한 필수 조건이다. 또한 롱 아이언 샷을 할 때도 마찬가지로 볼을 너무 왼발 쪽으로 놓으면 슬라이스나 토핑 샷이 나게 되며, 100야드 내의 짧은 거리에 있는 샷을 피칭이나 샌드 웨지로 할 때 볼을 너무 왼발 쪽으로 놓으면 뒤땅을 치거나 심지어 생크(shank)가 나기도 한다. 이 때 볼을 조금 오른쪽으로만 옮겨 주어도 좋은 샷을 할 수 있다. 특히 '컨트롤 아이언' 이라고 하여 거리를 많이 내는 목적이 아닌 미들 아이언이나 짧은 아이언 샷으로 잘 하려면 볼의 위치가 아주 중요하다. 8번, 9번 아이언, 웨지 등으로 페어웨이에서 스윙할 때, 볼의 위치를 약간 오른발 쪽으로 놓고 왼발을 오른발보다 타깃 라인에서 뒤로 빼서 약간 오픈 스탠스하고 선다. 다음, 볼이 놓인 위치에서 그립을 잡은 두 손을 볼보다 약간 앞쪽에 위치하게 하여 볼을 견고하게 가격할 수 있는 기회를 갖게 한다.

● **가장 이상적인 몸의 자세**

어떤 운동이든 나름대로의 특징적인 준비 자세가 필요하다. 서브를 받을 준비를 하고 있는 테니스 선수, 홈런을 날릴 자세를 취하고 있는 야구 타자, 달리기 전 스타트 라인 앞에서 신호를 기다리고 있는 육상 선수, 준비 태세를 갖추고 있는 배구의 후위, 모두 효율적인 다음 동작을 위해 최대한 과학적인 연구를 통해 나온 준비 자세들이다. 골프 역시 마찬가지다. 모든 스포츠 중에서도 골프는 정지한 볼을 정확하게 타깃점으로 날려야 한다는 점에서 몸의 자세가 더욱 중요시되는 스포츠다.

1993년 8월 타이거 우즈를 만난 부치 하먼(Butch Harmon)은 무엇보다도 먼저 스윙을 변화시키는 데 가장 중요한 요소인 몸의 자세를 바꿔나가기 시작했다. 그는 타이거 우즈의 구부정한 등(척추)을 곧게 펴서 앞으로 숙이도록 가르쳤고, 이로 인해 만들어진 척추의 각과 그 각도만큼 무릎도 살짝 굽히도록 하여 좀더 운동적인 어드레스가 되도록 하였다〈그림 A〉.

몸의 자세는 골프 스윙의 시작부터 끝까지 가장 큰 영향을 미치는 요소다. 왜냐하면 골프라는 스포츠는 지면에 가만히 정지되어 있는 볼을 띄워 날려 보내야 하기 때문에 자세가 불안정하거나 구부정하면 몸을 턴할 때 몸이 위아래로 움직여지거나 상체와 하체의 연결 동작이 잘 이루어지지 않아 볼을 골프 클럽 헤드로 잘 칠 수 없게 된다. 등이 너무 굽혀져 있어도 안 되겠지만 너무 펴져서 서 있는 듯한 자세 또한 골프 스윙을 위한 자세가 아니다. 한국 골퍼들의 대부분이 몸의 자세에 대해서 별로 중요하게 생각하지 않는 편인데, 더욱 눈에 띄는 모습은 등이 앞으로 기울어져 척추의 각을 만들어야 하는 골프 스윙의 기본인 몸의 자세를 만들지 못하고 한결같이 거의 서 있는 자세로 스윙을 하고 있다는 것이다.

A 타이거 우즈는 구부정한 등을 곧게 펴주어 히프를 위로 올려줌으로써 스포츠적인 어드레스 자세로 바꾸어 나갔다.

Chapter. 6 골프 스윙을 올바로 하기 위한 준비 과정

체형에 관계없이 골프라는 운동이 가지고 있는 자세의 특징은 등이 앞으로 숙여져 척추의 각을 만들고 스윙을 마칠 때까지 그 각을 유지하는 것이다. 그러한 자세를 취할 때 지면에 정지되어 있는 볼을 항상 일정하게 공중에 날려보낼 수 있는 효율적인 스윙을 할 수 있게 되며 최대한의 파워(스피드)를 지속적으로 낼 수 있는 스윙을 갖게 된다. 잘못된 자세를 보면 〈사진 1〉처럼 무릎이 발등 앞으로 나올 정도로 구부려져서 상체를 앞으로 기울이지 않고 엉거주춤한 자세를 취하거나 〈사진 2〉처럼 상체는 너무 많이 숙이고 무릎이 서 있는 자세 등 모두 몸무게가 발등에서 발뒤꿈치까지 골고루 분배되기 어려운 자세로 몸의 균형을 유지하기 힘들다.

그렇다면 어떤 자세를 만드는 것이 가장 이상적일까?

〈사진 3〉과 같이 무릎을 펴고 똑바로 선 상태에서 클럽을 잡고 〈사진 4〉처럼 히프로부터 등을 앞으로 기울이고 히프를 약간 하늘로 향해 들어올리며 구부정한 등을 곧게 펴준다. 양 허벅지를 살짝 내밀어 줌으로써 무릎에 탄력이 생기도록 조금 구부려준다. 무릎을 많이 구부리고 서 있거나 무릎에 힘이 많이 들어가면 스윙을 하는 동안 무릎이 펴지게 된다. 무릎은 처음부터 구부리지 말고 몸의 자세를 잡는 마지막 순간에 양 허벅지를 내밀어 무릎에 탄력을 주듯 살짝 구부러지게 하는 방법이 좋다. 이렇게 제대로 자세를 취하게 되면 〈그림 A〉처럼 오른쪽 어깨와 튀어나온 무릎이 일직선상에 있게 되며, 척추의 기울임과 클럽 샤프트의 연장선이 이루는 각이 90도가 된다. 이러한 가장 이상적인 몸의 자세로 일단 스윙이 시작되면 어떠한 다른 몸의 조작이나 보완 동작이 필요치 않아 스윙이 간결하고 쉬워진다. 등이 지나치게 곧추세워진 몸의 자세나, 등이 너무 숙여진 자세로는 올바른 백 스윙 플레인을 만들기 힘들기 때문에 다운 스윙을 하면서 많은 문제점을 일으키게 된다.

무릎은 너무 많이 굽히고 상체가 세워진 바르지 않은 자세.

상체를 너무 많이 숙이고 무릎이 펴져 있는 바르지 않은 자세.

무릎을 펴고 바로 선 상태에서 클럽을 들어 그립한다.

클럽 헤드를 지면에 댈 때 등이 앞으로 기울어진다. 이 때 히프를 약간 위로 올리면 등이 펴진다. 허벅지는 살짝 앞으로 내밀어 준다.

올바른 자세는 오른쪽 어깨에서 지면에 수직선을 내리면 무릎에 닿거나 무릎이 뒤에 위치하게 되면서 발등을 지나게 된다. 척추의 기울임과 클럽 샤프트의 연장선이 이루는 각은 90도가 되어야 최대의 클럽 헤드 스피드를 갖게 된다.

Chapter. 6 골프 스윙을 올바로 하기 위한 준비 과정

몸을 똑바로 세운 상태에서 그립하여 클럽을 지면과 평행하게 들어 놓는다.

〈사진 1〉의 자세에서 클럽 헤드의 바닥이 땅에 닿을 때까지 등을 앞으로 기울인다.

● 몸의 자세와 관련한 몸과 볼 사이의 간격

연습장에서 볼을 치면서 열심히 연습하는 우리 나라 여성 골퍼의 80%가 등이 숙여지지 않고 거의 서 있는 자세에서 스윙을 하고 있다는 것이 매우 놀라왔다. 골프가 히프에서부터 등의 각도를 20~30도 정도로 앞으로 기울인 자세를 가지고 하는 운동이라는 것을 전혀 생각하지 못하고 있는 것이다.

이러한 골퍼들을 위해 특별히 몸의 자세를 올바르게 만들어 주는 방법을 알아보자. 먼저 〈사진 1〉처럼 똑바로 서 있는 자세에서 클럽에 그립을 하여 자신의 허리쯤 높이에서 클럽을 지면과 평행하게 잡고 서서 엉덩이로부터 클럽 헤드의 바닥 부분이 지면에 닿을 때까지 등을 앞으로 기울인다〈사진 2〉. 이 때 〈사진 3〉에서 보는 것 같이 클럽의 그립 끝(butt)과 허벅지 사이의 간격을 맞추어 클럽 헤드의 바닥 면 토(toe) 부분이나 힐(heel) 부분이 들려지지 않고 전면이 지면에 모두 닿도록 놓는다. 다음은 양쪽 무릎을 굽히는 것인데, 양 허벅지를 내밀어 줌으로써 사실 무릎이 살짝 앞으로 나오게 하는 것이다. 이 때 무릎에 힘이 들어가서는 안 된다. 양쪽 허벅지를 앞으로 살짝 내밀어 몸무게가 두 발의 엄지발가락 안쪽 부분과 발뒤꿈치 안쪽 사이의 중간 부분에 실리게 될 정도로만 무릎이 굽혀지면 된다.

무릎을 앞으로 많이 내밀고 있다든가 무릎을 내미는 과정에서 뒤로 뺀 엉덩이를 다시 집어넣으면서 말 타는 자세 혹은 변기에 앉은 듯한 모양과 같은 자세는 무릎에 힘이 들어가게 되어 스윙을 하면서 무릎이 펴졌다 굽혀졌다 하게 된다. 이 경우 스윙을 하면서 척추의 각을 일정하게 유지할 수 없게 되어 토핑 샷, 뒤땅 샷 등을 하게 된다. 히프로부터 등을 앞으로 기울인 상태에서 엉덩이를 뒤로 빼내어 위로 올려 주는 듯한 느낌을 갖는 것이 중요하다.

이런 자세는 척추를 곧게 펴주기 때문에 스윙 내내 몸이 위아래로 움직이는 것을 막아주며, 상체 턴을 잘 되게 해준다.

그런데 **몸의 자세를 이루는 데는 볼과 몸의 간격이 가장 중요한 요소로 작용한다. 얼마나 자신의 체형에 맞는 올바른 백 스윙의 스윙 패스와 스윙 플레인을 갖게 해주느냐, 즉 자신의 백 스윙의 모든 모양을 결정하는 것이다. 프로 선수들이 어드레스 마지막 단계에서 두 발을 지면에서 들었다 놓았다 하는 동작은 몸과 볼의 거리를 조절하여 더욱 올바른 백 스윙을 만들려는 의도인 것이다.** 너무 멀리나 가깝게 서서 어드레스하여 스윙하는 모습은 보기 좋지 않을 뿐 아니라 스윙하는 동안 몸무게가 뒤꿈치, 앞꿈치로 이동하여 앞뒤로 몸이 흔들리는 결과를 초래하게 된다. 적당한 몸과 볼의 간격을 만들려면 중간 길이의 클럽을 사용할 경우 〈사진 ❸〉처럼 클럽의 그립 끝과 허벅지와의 간격을 한 뼘 정도로 맞추어 클럽 헤드의 바닥(sole)이 다 닿게 놓으면 된다. 긴 클럽일 경우 조금 멀리, 짧은 클럽일 경우 조금 가깝게 하도록 한다(드라이버와 9 아이언의 경우 몸과 두 손의 간격 차이가 5cm 정도 된다). 볼과 몸의 간격이 잘 맞추어져 있는가를 다시 확인해 보려면 왼손 그립이 잡혀져 있는 상태에서 오른손을 놓아 오른팔을 축 내려뜨린 상태로 만든다. 이 때 오른손 그립이 놓여야 할 위치에 손이 가 있으면 볼과 몸의 간격이 아주 잘 맞은 것이다. 하지만 오른손이 몸쪽으로 가까이 닿으면 볼과 몸의 간격이 너무 먼 것이다. 이러한 방법으로 볼과 몸의 간격을 잘 맞추고 몸무게를 양발의 앞쪽이나 뒤쪽에 치우치지 않게 하여 서서, 엉덩이를 뒤로 빼 등을 앞으로 기울이고 다시 엉덩이를 위로 올린 듯한 자세를 만들면 프로 골퍼 못지않은 안정된 몸의 자세가 이루어질 것이다.

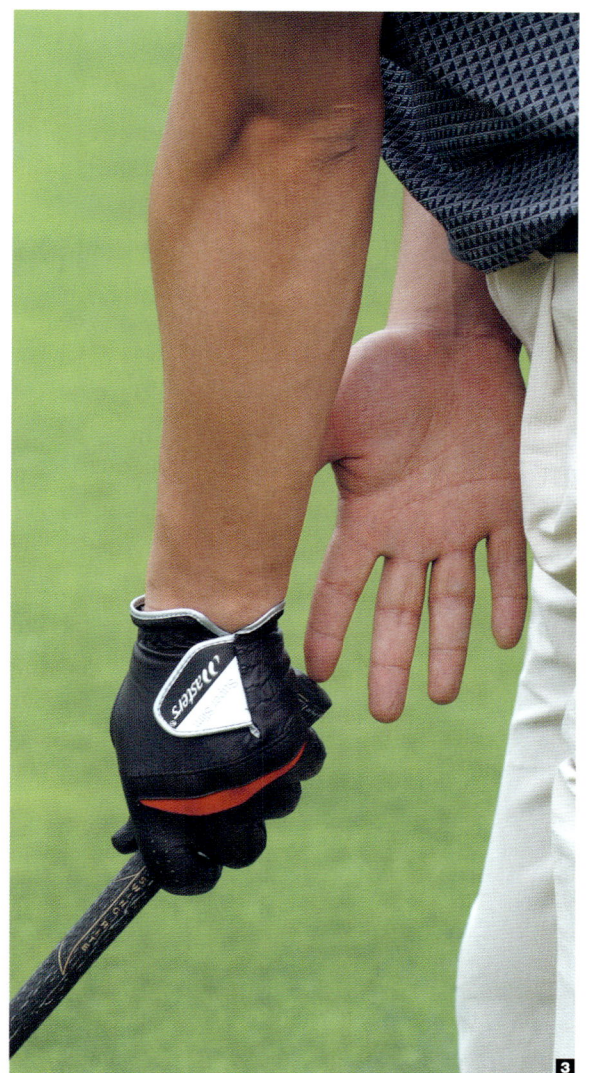

몸과 볼의 간격이 적당하면 샤프트의 끝에서 한 뼘 정도 되는 위치에 몸이 있게 된다.

Chapter. 6 골프 스윙을 올바로 하기 위한 준비 과정

● **왼발, 오른발의 벌림 모양**

제대로 된 골프 스윙 자세를 만들어 주는 프리스윙. 이 중 간과하고 지나갈 수 없는 발을 벌리는 자세에 대해 알아보자.

발을 벌리는 자세에 따라 히프와 어깨의 턴을 제어할 수 있다. 유연성이 부족하여 백 스윙의 어깨 턴이 안 되는 사람은 오른발을 이러한( ) 모양으로 벌리는 것이 좋으며, 백 스윙 때 하체 턴이 너무 많이 되는 사람은 이렇게( ) 왼발을 벌리는 것이 좋다. 또 유연성이 지나쳐서 턴을 오히려 억제해야 하는 사람들, 예를 들어 백 스윙 때 오른쪽 히프가 너무 많이 턴되어 몸통의 꼬임이 일어나지 않는 사람은 오른발을 이러한( ) 모양으로 해주고 다운 스윙 때 왼쪽 히프 턴 대신 왼쪽 히프가 타깃 방향으로 밀려서 스윙이 되는 사람들은 왼발을 이렇게( ) 바로 하는 것이 통상적이다.

발의 벌림 자세가 히프와 어깨 턴에 많은 영향을 미치는 것은 물론, 다운 스윙의 임팩트 순간에 파워를 전달하는 중요한 역할도 한다. 임팩트 순간 강력한 파워가 클럽 헤드에서 볼로 순식간에 전달될 수 있도록 오른발, 왼발을 어떤 모양으로 벌려야 하는지 역시 자신의 체형에 맞게 조정해야 하는 것이다.

보통 체형의 경우 다운 스윙을 할 때 히프의 턴이 빠르면 두 발을 모두 나팔 모양〈그림 A〉으로 벌리는 것이 좋다. 이 자세는 백 스윙 때 히프의 턴을 크게 해주며 다운 스윙 때 왼쪽 다리가 펴지는 동작을 늦춰 준다. 다운 스윙 때 히프의 턴 속도가 느린 경우에는 나팔 모양으로 벌리는 정도를 조금 줄여 히프 턴 속도를 빠르게 할 수 있다.

키가 크고 마른 체형의 경우〈그림 B〉처럼 오른발은 타깃 라인과 직각을 이루게 하고 심지어는 오른발 엄지발가락을 안쪽(왼쪽)으로 돌려 놓아 백 스윙 때 오른쪽 무릎이 펴지며 몸무게가 오른쪽 다리 바깥으로 빠져나가 버리는 다리 스웨이 현상이 일어나는 것을 막을 수 있다〈사진 1〉. 이렇게 하면 백 스윙 때 오른쪽으로 옮겨진 몸무게를 오른쪽 다리와 발이 충분히 받쳐 주는 기둥이 되어 골프 스윙의 파워를 일으키는 몸의 꼬임(단단히 받쳐진 하체를 중심으로 상체를 꼬아 주는 것) 동작을 해낼 수 있다. 키가 크고 마른 체형의 다운 스윙에는 특히 왼발 벌림이 큰 영향을 미친다. 이러한 체형을 가진 사람은 백 스윙 때 클럽을 길게, 높이 들어올리는 특징이 있어 다운 스윙 때 클럽 헤드가 임팩트에 다다르는 시간이 다른 체형보다 오래 걸린다. 따라서 왼발을 벌리면 벌릴수록 좌측의 벽이 늦게 형성되어 클럽 헤드가 임팩트에 다다르는 시간을 지연시킬 수 있다. 즉, 다운 스윙을 하면서 클럽 헤드에 파워가 축적되면서 내려와 파워 있는 임팩트 순간을 맞이할 수 있게 되며 반대로 왼발을 나팔 모양으로 벌리지 않으면 클럽 헤드가 일찍 볼에 다다르게 되어 파워를 손실하게 된다.

키가 작고 가슴이 두텁고 넓어서 유연성이 떨어지는 사람은 어깨와 히프 턴을 위해 오른발을 반드시 나팔 모양으로 벌려야 한다. 왼발 역시 적절하게 나팔 모양으로 벌려야 한다〈그림 A〉. 하지만 이런 체형의 사람들은 보통 체형보다 백 스윙이 길고 높지 않기 때문에 너무 많이 벌리면 오히려 파워 전달이 늦게 일어나고, 너무 적게 벌리면 파워가 지나치게 일찍 전달되는 상황이 만들어진다.

키가 크고 마른 체형의 골퍼의 경우 백 스윙에서 몸의 꼬임 현상을 위해 오른 발가락을 안쪽으로 돌려 놓기도 한다. 또 클럽 헤드가
임팩트에 다다르는 시간을 지연시키기 위해 왼발을 벌려 놓아야 한다.

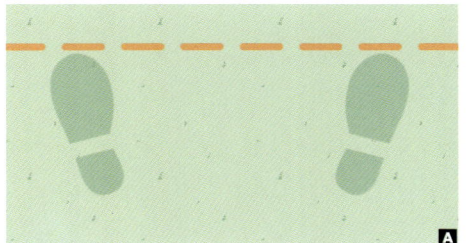

유연성이 떨어지거나 상체가 발달한 체형, 보통 체형 골퍼의
오른발, 왼발의 벌림 모양.

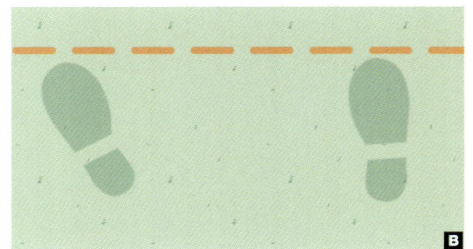

키가 크고 마른 체형의 왼발, 오른발의 벌림 모양.

1 왼발의 벌림이 있는 상태에서 백 스윙 톱으로 올라간 모습.

2 왼발 벌림으로 인해 다운 스윙을 시작할 때 왼쪽 히프가 턴되기 전 먼저 타깃 방향 쪽으로 움직이는 것을 볼 수 있다.

3 왼발의 벌림을 너무 많이 하여 백 스윙한 모습.

4 왼발의 벌림이 너무 많으면 다운 스윙 때 히프가 지나치게 타깃 방향으로 밀려 나가기 쉽다.

❶ 왼발의 벌림은 임팩트의 타이밍을 조절한다

셋업의 모든 부분 하나하나가 모두 골프 스윙을 하는 데 있어서 중요한 위치를 차지하고 있다. 그래서 각 부분마다 강조에 강조를 하여 골프 스윙을 하기 전 어드레스 때 꼭 점검하고 스윙을 시작한다. 그런데 발의 벌림에 대해서는 어떠한 이론적인 설명이나 그의 중요성에 대해서 설명하는 내용을 접하기 힘들다. 어드레스 때 왼발의 벌림을 15~20도 정도 타깃을 향해 벌려 놓는 것이 좋다는 내용을 들은 적이 있다. 그런데 왜 왼발을 벌리는 것인지, 또 벌리지 않으면 안 되는 것인지에 대해서는 언급하지 않고 있다. 여기서 그 궁금증을 풀어 보려 한다. 왼발의 벌림은 다운 스윙을 하면서 클럽이 임팩트에 오는 시간을 빠르게 할 수도 있고, 지연시킬 수도 있어 골프 볼을 클럽 페이스에 얼마나 잘 콘택트할 수 있느냐 하는 타이밍과 가장 밀접한 관계를 가지고 있다.

왼발의 벌림은 왼쪽 히프의 턴을 조절하기 때문에 왼발의 벌림을 많이 벌려 놓으면(👣) 다운 스윙을 하면서 왼쪽 히프가 뒤쪽으로 턴이 되기 전, 먼저 왼쪽 히프를 타깃 방향, 즉 옆으로 움직여가게 해 준다(〈사진 1〉의 백스윙 톱에서 〈사진 2〉의 다운 스윙을 보면 왼쪽 히프가 타깃 방향으로 많이 움직이는 것을 볼 수 있다).

그래서 클럽이 임팩트에 도달하는 시간을 지연시켜 준다. 즉 클럽의 릴리스가 늦게 일어나게 된다는 말이다. 다운 스윙을 하면서 왼쪽 히프를 턴하지는 않으면서 왼쪽 히프를 너무 많이 옆으로 이동시키는 사람들은〈사진 3 4〉 클럽이 너무 늦게 볼에 떨어지게 되어 클럽 페이스의 로프트가 약화되면서 볼을 치는 현상이 일어나 볼이 잘 뜨지 않거나 토핑 샷을 자주 일으키게 된다. 이러한 사람들은 왼발을 이렇게(👣) 벌리지 말고 이렇게(👣) 닫아 주어야 한다.

이렇게 왼발을 닫아 놓고 어드레스하여 스윙하면 다운 스윙 때 왼쪽 히프를 타깃의 왼쪽, 즉 몸통을 뒤쪽으로 빠르게 턴할 수 있다. 즉 클럽을 빨리 릴리스하게 한다는 것이다.

반대로 다운 스윙 때 왼쪽 히프가 몸통의 뒤쪽으로 너무 빠르게 턴이 되는 사람들은 왼발의 벌림을 이렇게 (👣) 타깃 쪽으로 벌려 놓아야 한다.

❷ 오른발의 벌림 모양이 파워 창출에 큰 역할

오른발의 벌림은 백 스윙 때, 상·하체의 꼬임에 굉장한 영향을 미친다. 골프 스윙의 파워는 손목의 코킹에서 나오기도 하지만 중요한 또 하나의 파워는 상체와 하체의 꼬임에서 오는 것이다. 신체 구조상 동양인은 서양인에 비해 상·하체의 꼬임 현상을 자연스럽게 만들기 힘들게 되어 있다고 한다. 하체를 고정하고 상체를 턴할 때 느껴지는 몸의 뒤틀림, 이러한 꼬임 현상은 근육의 훈련에 의해 만들 수 있다. 그런데 어떤 골퍼들은 스윙을 하면서 그러한 꼬임 현상을 만들기 위해 백 스윙 때 오른쪽 히프를 움직이지 않게 하여 전혀 히프 턴을 안 되게 하기도 하며, 또 백 스윙을 하면서 왼쪽 무릎의 턴을 아예 못하게 하여 왼쪽 무릎이 튀어나오게 스윙하는 것〈사진 ❶〉을 종종 본다.

이렇게 하체(히프, 무릎, 발)를 전혀 움직이지 못하게 하여 백 스윙을 하게 되면 상·하체의 꼬임의 느낌은 있을지 모르나 〈사진 ❶〉과 같이 백 스윙을 하면서 중심축이 왼쪽으로 기울어 버리는 역피벗 현상이 일어나게 되고 몸무게는 몸의 오른쪽 부분으로 이전할 수 없게 된다.

이러한 역피벗 현상도 일어나지 않으며 상·하체의 꼬임 현상이 쉽게 일어나게 하려면 오른발의 벌림 모양을 (👣)으로 해주면 된다. 키가 크고 마른 체형의 골퍼나 하체가 약하고 마른 체형의 여성 골퍼들에게 특히 좋은 방법이므로 어드레스 때 오른발의 벌림을 억제시켜 오히려 오른발 엄지발가락을 왼발, 즉 타깃 쪽으로 돌려놓기까지 하여〈사진 ❷〉연습하면 백 스윙을 하면서 상·하체의 꼬임을 몸으로 느낄 수 있게 된다.

상·하체의 꼬임에 의해 만들어진 파워가 다운 스윙을 하면서 풀어질 때 클럽 헤드의 스피드를 빠르게 해 준다는 사실은 서양의 키가 크고 마른 체형의 투어 플레이어에게 더없이 절실한 내용인 것이다.

그런데 상체가 두껍고 넓어 유연성이 떨어지는 골퍼의 경우는 좀 다르다. 어드레스 때 오른발 벌림을 해 주어야 백 스윙 때 어깨 턴, 히프 턴을 하는 데 도움이 될 수 있다. 그들의 파워 소스를 상·하체의 꼬임에서 찾는 것보다 스윙 곡선의 너비(width of arc)에서 기대하는 것이 더 크기 때문이다.

❶ 백 스윙 때 하체의 턴을 막기 위해서 왼쪽 무릎이 앞으로 튀어나와 있는 모양. 체중 이동이 전혀 되지 않으며 역피벗 현상까지 일으킨다.

❷ 오른발의 모양을 사진과 같이 놓으면 체중 이동을 하면서도 상·하체의 꼬임도 일어나게 할 수 있다.

Chapter. 6 골프 스윙을 올바로 하기 위한 준비 과정

페어웨이 우드 5번, 7번, 아이언 8번, 7번, 6번, 5번의 경우 몸무게를 오른발에 50%, 왼발에 50%씩 배분한다.

아마추어 골퍼들은 드라이버 샷 때 왼발에 40%, 오른발에 60%의 몸무게를 배분한다.

● **클럽과 샷의 종류에 따른 몸무게의 배분**

효과적인 골프 스윙이란 백 스윙을 하면서 몸무게가 오른발 쪽으로 가고 다운 스윙을 할 때는 몸무게가 왼발 쪽으로 이전되면서 이루어지며 이 때 파워를 더 갖게 되고 몸의 균형을 이루게 된다. 다른 스포츠와 마찬가지로 몸무게의 이동은 곧 파워와 균형으로 연결된다.

아이언 8번, 7번, 6번, 5번, 4번, 페어웨이 우드 5번, 7번 등은 〈사진 1〉과 같이 몸무게를 오른발에 50%, 왼발에 50% 배분한다. 아이언 9번, 샌드 웨지, 피칭 웨지를 사용, 페어웨이에서 풀 스윙할 때는 볼을 스탠스 가운데에서 약간 오른쪽에 가깝게 놓고 몸무게는 왼발 쪽으로 5~10% 더 배분하도록 한다.

볼을 공중으로 높이, 멀리 띄워 보내야 할 경우에는 볼을 스탠스 가운데에서 왼발 쪽에 가깝게 놓고 몸무게는 오른발 쪽에 조금 더(5~10%) 실어 준다. 반대로, 앞을 가로막고 있는 장애물이 없어 볼을 띄울 필요가 없이 볼이 낮게 굴러 가도 될 때, 또는 바람이 많이 불어 볼이 높이 뜨는 것보다는 낮게 떠야만 하는 상황에서는, 볼을 스탠스 가운데에서 오른발에 가깝게 놓고 몸무게는 왼발에 좀더 많이 놓는다. 낮게 띄워야 할수록 볼의 위치는 좀더 오른발 쪽으로, 몸무게는 왼발 쪽에 좀더 두는 것이 일반적이다.

이제, 드라이버 샷을 할때의 몸무게의 배분을 살펴보자. 프로 골퍼들을 분석해 보면, 왼쪽과 오른쪽에 동일하게 50% 정도씩의 몸무게를 싣거나, 왼쪽이나 오른쪽 어느 한쪽으로 10% 정도 몸무게를 더 싣는 경우 등 나름대로 자신에게 맞는 방식들을 구사하고 있다.

그러나 아마추어 골퍼들에게는 어센딩 블로(ascending blow)로 하는 드라이버 스윙 동작을 위해 〈사진 2〉처럼 몸무게를 오른발에 60%, 왼발에 40%를 배분하여 실어 주는 것이 좋다. 어센딩 블로란 드라이버 샷을 할 때 볼의 위치가 왼발 뒤꿈치 쪽에 가깝게 있어 〈그림 A〉와 같이 클럽이 다운 스윙하면서 스윙 곡선의 가장 아랫부분(bottom of arc)에 볼이 위치하지 않아 클럽이 그 지점을 지나 아크의 위로 올라가면서 볼을 치게 되는 스윙 동작이다. 이러한 스윙 동작을 하게 되면 볼에 톱 스핀(top spin)이 생기게 된다.

아이언 4번, 3번, 2번, 페어웨이 우드 3번, 2번의 샷을 할 때도 이러한 어센딩 블로와 디센딩 블로(descending blow) 스윙 동작이 합쳐져야 한다. 즉, 볼의 위치를 스탠스의 왼발에 가깝게(드라이버보다는 왼발 쪽에서 볼 하나 거리만큼 오른쪽으로) 놓고 몸무게를 오른발 쪽에 5~7% 정도 더 실어 주어야 한다.

퍼팅을 할 경우에는 볼에 톱 스핀을 주어 볼을 잘 구르게 하기 위해서는 볼을 왼발 엄지발가락 위치에 놓고 어센딩 블로해 주어야 한다. 치핑 샷(chipping shot)의 경우에는 볼을 낮게 띄워 잘 구르게 하기 위해 몸무게의 70~80%를 왼발에 실어 놓고 볼의 위치는 디센딩 블로의 스윙 동작〈그림 B〉이 쉽게 이루어질 수 있게 오른발 쪽에 치우치게 놓는다.

어떠한 골프 샷을 하더라도 몸무게를 양발의 너무 앞쪽에 또는 너무 뒤쪽에 실어서는 안 된다. 누군가가 몸을 앞쪽이나 뒤쪽에서 밀어도 넘어지지 않게 균형을 유지해야 한다. 몸무게는 두 발의 엄지발가락 안쪽 부분과 두 발 뒤꿈치 안쪽 사이의 중간 부분에 두는 것이 가장 이상적이다. 이렇게 몸무게의 배분을 올바르게 하여 만들어지는 균형 잡힌 자세는 마치 강속구로 날아오는 볼을 잡기 위해 준비를 하고 있는 야구 내야수, 어떤 자세에서도 균형을 잃지 않고 타깃 지점으로 향해야 하는 풋볼 쿼터백, 서브를 기다리는 테니스 플레이어의 모습, 그리고 다이빙하기 직전의 수영 선수 등과 흡사하다는 느낌을 주게 된다. 몸무게 배분을 잘 한 상태에서 어드레스한 골퍼들은 그 어느 스포츠 플레이어 못지않게 활력 있고 다이내믹한 모습으로 보인다.

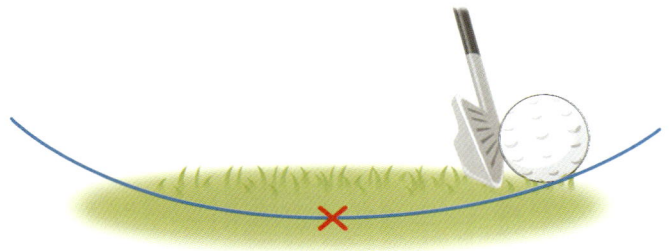

A

볼의 위치가 왼발 쪽에 가깝게 있으면 스윙 아크의 최저점을 지나서 볼을 치게 되므로 볼이 잘 뜬다(어센딩 블로).

B

볼의 위치가 오른발 쪽에 가깝게 있으면 스윙 아크의 최저점을 지나기 전 볼을 치게 되어 볼이 많이 뜨지 않는다(디센딩 블로).

골프 스윙의 A에서 Z까지

스윙 중에서 잘못된 부분이 있다면, 그 점을 고쳐 줄 수 있는 올바른 방법을 찾아 꾸준히 연습하여, 천천히 지속적으로 근육에 올바른 동작을 메모리시켜야 한다. 실제 골프 코스에서는 볼을 치면서 스윙에 대한 여러 가지 생각을 잊어버려야 클럽 헤드의 스피드를 갖게 되며, 연습해서 메모리된 근육의 움직임이 스윙 중 조금씩 묻어 나오게 되는 것이다. 골프 스윙의 시작부터 끝까지, 올바른 연습 방법을 찾아 꾸준히 실행해 보자.

part 7

프리샷 루틴에서 피니시까지

아무리 어드레스 모습이 각자 다르고 백 스윙, 다운 스윙 스타일이 다르다 해도 핸디캡이 낮은 골퍼나 최고의 실력을 가진 골퍼들의 임팩트 모습은 거의 같은 자세를 취하고 있다.
임팩트 순간, 그들의 모습을 닮기 위한 과정들을 소개한다.

● 프리샷 루틴으로 몸의 긴장을 없애고 스윙의 리듬을 갖는다

과거 얼마 전까지만 해도 가장 소홀히 다루어졌던 프리샷 루틴(pre-shot routine)이 요즘은 프로 골퍼나 코치들 사이에서 일정한 샷을 하는 데 없어서는 안 될 필수적인 요소로 새롭게 인식되고 있다. 프리샷 루틴이란 실제의 샷을 위하여 스윙을 시작하기 전의 모든 과정을 차례대로 준비해 보는 것을 말한다.

모든 프로들이 나름대로 조금씩 다르지만 항상 일정한 프리샷 루틴을 가지고 있으며, 이것이 아마추어와 가장 두드러지게 다른 점이라고 할 수 있다. 프리샷 루틴을 가지고 있지 않은 골퍼들을 보면 어드레스 때 너무 시간을 길게 끌거나 몸에 긴장이 더해져 손이나 팔, 팔목, 어깨가 경직되어 좋은 스윙을 구사하기 힘든 것을 볼 수 있다. 결국 프리샷 루틴을 가지고 있지 않은 골퍼들은 그 날의 샷을 좌우할 수 있는 타이밍, 리듬, 템포를 조절하기 힘들게 되어 일정한 샷을 구사할 수 없게 된다.

언제나 일정한 프리샷 루틴을 갖게 되면, 샷을 하기 전 볼 앞에 섰을 때 몸의 긴장이 없어지고, 스윙의 리듬을 갖게 된다. 뿐만 아니라 더욱 중요한 것은 클럽 페이스를 타깃 라인에 스퀘어로 갖다 대고 몸(어깨, 히프, 무릎, 발)을 타깃 라인에 평행하게 정렬할 수 있는 기회를 만들게 해 준다.

세계적인 프로 중에서, 눈에 띄게 좋은 자세를 가지고 있는 선수들의 프리샷 루틴을 살펴보고 하나하나의 동작을 천천히 따라해 보며, 자신이 가지고 있는 프리샷 루틴에 좋은 부분을 가미하여 좀더 세련된 프리샷 루틴을 가져 보자.

1 오른발에 볼을 맞추면서 볼 앞에 설 때 클럽 페이스를 타깃에 직각으로 갖다 댄다.

2 어깨선을 타깃에 평행하게 맞추면서 두 팔꿈치, 히프, 무릎, 두 발 모두 타깃 라인에 평행하게 만들어 준다.

● 프리샷 루틴

- 볼에서 2~3m 뒤로 물러나 서서 타깃 지점을 바라본다.
- 볼을 어디로, 어떻게 보낼 것인가를 상상하며 타깃 지점을 향해 연습 스윙을 해 본다.
- 볼이 타깃 지점을 향하여 날아가는 것을 연상하며, 볼 앞으로 걸어오면서 볼 앞에 에 임할 수 있는 물체를 하나 선택한다.
- 〈사진 1〉처럼 오른발에 볼을 맞추면서 볼 앞에 설 때 클럽 페이스를 타깃 방향에 직각으로 갖다 댄다.
- 어깨선을 타깃 지점에 평행하게 맞추면서 왼발을 벌리고 오른발을 벌려 스탠스를 취할 때, 두 발의 토(toe) 라인이 타깃 라인에 평행하게 되도록 조절한다(이때 그립을 잡는다).
- 다시 타깃 지점을 바라보며 볼이 타깃 지점을 향해 갈 것을 확신한다〈사진 2〉.
- 볼을 보며 긴장감을 풀어 준 다음(크게 숨을 내쉬는 등의 동작을 한다), 웨글(waggle, 백 스윙의 테이크 어웨이를 하기 전 골프 클럽을 앞뒤로 흔드는 동작)한 다음 백 스윙을 시작한다(또는 오른쪽 무릎을 살짝 안쪽으로 넣으며 스윙을 점화시키는 동작을 하며 백 스윙을 시작해도 좋다).

Chapter. 7 골프 스윙의 A에서 Z까지

● 정지되어 있는 볼을 잘 칠 수 있는 방법

골프는 다른 구기 운동과 달리 움직이지 않고 정지되어 있는 볼에 기구를 사용하여 볼을 날려 보내는 특이성을 가지고 있는 스포츠다. 테니스나 야구, 탁구, 배구, 농구는 모두 공중으로 날아다니는 볼에 기구나 손을 사용하여 공중으로 다시 날려 보내는 운동이며, 심지어 골프 클럽과 아주 비슷한 하키 스틱을 사용하는 하키(아이스 하키, 필드 하키)도 움직여 돌아다니는 볼에 기구를 사용하는 스포츠다.

특이하게도 골프만이 정지되어 있는 볼에 클럽과 몸을 일체시켜 스윙하여 볼을 날려 보내야 하기 때문에 골프 스윙을 할 때에는 다른 구기 운동을 할 때와는 다른 자세를 취하는 것이 당연하다. 즉, 볼이 지면에 정지되어 있기 때문에 상체가 지면을 향해 기울어져 있어야 볼을 콘택트하기 쉽다. 키가 크고 작음, 상체와 하체의 길이, 상체가 뚱뚱하고 날씬한 사람에 따라 그의 정도가 조금씩 다르긴 하지만, 일반적으로 최소한 20도 정도는 지면을 향해 숙여져야 한다.

만일 〈사진 1〉처럼 상체가 숙여지지 않고 몸이 거의 서 있는 상태로 스윙을 하게 되면 스윙을 하는 동안 몸이 숙여졌다 일으켜졌다 하게 된다. 또는 〈그림 2〉처럼 상체를 너무 많이 숙여 클럽과 몸과의 간격이 지나치게 먼 자세도 문제가 있다. 가장 적당한 상체 자세는 〈사진 3〉과 같다. 어드레스 때 세워 놓은 몸의 자세, 즉 척추의 각도를 20도, 무릎의 굽혀짐도 10~20도 정도로 만들어 놓고 클럽 헤드가 임팩트를 지나고 초기 팔로스루 단계에 왔을 때까지 척추의 기울어진 각도를 처음의 어드레스 때와 마찬가지로 유지한 채 스윙해야 한다. 이러한 자세가

볼과 몸의 거리가 너무 가까워서 생긴, 상체가 서 있는 자세.

상체를 너무 숙여 클럽과 몸의 간격이 먼 자세. 볼과 몸의 거리가 너무 멀어서 생긴 자세이다.

3 척추의 각도와 무릎의 각도를 20~30도로 유지하는 것이 가장 좋다. 턱이나 입술에서 내려오는 수직선에 그립한 손이 위치해야 몸과 볼과의 간격이 적당하여 척추의 각을 올바로 만들고, 그 각을 유지할 수 있다.

4 척추 각도를 그대로 유지하면서 스윙을 해야 한다.

되면 비로소 지면에 정지되어 있는 볼을 잘 칠 수 있게 된다.

대부분의 보기 플레이어들이 더 이상 스코어가 좋아지지 않는 이유 중 하나가 바로 이 등(척추)의 각도를 그대로 유지하면서 스윙하는 자세가 제대로 만들어지지 않기 때문이다. 백 스윙을 하면서 척추를 세워 20도 정도보다 작게 만들고 다시 다운 스윙을 하면서 척추의 각도를 20도보다 크게 만드는 것. 이로 인해서 스윙 플레인이 너무 업라이트하게, 또는 플랫하게 되어 스윙의 일정성을 유지할 수 없는 것이다. 척추의 각을 올바르게 만들고, 올바른 백 스윙 플레인을 만들려면 근본적으로 볼과 몸의 거리가 알맞아야 한다. 볼과 몸의 거리가 모든 문제점의 원인 제공이라는 것을 알아야 한다. 〈사진 3〉에서 보는 것처럼 등의 각을 20도 정도로 기울여 놓고, 클럽을 잡은 두 손이 자신의 턱 또는 입술에서 지면을 향해 내려오는 수직선 위에 위치하게 되면 볼과 몸과의 거리가 가장 적당하다. 백 스윙, 다운 스윙의 올바른 플레인을 가질 수 있게 할 뿐 아니라 스윙 내내 척추의 각을 유지할 수 있게 해 준다.

또, 스윙 내내 올바른 척추의 각을 유지하기 위해 평소 텔레비전에서 골프 토너먼트 중계를 보며 프로들의 어드레스 때의 몸의 자세를 관찰하는 것이 필요하다. 그들이 스윙하는 동안 척추가 곧추섰다 숙여졌다 하지 않고 그의 각도를 내내 유지하는 것을 보며 자신의 머릿속에 그 그림을 새겨두는 것도 좋은 방법이다. 볼만 보고 머리를 들지 말아야지 하는 생각으로 스윙하는 것 대신 텔레비전 속 그들처럼 척추의 각도를 유지하며 스윙해 보는 시도가 더욱 필요하다〈사진 4〉.

Chapter. 7 골프 스윙의 A에서 Z까지

● 무엇이 클럽을 처음 움직이게 하는가

에임하고, 그립하고, 스탠스를 만들고, 볼의 위치, 볼과 몸과의 거리, 몸무게의 배분, 몸의 자세 등을 다 취하고 몸의 긴장을 푸는 웨글(waggle)도 했는데 스윙의 시작이라 할 수 있는, 볼에서부터 클럽이 떠나가는 테이크 어웨이가 왜 그렇게 자연스럽게 이루어지지 않는 것일까? 이것 또한 아마추어 골퍼와 프로 골퍼가 가진 차이점의 하나다. 대부분의 아마추어 골퍼들은 스윙하기 전 클럽을 볼 뒤에 놓고 스윙 생각을 몇 가지 한 다음, 긴장한 상태〈사진 1〉로 테이크 어웨이를 시작한다. 이렇게 시작된 스윙은 클럽이 부드럽게 테이크 어웨이되지 않고 급하게 올려져 스윙 플레인을 너무 가파르게 만들어 간다든지, 또 백 스윙을 너무 천천히 가져가면서 스윙의 리듬을 깨뜨린다든지 하여, 결국 스윙의 첫 단추를 잘못 꿰어가게 된다. 전체의 스윙을 그르치게 되는 것은 물론이다.

대부분의 골퍼들이 생각하는 것처럼 스윙의 시작은 테이크 어웨이가 아닌 것이다. 이그니션(ignition, 점화)이라 말하는 스윙에 불을 붙이는 어떠한 동작이 백 스윙의 테이크 어웨이가 시작되기 전에 있어야 테이크 어웨이가 자연스럽고, 부드럽게 자동적으로 몸에서 일어나게 된다는 것이다. 이러한 점화 동작 없이는 항상 백 스윙의 시작은 불안한 움직임으로 나타날 수밖에 없다. 그러면 어떠한 방법으로 스윙에 점화를 시킬 것인가? 게리 플레이어(Gary Player)의 스윙을 상상해 보면 이러한 움직임이 분명하게 느껴진다. 백 스윙을 시작하기 전, 오른쪽 무릎을 살짝 목표 방향으로 밀어넣었다가 그것에 반향된 동작으로 클럽이 자동적으로 테이크 어웨이되도록 하는 그 동작이야말로 그가 가진 이그니션〈사진 2〉이며, 많은 프로 골퍼들이 그렇게 하고 있다.

1. 어드레스 때 너무 긴장하면 자연스럽고 부드러운 테이크 어웨이를 할 수 없다.

2. 게리 플레이어가 하는 스윙의 점화 자세로 오른쪽 무릎을 살짝 타깃 방향으로 밀어넣었다가 테이크 어웨이한다.

왼쪽 히프, 왼쪽 무릎, 몸의 왼쪽 부분을 타깃 방향으로 아주 조금 움직였다가 그것의 반동으로 테이크 어웨이가 시작되는 모습.

A 클럽을 잡은 두 손을 볼보다 앞으로 내밀었다가 그 반동으로 백 스윙을 시작하는 핸드 포워드 방법.

또 다른 스윙의 점화 방법은 왼쪽 히프, 왼쪽 무릎, 몸의 왼쪽 부분을 타깃 방향으로 아주 조금 움직였다가 그것의 반동으로 부드럽게 자연스럽게 테이크 어웨이의 동작으로 연결시키는 동작이다〈사진 3〉. 오른쪽 발뒤꿈치를 살짝 들었다가 놓을 때 왼발 뒤꿈치를 조금 들면서 클럽을 테이크 어웨이하며 백 스윙을 함으로써 스윙을 점화시키는 방법도 있다. 이러한 세 가지 방법 중 자신에게 맞는 것을 시도하여 연습해 보자. 스윙이 아주 부드러워지며 긴장이 완화되어 전체 스윙에 좋은 리듬이 생기게 된다.

그러나 많은 사람들이 하고 있는 스윙의 점화 방법 중에는 위험한 것도 있으니 알아두도록 한다. 핸드 포워드(hands forward)라고 하여 클럽을 잡은 두 손을 볼보다 앞쪽으로 내밀었다가 그 반동으로 백 스윙을 시작하는 방법이다〈그림 A〉.

이렇게 하게 되면 클럽 페이스가 열리거나 또는 닫혀져 있는 상태로 백 스윙을 시작하게 된다든지, 스윙 센터인 상체의 중심부와 클럽 샤프트가 너무 큰 각도를 이루게 되면서 상체와 두 팔, 클럽이 연결성 없이 따로 따로 움직여 스윙하게 된다. 또 테이크 어웨이 때 왼쪽 손목의 코킹을 급격히 하게 되어 클럽이 몸통 주변으로 돌려져서 스윙되게 만든다. 그 결과 파워가 상실되고 샷의 일관성이 없어지게 된다.

Chapter. 7 골프 스윙의 A에서 Z까지

● **클럽, 팔, 몸을 함께 움직여 스윙의 스타트를!**

스윙의 부분 부분을 너무 강조하여 설명하거나 또는 스윙 중 어느 한 부분이 잘못되어 그 부분을 고치려다 보면 몸통의 움직임과 조화되어 팔과 손, 클럽이 함께 움직여야 한다는 사실을 잊고 몸 따로, 팔 따로, 클럽 따로 움직여 스윙되는 실수를 범하기 쉽다. 특히 처음에 골프를 시작하면서 그립, 몸의 자세, 코킹, 테이크 어웨이, 어깨 턴, 히프 턴 등의 많은 지식을 머리에 넣고 그 하나하나에 신경을 쓰면서 스윙을 하면 스윙에서 정작 제일 중요한 팔과 몸과의 일체감을 잃기 쉽다. 이러한 일체감을 잃은 채 스윙을 익히면 골프 게임을 10년, 20년을 해도 올바른 스윙, 좋은 스코어를 갖기는 불가능하다.

흔히 아마추어 골퍼들에게 볼 수 있는 몸과 팔, 클럽의 불일체성 스윙의 예를 들어 보겠다. 백 스윙 때 왼쪽 손목의 코킹을 강조한 나머지 왼쪽 손목의 코킹을 스윙의 첫 스타트인 테이크 어웨이 시점에서 하게 되면, 클럽 샤프트의 끝이 몸통의 중심으로부터 벗어나 백 스윙이 시작되어 몸과 클럽의 불일체 현상이 너무 일찍 일어나게 된다. 또 백 스윙을 할 때 '턴'에 너무 신경 쓴 나머지 두 팔과 두 손이 몸통의 안을 벗어나 몸통의 뒤쪽까지 가버린 스윙이 되면 다운 스윙 때 몸통의 턴과 팔과 클럽이 일체감 없이 따로 따로 움직이는, 타이밍이 맞지 않은 스윙이 되어 정확한 볼 콘택트가 어렵게 된다.

또 보기 플레이어들에게 흔히 일어나는 예로 다운 스윙 스타트 때 왼쪽 히프 턴을 강조하여 왼쪽 히프 턴이 두 팔이 내려오는 속도보다 너무 빠른 경우 몸통과 두 팔의 움직임의 불일체

클럽의 끝이 배꼽을 향하며 몸, 팔, 클럽이 모두 일체감 있게 스윙될 수 있도록 연습하는 방법이다.

백 스윙 테이크 어웨이 때 몸과 팔, 클럽이 함께 움직이는 일체성을 볼 수 있다.

가 일어나 파워 손실이 많게 된다.

불일체 현상은 임팩트를 지나 10시 방향에서 흔히 일어난다. 왼팔을 잡아당겨 클럽 샤프트의 끝 방향이 배꼽 부분을 벗어나 있다든지(슬라이스 샷 유발), 몸통의 턴은 일어나지 않고 두 손만 스윙된다든지(훅 샷 유발), 히프 턴이 너무 많이 되고 두 팔은 미처 따라가 주지 못한 상태(슬라이스 샷, 토핑 샷 또는 뒤땅 샷 유발) 등은 모두 몸과 두 팔의 움직임에 일체감이 없기 때문이다.

이러한 문제를 가진 골퍼들을 위한 좋은 연습을 소개한다. 많은 연습 방법이 있지만 더욱 효과적이고 근육에 기억도 빨리 되는, 연습장에서 실제로 볼을 치면서 할 수 있는 방법을 알아본다. 연습을 충분히 한 뒤 연습과 똑같은 느낌으로 실제 샷을 해보면 몸과 팔과 클럽이 일체감 있게 움직이는 것을 경험하게 된다.

먼저 〈사진 1〉처럼 클럽 하나를 양팔 겨드랑이에 끼우고 8번이나 9번 아이언으로 샷을 시도해 본다. 백 스윙은 손목의 콕을 하기 전까지만 한다. 이때 몸통과 두 팔과 클럽이 함께 움직여 클럽 샤프트의 끝이 배꼽을 향하도록 하며 임팩트를 지나면서 얼굴의 오른쪽 뺨을 볼 뒤편에 남겨 놓고 몸통과 팔과 클럽이 함께 움직이게 한다. 초기 팔로스루 포지션에서 역시 클럽 샤프트의 끝이 배꼽을 향하고 있는지 확인해 보도록 한다.

Chapter.7 골프 스윙의 A에서 Z까지

● **백 스윙 때 오른 팔꿈치와 옆구리 사이에 공간을 만들어 주어야 한다**

골프 스윙의 잘못된 모든 문제점을 아웃사이드에서 인사이드의 스윙 궤도에서 오는 것이라고 생각하는 골퍼들이 많다.

아웃사이드 스윙이 좋지 않다는 말에 모든 스윙의 움직임을 인사이드로 해야 하는 것처럼 느끼고 다운 스윙의 스타트는 물론 백 스윙의 테이크 어웨이에서도 인사이드의 움직임을 의식하여 스윙하는 경향이 있다. 골프를 오랫동안 하여 이제 보기 플레이어에서 벗어날 만도 한데 아직도 자신 있게 스윙하여 볼을 일정하게, 솔리드한 샷(클럽 페이스의 스위트 스팟에 콘택트하며 토핑 샷이나 뒤땅 샷이 아닌 샷)을 만들지 못하는 골퍼들의 백 스윙을 살펴보면 첫째, 클럽을 너무 빠르게 타깃 라인의 인사이드로 데리고 가는 경향이 있거나〈사진 1〉 둘째, 왼쪽 손등을 돌리며 클럽 페이스를 오픈시켜(fanning) 클럽 샤프트를 너무 플랫하게 하여 백 스윙하거나〈사진 2〉 셋째, 등의 각도를 20~30도 숙이는 몸의 자세를 만들지 못하고, 등을 곧추세워서 어드레스하여 백 스윙을 하면 왼쪽 어깨가 들어올려지며, 클럽이 너무 몸 주변으로 돌려져 플랫한 백 스윙 플레인을 만들고 있다.

이러한 골퍼들의 테이크 어웨이 때의 특징은 오른쪽 팔꿈치가 빨리 접혀지며 오른팔이 왼팔의 아래에 위치하게 된다. 이러한 자세는 다운 스윙 때 많은 문제점을 일으키게 된다. 다운 스윙이 너무 인사이드에서 아웃사이드로 되면 볼을 잘 콘택트할 수 없이 생크가 나며, 볼이 맞게 되어도 주로 훅 샷이나 뒤땅 샷이 많다. 볼을 콘택트하려고 다운 스윙이 아웃사이드에서 인사이드로 내려오게 되면 슬라이스 샷이나 풀 훅 샷, 또는 토핑 샷 등 문제 샷을 유발하게 된다.

이러한 문제점을 가진 보기 플레이어 골퍼들은〈사진 3〉처럼 오른손의 그립은 약하게 잡아서(그립을 하여 어드레스하고 서 있을 때 오른쪽 손등의 ¼ 정도가 눈에 보이며 오른손 집게손가락 마디가

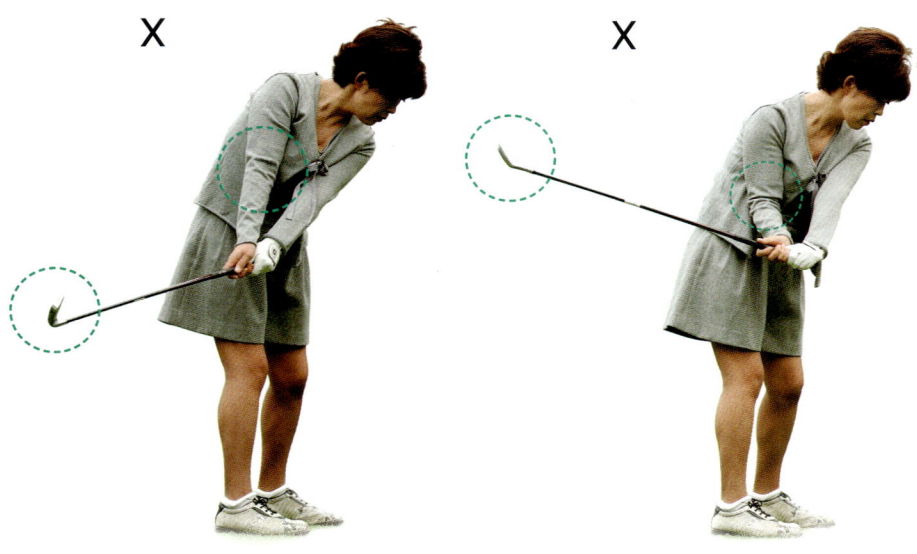

1 클럽을 너무 빠르게 인사이드로 데리고 가며 백 스윙을 하게 되면 오른 팔꿈치와 옆구리 사이에 공간이 없게 된다.

2 손, 팔, 클럽 페이스를 돌리면(fanning) 클럽 페이스가 너무 오픈되며 오른팔이 왼팔의 밑에 위치하게 된다.

눈에 보이게 잡는다) 백 스윙 초기 단계인 테이크 어웨이 자세에서 오른쪽 팔꿈치가 빨리 접혀지지 않게 해야 하며, 클럽을 허리 위치까지 가져갈 때 오른쪽 팔꿈치가 오른쪽 옆구리에 닿지 않게 해야 한다. 이렇게 하여 오른쪽 옆구리와 오른쪽 팔꿈치 사이에 공간을 만들면, 오른팔이 왼팔보다 위에 위치하게 된다〈사진 4〉. 오른손 그립을 약하게 잡고 테이크 어웨이하면 클럽이 몸통 주변으로 돌려져, 스윙 곡선을 좁고 낮게 만들며 백 스윙을 하는 골퍼들의 스윙 곡선을 넓고 높게 만들어 줄 수 있다. 또한 토핑 샷, 뒤땅 샷에서 벗어날 수 있으며 거리와 방향성도 좋아진다.

오른손의 약한 그립으로 스윙 아크를 넓게 만들 수 있다.

오른 팔꿈치와 옆구리 사이에 공간도 있으며 오른팔이 왼팔보다 위에 있다.

Chapter.7 골프 스윙의 A에서 Z까지

● 백 스윙 때 손목의 코킹은 골프 스윙의 파워를 만드는 근원

골프에서 손목의 코킹(cocking)은 중요한 부분임에 틀림없다. 처음 골프를 시작하는 이들도 골프의 다른 용어들에 대해선 생소해도 코킹의 의미와 그것이 어떠한 동작인지는 알고 있다. 또 많은 골프 칼럼이나 비디오, 텔레비전에서도 그 중요성을 강조하고 있다. 그러나 실제 백 스윙 때 손목의 코킹이 충분히 되었다가 다운 스윙을 시작하여 임팩트 구간까지 손목의 코킹을 유지하여 비로소 임팩트 순간에 코킹의 힘이 풀리며 클럽 헤드의 스피드를 최대로 만드는, 손목 코킹의 힘을 잘 이용하여 골프 스윙을 하는, 아마추어들은 드문 것 같다.

백 스윙 때 왼손 손목 코킹의 힘으로만 클럽을 들어 왼팔 팔꿈치를 굽히지 않으면서 왼팔로 클럽을 높이 올려야 함에도 불구하고 손목 코킹의 힘이 부족하여 왼팔 팔꿈치를 구부려서 클럽을 위로 올린다든지〈사진 1〉, 상체를 일으키며 클럽을 높이 올리려는 시도가 일어나게 된다〈사진 2〉.

그래서 왼팔 팔꿈치를 구부리면서 클럽을 높이 올려 백 스윙을 하는 사람들은 백 스윙 때 손목 코킹의 정도(각)보다 왼팔 팔꿈치의 접혀진 정도(각)가 더 많게 된다.

다운 스윙 때 더 많이 굽혀진 왼팔 팔꿈치가 펴지면서 그나마 약하게 코킹되었던 왼손 손목의 코킹까지 펴지게 만들어 임팩트 존에 오게 되면 클럽 헤드를 지면에 떨어뜨려 줄 손목 코

왼손 손목 코킹의 정도가 왼팔 팔꿈치의 구부러진 정도(각도)보다 작다. 이러한 골퍼들은 왼손 손목 코킹의 힘으로 클럽이 높이 올려진 것이 아니다.

손목 코킹 없이 상체를 일으키며 클럽을 들어올리면서 팔꿈치가 구부러진 상태.

왼손 손목 코킹의 힘으로 클럽이 올려질 수 있게 연습하면 백 스윙을 하면서 왼팔이 펴질 수 있는 근육이 생기게 된다.

킹의 힘은 이미 다 상실된 상태다. 이러한 상황에서는 클럽 헤드가 지면에 떨어지며 볼을 치기보다는 볼을 퍼올려 보내려는 동작(scooping motion)이 나오거나 볼을 치기 전 미리 클럽 헤드가 지면을 치게 되는 뒤땅 현상이 일어나게 된다. 그래서 골프 스윙에서는 손목 코킹의 힘을 이용하지 않으면 토핑 샷이나 뒤땅 샷을 할 수밖에 없다.

이는 마치 망치(골프 클럽)로 못(볼)을 박을 때 손목 코킹의 힘을 이용하는 것과 같다. 손목의 코킹이 풀어지며 그 에너지가 망치의 머리(클럽의 헤드)에 전달되어 망치 머리에 스피드를 갖게 하여 못을 박을 수 있게 한다. 이 때 손목 코킹의 양보다 팔꿈치를 더 많이 접으면 망치의 머리(클럽 헤드)가 못을 박을 수 있는 에너지를 갖지 못하는 원리와 같다. 그래서 왼손 손목의 힘을 키워 클럽을 세워 올리고 왼팔 팔꿈치는 되도록 펴서 왼팔 힘으로 클럽이 높이 올라갈 수 있게 해 주어야 스윙의 높이와 너비가 커져서 클럽 헤드의 스피드를 빠르게 할 수 있다. 뿐만 아니라 코킹이 풀리며 클럽 헤드가 볼이 있는 지면에 떨어져 클럽 헤드가 볼에게 일을 할 수 있는 기회를 갖게 해 준다. 이렇게 손목 코킹의 힘을 키워 주며 왼팔 팔꿈치를 굽히지 않고 클럽을 높이 올릴 수 있는 힘은 〈사진 3〉처럼 클럽을 이용하여 훈련할 수 있다. 또는 자신의 능력에 맞는 아령을 골프 클럽처럼 사용, 스윙 동작과 똑같이 훈련하면 손목 코킹에 필요한 근육과 스윙에서 왼팔 팔꿈치가 접히는 것을 막을 수 있다.

Chapter. 7 골프 스윙의 A에서 Z까지

● **백 스윙의 ¾ 포지션을 올바르게 만들면 나머지 부분은 일사천리**

스윙에 문제가 생기면 주로 테이크 어웨이나 백 스윙의 톱, 또는 다운 스윙의 스타트, 오른팔, 왼팔의 움직임 등을 점검하여 고치게 된다. 이론에 지나치게 충실하여 정작 자신의 스윙에서는 별로 문제가 없는 포지션인데, 일반적인 스윙 이론에서 주장하는 모습과 다르다 하여 그것에 맞춰 고치다 보면 그나마 가지고 있던 스윙 리듬, 타이밍 등이 깨져 보기 플레이마저 할 수 없는 난감한 상황이 생기기도 한다. 테이크 어웨이, 백 스윙의 톱, 다운 스윙의 스타트 등의 모습은 각 개인의 체형에 따라 조금씩 다른 형태로 나타날 수 있다.

그러나 임팩트 순간의 모습이나 백 스윙의 ¾ 포지션 모양이 너무 틀에서 벗어나 있으면 아무리 골프 볼을 많이 치며 스윙 연습을 하여도 골프에서 가장 중요하게 추구하는 거리와 방향의 발전을 기대할 수 없다. 따라서 무엇보다도 백 스윙의 ¾ 포지션에 대해 알아둘 필요가 있다. 특히 롱 아이언으로 슬라이스 샷이, 쇼트 아이언으로 생크(shank) 샷이 나는 사람이 있다면 반드시 백 스윙의 ¾ 포지션을 점검해 보아야 한다.

스윙 플레인이 플랫하여 슬라이스 샷에서 벗어나지 못하고 포기해버린 사람들, 주로 토핑 샷으로 볼이 잘 뜨지 않아 고민하면서도, 생크 샷, 뒤땅 샷도 자주 나와 진퇴양난에 빠진 사람들, 모두 이 백 스윙의 ¾ 포지션을 검토하여 고치면 그러한 상황에서 벗어날 수 있다. 위에 열거한 대부분의 사람들의 백 스윙의 ¾ 포지션의 모습은 〈사진 1〉과 같다. 그런데 백 스윙을 시작하여, 왼팔이 지면과 평행한 위치에 왔을 때 〈사진 2〉처럼 클럽 샤프트의 끝(butt)이 볼을 향하고 있어야 클럽이 볼을 견고하게 칠 수 있게 된다. 그러나 〈사진 1〉과 같이 클럽 샤프트의 끝이 타깃 라인 바깥으로 향하게 되면 스윙을 하는 동안 많은 조작 또는 보상이 일어나지 않는 한 볼을 제대로 칠 수 없게 된다. 이러한 모습은 주로 백 스윙을 '클럽이 몸 뒤편으로 돌려지게 하는 것'이라고 생각하는 사람들의 스윙에서, 또는 왼팔을 회전하면서 손등이 많이 돌려지며 백 스윙하는 사람들〈그림 A〉에서 볼 수 있는 것이다. 이러한 문제를 가진 이들이 〈사진 2〉나 〈그림 B〉와 같은 백 스윙의 ¾ 포지션 모습을 갖기 위해서는 간단하고 쉬운 연습법 한 가지만 알면 된다. 테이크 어웨이로부터 ½ 백 스윙, ¾ 백 스윙을 하면서 될 수 있는 대로 왼팔 팔꿈치를 지면을 향하도록 하여 스윙 연습을 한다.

왼팔이 지면과 평행한 위치에 왔을 때(백 스윙의 ¾ 포지션)까지 팔꿈치가 계속 지면을 향하고 있는지 점검하고 난 다음〈그림 B〉, 백 스윙 톱으로 가는 연습을 꾸준히 하면 슬라이스, 짧은 샷의 생크, 토핑, 뒤땅 샷 등의 문제점을 치유할 수 있게 되고 간결하고 쉬운 스윙을 구사할 수 있게 된다.

백 스윙의 ¾ 위치에서 샤프트의 끝이 타깃 라인 바깥으로 향하면 슬라이스, 생크, 토핑, 뒤땅 샷 등을 유발한다.

샤프트의 끝이 볼을 향하도록 한다.

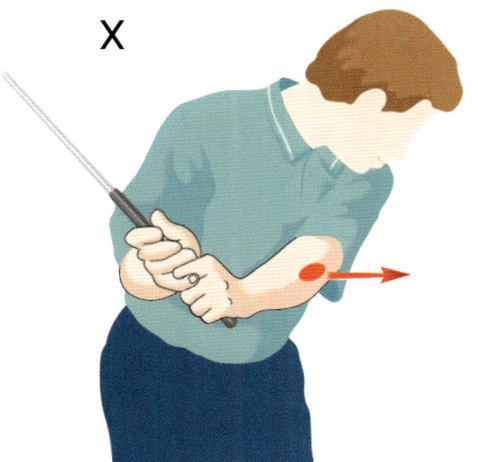

A 백 스윙 때 왼팔이 회전하며 손등이 많이 돌려지는 패닝(fanning) 현상으로 볼을 제대로 칠 수 없다.

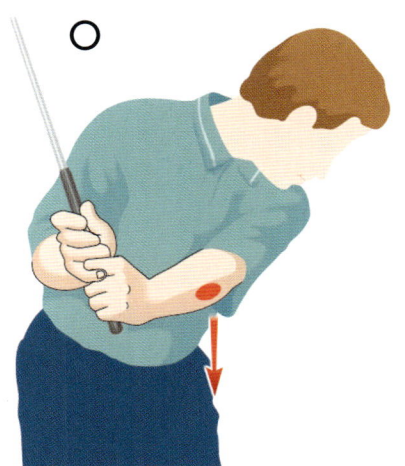

B ½ 백 스윙, ¾ 백 스윙을 하면서 될 수 있는 대로 왼팔 팔꿈치가 지면을 향하도록 하면 슬라이스, 생크, 토핑, 뒤땅 샷 등의 문제점이 치유된다.

Chapter. 7 골프 스윙의 A에서 Z까지

● '턴', '돌린다'의 진정한 의미는?

골프 스윙에 관한 용어 중에 턴(turn)이라는 말은 '돌린다' 라고 해석되어 골프에 관한 서적, 비디오, 텔레비전에서 많이 사용하고 있다. 어깨 턴(shoulder turn), 몸통 턴(body turn), 히프 턴(hip turn), 무릎 턴(knee turn) 등은 모두 골프 스윙에는 필수적인 움직임이다. 이 중 어느 하나 중요하지 않은 턴 동작은 없지만 실제로 이러한 턴 동작을 올바르게 표현할 줄 아는 사람은 많지 않다.

처음 골프를 배우는 사람에게 왼쪽 어깨를 돌리라고 주문하면 실제 제대로 돌릴 줄 아는 사람은 10명 중 1~2명도 안 된다. 대부분의 사람들이 왼쪽 히프를 타깃 방향으로 내밀며 왼쪽 어깨를 돌리는 시늉을 하거나〈사진 1〉 턱을 들어 왼쪽 어깨를 그 밑에 넣으려고 머리만 위로 들거나, 왼쪽 어깨는 움직이지 않고 머리를 왼쪽으로 기울인다든지〈사진 2〉, 왼쪽 어깨로 상체의 턴이 된 상태(각도)보다 왼쪽 히프가 더 많은 각도로 턴되어, 하체를 중심으로 상체의 턴이 전혀 되지 않는 등의 상황들이 벌어진다.

'턴', '돌린다' 라는 말은 사실 몸에서 쉽게 표현되기엔 추상적인 단어다. 미국의 유명한 골프 교사들도 어떻게 올바른 몸의 턴을 이루게 할 수 있을까에 대한 연구가 분분하며, 필자 또

히프를 왼쪽으로 내밀며 왼쪽 어깨를 돌리는 시늉만 한 모습.

왼쪽 어깨는 움직이지 않고, 머리가 왼쪽으로 기울어진 모습.

올바른 상체 턴 연습. 상체를 90도 각도로 턴하면 뒤에 있는 사람을 볼 수 있다. 이 때 오른쪽 다리 허벅지, 무릎, 발 안쪽에 체중이 실리도록 한다.

두 다리와 두 무릎이 옆으로만 움직이며 올바르지 못한 턴이 된 경우.

한 여러 사람들을 가르치며 이에 대한 많은 고민과 연구를 했다.

그 고민과 연구의 결과라 할 수 있는 동작을 소개하면 다음과 같다. 하체를 단단히 고정하여, 하체를 중심으로 상체가 꼬이도록 해야 한다. 어깨는 90~100도, 히프는 40~50도만 돌려지게 하면서도, 왼쪽 히프가 타깃 방향으로 빠지는 현상〈사진 1〉이 없도록 해야 한다. 왼쪽 무릎은 히프의 ½ 정도, 어깨의 ¼정도, 즉 20~25도 정도 턴이 되도록 연습한다. 먼저 '턴'을 처음부터 '돌린다' 라는 의미로 생각하지 말고 '옆으로 움직여 돌린다' 라고 받아들여 실행해 보자. 즉, 왼쪽 어깨 턴은 왼쪽 어깨를 그저 뒤로 돌리는 것이 아니라 볼에서 5~10cm 오른쪽 방향, 즉 볼에서 옆으로 왼쪽 어깨를 데리고 가고, 그 다음 몸통 전체를 돌려 자신의 등이 타깃 방향과 완전히 등지게 해 주는 것이다〈사진 3〉. 이때 오른발은 볼쪽을 향하도록 안쪽으로 조금 돌려주면서 몸무게가 오른쪽 다리 안쪽, 오른쪽 발 안쪽에 있게 해주면 완전한 턴이 된다. 히프의 턴이 잘 안 되어〈사진 1〉과 같이 되는 사람들 역시, 히프를 뒤로 돌린다는 생각보다 히프를 목표 반대로(오른쪽 옆으로) 먼저 움직이고 그 다음 뒤로 돌리는 동작을 하면 턴이 훨씬 부드럽게 될 뿐 아니라 몸무게 이동을 쉽게 도와 준다. 이렇게 옆으로 먼저 움직여 주고 돌려줄 때 두 다리의 움직임이나 두 무릎의 움직임이 너무 많게 되면 골프에서 말하는 스웨이 현상〈사진 4〉이 일어나기도 하니 하체를 단단하고 흔들림 없게 받쳐 주는 연습도 필요하다.

Chapter.7 골프 스윙의 A에서 Z까지

● '백 스윙할 때 왼발 뒤꿈치를 지면에 고정한다' 의 의미는?

보통 체형의 골퍼인 경우 '클럽 헤드 → 왼손·팔 → 왼쪽 어깨 → 가슴…' 이러한 순서로 백 스윙이 시작된다. 즉 하체의 움직임부터가 아닌 상체의 움직임이 먼저 일어나며 오른쪽 방향으로 턴이 된다. 인간의 몸이 상·하체가 함께 연결되어 있기 때문에 이러한 상체의 움직임이 일어나면 하체는 그에 연결되어 있어서 자동적으로 턴이 된다.

이 때 골프의 또 다른 파워의 근원이 되는 꼬임 현상이 일어나야 한다. 즉 90~100도의 상체 턴이 일어날 때 하체는 40~50도의 턴이 함께 일어나야 상·하체의 꼬임에서 나오는 파워를 기대할 수 있다. 더 구체적으로 왼쪽 어깨가 90도 정도 턴이 되어 등이 타깃을 정면으로 마주 보게 되면 가슴은 타깃과 반대 방향으로 향하게 되고 히프는 45도 정도 턴이 일어나며 무릎은 20도의 턴이 있어야 한다〈사진 1〉.

그런데 이 때 왼발 뒤꿈치를 들어 턴을 하게 되면 무릎이 20도 이상 턴이 될 수 있으며, 무릎의 턴이 많이 있게 되면 히프의 턴이 50도 이상 일어나게 된다. 이렇게 많은 양의 히프 턴이 일어나게 되면 90도 정도의 턴이 되어 있는 어깨(상체)와 꼬임이 일어나지 못하는 것이다. 그래서 골퍼들에게 백 스윙 때 왼발 뒤꿈치를 들지 못하게 하는 경우를 보곤 한다.

아널드 파머(Arnold Palmer)가 잭 니클라우스(Jack Nicklaus)와 세계 정상의 두 골퍼로 어깨를 나란히 하고 있던 시절, 아널드 파머가 한 잡지에서 "Never lift your left heel on the backswing(백 스윙 때 절대 왼발 뒤꿈치를 들지 말라)"고 말한 적이 있다.

그런데 똑같은 잡지의 그의 기사 20페이지 뒤쯤에서 아널드 파머의 드라이버 샷하는 모습을 차례대로 담아 스윙을 분석한 기사가 실렸는데, 아널드 파머의 백 스윙 톱에서의 왼발 뒤꿈치의 모양이 1½ 인치 정도 지면에서 들려 있었다.

1 어깨는 90도, 히프는 45도, 무릎은 20도 정도 돌려 상·하체의 꼬임이 잘 이루어져 있다.

일부러 왼발을 들어 백 스윙하는 모습.

백 스윙 때 상체의 턴이 완전히 이루어지면 왼발 뒤꿈치가 자연스럽게 들리게 된다.

그러한 상반된 내용에 대해 독자들은 편집자에게 불만의 편지를 보내왔다. 이때 아널드 파머는 "I didn't lift my left heel. It was pulled(내가 왼발 뒤꿈치를 일부러 들어올린 것이 아니고 스윙할 때 왼발 뒤꿈치가 당겨져서 들려 있었던 것이다)"라고 정확하게 대답해 주었다.

일부러 왼발 뒤꿈치를 들면서 백 스윙을 하게 되면〈사진 2〉상·하체의 꼬임을 약화시켜 파워를 상실하게 되나, 몸의 유연성이 부족한 사람들이나 상체의 근육이 발달하여 가슴이 넓은 사람들이 백 스윙을 할 때 왼발을 일부러 지면에 고정시켜 놓으려 애쓰게 되면 더욱 중요한 몸무게의 오른쪽 이동이 일어나지 않게 된다. 따라서 몸무게가 왼발에 머물러 있게 되는, 소위 몸의 중심축이 오른쪽으로 이동하지 못하고 중심축이 왼쪽으로 기울어지는 현상이 일어나게 된다. 그래서 이러한 체형의 골퍼들은 백 스윙 때 어깨 턴이 되면서 상체의 턴이 완전히 이루어지면 왼발 뒤꿈치가 당겨져서 자연스럽게 지면에서 들리게 될 수 있다〈사진 3〉.

억지로 뒤꿈치를 지면에 고정시켜 들리지 않게 하려는 것은 꼬임으로부터 오는 힘을 지키려다 오히려 몸무게 이동이나 자연스러운 몸의 움직임에서 나오는 더욱 큰 스윙 스피드를 저해하는 요소가 되기도 한다.

Chapter.7 골프 스윙의 A에서 Z까지

● **스웨이 현상이 일어나지 않으면서 스윙하는 방법**

올바르고 쉬운 턴 방법으로 몸통이나 어깨나 히프를 돌리기 전 오른쪽으로 약간 측면 이동하는 기분을 갖고 돌리면 된다고 앞서 설명했다. 이 때 다리와 무릎 동작이 잘못되어 몸통의 코일이 만들어지지 않고 그저 옆으로만 움직여 흔들리는 몸 동작이 일어나게 될 때, 이를 바로 스웨이(sway) 현상이라 한다. 혹, 몸통이 옆으로, 어깨가 옆으로, 히프가 옆으로 약간 움직였다고 해서 그것을 '스웨이'라고 하기도 하는데 그것은 잘못된 표현이다. 측면으로의 움직임은 몸무게 이전을 도와 주며 턴 동작을 쉽게 표현해 주는 과학적이며 유일한 방법이다. 그러나 과도한 측면 움직임은 좋지 않으며, 특히 하체를 버텨 주는 다리나 무릎의 움직임이 많아지면 〈사진 **1**〉 스웨이 현상이 일어나게 된다. 즉, 단단한 하체를 받침으로 사용하여 상체의 확실한 턴(몸통의 90~100도 턴)으로 생기는 코일의 힘이 없게 된다. 나아가 파워 있는 샷을 만들기 힘들며 뒤땅 샷, 토핑 샷 등 방향성이 일정치 않은 샷들을 유발시킨다.

스웨이 현상이 일어나지 않게 하면서 턴의 동작이 이루어지는 방법을 3가지 소개하면 다음과 같다. 자신에게 맞는 한 가지 방법을 선택하여 꾸준히 연습하면 몸무게의 이동, 올바른 몸통의 턴, 상·하체의 꼬임 등 골프 스윙을 하면서 꼭 필요한 동작이면서도 표현하기 어려운 동작을 한꺼번에 익힐 수 있게 된다. 첫 번째로는 어드레스한 자세에서 왼발을 15cm 정도 오른발보다 뒤쪽으로 물려 놓고, 발뒤꿈치는 땅에서 들고 백 스윙, 다운 스윙 하는 연습을 해본다〈사진 **2**〉. 두 번째는 〈사진 **3**〉처럼 오른발 앞쪽 부분을 안쪽으로 돌려놓고 백 스윙 연습을 한다. 또는 오른발 바깥쪽 부분에 도어 웨지(door wedge, 문 버팀쇠)를 끼워 놓고 연습해도 좋다. 세 번째는 두 발의 뒤꿈치를 들고 어드레스하고, 백·다운 스윙을 하여 임팩트를 지나 왼발 뒤꿈치를 지면에 닿게 하면서 팔로 스루 피니시(follow-through finish)로 스윙한다. 이러한 연습들을 할 때 유념해야 할 것은 백 스윙 때 몸무게가 오른쪽 허벅지 안쪽, 오른발 안쪽에 있는지를 체크하고 다운 스윙 때에는 임팩트를 지나면서 몸무게가 왼쪽 허벅지 안쪽과 왼발 안쪽에 실려 있는지 체크해 보는 것이다. 이렇게 안쪽에 실리지 않고 바깥쪽으로 빠져나가면 스웨이 현상이 된다.

1 하체를 버텨 주는 다리나 무릎의 움직임이 많아지면 스웨이 현상이 일어난다.

왼발을 오른발보다 뒤로 물려 놓고 발뒤꿈치를 들고 백 스윙을 해보면 오른쪽 허벅지 안쪽, 오른발 안쪽에 몸무게가 실려 상·하체의 꼬임을 느낄 수 있다.

오른발 앞부분을 안쪽으로 돌려 놓고 백 스윙하면 스웨이 현상을 방지할 수 있다.

Chapter. 7 골프 스윙의 A에서 Z까지

클럽 페이스와 오른 손바닥 면이 45도 각도로 하늘을 보고 있으면 '클럽 페이스가 스퀘어하다' 라고 한다.

왼손 손등이 많이 꺾이며 클럽 페이스가 정면을 향해 있으면 '클럽 페이스가 오픈되었다' 고 한다.

● 백 스윙 톱에서 클럽 페이스 꼭 스퀘어 만들지 않아도 된다

클럽 페이스가 스퀘어되었다는 말은, 임팩트 순간에는 클럽 페이스가 타깃 방향과 직각으로 만날 때를 스퀘어되었다고 하며 또 스윙 패스 선에 클럽 페이스가 직각으로 만날 때도 스윙 패스에 스퀘어되었다고 한다. 그러나 백 스윙의 톱에서 클럽 페이스의 스퀘어 포지션은 좀 다른 모양이다.

〈사진 1〉처럼 백 스윙 톱에서, 클럽 페이스가 45도 각도로 하늘을 향하며, 오른 손바닥면과 클럽 페이스의 면이 평행하게 되어 있을 때 '클럽 페이스가 스퀘어 포지션에 있다' 라고 한다. 임팩트 순간에 클럽 페이스를 볼에 스퀘어되게 만들 가능성이 가장 높은 모양이다. 〈사진 2〉처럼 왼손 손등이 많이 꺾이면서 클럽 페이스가 지면과 90도에 가깝게 서 있을 때는 '클럽 페이스가 오픈 포지션(open position)에 있다' 라고 하여 임팩트 순간에 클럽 페이스가 볼에 오픈되어 볼에 오른쪽으로 가는 스핀을 갖게 한다.

〈사진 3〉의 경우에는 왼 손등이 활처럼 휘어진 모양이 되면서 클럽 페이스 면이 전부 하늘로 향하고 있을 때 '클럽 페이스가 클로즈 포지션(close position)에 있다' 라고 하며, 임팩트 때

클럽 페이스와 오른손 바닥 면이 하늘로 향해 있고 또는 왼 손등이 활처럼 휘어져 있으면 '클럽 페이스가 클로즈되었다'고 한다.

클럽 페이스가 타깃 방향에 클로즈되어 볼에 왼쪽으로 가는 스핀을 갖게 한다.

손목의 코킹을 살펴보면, 〈사진 1〉처럼 왼손 손등과 손목 부분은 평평하게 꺾임이 없으면서 왼손 엄지손가락 아래쪽 손목만 꺾이는 올바른 코킹이 이루어진 경우로, 일정한 방향성과 파워 있는 골프 샷을 구사할 수 있다.

그러나 누구나 다 이러한 손목의 포지션을 구사할 수 있는 것은 아니다. 신체의 특징에 따라 불가능한 사람도 있기 때문에 이러한 손목 모양을 백 스윙 톱에서 억지로 만들려는 노력은 손목을 다치게 할 수도 있으므로 굳이 권장하지는 않는다. 〈사진 2〉와 같이 왼손 손등의 손목 부분이 좀 꺾여도 왼손 엄지손가락 아래 손목이 코킹 되는 데 무리가 없으면 파워를 만드는 데에는 지장이 없다. 이러한 경우 클럽 페이스가 백 스윙 톱에서 너무 많이 오픈되지 않으면서 임팩트 때 스퀘어시킬 수 있으면, 오히려 왼 손등이 활처럼 휘어져 클럽 페이스가 너무 클로즈되어 있는 상태보다는 낫다. 〈사진 3〉과 같이 손등이 활처럼 휘어진 모양은 왼손 엄지손가락 아래 손목이 코킹되기 힘들 뿐 아니라 골프의 주요 파워의 하나인 손목 코킹이 이용되기 어려우므로 권장하지 않는다.

Chapter. 7 골프 스윙의 A에서 Z까지

● 한국 골퍼들에게 가장 많이 일어나는 역피벗 현상

역피벗(reverse pivot)이란 몸의 중심축의 기울기가 올바른 방향이 아닌 그 반대 방향으로 기울어져 있는 상태를 말한다. 사람이 차렷 자세를 하고 똑바로 서 있는 상태에서 몸의 중심축은 지면과 직각을 이루게 되지만 골프의 어드레스 자세는 그립을 잡을 때 왼손이 위쪽에, 오른손이 그 밑에 잡혀지기 때문에 오른쪽 어깨가 왼쪽보다 5~8cm 내려가 몸의 중심축이 자연스럽게 오른쪽으로 2도 정도 기울어져야 한다. 그래서 올바른 백 스윙을 하면 〈사진 1〉과 같이 몸의 중심축이 오른쪽으로 기울어지며 심지어 임팩트 순간에는 20도 정도 오른쪽으로 기울어지게 된다. 그런데 그 중심축이 왼쪽으로 기울어지게 스윙할 때 역피벗 현상이 일어나게 되는 것이다. 놀랍게도 대부분의 한국 골퍼들이 백 스윙 때 역피벗 현상으로 전체 스윙에 많은 문제점들을 일으키고 있다는 것이다. 역피벗 현상은 어드레스에서도 나타날 수 있으며(왼쪽 어깨가 오른쪽 어깨보다 낮게 어드레스되어 있을 때), 임팩트 때(다운 스윙이 아웃사이드에서 인사이드로 되면서), 또 팔로스루 때, 피니시 때(몸무게가 오른발 쪽에 많이 남겨져 있을 때)〈사진 2〉에도 나타날 수 있다. 역피벗이 일어나는 데에는 여러 가지 원인이 있고 그에 따른 현상도 조금씩 다르지만, 우선 우리 나라 사람들에게 제일 많은, 백 스윙 때 역피벗이 일어나는 원인들을 모아 그 치료 방법을 소개한다.

1. 몸의 중심축이 오른쪽으로 기울어진 올바른 백 스윙 자세.

2. 팔로스루, 피니시에서 몸무게가 오른발에 남겨져 있을 때 역피벗이 일어난다.

3. 백 스윙을 충분히 하려다 오른쪽 무릎이 펴지고 등이 타깃 방향으로 기울어지며 역피벗 현상이 일어난 경우.

두 무릎의 스웨이가 일어나며 역피벗 현상이 일어난 경우.

어깨는 돌리지 않고 팔만 올리거나 '왼팔을 펴라', '헤드 업 하지 마라'는 말에 심각해져 일어난 역피벗 현상.

턱 밑에 왼쪽 어깨를 넣으려고 하다 일어난 역피벗 현상.

1 〈사진 3〉처럼 백 스윙을 충분히 하라는 말에 집중하다가 백 스윙이 지나치게 많이 되면서 오른쪽 다리가 펴지며 등이 타깃 방향으로 기울어지는 현상.

치료 방법 오른발 뒤꿈치를 살짝 들고 백 스윙을 반만 올려 스윙하는 연습을 한다.

2 하체를 고정한 채 상체 몸통을 턴하는 대신, 받침이 돼줘야 할 하체, 특히 두 다리를 너무 오른쪽으로 움직여 심지어는 왼쪽 다리의 무릎이 펴지면서 백 스윙할 때, 백 스윙 톱에서 역피벗이 일어나는 경우〈사진 4〉.

치료 방법 두 발의 뒤꿈치를 살짝 들고 두 무릎은 바깥쪽으로 벌려 어드레스하고 백 스윙 때 하체를 고정하여 상체의 턴만이 이루어진 것을 느끼며 스윙 연습을 한다.

3 〈사진 5〉처럼 팔만 들어 올리려다 몸무게가 왼발에 남아 있게 되며 머리가 왼쪽으로 쏠려 남게 되는 경우, 또는 '헤드 업을 하지 마라', '공만 봐라', '왼팔을 펴라'라는 말에 심각해진 스윙.

치료 방법 백 스윙 때 머리와 왼쪽 어깨를 볼을 중심으로 오른쪽 방향(타깃의 반대 방향)으로 데리고 가면서 왼팔의 긴장을 풀고 백 스윙을 시작한다. 등의 각도를 오른쪽 방향으로 기울어진 자세로 만들어 백 스윙 톱에 이르면 역피벗 현상에서 벗어날 수 있다.

4 〈사진 6〉처럼 백 스윙 때 친 업(chin up)을 강조하여 어깨를 턱 밑으로 집어넣으려다 머리가 왼쪽 방향에 그대로 남아 있으며 어깨 턴이 되지 않아 역피벗이 일어나는 경우.

치료 방법 턱을 자연스럽고 편하게 살짝 내려 주고 오히려 왼쪽 어깨로 턱을 감싸 주면서 백 스윙을 하여야 올바른 턴이 이루어지며 역피벗을 치료할 수 있다.

5 백 스윙을 천천히 하라는 이론에 집착 한 나머지, 백 스윙 때 팔에 힘이 너무 많이 들어가며 골프 클럽이 천천히 들어 올려지면서 몸이 점점 왼쪽으로 기울어지는 현상.

치료 방법 백 스윙의 첫 스타트인 테이크 어웨이는 가볍고 부드럽게 하지만 클럽이 위로 올라가면서부터는 속도를 서서히 빠르게 해주는 연습을 한다.

● 보통 체형의 골퍼들에게 '방향의 전환' 이란?

흔히들 말하길 다운 스윙 때 오른팔을 붙여서 내려오라고 한다. 어떤 사람들은 다운 스윙 때 골프 클럽을 던지는 듯한 느낌으로 하라고 하면서, 오른팔을 몸에 붙여서 내려오는 연습을 시키기도 한다. 하지만 오른팔을 몸통에 붙이면서 무엇을 던지는 동작은 이루어지기 힘들다. 보통 체형 골퍼들의 백 스윙 톱에서 다운 스윙이 시작하는 동작은 마치 얄팍한 돌멩이를 물가에 던져 물수제비(skipping stone)를 뜨는 모습이나 옛날 아이들이 쥐불놀이를 할 때 조그만 깡통에 불씨를 넣고 돌릴 때의 모양과 아주 비슷하다. 정확히 말하면 백 스윙의 톱에서, 내려오면서 오른팔을 몸에 붙이는 것과는 달리 오른팔 팔꿈치를 2cm 정도 밑으로 내려 다운 스윙을 시작하고, 오른쪽 팔꿈치와 몸통의 간격을 유지하면서 다운 스윙하는 모습을 말한다. 볼 또는 돌멩이를 던진다든지 깡통을 줄에 매달아 돌리는 등 마치 골프 클럽을 던져 주는 느낌과 같은 것이다. 그래서 다운 스윙 때 스윙 플레인이 백 스윙 때보다 약간 플랫해지며, 다운 스윙의 궤도를 인사이드에서 출발하게 하고 올바른 스윙 플레인을 갖게 해주는 것이다.

● 다운 스윙의 이상적인 궤도를 만들려면

골프 스윙을 하면서 클럽 헤드, 클럽 샤프트가 그리는 길을 스윙 패스라고 한다. 올바른 스윙을 하려면 클럽 헤드나 클럽 샤프트가 타깃 라인의 안쪽, 즉 자신이 어드레스하고 있는 지역에서만 움직여서 스윙해야 한다. 가장 이상적인 인사이드에서 인사이드 스윙이 되는 것이다. 그런데 이러한 스윙 패스는 주로 다운 스윙을 얘기할 때 쓰이는 말임에도 불구하고 많은 사람들이 인사이드에 대해 너무 심하게 강조하다 보니 백 스윙을 할 때에도 타깃 라인의 안쪽, 즉 자신이 어드레스하고 있는 지역 안으로 해야 한다고 인식한다. 물론 옳은 이야기다. 그러나 백 스윙을 인사이드로 한다는 말은 자칫 클럽을 너무 몸쪽으로 가져가며 몸 뒤쪽으로 클럽을 돌아가게 할 수 있다. 또는 손등을 돌려서 클럽 페이스가 열려(패닝 현상) 클럽이 몸통 뒤쪽으로 돌아가게 하는 동작이 아마추어 골퍼들에게 흔히 일어나는 잘못된 백 스윙 자세인 것이다.

이러한 백 스윙 자세는 다운 스윙 패스를 아웃사이드에서 인사이드로 만들게 된다. 왜냐하면 이러한 백 스윙 자세일 때 인사이드에서 인사이드와 같은

아웃사이드에서 인사이드의 다운 스윙 궤도를 고치기 위해서는 클럽이 허리 부분에 왔을 때 클럽 헤드의 토가 하늘로 향하며 클럽 페이스가 정면을 바라보게 해야 한다.

백 스윙의 온 플레인을 위해서는 큰 공을 놓고 클럽으로 밀고 난 다음 손목의 코킹으로 클럽을 들어올리도록 백 스윙 연습을 하면 된다.

올바른 스윙 패스로 다운 스윙을 하게 되면 볼을 칠 수 없게 되며, 볼을 치게 되더라도 생크 샷밖에 할 수 없다. 따라서 적어도 볼을 치려면 타깃 라인의 바깥에서 안쪽으로 스윙(아웃사이드에서 인사이드)을 할 수밖에 없다. 이러한 문제를 가지고 있는 골퍼들은 백 스윙을 하면서 클럽이 허리 위치에 왔을 때 클럽 샤프트가 지면과 평행하며 클럽 페이스의 앞면이 정면을 바라보고 클럽 헤드의 토가 하늘을 향하고 있는지를 확인한다〈사진 1〉. 이렇게 백 스윙의 동작을 분석하여 몸통 주변으로 클럽이 라운드하게 돌아가는 백 스윙, 또는 패닝(fanning) 현상이 일어나는 백 스윙을 고치게 되면 아웃사이드에서 인사이드의 다운 스윙 궤도를 고칠 수 있다.

백 스윙의 움직임을 운운할 때는 스윙 플레인이 업라이트(upright, 가파르게)하다, 플랫(flat, 낮고 평평하게)하다, 또는 온 플레인(on plane)이다 등의 표현을 한다. 업라이트한 플레인으로 백 스윙이 된 사람은 다운 스윙 때 인사이드에서 아웃사이드의 스윙 패스를 갖기 쉽다. 다운 스윙의 패스가 타깃 라인의 아웃사이드를 넘나드는 것은 좋지 않으므로 설령 다운 스윙이 인사이드 패스로 시작되었다 하더라도, 결국 아웃사이드로 나아가게 되면 푸시 샷이나 훅 샷, 푸시 슬라이스 샷 등이 나오게 되어 샷의 일정성이 없게 된다. 그래서 백 스윙의 스윙 플레인 역시 온 플레인으로 만들어 주어야 다운 스윙을 인사이드에서 인사이드 궤도로의 기회를 가질 수 있게 해야 한다. 백 스윙의 플레인을 가파르지도 너무 평평하지도 않게 해주려면 〈사진 2〉처럼 타깃 라인을 따라 볼에서 10~16cm 뒤쪽에 또 다른 큰 볼을 놓고 클럽으로 밀면서 테이크 어웨이한다. 그 다음 왼쪽 손목의 코킹으로 클럽이 들어올려지게 하여 백 스윙을 시작하는 연습을 하면 된다. 곧 백 스윙이 온 플레인으로 만들어지며 다운 스윙이 인사이드에서 인사이드 패스를 갖게 된다.

Chapter. 7 골프 스윙의 A에서 Z까지

● 임팩트 전후 팔과 손의 올바른 모양

3~4년간 골프를 즐기면서 어떻게 하면 뒤땅 샷, 토핑 샷을 하지 않고 솔리드(solid, 클럽 헤드가 공을 먼저 치고 난 다음, 땅을 치게 되는 샷)한 샷을 할 수 있을까, 또 슬라이스 샷을 멈출 수는 없을까 하는 고민을 하며 매일 연습볼을 1~2바스켓씩 치는 연습에 여념이 없다. 그러나 골프 교본이나 비디오, TV를 보며 새로운 골프 스윙의 가르침, 새로운 골프 용어들을 접하게 된다.

스코어를 줄이는 데 필요한 내용들이기에 시도해 보기도 하고 이제까지 해오던 것을 고쳐보려 하기도 한다. 이러한 고민을 하던 골퍼들에게 히트 레이트(hit late), 또는 레이트 히트(late hit)란 용어는 아주 관심 있는 것 중의 하나다.

많은 아마추어 골퍼들이 만드는 임팩트 순간 두 손의 모양을 보면 어드레스를 하고 있을 때의 두 손 모양과 비슷하게 만들고 있으며, 심지어 두 손이 클럽 헤드보다 뒤에 위치하며 마치 국자로 볼을 퍼 올리는 듯한 모양을 하고 있다. 결국 〈사진 1〉의 모습처럼 스윙이 된다. 이것은 백 스윙 때 만들어진 손목의 코킹과 오른팔의 접힘이 다운 스윙을 시작하면서 풀어지거나(casting) 임팩트 존까지 오지 못하고 미리 풀리는 현상으로, 이것을 고쳐 주려는 의도에서 'late hit'라는 표현을 하는 것이다. 즉, 손목의 코킹을 다운 스윙을 하면서 그대로 유지하여 내려오게 하면 두 손이 클럽 헤드보다 먼저 나가게 되어〈사진 2〉 클럽 헤드가 볼을 치는 시간을 늦추게 해주는 효과를 말하는 것이다.

그래서 보기 플레이 골퍼들이 싱글 핸디캡의 플레이어가 되기 위한 노력 중에서 특히, 손목의 코킹을 풀리지 않게 하면서 두 손을 클럽 헤드보다 앞서게 하며 다운 스윙 연습을 하는 것을 많이 본다. 그런데 이러한 강조에 의한 잘못된 스윙의 모습이 〈사진 3〉처럼 이어지게 되

두 손이 클럽 헤드보다 뒤에 위치하여 볼을 퍼올리는 듯한 모양.

두 손이 클럽 헤드보다 먼저 나가며 레이트 히트되는 모습.

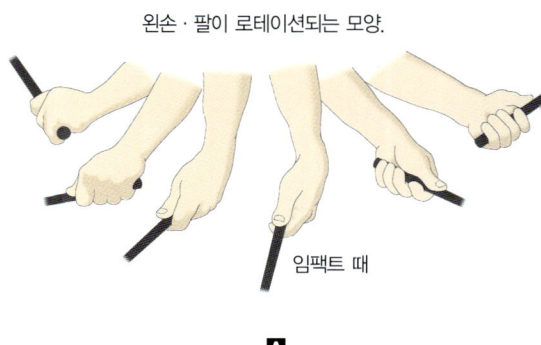

왼손 · 팔이 로테이션되는 모양.

임팩트 때

왼팔, 왼손 로테이션 없이 레이트 히트를 하려는 모습. 손등이 하늘을 향해 있다.

왼팔, 왼손 로테이션이 되어 임팩트를 맞이하고 있다.

임팩트를 지나며 왼팔과 왼손의 변화되는 모습을 연습한다.

면 오히려 아무 생각 없이 골프 볼을 잘 치기 위해 그저 볼을 쳐대던 시절보다 슬라이스가 더 심해지며 생크 샷까지 나게 되어 문제가 더욱 심각해지는 경우가 있다. 다운 스윙을 하면서 코킹의 유지는 나아진 것 같으나 오히려 거리는 줄어들게 된다.

사실은 손목의 코킹을 그대로 유지하며 다운 스윙을 하려는 노력과 함께 꼭 있어야만 하는 중요한 팔과 손의 동작에 대해서 언급이 없었기 때문이다. 왼팔과 왼손의 로테이션 없이 왼손의 코킹을 그대로 유지한 채 끌고 내려오는 골퍼들은 임팩트 순간의 왼쪽 손등이 〈사진 3〉처럼 하늘을 향해 있게 된다.

그런데 왼팔, 왼손의 로테이션이 이루어지며 다운 스윙이 되는 골퍼의 손은 〈사진 4〉처럼 왼쪽 손등이 타깃을 향해 이미 돌려져 있는 것을 볼 수 있다.

이처럼 왼팔과 왼손의 로테이션은 임팩트 순간 전부터 이미 〈그림 A〉처럼 서서히 로테이션 되어 오고 있었기 때문에 임팩트 순간에는 왼쪽 손등이 타깃을 향해 있을 수 있는 것이다. 이러한 모양을 만들 수 있을 때 비로소 싱글 핸디캡 플레이어로 성장할 수 있게 된다.

즉 임팩트 때, 〈사진 1〉과 같은 두 손의 모양도 아닌 〈사진 3〉의 왼팔과 왼손의 로테이션이 없는 모양도 아닌 〈사진 4〉처럼 두 팔과 두 손이 어느 정도 로테이션된 모양이어야 한다.

바로 아마추어 골퍼와 프로의 스윙의 구분은 여기에서 분명하게 나타나는 것이며 싱글 핸디캡의 골퍼로 성장하기 위해, 또 모든 골퍼들이 올바른 클럽의 사용과 손, 팔의 동작을 이해하기 위해서 〈그림 A〉의 왼팔과 왼손의 변화되는 모습을 살펴보며 팔과 손의 동작을 익혀야 한다〈사진 5〉.

Chapter. 7 골프 스윙의 A에서 Z까지

● 가장 중요한 순간, 임팩트의 진실

골프의 가장 중요한 순간, 모든 것을 좌우할 수 있는 순간은 바로 임팩트이다. 그래서 미국인들은 "Impact is the moment of truth"라고 한다. 그런데 가장 중요한 이 순간의 움직임이 어떠한가를 살펴보고 정확한 모습을 참고하여 그렇게 만들고자 애쓰기보다는 임팩트 부분(impact area)을 제외한 다른 부분의 동작에 더 많은 신경을 쓰며 고치려고 애쓰는 것을 본다. 또한 임팩트의 모습을 어드레스할 때와 똑같은 모양이라고 생각하는 잘못된 가르침을 보기도 한다. 골프가 거리와 방향이 주관인 운동인 만큼 임팩트 순간에 클럽 헤드의 스피드를 최대화하여 거리를 내 주어야 하며, 동시에 클럽 페이스가 스윙 궤도와는 관계없이(인사이드 또는 아웃사이드) 타깃 라인에 직각으로 연결되어야 하는 것이 과제다. 먼저 임팩트 순간의 자세를 자세히 분석하여 알아두고, 정확한 임팩트 순간의 자세를 만들어 어드레스한다. 이 자세에서 백 스윙하고 다운 스윙하여, 클럽이 볼에 다가왔을 때 클럽을 멈추면서 임팩트의 자세를 만들어 놓고 10초 동안 그 자세대로 멈춘다. 이러한 연습을 매일 슬로 모션으로 20번 이상 반복해 주면 임팩트 순간의 모양이 근육에 기억되어 실제 볼을 칠 때 그러한 정확한 임팩트의 모습이 나올 수 있게 되는 것이다.

임팩트 순간은 어드레스 자세와는 완전히 다르지만 어드레스 때의 자세를 유지하고 있는 부분이 있다. 앞으로 기울어진 척추의 각도에서는 거의 변화가 없고, 목을 앞으로 20도 정도 숙이고 있는 것, 오른쪽 무릎이 10~20도로 앞으로 굽혀져 있는 것은 같다. 그러나 대부분의 자세는 어드레스와는 전혀 다르다. 오른쪽 무릎이 볼이 있는 방향으로 향하여 턴이 되어 있으며, 발뒤꿈치가 땅에서 2~10cm 들려 있다. 그러나 오른쪽 무릎이 너무 왼쪽 다리에 가깝지 않도록 다리와의 간격이 어느 정도 있어야 한다. 또 척추의 각은 20도 정도 오른쪽으로 기울어져 있어(어드레스 때 2도 정도) 어드레스 때보다 더 기울어져 있는 것을 볼 수 있다〈사진 1〉.

몸의 중심축이 어드레스 때 2도 정도 오른쪽으로 기울어져 있던 것에 비해 임팩트 때는 20도 오른쪽으로 기울어져 있다.

왼 손등은 약간 활처럼 휘어져 있고 오른손 손목은 커핑되어 있으며, 오른 팔꿈치는 오른쪽 히프에 가깝게 위치하고 두 손이 클럽의 샤프트보다 앞에 위치한다.

왼손 손등이 왼쪽 허벅지 방향을 향하고 있다. 　　　임팩트 때의 샤프트 위치가 어드레스 때의 샤프트 위치보다 약간 위에 있게 된다.

다음은 임팩트에서 만들어지는 자세다.

1 히프 턴은 30~45도, 어깨 턴은 5~10도로 히프가 어깨보다 훨씬 더 많은 턴을 하고 있어야 한다.

2 일반적으로 임팩트 때에는 오른쪽 어깨가 평면에서 10~25도 내려가 있다. 백 스윙 때 왼쪽 어깨가 10도 정도 내려가 있는 것에 비해 더 내려가 있는 프로도 있다.

3 몸무게는 왼발에 옮겨지며 왼발 뒤꿈치쪽에 누르는 힘이 느껴져야 한다. 왼팔이 타깃을 향해 어느 정도 로테이션되어 있으며, 왼손 손등은 평평하거나 차라리 약간 활 모양처럼 휘어져 있는 정도도 좋다. 오른쪽 손목은 꺾여져 커핑(cupping)되어 있다. 오른팔 팔꿈치는 오른쪽 히프에 매우 가깝게 위치하여 굽혀져 있다〈사진 2〉(임팩트를 지나며 완전히 펴지게 된다).

4 왼팔, 왼손과 샤프트를 위에서 내려다보면 일치하는 한 직선처럼 보인다. 왼팔이 샤프트보다 너무 많이 나가 있어도 좋지 않으며, 왼팔이 샤프트보다 뒤에 있으면 좋지 않다. 클럽의 끝이 클럽 헤드보다 약간 앞쪽에 있으면 좋다. 왼손 손등이 왼쪽 허벅지 방향을 향하는 것도 간과해서는 안 된다〈사진 3〉.

5 아무리 어드레스 자세가 각자 다르고, 백 스윙, 다운 스윙 스타일이 다르다 해도 핸디캡이 낮은 골퍼나 최고 실력을 가진 골퍼들의 임팩트 모습은 한결같이 같다는 것이다. 클럽 페이스가 타깃 라인에 스퀘어되며, 임팩트 때 샤프트의 위치가 어드레스 때에 만들어진 볼에서부터 샤프트에 이어진 선(자신의 샤프트 플레인 앵글)보다 약간 위에 위치해 있다〈그림 A〉. 클럽 페이스의 스위트 스팟에 볼이 콘택트될 수 있는 포지션을 이루며, 최대의 클럽 헤드 스피드를 갖고 있는 것이 공통적이다.

Chapter.7 골프 스윙의 A에서 Z까지

● 임팩트를 지나 팔로스루 때의 자세로 전체 스윙을 평가한다

백 스윙 톱에서 다운 스윙을 시작할 때 오른쪽 어깨나 클럽을 잡은 두 손이 먼저 움직여 나아가게 되면 타깃 라인의 바깥쪽에서 자신이 위치하고 있는 타깃 라인의 안쪽을 향해 클럽이 스윙되기 때문에 다운 스윙의 궤도가 아웃사이드에서 인사이드 스윙이 된다. 이러한 스윙을 하면서 임팩트 때 클럽 페이스가 타깃 라인에 열리면 슬라이스 샷, 닫히면 풀 훅 샷이 되어 거리에 많은 손해를 보게 된다.

그래서 다운 스윙을 시작할 때 오른쪽 어깨, 두 손, 클럽 모두 타깃 라인의 안쪽에서 움직이게 하여, 타깃 라인의 안쪽으로 스윙되어 나가게 하는 연습을 해야 한다.

특히 다운 스윙의 궤도를 인사이드로 시작하려는 노력은 처음 골프를 시작하는 아마추어들에게는 어려운 과제 중 하나다. 그래서 이러한 아마추어 골퍼들에게 많은 골프 교사들이 백 스윙 톱에서 다운 스윙 스타트 때 왼팔을 마치 종을 잡아당기듯이, 또는 커튼을 열고 닫을 때 커튼 줄을 잡아당기는 듯이 하는 동작들을 훈련시킨다. 이러한 연습은 다운 스윙 궤도를 인사이드로 시작하게 하여 슬라이스 샷을 방지하자는 의도다.

그런데 여기에서 꼭 주의해야 할 동작이 있다. 바로 왼팔과 왼손의 로테이션이 함께 가야 한다는 것이다. 왼팔의 로테이션 없이 왼팔로 클럽을 아래로 잡아당기듯이 내려와 임팩트를 지나 팔로스루 포지션에 이르면 〈사진 1〉과 같은 팔과 손의 모양을 갖게 된다. 대부분의 아마추어 골퍼들이 만드는 임팩트를 지난 팔로스루 포지션의 모양이다.

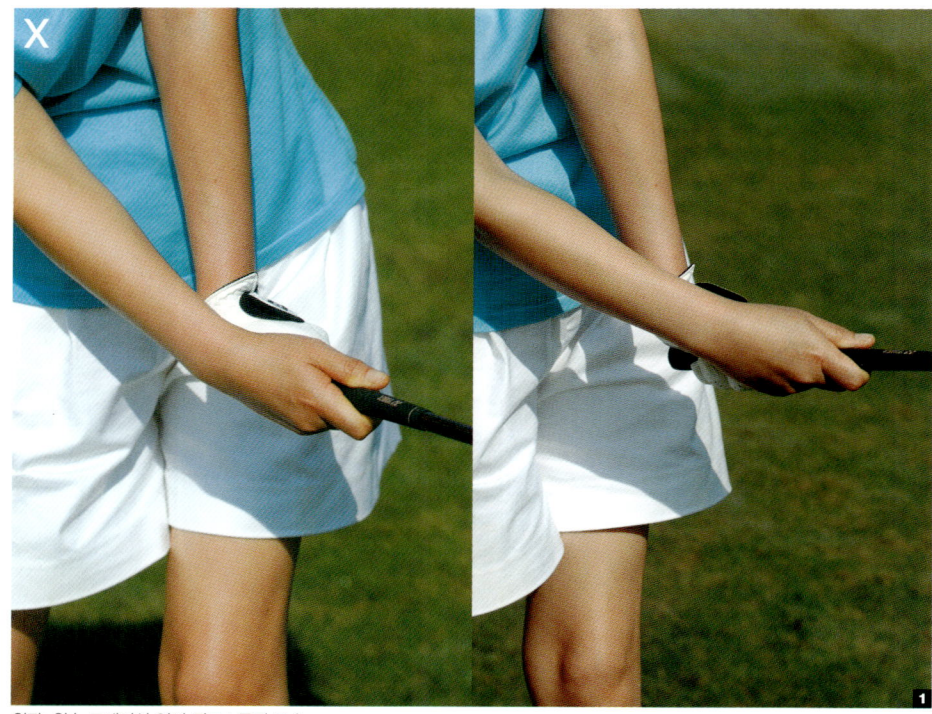

왼팔, 왼손 로테이션 없이 팔로스루된 모습.

왼팔, 왼손 로테이션이 되어 팔로스루된 모습.

골프 스윙의 가장 적이 되는 임팩트 후 왼쪽 손목의 커핑은 아무리 연습 볼을 많이 쳐도, 다운 스윙의 궤도를 인사이드로 스타트해 보아도 토핑 샷, 뒤땅 샷의 연속에서 벗어날 수 없게 만드는 동작이다.

모든 프로들의 임팩트 후 팔로스루의 모습은 〈사진 2〉와 같다. 왼팔의 로테이션이 일어나면서 왼손이 오른손이나 오른팔 밑에 위치되어 있는 모습은 보통 아마추어들이 만드는 〈사진 1〉과는 정반대의 형태인 것이다.

그래서 좀 더 나은 플레이를 하려는 골퍼들에게는 왼쪽 손목의 코킹을 그대로 유지하며 임팩트까지 왼팔을 그대로 끌고 내려오는 연습은 물론 왼손 하나로 클럽을 쥐고 백 스윙하여 왼팔의 로테이션을 느끼며 다운 스윙 연습을 할 것을 권하는 것이 발전된 스윙을 이루는 데 도움이 될 것이다.

Chapter.7 골프 스윙의 A에서 Z까지

● **피니시 자세 만들어 잘못된 스윙 부분 올바로 고치기**

스윙 동작은 수많은 요소로 이루어지지만 실은 아주 짧은 찰나와 같은 순간이다. 따라서 많은 동작 중 우리 눈에 잡히는 부분은 어드레스 때와 피니시 모습이다.

우선 피니시 동작을 살펴보면 골퍼에 따라 멈추고 있는 시간의 차이가 다르다는 것을 알 수 있다. 어드레스하여 서 있는 시간보다 피니시하여 서 있는 시간이 더 긴 것이 프로들의 스윙이다. 이와 달리 아마추어들은 어드레스하여 백 스윙을 하기 전 많은 생각과 여러 가지 몸의 움직임으로 시간을 가지면서도, 실제 시간을 주어서 올바른 자세를 취할 수 있게 만들어 주어야 하는 피니시 동작에는 소홀한 것이 사실이다. 실제 골프 스윙을 어떠한 모양으로 했는지 순간의 동작들이 눈에 띄지는 않지만 그 중에서도 피니시 자세는 눈에 두드러지게 보이는 부분이다. 그래서 백 스윙의 모양이 좀 눈에 거슬려 보이더라도 피니시 자세가 아름다우면 스윙 폼이 좋다는 말을 듣고, 백 스윙이나 다운 스윙을 멋지고 올바르게 했어도 피니시 모습이 올바르지 않으면 전체적인 스윙 폼이 일그러져 보인다. 피니시 자세를 보면 그 사람이 어느 정도의 골프 핸디캡을 가지고 있는지, 임팩트 순간에 어떠한 동작이 취해졌는지까지도 알 수 있다. 그래서 임팩트 순간의 잘못된 스윙 동작으로 인해 나타난 팔로스루와 피니시 동작을 피니시 위치에서 올바른 모양으로 고쳐 근육에 기억시키면 자동적으로 임팩트 순간의 잘못된 스윙 동작이 바르게 고쳐진다. 즉, 결과의 모습을 고쳐 주어 원인이 고쳐지게 하는 방법이다. 스윙을 하면서 '어떠한 동작을 어떻게 고쳐야지' 라고 생각한다든지, 특히 임팩트 순간 몸무게의 이전이 안 되거나, 히프·어깨의 턴이 제대로 이루어지지 않는 것, 왼팔을 잡아당기는 것 등의 문제점을 고치려고 생각하면서 스윙하다 보면 볼을 잘 칠 수 없게 된다.

〈사진 1〉처럼 오른쪽 발바닥을 지면에 붙여 놓고 몸이 뒤로 물러나면서 피니시가 올바로 되지 않는 사람은 임팩트 때 체중 이동이 되지 않는 경우이다. 따라서 이러한 모습으로 스윙을 끝내지 말고 오른발 뒤꿈치를 들고 엄지발가락으로 세워서 오른발 바닥이 지면과 90도 각도로 이루게 만들어 놓고 10~20초 동안 멈추어 서 있게 한다〈사진 2〉. 이러한 동작을 10번 이상 반복하게 되면 임팩트 순간 몸무게 이전이 자동적으로 이루어지게 된다.

피니시가 올바로 되지 않은 경우.

〈사진 1〉과 같은 자세가 되면 오른발 뒤꿈치를 들어 발바닥이 지면과 90도 각도가 되도록 만들고 오른쪽 어깨를 돌려 피니시 자세를 만들어 10~20초 멈추고 서 있는다.

클럽을 어깨에 메지 않고 두 손으로 붙들고 있는 자세인 경우.

클럽이 등 뒤로 넘어가 포대 자루를 멘 듯한 자세로 피니시된 경우.

〈사진 3, 4〉의 경우라면 클럽의 샤프트를 목의 중간쯤에 닿을 정도로 갖다 놓고 10~20초 동안 멈춘 자세를 하여 근육에 기억시킨다.

또 클럽이 어깨에 닿지 않고 어깨 위로 들려져 두 손으로 붙들고 있는 듯한 자세〈사진 3〉, 클럽이 등 뒤로 넘어가 마치 포대 자루를 멘 듯한 자세〈사진 4〉를 가졌다면 먼저 오른쪽 어깨를 돌리고 클럽을 왼쪽에 메면서 클럽의 샤프트가 목의 중간쯤에 닿을 정도가 되게 만든다. 다음 그대로 10~20초 동안 멈추어 서 있게 하여〈사진 5〉 10번 정도를 반복, 근육에 기억시킨다. 이러한 연습을 한 후, 실제 게임에서 시도해 보자. 게임할 때 한 번도 올바로 피니시 자세를 취해보지 못했던 사람들도 자동적으로 자세가 나와 스윙의 변화를 갖게 된다.

임팩트 때 왼팔 회전 대신 왼쪽 팔꿈치를 잡아당겨 스윙하는 사람의 피니시 자세는 대부분 왼쪽 팔꿈치를 너무 뒤로 잡아당겨 왼쪽 팔꿈치와 오른쪽 팔꿈치가 벌려져 있는 모양이다. 이 경우에는 왼쪽 팔꿈치와 오른쪽 팔꿈치를 서로 가깝게 해 놓고 피니시 자세를 취한 다음 10~20초 동안 멈추면 실제 임팩트 순간 왼팔을 잡아당겨 왼쪽 팔꿈치가 구부러지는 것을 고칠 수 있다.

연습 스윙을 할 때나 연습장에서 연습볼을 칠 때는 피니시 자세를 쉽게 취할 수 있지만 실제 골프 코스에서 피니시 자세를 한 번도 제대로 취해 보지 못한 사람들은, 스윙을 다 했다고 생각하는 시점에서 그냥 골프 클럽을 내려서 끝내지 말고 그 위치에서 위에 열거한 올바른 피니시 자세(올바른 피니시 자세를 만들어 취하고 난 다음 10~20초 동안 근육에 메모리를 시켜 준다. 스윙을 하는 중 고치고 싶었던 스윙 자세가 자동적으로 바뀌게 된다)를 만들고 10~20초 동안 멈추었다가 클럽을 내려 스윙을 끝낸다. 이렇게 10~20회를 반복하게 되면 근육에 기억되어 골프 코스에서 실전 게임 때 자신도 모르게 제대로 된 피니시 동작이 나오는 것을 경험하게 될 것이다.

응용된 샷과 어려운 상황에서의 샷

드로 샷, 페이드 샷처럼 응용된 샷과 업힐, 다운힐, 업힐 사이드힐, 다운힐 사이드힐에서의 샷, 어려운 상황에서의 샷들은 스윙을 변화시켜 만드는 것이 아니라 볼의 위치, 몸무게의 배분, 스탠스의 너비, 몸의 자세, 에임 방법, 그립 방법 등의 프리스윙 자세를 변화시켜 만드는 것이다.

part 8

Chapter. 8 응용된 샷과 어려운 상황에서의 샷

드로 샷과 페이드 샷을 자유롭게 구사할 수 있는 방법

드로 샷이나 페이드 샷은 모두 타깃에 떨어지는 샷으로, 임팩트 때 클럽 페이스가 타깃 방향에 직각이 되도록 하면 쉽게 만들 수 있다.

● **슬라이드 샷도 고쳐 주며 거리를 늘릴 수 있게 해 주는 드로 샷**

골프장의 페어웨이가 곧장 앞으로 뻗어 있으면 똑바로 샷을 날려보낼 수 있다. 하지만 페어웨이가 오른쪽에서 왼쪽 또는 왼쪽에서 오른쪽으로 휘어져 있을 때에는 오히려 샷이 똑바로 날아가면 해저드에 빠져 버리거나 나무 밑 또는 러프(rough, 풀이 길게 나 있는 곳)에 떨어지게 된다. 미국 사람들은 이러한 페어웨이의 모양을 보고 도그 레그 레프트(dog leg left, 오른쪽에서 왼쪽으로 휘어져 있음), 도그 레그 라이트(dog leg right, 왼쪽에서 오른쪽으로 휘어져 있음) 등의 용어로 표현하고 있다.

따라서 이렇게 페어웨이가 휘어져 있을 때, 또는 나무에 가려져 있어서 곧장 샷을 보내면 나무에 걸릴 경우, 나무의 주변으로 샷을 돌려보내야 할 때, 또는 그린의 기울기가 왼쪽 또는 오른쪽으로 심하게 기울어져 있으며 플래그 스틱(flag stick)이 왼쪽 구석 또는 오른쪽 구석에 위치

발, 무릎, 히프, 어깨를 타깃 라인의 오른쪽으로 세워 클로즈시킨다. 클럽 페이스는 타깃 라인에 직각으로 한다.

왼쪽, 오른팔의 로테이션으로 오른 손바닥이 왼 손바닥 위쪽에 위치하게 된다.

해 있을 때는 스트레이트 샷(straight shot)보다는 드로 샷(draw shot)이나 페이드 샷(fade shot)을 멋지게 구사하여 타깃 방향으로 볼을 휘어서 보내는 기술이 필요하다.

그런 위기 상황에서 요긴하게 쓰일 수 있는 드로 샷이나 페이드 샷은 거의 셋업 자세에 의존하여 이루어지는 만큼 기본 자세를 자세히 알고 테크닉을 배워야 한다.

먼저 드로 샷을 하는 요령을 알아보자. 두 발과 두 무릎, 히프와 어깨를 타깃 방향의 오른쪽으로 에임한다. 더 많은 드로 샷이 필요하면 더 많이 오른쪽 방향을 향해 에임한다. 그리고 클럽 페이스는 보내고자 하는 타깃 방향에 스퀘어로 맞춘다〈사진 1〉. 여기서 볼의 위치는 보통 샷을 할 때보다 오른발 쪽으로 놓아야 다운 스윙 때 인사이드에서 아웃사이드로 스윙이 되기 쉽다.

두 발의 정렬 상태를 따라 백 스윙을 인사이드로 하고, 백 스윙 톱에서 클럽은 타깃 방향의 오른쪽을 향하고 있어야 한다. 다운 스윙 때에는 오른쪽 팔꿈치를 밑으로 떨어뜨리면서 인사이드에서 아웃사이드 스윙이 되어야 한다. 이 때 임팩트를 지나며 클럽 페이스가 타깃 라인에는 직각이 되어야 스윙 패스에 클로즈(2도 정도) 된다. 왼팔, 오른팔의 로테이션이 이루어져 팔로스루 때엔 오른손 손바닥이 왼손 손바닥 위쪽에 오도록 릴리스한다〈사진 2〉.

이렇게 손의 릴리스를 쉽게 하기 위해 그립은 평소보다 가볍게 잡아 주어야 한다. 그리고 로프트가 적은 클럽일수록(long iron) 백 스핀보다는 사이드 스핀(오른쪽에서 왼쪽으로 또는 왼쪽에서 오른쪽으로 도는 스핀)을 더 가질 수 있어 좋은 페어웨이 위치에서 드로 샷을 만들기 쉽다. 그리고 드로 샷은 오른쪽에서 왼쪽으로 도는 사이드 스핀 때문에 그린 또는 페어웨이에서 페이드 샷이나 스트레이트 샷보다 거리를 많이 가게 되므로 거리 계산을 잘 하여 클럽을 선택하고 샷을 해야 한다.

이러한 방법을 참고하여 드로 샷을 연습하면 프로들만의 전용적인 셰이프 샷(shape shot)이 아니라 일반 아마추어 골퍼들도 드로 샷이 필요할 때마다 주저하지 않고 자신있게 사용할 수 있다. 특히 롱 아이언이 슬라이스가 많이 나서 고생하는 사람들은 이러한 방법으로 드로 샷을 연습하면 슬라이스 샷을 치료하는 데 도움이 된다.

Chapter.8 응용된 샷과 어려운 상황에서의 샷

● 컨트롤하기 좋아 투어 프로들이 좋아하는 페이드 샷

요즈음, 대부분의 미국 투어 프로들의 샷은 페이드 샷(fade shot)으로 변해 가고 있다. 페이드 샷은 드로 샷보다 일관성이 더 좋으며 무엇보다도 볼이 도망다니지 않고 원하는 장소에 부드럽게 잘 앉아 주는 등 컨트롤하기에 좋아 인기가 높다. 미국의 투어 프로 중 특히 미남으로 여성 팬이 많은 프레드 커플스, 어니 엘스 등은 페이드 샷을 잘 구사하는 대표적인 골퍼들이다.

미국 투어 프로들만의 전용이 아닌 누구나 쉽게 할 수 있는 페이드 샷 방법을 소개한다. 이 방법을 잘 익혀 적절하게 이용하면 프로와 같은 자신감을 가질 수 있다. 페이드 샷은 왼쪽에서 시작해 오른쪽으로 휘어져 가는 샷이며 훅 샷으로 고생하는 사람이 연습하면 아주 효과적이다.

먼저 두 발과 두 무릎, 히프, 어깨를 타깃 방향의 왼쪽으로 에임한다〈사진 1〉. 더 많은 페이드를 원하면 몸 전체를 타깃 방향의 왼쪽으로 좀 더 오픈해 준다.

클럽 페이스는 타깃 방향과 스퀘어하게 놓고 어드레스하면 임팩트 때 클럽 페이스가 타깃 방향에는 스퀘어하나 클럽이 스윙되어 나갈 방향(스윙 궤도)에는 클럽이 오픈되게 된다〈사진 2〉.

볼의 위치는 일반 샷보다 볼 하나 간격만큼 왼발에 더 가깝게 놓으면 다운 스윙의 궤도를 아

타깃 방향에 발, 무릎, 히프, 어깨를 왼쪽으로 오픈하고 클럽 페이스는 타깃 라인에 직각으로 만들고 그립한다.

타깃의 왼쪽 방향으로 두 팔을 당겨서 타깃 방향의 아웃사이드에서 인사이드의 스윙 궤도로 스윙해 나간다.

웃사이드에서 인사이드로 만들 수 있다. 백 스윙은 오픈 해 놓은 두 발을 잇는 선을 따라, 타깃 라인의 약간 바깥쪽으로 테이크 어웨이하고, 백 스윙 톱에서 클럽은 타깃 라인의 왼쪽으로 향하게 되는 것을 느낀다. 다운 스윙은 백 스윙해 온 길을 따라 그대로 내려가면 자동적으로 아웃사이드에서 인사이드의 궤도를 그려 낼 수 있다. 이 때 클럽 페이스가 타깃 라인에는 직각으로, 스윙 궤도에는 2도 정도 오픈(4도 정도 오픈되면 슬라이스, 6도 정도 되면 푸시 슬라이스가 된다)되면 볼을 왼쪽에서 오른쪽으로 돌게 하는 사이드 스핀이 생겨 정교한 페이드 샷을 구사하게 된다. 클럽을 잡은 두 손을 몸의 왼쪽 옆구리 쪽으로 잡아당겨 주는 듯한 느낌으로 팔로스루하며 몸통을 함께 돌려 마무리하면 완벽한 페이드 샷을 이룰 수 있다〈사진 ❸〉. 이 경우 일반 샷을 할 때보다 한 클럽 적게 거리가 나가므로 거리 조절을 잘 하여 클럽 선택을 해야 하며, 지면이 딱딱하거나 볼이 떨어질 공간이 적은 그린 위에 볼을 안착시킬 때 좋은 샷이다.

클럽을 잡은 두 손을 왼쪽 옆구리 쪽으로 잡아당겨 주는 듯한 느낌으로 팔로스루하여 피니시한다.

Chapter. 8 응용된 샷과 어려운 상황에서의 샷

어려운 상황에서의 해결책

그라운드 언더 리페어, 페어웨이 벙커 샷, 러프에서의 샷 등 모든 어려운 상황에서의 샷은 어드레스 자세를 취할 때 임팩트 순간과 비슷한 모습을 연상하여 만들어 준다. 그렇게 하면 볼을 먼저 치고 땅을 치는 견고한 샷을 할 수 있다.

연습을 할 때는 대부분 드라이빙 레인지에서만 볼을 쳐 보기 때문에 정작 골프 코스에서 만나는 여러 가지 새로운 상황에서는 당황하게 된다. 드라이빙 레인지의 매트 위에 있는 볼은 아주 짧게 깎인 기울기가 전혀 없는 평평한 잔디 위에 놓여 있는 것과 같다. 그러나 실제 골프 코스의 상황은 전혀 다르다. 볼이 페어웨이에 있다 하더라도 지면의 기울기가 모두 다르고 잔디의 결이나 억센 정도도 다르다.

이러한 그라운드에서의 변수 이외에도 다음과 같은 상황이 전개될 수도 있다. 첫째, 디벗 자리에 볼이 멈춰 있거나, 둘째, 한여름이나 한겨울에 잔디가 죽어 딱딱한 땅에서 볼을 쳐야 할 때, 셋째, 잔디에 물이 질퍽거려 잔디 밑이 진흙과 같은 상황일 때, 넷째, 골프장에 '그라운드 언더 리페어(ground under repair, 공사중)' 표시가 되어 있는 경우 등이다. 이 때는 벌타

어려운 상황에서의 샷을 해야 할 때, 임팩트 순간의 자세를 연상하며, 셋업하여 어드레스를 취하게 한다.

부과 없이 스탠스와 볼을 다른 곳으로 옮겨 놓고(free drop) 샷을 할 수 있다.

하지만 이런 표시가 없다면 그 자리에서 샷을 해야 하기 때문에 요령을 알아야 한다. 이러한 4가지 경우 외에 페어웨이 벙커(fairway bunker)에 볼이 들어가 있을 때도 마찬가지 방법으로 해결할 수 있다. 골프 클럽은 볼을 잘 뜨게 해 주는 로프트가 많은 것으로 선택한다(아이언 4, 5번보다 로프트가 많은 골프 클럽이 적당).

볼은 스탠스의 중앙에서 3~5cm 정도 오른발 쪽으로 놓는다. 몸무게는 왼발에 60~70% 실어 주고, 왼발을 오른발보다 뒤로 물려 약간 오픈 스탠스해 준다. 이렇게 셋업하여 어드레스 하면 임팩트 순간과 비슷한 포지션이 미리 만들어져 정확한 임팩트 순간을 가질 수 있다. 따라서 실수하지 않고 정확하게 볼을 콘택트할 수 있게 된다. 이 때 그립 끝에서 2~3cm 밑으로 그립하여 평소 그립의 세기인 3~4(가장 강한 정도를 10, 가장 약한 정도를 1이라고 가정)보다 약간 강한 5~6 정도의 강도로 잡아서 임팩트 때 어려운 지면 조건을 그립이 이길 수 있도록 한다. 이 때 백 스윙을 $\frac{2}{3}$ 정도로 하여 간단한 스윙을 해야만 뒤땅을 먼저 치는 일이 없다. 가장 중요한 것은 골프 클럽 헤드가 볼을 먼저 친 다음 땅을 쳐야 한다는 점이다.

러프(rough)에서도 같은 요령으로 셋업하여 샷을 하게 되는데 <그림 A>처럼 잔디의 결이 볼이 나가야 할 방향과 반대로 눕혀져 있을 때는 우드 채를 사용해도 샷에 무리가 없지만 <그림 B>처럼 타깃 방향으로 잔디가 누워 있는 경우에는 거리가 부족하더라도 로프트가 많은 아이언을 사용해 똑같은 요령으로 샷을 한다. 이렇게 하면 어려운 러프 상황에서도 쉽게 벗어날 수 있다.

Chapter. 8 응용된 샷과 어려운 상황에서의 샷

업힐, 다운힐에서의 샷

지형이 평지와 같이 평평하지 않으면 스윙을 바꾸거나 지형을 바꿀 수 없기 때문에 지형에 맞춰 셋업 자세를 바꿔 마치 평평한 지형에서 스윙을 하는 것과 똑같은 상황이 되도록 만들어 주어야 한다.

평평한 평지가 아닌 기울어진 곳에 볼이 위치하였을 때도 쉽고 또 과학적으로 문제를 해결할 수 있다. 즉, 기울어진 지형 자체를 평평하게 바꿀 수 없는 대신 자세를 바꿈으로써 평평한 지면과 같은 상황을 만들 수 있다.

업힐(uphill)이라고 하면 〈사진 1〉과 같이 볼 앞에 와서 섰을 때 왼발이 위, 오른발이 아래에 있게 되는 상황이다. 이 경우에는 먼저 볼의 위치를 왼발 가까이(높이 위치한 발쪽)에 놓으면서 스탠스를 취하고 어깨를 지형에 평행하게 기울여야 한다. 이 때 몸무게가 오른발 쪽으로 치우치게 되므로 몸의 밸런스를 유지하기 위해 두 무릎을 타깃 방향(몸을 잡아당기는 중력의 반대 방향)을 향하게 하여 셋업한다. 이렇게 자세를 셋업하면 비록 업힐 지형이라도 평지와 같은 상황이 연출되어 쉽게 스윙할 수 있게 되는데, 임팩트를 지나 팔로스루 때 스윙이 위로 올라가는 느낌이 드는 것〈사진 2〉이 평지에서 하는 일반적인 스윙과 비교하여 다른 점이다. 이 경우 지형의 모양으로 클럽 페이스의 로프트가 커져서 볼이 많이 뜨며 거리가 줄게 되므로 한두 클럽 정도의 긴 클럽으로 스윙하는 것이 좋다. 이때 몸통 턴이 잘 되지 않은 채 팔과 손으로만 스윙하게 되면 훅 샷이 일어날 수 있으니 유의한다.

반대로 〈사진 3〉처럼 다운힐(downhill)의 경우에는 볼을 오른발 쪽에 놓고 어깨를 지형과 평행하게 한다. 이 때 몸무게가 왼발 쪽으로 치우치게 되므로 몸의 밸런스를 유지하기 위해 두 무릎을 타깃 방향의 반대쪽(몸을 잡아당기는 중력의 반대 방향)으로 셋업한다. 〈사진 2〉와는 달리 반대로 임팩트를 지나면서도 지형을 따라 되도록 클럽이 지면에 가까이 있게 하면서 스윙한다〈사진 4〉. 이 때 클럽 페이스가 오픈인 상태로 임팩트를 지나게 되면 심한 슬라이스가 날 수 있으므로 주의한다.

볼의 위치는 지면이 높은 곳에, 어깨는 지면과 평행하게, 무릎은 중력의 반대 방향으로 한다.

스윙은 지형을 따라 스위핑하는 동작으로 한다.

볼의 위치는 지면이 높은 곳에, 어깨는 지면과 평행하게, 무릎은 중력의 반대 방향으로 한다.

지면을 따라 임팩트, 팔로스루되어야 토핑 샷을 일으키지 않는다.

Chapter. 8 응용된 샷과 어려운 상황에서의 샷

업힐 사이드힐, 다운힐 사이드힐에서의 샷

업힐 사이드힐에서 공이 왼쪽으로, 다운힐 사이드힐에서 공이 오른쪽으로 가는 것은 지형으로 인해 임팩트 때 클럽의 라이앵글이 업라이트, 플랫해지기 때문이다.

<사진 1>처럼 볼이 발보다 높이 있는 경우를 업힐 사이드힐(uphill sidehill)에 있다고 한다. 이러한 상황에서는 볼의 위치나 어깨의 기울기는 평지와 같게 셋업하고, 볼이 발보다 높은 위치에 있기 때문에 골프 클럽은 짧게 하여 그립하고, 몸과 볼의 거리를 평소보다 가깝게 해 주어야 한다(볼이 발보다 아주 많이 높이 있을 경우에는 볼과 몸의 거리를 더 가까이 해 준다). 몸은 곧게 일으켜 세워 주어야 하는데, 이 때 중력의 반대 방향, 즉 발의 앞쪽에 몸 무게를 실어야 밸런스를 유지할 수 있다.

이렇게 하면 백 스윙, 다운 스윙 모두 플랫하게 스윙되어 팔이 몸통의 주변을 돌아 스윙되는 느낌이 든다. 그래서 스윙 플레인이 너무 업라이트한 사람이라면 올바른 스윙 플레인을 갖기 위해 이러한 지형에서 스윙 연습을 하면 좋다. 임팩트 때 클럽의 라이 앵글이 업라이트해져 볼이 왼쪽으로 휠 수 있으므로 타깃 방향보다 오른쪽으로 에임하도록 한다. 특히 짧은 아이언은 더 심하게 업라이트되어 왼쪽으로 많이 휘게 된다.

<사진 2>처럼 발이 볼보다 높게 있을 경우를 다운힐 사이드힐(downhill sidehill)에 볼이 있다고 한다. 볼의 위치나 어깨의 기울기는 평지 상황과 같게 하며, 클럽은 길게 잡

업힐 사이드힐에서의 자세. 클럽을 짧게 잡고 몸을 세운다.

다운힐 사이드힐에서의 자세. 클럽을 길게 잡으며, 무릎을 좀 굽히고 등을 숙여준다.

아 주고 상체를 숙여서 셋업해야 평지 상황처럼 된다. 이 때 무릎을 좀 굽혀 주어야 한다. 몸을 잡아당기는 중력이 앞으로 쏠리게 되므로 발뒤꿈치에 몸무게를 실어 주어야 몸의 밸런스를 유지할 수 있다. 이 때 스윙은 업힐 사이드힐에서처럼 몸통 주변으로 팔과 클럽이 턴하는 동작의 플랫 스윙(flat swing)이 아니라 클럽을 위아래로 스윙하는 듯한 업라이트 스윙(upright swing)이 좋다. 그래서 스윙 플레인이 너무 플랫해서 고민인 사람은 이러한 지형에서 연습하는 것이 좋다. 임팩트 때 클럽의 라이 앵글이 플랫해져 볼이 오른쪽으로 가게 되므로 몸과 클럽 헤드를 타깃 방향에서 약간 왼쪽으로 에임해야 한다. 특히 긴 클럽이 더 심하게 플랫해져서 오른쪽으로 많이 휘게 된다.

Chapter. 8 응용된 샷과 어려운 상황에서의 샷

부치 하먼이 강조하는 스윙의 여러 가지

타이거 우즈는 스윙을 한 군데 고치는 데 18개월의 시간이 걸렸으며, 1시간 이상 같은 동작을 슬로 모션으로 해내는 끈질긴 지구력으로 골프 황제가 된 것이라고 그의 스승 부치 하먼은 말한다.

● **부치 하먼이 권하는 연습 방법들**

그렉 노먼의 스승이었으며 데런 클라크(Darren Clarke), 데이비스 러브 3세(Davis Love III), 스티브 엘킹턴(Steve Elkington), 레이먼드 플요드(Raymond Floyd) 등 미국의 톱 투어 플레이어들을 배출시킨 부치 하먼. 그가 타이거 우즈를 만난 것은 93년 8월이었다고 한다. 당시 타이거 우즈는 스승이 지적해 주는 대로 스윙을 한 군데 고치는 데 18개월이라는 시간이 걸렸다고 한다. 끊임없이 연습을 거듭하여 결국 현재의 골프 황제 타이거 우즈가 탄생되었으며, 그런 타이거 우즈가 만들어지기까지에는 한 가지 동작을 몸에 익히기 위해 1시간 이상 같은 동작을 슬로 모션으로 해내는 지구력이 있었기 때문이라고 부치는 말한다. 즉, 그는 일반 골퍼들은 스윙을 고치는 데 투자하는 시간과 끈기, 인내력이 턱없이 부족하다고 지적한다.

부치에 의하면 볼과 몸의 거리가 너무 멀어서 팔을 뻗쳐 어드레스하거나 몸무게가 발뒤꿈치 혹은 오른쪽에 너무 쏠려 있는 자세로는 도저히 올바른 스윙을 만들 수 없다고 하며, 프리스윙 중 셋업에서도 몸의 자세(posture)의 중요성을 가장 강조한다. 또 10개 이상의 볼을 한 타깃을 향해 연속으로 쳐대는 습관은 좋지 않으며 타깃을 바꿔 가며 연습볼을 쳐야 한다고 한다. 나아가 연습볼을 무조건 많이 치기보다는 고쳐야 할 스윙 동작을 슬로 모션으로 반복 연습해 보는 것이 바른 스윙 자세를 가질 수 있는 방법이라고 한다. 올바른 연습이 올바른 습관을 만드는 것이지 무조건 연습볼만 많이 쳐대는 것은 가장 우매한 일이라는 것이다.

한편 그는 실제 스윙에서 스윙 아크(swing arc)를 지나치게 크게 하려는 이들에게서 나타나는 현상을 설명한다. 그들 대부분이 백 스윙의 테이크 어웨이 때 두 팔을 직선으로 길게 뽑아 백 스윙 톱으로 가면서 오른 팔꿈치가 너무 접혀져 오른 손목의 콕은 이루어지지 않고, 또한 오른손과 오른쪽 어깨 사이가 너무 가까워지면서 몸의 중심축이 왼쪽으로 기울어져 역피벗

(reverse pivot) 현상의 원인이 된다. 이런 사람들에게는 손목을 콕하는 것(얼리 콕하여도 됨)에 집중하여 테이크 어웨이하고, 백 스윙 때 왼쪽 어깨는 반드시 발에서 5~7cm 뒤로 움직여야 한다고 덧붙인다. 백 스윙 톱에서는 오른손과 오른쪽 어깨의 간격을 어느 정도 벌려 주는 연습으로 오른손 하나만으로 볼을 쳐 보는 것을 권하고 있다. 또, 다운 스윙 때 오른팔을 몸통에 붙여 내려오는 것에 너무 집착해서 히프나 상체가 팔보다 먼저 타깃 방향으로 빠져나가게 되어 거리가 줄거나 슬라이스, 토핑 볼에 심지어 섕크 샷까지 나서 고민하는 사람들도 오른손 하나만으로 볼을 치는 연습을 해 이러한 스윙의 문제를 고칠 수 있다고 한다.

또, 리듬과 템포의 중요성을 강조하고 어니 엘스와 박세리의 리듬, 템포를 칭찬해 주었다. 롱 아이언 샷을 리듬과 템포를 잘 살려 구사하려면 볼을 5cm 간격으로 세로로 10개 정도 놓고 처음에는 느리게 치다가 조금씩 스피드를 높여 가며 연속해서 볼을 치는 연습을 권한다. 또한, 어드레스 자세에서 클럽을 볼 뒤로 가져가기 전 클럽을 들어 볼 앞쪽으로 20cm 정도 가져가며 백 스윙을 시작하면 좋은 리듬과 템포를 가질 수 있다고 한다.

● 부치 하먼이 강조하는 암(arm) 스윙이란?

메르세데스 챔피언십(Mercedes Championship) 대회가 샌디에이고(San Diego)의 라코스타 컨트리 클럽에서 있었다. 비가 너무 많이 내려 게임을 계속할 수 없게 되자 챔피언십을 결정하는 샷을 타이가 된 톰 레먼(Tom Lehman)과 타이거 우즈가 파 3홀에서 하게 되었던 것을 많은 사람들은 생생하게 기억하고 있을 것이다. 물에 빠진 톰 레먼의 샷과 거의 홀 인 원(hole in one)에 가까운 샷으로 버디를 해서 챔피언이 된 타이거 우즈의 스윙을 비교해 보면 비록 두 명의 미국 톱 투어 플레이어들이지만 현저히 다른 점을 발견할 수 있다. 톰 레먼은 바이런 넬슨처럼 왼쪽 다리로 다운 스윙을 리드하는 것이 강조된 스윙을 함으로써 손이 로테이션되지 않거나, 리듬과 타이밍이 좋지 않으면 임팩트 때 스퀘어 샷을 하기 힘들게 된다. 이에 반해 타이거(데이비스 러브 3세, 래리 마이즈)가 부치 하먼과 훈련한 암 스윙(arm swing)은, 즉 히프나 몸이 먼저 빠지면서 팔이 뒤따라가는 스윙이 아닌 팔이 몸통의 앞을 빠르게 지나게 하여 팔의 스피드에 집중하는 스윙이다. 또한 클럽 페이스의 스퀘어한 상태가 손의 잔 움직임으로 만드는 것이 아니라 몸통의 큰 근육을 이용하여 만들어지게 하는 것이다. 이것이 파워 스윙(power swing), 즉 거리가 없으면 미국 투어 플레이에서 생존하기 힘든 요즘 롱 히터(long hitter, 거리를 많이 내는 골퍼)들이 추구하는 스윙의 경향이다. 그래서 부치 하먼의 학생들인 톱 투어 플레이어들에게 다운 스윙 때 하체의 안정과 임팩트 때 오른발이 들리는 것을 최대한 억제함으로써 팔이 몸통을 빠르게 지나 스윙이 다 이루어진 뒤 오른발을 들어주는 훈련을 시키고 있다.

스코어를 쉽게 줄이는 방법

처음 골프를 시작할 때, 골프라는 게임의 전체적인 개념을 이해하기 위해서 가장 먼저 배워야 할 것이 바로 퍼팅 스트로크이다. 다음, 그린 주변에서 쉽게 그린에 올릴 수 있는 샷들을 익히기 위해 피칭이나 9번 아이언으로 칩 샷, 피치 샷을 배우면 골프 게임의 매력을 한껏 느낄 수 있다. 롱 클럽으로 볼을 치는 것을 먼저 배우게 되면 골프라는 스포츠가 스트레스를 주는 고민 덩어리가 될 수 있다.

part 9

Chapter. 9 스코어를 쉽게 줄이는 방법

쇼트 게임에서 절반 이상의 비중을 갖는 퍼팅

골프에서 파워, 스피드에 못지않게 중요한 것이 가능한 한 적은 스트로크를 만드는 것이기 때문에 그린 위에서의 스트로크가 더 중요한 역할을 차지한다 할 수 있다.

● **퍼터의 올바른 선택**

골프에 대해 제대로 알기 전 무조건 골프 클럽 세트를 구입하거나 누군가가 사용하던 클럽을 물려받아 사용할 경우, 아이언이나 드라이버, 우드 클럽 등은 점검하지만 정작 퍼터(putter)에 대해서는 확인도 하지 않는 것이 보통이다. 퍼팅이 골프 게임의 43% 이상을 차지하기 때문에 퍼터 또한 중요하다. 따라서 골프 클럽을 세트로 구입하기 전에 자신에게 맞는 퍼터를 구입하여 퍼팅 연습을 하면서 골프라는 스포츠의 전체적인 게임을 이해해 나가는 것이 우선적인 일이다.

처음 골프를 시작하는 사람은 퍼터의 샤프트가 클럽 헤드의 뒤(힐)쪽에 붙어 있는 것이 좋다〈사진 1〉. 이런 퍼터는 샤프트 길이를 짧게 만든 퍼터로, 백 스윙할 때 클럽 페이스를 약간 오픈하여 임팩트에서 스퀘어되었다가 피니시에서 약간 클로즈되어도 부드럽고 좋은 스트로크(stroke)를 할 수 있게 만들어져 있다. 이를 아크 스트로크〈사진 3〉라 하여 스윙 패스가 반 서클 패스(semicircle path)를 그린다. 짧은 거리의 퍼팅을 할 때는 일관성이 부족하다. 볼의 위치

1 샤프트가 클럽 헤드의 힐 쪽에 붙어 있는 퍼터(heel-shafted putter).
3 아크 스트로크. 반 서클 패스를 그린다.

2 클럽 헤드 중앙에 샤프트가 붙어 있거나 중앙과 힐 사이에 붙어 있는 퍼터(center-shafted putter).
4 펜줄럼 스트로크.

퍼터는 두 손바닥을 마주보게 하여 잡는 손바닥 그립이 좋다.   스위트 스팟을 점검하는 법.

가 너무 왼쪽에 놓이면 클럽 페이스가 닫힌 상태로 볼이 콘택트되므로 왼쪽으로 가기 쉽고 볼을 너무 오른쪽에 놓으면 밀려서 오른쪽으로 가게 된다.

일반적으로 클럽 헤드 중앙에 샤프트가 붙어 있거나 중앙과 힐 사이에 샤프트가 붙어 있는 퍼터를 많이 사용한다. 이 때 샤프트 길이는 보통인 것이 많고 아주 긴 것도 있다. 이러한 퍼터〈사진 ❷〉는 오프셋(off set, 샤프트가 헤드보다 앞에 나오도록 디자인된 모양)의 정도가 클수록 어드레스 때 두 손을 볼보다 더 많이 앞쪽으로 놓게 된다. 이러한 퍼터로는 펜줄럼 스트로크(pendulum stroke)라 하여 헤드를 약간 들어 스트레이트 백(straight back)하고 다운하여 임팩트를 지나 다시 헤드를 약간 들어서 스트레이트 스루(straight through)해야 한다〈사진 ❹〉.

퍼터는 그립 부분을 두 손바닥으로 잡는데〈사진 ❺〉 두 팔이 긴장되지 않도록 자연스럽게 내린다. 볼을 칠 때 토 부분은 들려 있어도 좋지만 힐 부분이 들리게 되면 퍼터의 길이가 자신에게 너무 긴 것으로, 조금 짧은 것을 선택하거나 퍼터의 샤프트 부분을 몸과 팔에 맞추고 스윙 웨이트를 고려하여 잘라 주면 된다. 그리고 퍼터의 스위트 스팟(sweet spot, 골프 클럽 페이스에서 정중앙 부분)을 찾는 법을 알아보고 각자의 퍼터의 스위트 스팟에 테이프를 붙여 표시해 두거나 스위트 스팟 윗부분이나 뒷부분에 선을 그어 항상 그 곳에 볼이 콘택트되도록 연습해야 한다. 퍼터의 스위트 스팟을 찾는 법은 〈사진 ❻〉과 같다. 한 손으로 퍼터를 가볍게 들고 다른 한 손의 집게손가락으로 퍼터 페이스를 밀어 본다. 이 때 토 또는 힐 부분이 밀려나지 않고 퍼터 전체가 뒤로 밀려날 때 그 부분이 바로 스위트 스팟이다. 또, 풀이 짧아 볼이 빠르게 구르는 그린에서는 로프트가 아주 작은 퍼터(1~3도)를, 풀이 길어 좀 느린 그린에서는 로프트가 조금 많은 퍼터(4~8도)를 사용하는 게 좋다.

Chapter.9 스코어를 쉽게 줄이는 방법

● 퍼팅의 기본 기술

통계적으로 볼 때 골프 스코어의 68%가 쇼트 게임(short game, 60야드 안쪽의 샷)에서 이루어지며 그 중에서 퍼팅으로만 전체 스코어의 43%를 차지한다고 한다. 따라서 골프 스코어를 줄이는 가장 좋은 방법이 있다면 그것은 바로 퍼팅 기술을 향상시켜 실수를 줄이는 것이다. 퍼팅만큼 각 개인의 개성과 스타일이 담겨 구사되는 골프 샷은 없을 것이다. 일일이 헤아릴 수도 없이 많은 그립의 종류를 비롯하여, 어드레스 자세나 스트로크 방식도 매우 다양하다. 하지만 퍼터를 잡는 그립이나 스윙의 형태에 대한 근본적인 개념은 누구에게나 같다는 것을 잊지 말자.

퍼터의 그립은 손목을 쓰지 않게 하는 손바닥 그립이다. 또 어깨의 위아래 움직임으로 스윙해야 일관성 있게 스트로크할 수 있다. 오른손잡이 골퍼의 경우 왼손보다 오른손의 힘이 강

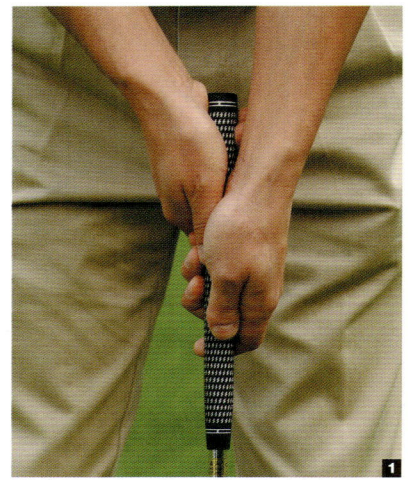
왼손을 밑으로 놓고 잡는 그립은 짧은 거리의 퍼팅 스트로크에 좋다.

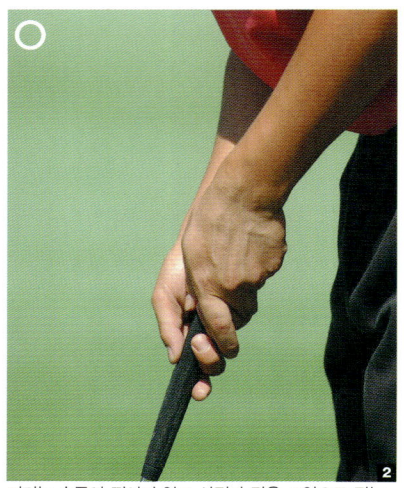
퍼터는 손목이 꺾이지 않고 사진과 같은 모양으로 잡는 것이 효과적이다.

퍼팅 그립 때 손목의 코킹이 생긴 상태에서 잡는 것은 좋지 않다.

하기 때문에 다운 스윙 때 오른쪽 어깨가 먼저 나가거나 덮쳐지면서 스윙되기도 하고 왼쪽 어깨가 타깃 방향에 오픈되어 에임하게 되고 또 왼손 손목이 꺾이면서 스윙되기 쉽다. 이것을 막기 위해 크로스 핸디드(cross handed) 그립〈사진 1〉을 하는 사람들이 많아졌다. 하지만 어떠한 그립을 하여도 왼손 손목의 모양이 〈사진 2〉처럼 된 것이 〈사진 3〉보다는 낫다. 또 그립을 잡는 양손이 볼보다 앞에 있거나(핸드 포워드) 볼과 같은 선상에 있는 것은 좋으나 볼보다 뒤쪽에 있는 것은 좋지 않다.

볼의 위치는 왼발 쪽에 놓고 왼발에 몸무게를 10~20% 더 배분해야 볼이 잘 굴러가도록 도와줄 수 있다. 왼쪽 눈에서 수직선을 내려 그어 그 위치에 볼이 위치하면〈사진 4〉 볼과 몸의 거리가 좋은 것이지만 이것은 왼쪽 눈이 오른쪽 눈보다 더 강한 기능을 가진 사람의 경우고, 반대의 경우인 사람은 왼쪽 눈에서 내려진 수직선이 왼발과 볼 사이에 떨어지게 해도 좋다. 그러나 왼쪽 눈에서 수직선이 볼에서 더 바깥 위쪽으로 떨어지게 되면 볼과 몸과의 거리가 너무 가까워

Chapter.9 스코어를 쉽게 줄이는 방법

물체를 볼 때 왼쪽 눈을 더 많이 사용하는 사람은 왼쪽 눈에서 수직으로 내린 선에 볼이 위치하도록 한다.

퍼터의 바닥이 지면에 모두 닿거나 또는 토가 들려 있는 것은 괜찮지만 힐 부분이 들리는 것은 좋지 않다.

어드레스에서 타깃 방향을 볼 때는 고개를 들어서 보는 것은 좋지 않다.

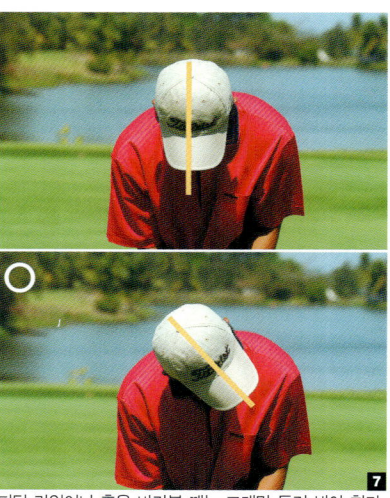

퍼팅 라인이나 홀을 바라볼 때는 고개만 돌려 봐야 한다.

백 스윙의 패스가 스트레이트나 타깃 방향의 안쪽, 즉 인사이드는 좋으나 아웃사이드는 좋지 않다.

좋지 않다. 스탠스는 스퀘어하거나 약간 오픈하는 것은 좋으나, 클로즈 스탠스는 좋지 않다. 어드레스 때 퍼터의 바닥(sole)이 전부 잔디에 닿아 있거나 토 부분이 약간 들려 있는 것은 괜찮지만 힐 부분이 떠 있는 것은 좋지 않다〈사진 5〉.

어드레스에서 타깃 방향을 확인하기 위해 바라볼 때는 고개를 들어서 보지 말고〈사진 6〉고개를 타깃 방향으로 돌려 보아야〈사진 7〉한다. 백 스윙 때는 클럽 헤드를 스트레이트로 뒤로 물리거나 타깃 방향의 조금 안쪽으로 가져가는 것은 괜찮지만 타깃 방향의 아웃사이드로 가져가는 것은 좋지 않다〈사진 8〉. 백 스윙을 짧게 할수록 퍼터의 헤드가 오픈되거나 클로즈되는 경우가 적어지며, 다운 스윙을 좀더 가속화시키는 데도 도움이 된다. 많은 사람들의 고민인 퍼팅 스트로크가 일정치 않은 문제는 짧은 백 스윙 연습을 함으로써〈사진 9〉고치기도 하고, 또 왼쪽 손목을 꺾지 않고 왼팔로만 짧게 백 스윙하여 다운 스윙을 가속화시키면, 짧은

짧은 거리의 퍼팅을 정확하게 하려면 백 스윙을 짧게 하는 연습을 해야 한다.

왼손 손목이 꺾이지 않게 스트로크하는 연습으로 짧은 거리의 퍼팅을 일정하게 만들 수 있다.

클럽 페이스가 인사이드 또는 아웃사이드로 가거나 오픈, 클로즈되는 것을 막아주는 연습 방법이다.

거리의 퍼팅을 일정하게 잘 할 수 있다〈사진 10〉.

스윙 때 클럽 헤드의 패스(안쪽 혹은 바깥쪽)가 일정치 않거나, 클럽 페이스가 오픈되거나 클로즈가 많이 되어 퍼팅 스트로크가 일정치 않은 사람은〈사진 11〉처럼 두 개의 골프 클럽을 퍼터 페이스의 세로 길이만큼 벌려서 평행하게 놓고 그 사이 안에서 퍼팅의 백 스윙, 다운 스윙을 연습하면 일관성 있는 스윙 패스를 몸에 익힐 수 있다. 이러한 연습은 쇼트 퍼트를 놓치지 않고 버디나 파를 이룰 수 있게 해 준다.

볼이 홀로 들어가는 것을 머리를 들어 눈으로 확인하지 말고 머리를 들지 않은 채 귀로 확인한다.

● **퍼팅 스트로크의 노하우**

다른 골프 클럽과 마찬가지로 퍼터의 페이스에도 3~8도의 로프트가 있어, 스트로크 때 볼에 백 스핀이 아주 미세하게 생긴다. 주로 톱 스핀을 많이 주면서 스윙하여 볼이 잘 구를 수 있게 해주는 것이 퍼팅 스트로크의 기본이다. 톱 스핀을 많이 주기 위해서 볼의 위치를 왼발에 가까이 놓고 퍼팅 스트로크하고 스윙을 어센딩 블로(ascending blow)로 한다. 어센딩 블로 스윙이란 스윙의 곡선 가운데 밑부분에서 볼이 콘택트되는 것(디센딩 블로, Descending Blow)이 아니라 클럽이 곡선 밑부분을 지나 위로 가면서 볼이 콘택트되는 것을 말한다.

거리나 파워를 많이 내 주는 데 목적이 있지 않기 때문에, 백 스윙할 때 왼쪽 어깨가 턴되거나 다리, 무릎 또는 히프가 다운 스윙을 리드하는 일반 골프 스윙과는 달리, 하체의 움직임은 전혀 없이 왼쪽, 오른쪽 어깨의 상하 움직임만으로 스트로크가 되며, 머리는 임팩트를 지난 후에도 어드레스 때와 같은 위치에 있어야 한다. 그래서 퍼팅은 눈으로 하는 것이 아니라 귀로 한다는 말들을 하는 것이다〈사진 **1**〉. 두 눈을 감거나 또는 왼쪽 눈 하나만 감고 퍼팅을 해보면 스트로크할 때 클럽 헤드의 정확한 스윙 궤도를 익히게 된다.

이 때 몸의 왼쪽 부분, 특히 왼쪽 다리와 무릎이 무너져서는 안 되므로 몸무게를 왼쪽에 더 많이 실어 주어(60~70%) 왼발 바닥이 땅에 강하게 지탱되어야 한다. 왼발에 몸무게를 실어주면 공에 톱 스핀이 더 잘 생기게 된다. 특히 바람이 많이 부는 날에는 스탠스를 평소보다 넓게 벌려 하체나 상체의 흔들림 없이 스트로크해야 한다.

일반 골프 샷은 공중으로 볼을 날려보내는 것에 반해 퍼팅은 지면에서 볼을 굴려 보내야 한다는 차이 때문에 퍼팅할 때 덧붙여 우리가 알아야 할 몇 가지 특이한 사실이 있다. 퍼팅 그린의 잔디가 짧게 깎아져 볼이 잘 구르냐 또는 잔디가 길어 볼이 잘 구르지 않느냐로 스트로크의 강약을 조절하여 거리를 결정하며 그린의 높낮이나 지형의 영향으로 방향이 조정된다. 또, 잔디의 종류에 따라 그린의 빠르기와 브레이크(break, 잔디 결이나 그린의 높낮이 등으로 생기는 공의 구름의 변화)가 달라진다. 그러나 스피드 있는 퍼팅 스트로크는 그린의 높낮이 때문에 생기는 방향의 영향을 많이 받지 않고 곧장 홀을 향해 갈 수 있다. 단, 스피드가 느리면 스트로크할 때 여러 가지 영향을 모두 받아 방향이 좌우된다. 그래서 퍼팅에서는 거리에 따른 스피드 계산이 방향의 연구보다 더 중요하다.

경험 많은 골퍼들의 버디 퍼트를 위해, 또 파 퍼트를 놓치지 않기 위해서 좀 더 구체적이고 정확하게 그린을 읽는 법을 알아보자. 우선 잔디의 결을 살펴 잔디가 어느 방향으로 자라고 있나를 확인해 볼이 잔디가 자라는 쪽으로 흘러간다는 것을 알아야 한다. 지형에 기울기가 없어도 물이나 깊은 해저드가 있으면 그 쪽을 향하여 볼이 돌아가는 것을 보면 신기하기도 하다. 또 퍼팅하려는 방향에 큰 산이 있으면 아무리 내리막 지형이라도 볼의 속도가 느려져서 그다지 빠른 속도로 볼이 구르지 않으며, 퍼팅하려는 방향의 반대쪽에, 즉 퍼팅 브레이크를 읽으려고 볼 뒤에 앉아 있을 때 등 뒤로 산이 있으면 아무리 오르막 지형이라도 볼의 속도가 빨라진다.

Chapter. 9 스코어를 쉽게 줄이는 방법

쇼트 게임의 가장 기본이 되는 치핑

칩 샷은 그린 주변의 가장 가까운 지점에서 하는 퍼트 칩 샷과 그린에서 15~30야드 떨어진 지점에서 하는 일반 칩 샷이 있다. 어떠한 방식의 칩 샷을 하더라도 볼을 띄울 필요 없이 굴려서 보내는 기본 개념 아래 칩 샷이 이루어지는 것이다.

● **치핑의 기본 테크닉**

쇼트 게임 중에서 가장 기본적이며 방법만 알면 쉽게 구사할 수 있는, 퍼팅을 할 필요 없이 볼이 곧장 홀로 들어가 스코어를 세이브할 수도 있는, 칩 샷(chip shot) 방법에 대해 알아본다.
먼저 칩 샷과 피치 샷을 이해하는 것이 중요하다. 피치 샷(pitch shot)을 'More air time, less ground time(볼이 굴러가는 거리보다 떠서 가야 하는 거리가 많을 경우에 사용하는 샷)'이라 말하는 데 비해, 칩 샷은 'More ground time, less air time(볼이 떠서 가는 거리보다 굴러서 가야 하는 거리가 많을 경우에 사용하는 샷)'이라 말하듯 볼을 띄워서 보낼 필요 없이 굴려서 보내는 경우에 칩 샷 방식을 이용한다. 그래서 칩 샷을 할 때는 클럽의 로프트를 적게하는 자세를 취한다든지, 아니면 로프트가 적은 클럽을 사용하는 것이 보통이다. 9, 8, 7, 6, 5번 등의 아이언을 주로 사용하며 샌드 웨지(Sand Wedge)는 칩 샷 방식에 잘 사용하지 않는다.

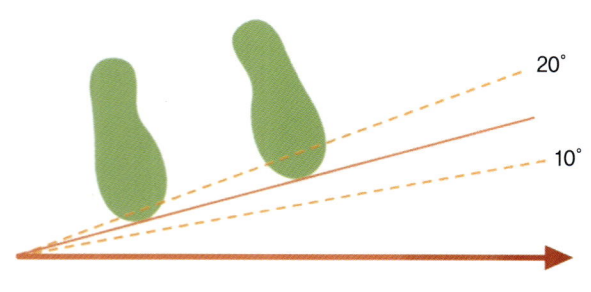

A 스탠스를 10~20도 오픈했다는 것은 왼발을 그저 옆으로 벌려 놓았다는 것이 아니라 타깃 방향을 중심으로 왼쪽 방향으로 두 발이 놓여 있다는 뜻이다.

스윙 테크닉은 상황에 따라 달라서 퍼트 칩(putt chip), 레귤러 칩(regular chip, 일반적인 칩 샷), 러프에서의 칩 샷이 모두 조금씩 다르지만 그 기본적인 프리스윙 방식은 거의 비슷하다.

첫째, 볼이 떨어져 처음 튀어오르는 지점을 그린 주변이나 그린 시작하는 어느 위치에 잡고 그곳에 에임한다. 만약 홀 근처에 타깃 지점을 두면 홀 근처에 볼이 떨어져 몇 번 튀어오르고 난 다음 구르기 때문에 그린 바깥까지 나가는 경우도 종종 있어 거리 조절이 어려워진다.

둘째, 퍼팅을 할 때와 같이 그립을 잡기도 하고, 일반 샷과 같이 그립으로 잡을 때도 있지만 보통 그립 끝에서 4~5cm 정도 밑으로 하여 보통 그립보다 짧게 잡아 준다. 펜의 상단 끝을 잡고 글을 쓰는 것보다 밑으로 내려 잡고 글을 쓸 때 펜을 컨트롤할 수 있는 힘이 생기는 것과 같은 원리다. 그립할 때 그립의 강도는 4~5 정도가 좋다(일반 샷을 할 때 그립의 세기는 3~4 정도가 좋다. 가장 강함 : 10, 가장 약함 : 1).

셋째, 볼은 코에서 지면에 수직으로 내려지는 선과 오른쪽 엄지발가락 사이에 둔다. 클럽 페이스를 타깃 방향에 직각으로 맞추거나 오픈한다. 클럽의 샤프트를 왼쪽 허벅지 위에 가져다 놓아 로프트를 작게 만들어 준 다음에 그립한다. 가슴이 볼 앞에 나가 있도록 하고, 왼발에 몸무게의 60~70%를 실어 준다. 오른발을 땅에서 들어 왼발 하나로 지탱해 보면 왼발에 무게를 실어 준다는 느낌이 어떤 것인지 알 수 있다. 이 모든 프리스윙 과정은 클럽 페이스의 로프트를 감하여 디센딩 블로 샷을 구사하기 좋은 자세로 만들어 주기 위한 것이다.

넷째, 스탠스는 일반 샷을 할 때보다 좁게 벌리고 15도 정도 오픈해 주면〈그림 1〉 클럽 페이스의 로테이션 없이 타깃 방향을 향하여 나갈 수 있게 도와 준다.

다섯째, 몸을 심하게 턴하거나 스윙 때 몸무게 이동을 많이 하지는 않지만 손이나 팔로만 하는 샷이라고 생각하면 잘못이다. 손이나 팔로만 스윙하게 되면 클럽을 들어올리려는 스쿠핑 동작(scooping motion)이 되기 쉬워 뒤땅 샷이나 토핑 샷이 된다.

무릎을 사용하여(특히 오른쪽) 약간 하체의 움직임이 있어야 리듬을 타며 디센딩 블로를 잘 할 수 있다〈사진 1〉. 이 때 머리는 피니시 동작을 하고 난 다음에도 볼이 있던 자리에 머물러 있어야 한다.

왼쪽 손목이 접혀져 피니시되는 모양(국자 모양)이 되지 않도록 왼쪽 손목에 아대를 하고 손등 위에 볼펜이나 자를 끼워 스윙 연습을 하면 손목이 접히지 않아 올바른 치핑 기술을 익힐 수 있다.

약간의 히프와 무릎 움직임이 스윙을 리드해야 하며 피니시 동작을 하고 난 후에도 머리가 뒤로 남겨져 있어야 한다.

Chapter.9 스코어를 쉽게 줄이는 방법

● 다양한 치핑 기술

많은 미국의 투어 프로들이 다양하고 특이한 방법으로 칩 샷을 구사해 어려운 상황을 극복한다. 그뿐 아니라 칩 인투 홀(chip into hole)하여, 퍼팅할 필요 없이 그저 홀 안으로 들어 보내는 것을 관전할 때 묘기에 가까운 느낌마저 들어 절로 박수가 나올 때가 있다. 몇 가지 사례를 살펴보면서 이러한 상황들이 닥쳤을 때 실제로 응용할 수 있는 훈련을 해 보자.

첫째, 칩 샷을 할 때 어려운 라이일수록 볼 포지션은 오른발 쪽으로 더 가까이 놓아 그립을 잡은 손이 클럽 헤드나 볼의 위치보다 더 많이 앞쪽으로 놓이게 하여 디센딩 블로하기 쉽게 한다. 이때 샌드 웨지같이 프린지(fringe, 클럽 헤드의 바닥면)가 넓으며 바운스가 있는 클럽 〈그림 A〉의 사용은 피한다.

둘째, 〈사진 1〉처럼 그린 주변의 세컨드 에이프런(second apron, 그린과의 첫 번째 경계에 있는 잔디를 첫 번째 에이프런, 첫 번째 에이프런과 경계에 있는 잔디를 두 번째 에이프런이라 한다)이 막 시작되는 부분에 볼이 멈춰 볼 뒷면에 긴 풀이 닿는 상황을 만나는 경우가 있다. 2001년, 미국의 TPC 챔피언십 토너먼트에서 비제이 싱(Vijay Singh)이 이러한 상황에서 퍼터의 토 바깥면을 클럽 페이스처럼 사용하여 칩 샷을 한 것이 홀을 향해 그대로 굴러 들어가 관객들로부터 열광의 박수를 받았던 것을 기억한다. 이러한 상황에서는 클럽의 밑바닥 부분이 둥글게 생기지 않고(둥글게 생긴 부분을 바운스라고 하며 이러한 바운스를 가진 클럽을 샌드 웨지라 한다) 평평한 모양의 클럽(웨지 클럽을 제외한 나머지 클럽은 모두)을 사용한다. 그립은 퍼팅 그립처럼 잡고 볼 뒷부분의 가운데를 치고 나가면서 마치 퍼팅 스트로크를 할 때와 같은 기술로 톱 스핀을 주어 굴러가게 하여 거리를 조절하면 된다〈그림 B〉.

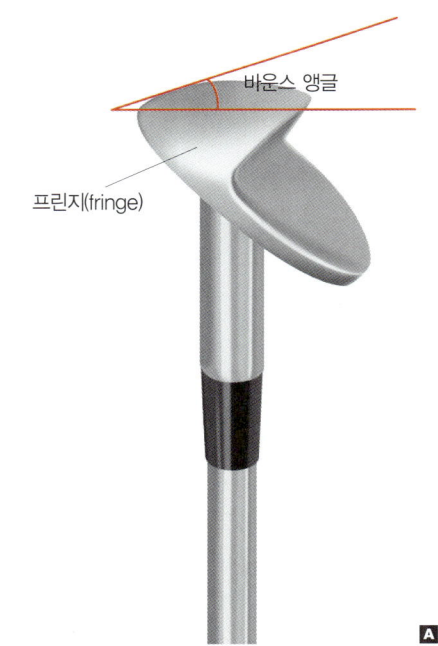

A
샌드 웨지의 바닥면이 평평하지 않고 둥글게 튀어 오른 것을 바운스라고 하며 어느만큼 튀어 올라와 있는지를 바운스 앵글로 표시한다.

1
첫 번째 에이프런과 두 번째 에이프런 경계에 볼이 위치해 있을 때는 샌드 웨지로 치핑을 하는 것은 좋은 방법이 아니다.

B 첫 번째 에이프런과 두 번째 에이프런의 경계에 볼이 위치하면 8, 9번 아이언으로 볼 뒷면의 가운데를 치고 나간다. 퍼팅 그립으로 잡고 퍼팅 스트로크와 같은 방법으로 한다.

러프 속에 볼이 가라앉아 있을 때는 피칭 웨지로 볼 뒤에서 5~7cm 떨어진 지점을 친다.

셋째, 〈사진 2〉처럼 볼이 러프(rough, 볼이 묻혀져 있을 정도로 풀이 깎여 있지 않고 많이 자라 있는 페어웨이) 속에 있으면서 칩 샷을 해야 할 때 피칭 웨지를 사용한다. 볼의 위치는 가운데에서 오른발 쪽으로 가깝게 놓고 클럽과 몸을 10~15도 정도 오픈한다. 오른쪽 손목을 빨리 코킹하여 백 스윙하고, 볼에서 뒤로 5~7cm 떨어져 있는 뒷부분을 치고 팔로스루는 하지 않는다. 마치 클럽을 내려뜨려 땅에 떨어뜨리는 기분으로 마무리한다. 이렇게 하면 볼이 러프를 탈출하여 그린에 올라 깃대를 향하여 많이 구르지 않고 갈 수 있는 샷이 된다.

넷째, 딱딱한 지형이나 잔디가 마르고, 잔디가 아주 짧게 잘 깎인 그린 주변 지역에서는 아무리 퍼팅 실력에 자신이 없어도 잘 하는 칩 샷보다는 퍼팅을 하는 편이 확률적으로 실수가 적어 프로들도 퍼터를 많이 사용한다. 특히 미국의 마스터스 토너먼트(Masters Tournament)가 열리는 어거스타 내셔널(Augusta National)에서는 그린 주변에서 칩 샷 대신 퍼팅하는 장면을 자주 볼 수 있다.

다섯째, 지형이 거의 평평하고 지면이 딱딱하면서 잔디가 짧게 깎인 곳에서는 볼이 잘 굴러 가므로 그린에서 20~30야드 떨어진 페어웨이에서도 6, 5, 4번 아이언으로 볼의 롤링(rolling, 구름)을 최대로 이용하는 칩 샷을 하여 볼을 홀까지 접근하게 만드는 기술을 많이 본다. 특히 브리티시 오픈(British Open)이 열리는 세인트 앤드루 같은 골프장에서 흔히 보이는 장거리 칩 샷의 묘기가 바로 이것이다. 샌드 웨지나 피칭 웨지로 피치 샷을 하여 그린에 미치지 못하거나, 너무 강하여 그린 바깥쪽으로 넘어가는 실수를 자주 범하는 골퍼들이라면 이러한 샷을 연습하여 실전에서 효과를 볼 수 있다.

Chapter. 9 스코어를 쉽게 줄이는 방법

● 퍼트 칩 샷과 일반 칩 샷의 차이점

프리스윙	퍼트 칩 샷	일반 칩 샷
그립	퍼팅 그립으로(손바닥 그립) 그립을 아래로 잡는다.	왼손은 일반 그립보다 강한 그립, 오른손 손목을 커핑하여〈사진 1〉그립을 아래로 잡는다.
스탠스	10도 정도 오픈	15도 정도 오픈
어깨	타깃에 스퀘어	15도 정도 오픈
볼	코에서 수직으로 내려 그은 선 부분 (가슴이 볼보다 앞에 위치)	오른쪽 엄지발가락과 코에서 각각 수직으로 내린 선 사이〈사진 2〉. (가슴이 볼보다 앞에 위치)
몸무게의 분배	왼발 60%, 오른발 40%	왼발 70%, 오른발 30%
그립을 잡은 손의 위치	왼쪽 허벅지의 안쪽	왼쪽 바지줄 근처
몸의 자세	볼과 몸의 거리는 가까울수록 좋아 일반 샷의 자세보다는 등이 세워져 있다.	퍼트 칩보다는 등이 더 굽혀져 있다.
클럽 페이스	타깃에 직각이 되도록 하며 힐을 땅에서 들리게 놓는다. 토로 볼을 친다.	클럽 페이스 10~15도 오픈, 클럽 페이스의 스위트 스팟으로 볼을 친다.

위의 도표와 같이 퍼트 칩 샷(putt chip shot)이나 일반 칩 샷(regular chip shot)의 셋업 자세는 칩 샷의 고유 특성을 고려할 때 크게 차이가 없다. 하지만 퍼트 칩 샷은 아주 빠른 그린이나 다운힐인 그린에서 칩 샷을 할 때 또는 홀이 그린 시작 지점에서 3m 안에 떨어져 있어 볼이 많이 구르지 않아야 할 경우 아주 좋은 방법이다. 이에 반해 일반 칩 샷은 그린 시작 지점에서 4~10m 정도 떨어진 곳에서 샷을 하여 그린 위를 굴러가 홀 가까이 보내고자 하는 목적으로 구사된다는 점에서 좀 다르다.

특히 퍼트 칩 샷은 스피드가 빠른 다운힐 그린에 볼을 보내야 할 경우 볼이 한정없이 굴러서 그린 바깥으로 나가 버리는 것을 방지하기 위해, 피칭 웨지, 8, 9번 아이언을 사용하여 클럽 페이스를 오픈하지 않고 타깃 쪽에 직각으로 맞춘다. 볼의 위치는 자신의 코에서 수직으로 내려 그은 곳에, 그립은 퍼팅할 때와 같은 퍼터 그립으로 하고, 클럽의 힐 부분은 땅에서 약간 들고 스윙한다. 그래서 볼을 토로 칠 수 있게 한다. 이렇게 하면 심지어 8, 9번 아이언을 사용해도 홀을 그다지 많이 벗어날 정도로 볼이 많이 구르지 않는다. 이 때 백 스윙은 클럽을 약간 들어올리면서 하고 다운 스윙 때 디센딩 블로해야 한다. 그래서 볼이 놓인 위치의 뒤쪽에서 20cm 정도 뒤에 또 다른 볼을 하나 놓고 백 스윙이나 다운 스윙 때 그 볼을 건드리지 않고 스윙하는 연습을 하면 스트로크가 좋아진다.

일반 칩 샷은 도표에서 보는 것처럼 몸과 클럽 페이스를 15도 정도 살짝 오픈하여 어드레스

1 오른손 손목을 사진처럼 커핑하여 그립하고, 스윙을 하면서도 그대로 유지한다.

2 오른발의 엄지발가락과 자신의 코에서 각각 그어진 수직선 사이에 볼의 위치를 정한다.

3 오른발 뒤꿈치를 들어 왼발에 몸무게를 실어 놓고 일반 칩 샷을 연습하면 뒤땅 샷이나 토핑 샷을 막을 수 있다.

를 취한다. 백 스윙은 1시 방향까지 어깨와 몸통을 턴하여 스윙해 가며, 팔로스루는 11시 방향으로 몸통과 함께 손과 팔이 움직여 스윙해 간다. 스윙 때 왼 손등의 손목 꺾임을 방지하기 위해서 왼손은 강한 그립으로 하며 오른손은 미리 손등 쪽의 손목을 커핑해 놓는다〈사진 1〉. 몸은 움직이지 않고 손과 팔로만 스윙하는 것이라고 잘못 알고 있는 사람들이 구사하는 칩 샷은 뒤땅 샷이나 토핑 샷으로 종종 나타나게 된다. 이러한 일반 칩 샷은 〈사진 3〉과 같이 오른발 뒤꿈치를 살짝 들고 스윙 연습을 하면 몸무게의 대부분이 왼발 쪽에 실리는 느낌이 들면서 임팩트 때 디센딩 블로 샷이 쉽게 이루어진다는 것을 알 수 있다.

Chapter. 9 스코어를 쉽게 줄이는 방법

올바른 스윙 자세만 갖춘다면 피치 샷의 절반은 정복

드라이버나 롱 샷 같은 경우 백 스윙이 올바르지 못해도 다운 스윙을 하면서 여러 조작 행위를 하여 임팩트 순간에 볼을 잘 콘택트하게 할 수도 있다. 그러나 피치 샷은 너무 짧은 순간에 이루어져 테이크 어웨이나 백 스윙이 잘못되면 올바른 피치 샷은 거의 불가능하다.

● **골프의 예술, 피치 샷**

우리가 어떠한 종류의 골프 라운딩을 하든 다음의 3가지 샷은 꼭 해야 한다. 드라이버 샷, 퍼팅, 피치 샷이 그것으로, 특히 그 중에서도 피치 샷은 골프 게임을 잘 운영하기 위해서는 필수적인 샷이며 잘 구사하면 하나의 예술처럼 보여진다. 그럼에도 불구하고 풀 스윙 연습이나 거리를 내는 것에만 집중하는 골퍼들이 대부분이다. 그나마 일부 골퍼들이 40~60야드 피치 샷 정도 조금 연습하는 것을 볼 수 있긴 하지만, 대부분의 골퍼들은 피치 샷을 연습하는 데 대단히 인색하다.

먼저 피치 샷이 어떠한 샷이라는 것을 머리에 그려 볼 수 있도록 피치 샷의 다양한 정의를 몇 가지 살펴보자.

첫째, 피치 샷을 풀 스윙의 축소판이라고 한다. 그래서 피치 샷을 잘 연습하면 일반 아이언 샷이나 더 나아가 드라이버의 풀 스윙을 정확히 하는 데 도움이 된다.

둘째, 피치 샷이란 칩 샷이나 퍼팅으로 할 수 없는 경우의 샷, 즉 그린 앞에 장애물이 높게 있거나, 홀 가까이에서 볼이 조금 구르다 정지시켜야 할 때 사용하는 샷이다.

셋째, 어떤 사람들은 피치 샷을 '샌드 웨지나 피칭 웨지를 사용하여 5야드로부터 풀 스윙을 하여 가는 거리보다 적은 거리를 보내야 할 때의 샷'이라고 정의한다.

필자의 견해에서 볼 때, 피치 샷이란 특정한 클럽(9번, 피칭 웨지, 샌드 웨지, 로브 웨지)으로 풀 스윙해서 낼 수 있는 최대의 거리보다 적은 거리에 볼을 보내야 할 때, 스윙을 작게 하면서 볼을 견고하게 콘택트(solid contact, 클럽이 볼을 먼저 치고 나갈 때)하여 만들어지는 샷이라고 정의하고 싶다.

피치 샷을 잘 하기 위해 꼭 필요한 올바른 프리스윙 자세를 취할 수 있다면 피치 샷의 70%는

등은 세우고 무릎이 너무 많이 굽혀져 좋지 않은 자세. 무릎은 펴져 있고 등이 너무 굽혀져 좋지 않은 자세.

정복할 수 있다. 어드레스 자세는 임팩트 때 견고한 샷을 하기 위해 미리 임팩트 자세와 흡사하게 만들어 놓는다. 몸무게를 왼발에 55~65% 실어 놓고, 스탠스는 일반 샷을 할 때보다 좁게 벌리며 두 발을 타깃 방향에 10~20도 정도 오픈한다. 이 때 어깨는 타깃 방향과 평행하게 만든다. 많은 사람들이 어깨를 타깃 방향에 오픈하여 셋업하지만, 이러한 동작은 볼에 사이드 스핀을 주고 거리 컨트롤을 어렵게 만들어 좋지 않다. 엉덩이는 뒤로 빼고, 상체와 팔이 마치 위에서 볼을 덮은 것 같은 기분만큼 등을 앞으로 기울여 볼과 몸의 거리가 일반 샷을 할 때보다 가깝게 한다. 무릎은 가볍게 약간 굽혀 놓는다. 〈사진 1〉처럼 무릎에 힘을 주어 너무 많이 굽히고, 등이 지나치게 세워져 있으면 안 된다. 또 〈사진 2〉처럼 무릎을 펴고 등이 많이 굽어도 안 된다. 이러한 경우들은 다운 스윙 때 하체의 동작(발, 무릎, 약간의 히프의 움직임)으로 몸무게를 이전(오른쪽에서 왼쪽)하기에 어려운 자세가 되어 좋지 않다. 볼의 위치는 스탠스의 가운데에서 조금 오른발 쪽에다 놓아 그립을 잡은 두 손이 볼보다 약간 앞쪽에 놓이게 해야 임팩트 때 두 손으로 볼을 퍼올리는 동작을 막을 수 있다.

흔히 클럽 페이스를 오픈하여 피치 샷을 하지만, 일반 피치 샷은 샌드 웨지, 피칭 웨지 또는 9번 아이언 자체로도 로프트가 충분하여 볼이 에어 번(air borne, 공중으로 높이 떠오르는 것)할 수 있기 때문에 클럽 페이스는 타깃에 직각되게 하는 것이 좋다. 클럽 페이스를 오픈하게 되면 샷을 컨트롤할 수 없고 거리 조절이 어려우며 버디, 파를 만들 수 있는 기회를 놓치는 실수 샷을 하게 될 확률이 많다.

Chapter. 9 스코어를 쉽게 줄이는 방법

1. 백 스윙 플레인을 올바르게 연습하는 방법.
2. 백 스윙을 타깃 방향의 너무 안쪽으로 가져가는 것은 좋지 않다.
3. 백 스윙을 타깃 방향의 바깥쪽으로 들어올리는 것도 좋지 않다.

● 피치 샷의 첫 번째 보물

롱 샷, 예를 들어 드라이버 샷과 같은 경우 백 스윙이 올바르지 못해도 다운 스윙을 하면서 여러 가지의 조작 행위를 하여 임팩트의 순간에 볼을 잘 콘택트할 수도 있다. 그렇지만 피치 샷은 너무 짧은 순간에 이루어지는 스윙으로, 잘못된 백 스윙을 보상할 수 있는 시간이 없어 테이크 어웨이나 백 스윙이 잘못되면 올바른 피치 샷은 거의 불가능하게 된다. 그러므로 피치 샷의 보물은 백 스윙에 숨겨져 있다. 피치 샷을 올바르게 하기 위한 기본 테크닉을 알아보자.

첫째, 백 스윙 플레인을 올바르게 해 주어야 한다. 백 스윙 스타트 때 〈사진 2〉처럼 타깃 방향의 너무 안쪽으로 가져가서는 안 된다. 또는 〈사진 3〉처럼 클럽을 너무 타깃 방향의 바깥쪽으로 들어올리는 백 스윙도 좋지 않다. 〈사진 1〉처럼 클럽 하나를 오른쪽 새끼발가락에 타깃 방향과 평행하게 눕혀 놓고 백 스윙 때 자신의 클럽이 지면에 눕혀 놓은 클럽과 평행하게 일치되어 있나를 확인하면 올바른 백 스윙 플레인을 만들 수 있다.

둘째, 백 스윙 때 손목의 코킹은 필수적이다. 손목의 코킹 없이 백 스윙이 된다면 피치 샷의

왼쪽으로 몸무게가 이전되도록 오른발이 들려져야 한다.

두 손의 간격을 두고 그립하여 스윙 연습을 하면 손목의 코킹을 쉽게 해주고 올바른 백 스윙 플레인을 만들어 주며 몸의 오른쪽 부분의 턴을 도와준다.

의도인 볼의 굴림보다 띄워지는 샷을 할 수 없다. 임팩트 때 코킹이 풀리며 클럽 헤드에 속도가 더해져 볼이 뜨게 된다. 종종 일찍 코킹해야 하는 경우도 있다.

셋째, 피치 샷의 스윙은 손이나 팔로만 하여 뒤땅 샷이나 토핑이 일어나는 것을 막아야 한다. 어드레스 때는 몸무게의 60%가 왼발에 실려 있지만 백 스윙 때는 오른발 쪽으로 약간 몸무게가 이동되며, 임팩트를 지나 팔로스루 때에는 다리와 무릎, 히프를 이용하여 왼발 쪽으로 몸무게가 이동된다. 이 때 몸통의 턴에 집중하여 오른쪽 히프나 오른쪽 바지 주머니가 볼을 지나 턴이 있음을 느껴야 한다. 동시에 오른발 뒤꿈치가 들려야 한다. 그렇게 하면 클럽과 배꼽이 타깃 방향을 향하며 피니시된다〈사진 4〉.

위에 설명한 3가지를 모두 충족할 만한 연습법으로는 〈사진 5〉와 같이 두 손에 간격을 두어 그립을 잡고 백 스윙하는 방법이 있다. 조금 가파른 플레인으로 백 스윙하여 손목의 코킹을 쉽게 해 주고 올바른 백 스윙 톱 위치를 만들어 준다. 또 다운 스윙 때 몸의 오른쪽 부분의 턴과 몸무게 이전도 도와 준다.

● **피치 샷의 두 번째 보물**

미국 사람들은 특별히 피치 샷이 잘 되었을 때의 느낌을 '크리스프(crisp)' 라는 단어로 표현한다. 이 단어는 아삭아삭 하도록 기름에 튀긴 얇게 썬 감자를 일컫는 것으로, 그러한 느낌의 골프 샷을 했을 때 크리스프 샷(crisp shot)이라고 한다.

그러면 이 아삭아삭한 느낌의 샷은 어디에서 오는 것일까? 임팩트 순간 클럽 헤드의 페이스가 볼을 먼저 치고 난 다음에 지면을 치고 나갈 때 이러한 느낌이 오게 된다. 이러한 느낌의 피치 샷이 항상 이루어지게 하기 위해 간직해야 할 보물이 있다.

첫째, 몸무게의 60~70%를 왼발 쪽에 놓고 클럽을 잡은 두 손이 볼보다 앞쪽으로 나가게 해 놓고 셋업하여, 임팩트 순간에 이러한 모양으로 쉽게 돌아오게 한다.

둘째, 임팩트 순간에 왼손의 손목이 꺾이지 않도록 하여 팔로스루에서 마무리까지 왼손 손등이 평평하게 유지되도록 해 준다.

오른손이 국자로 퍼올리는 듯한 모양이다.

임팩트를 지나면서 클럽을 들어올리지 않고 지면과 가까이 하여 팔로스루, 피니시하는 연습을 하면 크리스프 샷을 할 수 있다.

디센딩 블로를 잘하기 위한 연습 방법으로 백 스윙 때나 다운 스윙 때 막대를 건드리지 않도록 한다.

셋째, 볼을 띄워야겠다는 마음이 강한 나머지 클럽으로 볼을 들어올리려는 동작〈사진 1〉으로 오른손이 국자 모양으로 되어서는 아삭아삭한 맛의 피치 샷을 절대로 맛보지 못할 것이다. 미국의 유명한 골프 교사인 존 밀즈(John Mills)는 피치 샷에 대한 정의를 한 마디로 "Hinge, turn and hold"라고 하고, 이 말을 기억하면서 연습하면 좋은 효과를 볼 수 있을 것이라고 했다. 코킹하여 백 스윙하고, 몸통을 턴하며 샷을 낮게 팔로스루한 다음, 피니시할 때는 클럽을 정지하여 더 이상 클럽을 들어올리지 않고 되도록 땅바닥에 가깝게 있도록 한다는 것이다〈사진 2〉. 볼을 먼저 치고 지면을 나중에 치는 샷을 구사하는 데 도움이 된다.

넷째, 다운 스윙은 디센딩 블로하는 스윙이어야 한다. 즉, 밑으로 내리치는 듯한 동작이어야 한다는 것이다. 〈사진 3〉처럼 나무막대(가로 5cm, 세로 10cm 되는 막대)를 오른발 뒤쪽에 놓고 백 스윙 때 그 나무막대를 건드리지 않고, 다운 스윙 역시 건드리지 않고 볼을 디센딩하여 내리치는 연습을 하면 된다.

Chapter. 9 스코어를 쉽게 줄이는 방법

● **특수한 피치 샷의 첫 번째**

아주 기분 좋게 잘 맞은 두 번째 샷이나 세 번째 샷이 그린 위에 오르지 못하고 조금 짧거나 길어져 벙커 뒤, 또는 볼을 많이 띄운 후 많이 구르지 않는 샷을 해야 하는 위치에 놓여 있는 것을 보면 화가 나기도 하고 당황하기도 한다. 이러한 상황에 적당한 샷들을 구사하는 방법을 알게 되면 오히려 '이것쯤이야' 하는 자신감과 함께 맘껏 기술적인 샷을 보여 줄 수 있는 기회가 되기도 한다. 방법을 알면 자신감이 생기며 이러한 샷하는 것이 즐겁게 생각된다.

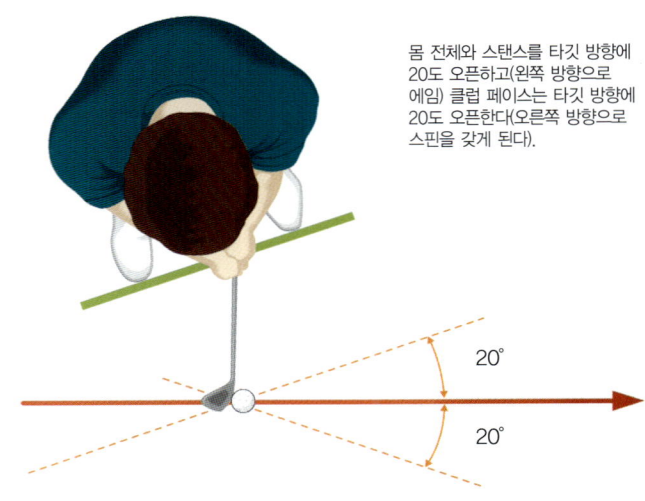

몸 전체와 스탠스를 타깃 방향에 20도 오픈하고(왼쪽 방향으로 에임) 클럽 페이스는 타깃 방향에 20도 오픈한다(오른쪽 방향으로 스핀을 갖게 된다).

A

거기에다 잘 되어 주기만 하면 원 퍼트 거리에 가져다 놓아 업 앤드 다운(up and down, 그린 주변에서 칩 샷이나 피치 샷 혹은 벙커 샷 등을 잘 구사하여 그린 위에 올려 원 퍼트로 마무리했을 때를 말함)의 기회를 갖게 되니 스코어 세이브까지 하게 된다.

이러한 상황을 해결해 줄 수 있는 샷으로, 먼저 벙커 뒤에 볼이 떨어져 벙커를 넘겨야 하는 상황에서의 피치 샷을 소개한다. 벙커 뒤에서 볼을 높이 띄워서 그린에서 많이 구르지 않고 정지시켜야 하는 상황, 즉 홀의 위치가 그린이 시작되는 곳에서 가까운 지점에 있거나 그린이 다운 힐이어서 깃대를 지나 볼이 한없이 굴러 그린 밖으로 갈 수도 있는 상황, 이러한 경우에서 해야 하는 적절한 샷을 로브 샷(lob shot)이나 플럽 샷(flop shot) 혹은 컷 샷(cut shot)이라고 일컫는다. 우선 볼을 많이 띄워 주기 위해 샌드 웨지나 로브 웨지를 사용한다. 클럽 페이스를 20도 정도 오픈하고 볼의 뒤에서 7~10cm 지면을 먼저 치고 볼이 콘택트되면 볼이 클럽 페이스에 닿는 순간부터 높이 뜨게 된다. 클럽 페이스를 오픈하면 볼은 처음부터 많이 뜨지만 타깃 방향의 오른쪽으로 가는 스핀이 생기므로, 볼을 타깃 방향으로 보내려면 이를 보상할 수 있게 몸을 타깃 방향의 왼쪽으로 에임해 주어야 한다. 즉, 몸 전체와 스탠스를 모두 타깃 방향에 20도 정도 오픈해 주어야 한다는 말이다〈그림 A〉.

그립은 클럽 페이스를 오픈해 놓고 잡아야 한다. 그립을 잡고 난 다음 클럽 페이스를 오픈해서는 안 된다. 그립은 왼손과 오른손을 시계 반대 방향으로 돌려서 왼손 엄지손가락이 클럽 샤프트에 일직선으로 내려오게 잡는, 약한 그립을 하는 것이 클럽 페이스를 끝까지 오픈시켜 줄 수

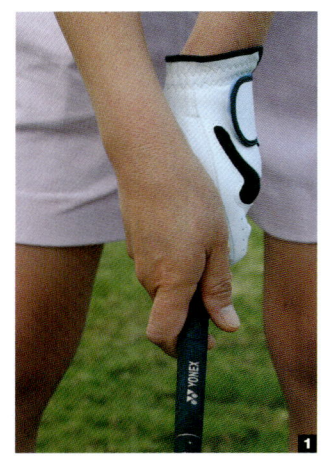

로브 샷을 할 때는 왼손, 오른손을 약한 그립으로 한다.

팔로스루 때 왼 손등이 하늘로 향하며 클럽 페이스 면이 하늘을 향해 오픈되어야 한다.

있어 좋다. 오른손의 그립을 잡았을 때도 오른손 둘째손가락의 마디가 샤프트 위로 살짝 올라와 보이는 약한 그립이 좋다〈사진 1〉.

볼의 위치는 스탠스의 중앙이나 약간 왼쪽이 좋고 몸무게는 왼쪽에 5~10% 정도 더 놓으며, 그립의 세기는 중간 정도가 좋다. 백 스윙은 타깃 방향의 왼쪽으로 세워진 몸의 얼라인먼트 라인 또는 스탠스 라인에 따라 테이크 어웨이하여 간다. 클럽은 너무 뒤로 돌려가지 말고, 위로 올려드는 듯한 느낌으로 가져가며 다운 스윙 때 역시 자신의 몸이 세워진 얼라인먼트 라인을 따라 클럽이 오픈된 상태 그대로, 〈사진 2〉처럼 왼쪽 손등이 계속 하늘 쪽으로 향하여 팔로스루되어야 한다.

이 때 클럽이 오픈되어 있으므로 볼이 위로 곧장 솟아오르며 뜨게 되고, 볼에 스핀이 많아져 거리가 많이 가지 않으므로 거리 조절을 잘 해 주어야 한다. 홀이 짧은 거리에 있다고, 또는 많이 굴러 내려 갈 것 같다고 스윙을 하다가 마는 실수는 없어야 하겠다. 더욱 중요한 것은 볼을 치고 나갈 때 자신 있는 샷을 하는 마음을 갖는 것이다. 이러한 마음가짐이 실수하지 않고 샷을 할 수 있는 가장 중요한 열쇠다. 일반 연습장에서도 이러한 상황을 상상하며 항상 연습하면 필 미켈슨이나 리 트리비노가 구사하는 로브 샷(lob shot)에 버금 가는 샷을 만들어 낼 수 있다.

벙커 뒤에 떨어져 있는 볼을 그린에 올려 그린에서 조금 굴러가도 좋을 때는 샌드 웨지나 로브 웨지를 일반 피치 샷을 하는 방법으로 할 것을 권한다. 보기 플레이어 골퍼들에게는 위험 부담이나 거리 컨트롤에 두려움을 갖지 않고 그저 안전하게 그린에 올려 투 퍼트(two putts)로 마무리할 수 있는 일반 피치 샷이 오히려 나을 수 있다.

Chapter. 9 스코어를 쉽게 줄이는 방법

● **특수한 피치 샷의 두 번째**

첫째, 볼이 그린 근처 풀이 긴 러프에 빠져 있을 때는 어떻게 하면 좋을까? 이 경우에는 클럽을 들어올리며 백 스윙하고 다시 가파르게 다운 스윙하여 내려와서 임팩트 때 볼과 클럽 사이에 풀이 최대한 조금만 닿도록 한다.

이 때 클럽 페이스와 스탠스를 약간씩 오픈하고 볼의 위치는 오른발에 가깝게 놓는다. 그린에서 볼은 멈추지 않고 구르기 때문에 볼이 떨어지는 지점을 홀 근처에 두어서는 안 된다.

둘째, 볼이 그린 근처 모래가 섞인 땅이나 물기가 많은 땅, 풀이 말라서 풀이 거의 없이 딱딱해진 땅에 있을 때, 또는 디벗 안에 있는 상황에서도 두려움 없이 피치 샷을 즐길 수 있는 방법이 있다. 우선 볼을 오른발 가까이 놓아 스탠스하고 왼발에 몸무게를 70% 실어 놓고 두 손과 클럽 샤프트를 볼 앞에 놓는다〈사진 1〉. 이 때 클럽 헤드의 바닥이 둥근(바운스가 있는) 샌드 웨지의 사용은 페이스로 볼을 두 번 치게 되는 실수를 할 수 있어 위험하다. 바운스가 적은 피칭 웨지나 9번을 사용하는 것이 좋다. 그립의 세기는 일반적으로 거리를 내기 위한 샷을 할 때보다 조금 강하게 잡고(4~5), 클럽 끝에서 5~8cm 내려 잡아야 어려운 상황을 잘 컨트롤할 수 있다. 무엇보다도 중요한 것은 볼을 먼저 치고 나가야 한다는 것이다. 볼 뒤의 지면을 먼저 치는 일이 없어야 한다.

셋째, 나무 밑으로 볼이 날아가서 그린에 안착, 볼이 많이 구르지 않는 샷〈사진 2〉을 구사해

어려운 상황에서의 피치 샷일수록 볼은 오른발 쪽에 놓고 왼발에 몸무게를 실어 두 손과 클럽 샤프트를 볼 앞쪽에 위치시킨다. 디센딩 블로를 잘 할 수 있게 백 스윙이나 다운 스윙 때 볼 뒤에 놓인 막대를 건드리지 않고 볼을 치는 연습을 한다.

야 할 때도 역시 볼을 오른발 쪽으로 놓고 스탠스하여, 몸무게를 왼발에 실어서 스윙하는 동안에도 계속 몸무게가 왼쪽에 실려 있어야 한다. 이 때 클럽은 9번 아이언이나 피칭 웨지, 샌드 웨지를 사용하도록 한다. 이 경우 다른 샷과 다른 점은 가파르게 다운 스윙하여 내려와 클럽이 볼을 먼저 치고 나가며 클럽 헤드를 땅에서 되도록 들어올리지 않고, 타깃을 향해 낮게 보내어 피니시하는 것이다. 이렇게 볼이 낮게 가면서 스핀이 주어져 그린에서 많이 구르지 않고 홀 가까이 가면서 서서히 정지되는 샷을 펀치 샷(punch shot)이라 한다.

넷째, 플래그 스틱(flag stick, 깃대)의 위치가 이단 그린의 위쪽 그린에 자리잡고 있을 때〈사진 3〉볼을 무조건 띄워서 깃대 근처에 보내면 볼이 그린 뒤쪽으로 굴러 내려가 파 또는 보기의 기회를 어렵게 만들게 한다. 이러한 상황에서 피치 앤드 런(pitch and run)의 방법으로 샷을 하는 스마트함을 보여 주어야 한다. 이러한 샷을 하기 위해선 몇 가지 요점만 알면 된다. 우선, 셋업이나 스윙은 일반 칩 샷과 똑같은 요령으로 한다. 클럽은 9번이나 8번 아이언 사용을 권한다. 중요한 것은 볼이 떨어질 지점(landing spot)을 정하는 것이다. 볼이 일단 그린에 떨어지면 한두 번 가볍게 튄 다음 구르기 시작한다는 점을 감안해 볼이 제일 처음 떨어질 지점을 정하여 그곳에 에임하여 샷을 한다.

2 나무 밑으로 볼이 날아가서 그린에서 별로 구르지 않게 하려면 볼을 치고 나서 클럽을 들어 올리지 않고 지면과 가까이하여 피니시하는 펀치 샷을 해야 한다.

3 깃대가 이단 그린의 위쪽 그린에 위치했을 때 9번이나 8번을 사용하여 일반 칩 샷처럼 조금 떠서 가다가 두 번 정도 바운스를 한 다음 굴러 깃대로 향하는 샷을 한다.

1 뒤땅의 피치 샷을 한 경우 디벗 자국이 깊고 넓다.   **2** 다운 스윙의 스쿠핑 동작으로 디벗이 생기지 않은 피치 샷을 한 경우.

● 디벗 모양으로 알 수 있는 잘못된 피치 샷의 유형

디벗을 만들어 내는 것은 쇼트 아이언 플레이에서 볼에 백 스핀이 생기도록 하기 위한 중요한 일이다. 피치 샷(pitch shot)을 하고 난 다음 디벗 모양을 살펴보자. 디벗의 모양에 따라 샷이 오른쪽, 왼쪽으로 갔는지, 일정하지 않은 샷, 즉 뒤땅 샷이나 토핑 샷이었는지, 심지어 생크 샷이었는지를 알 수 있다.

첫째, 〈사진 **1**〉처럼 피자에서 조각 한 덩어리를 파낸 것같이 디벗 자국이 깊이 파여 있는 경우. 이는 스윙 아크가 너무 짧고 좁아 임팩트 때 클럽이 가파르게 내려오는 것이다. 이 때 볼의 뒤땅을 치면서 땅을 많이 파게 되고, 볼이 뜨지 않아서 바라는 만큼의 거리도 가지 못하게 되어, 그린을 놓치는 경우가 생긴다. 무엇보다도 먼저 볼의 위치를 확인하는 것이다. 볼이 너무 왼발에 가깝게 있을 경우에는 깊은 디벗 자국을 갖게 될 수 있으므로 볼을 스탠스 중앙으로 옮겨 놓아야 한다. 다운 스윙 때 클럽의 플레인을 플랫하게 만들며 내려 오는 연습, 손목의 코킹을 그대로 유지하여 볼이 있는 위치까지 끌고 내려오는 연습을 한다.

둘째, 〈사진 **2**〉처럼 전혀 디벗 자국이 없을 경우에는, 볼을 띄워 보내려는 마음이 강한 나머지 클럽 페이스를 들어올리는 동작(scooping motion)을 한 것이 그 원인이다. 이러한 경우 스윙 아크의 가장 낮은 점을 지나고 난 다음에 임팩트가 일어나서 볼의 윗부분을 치고 나가게 되는, 가장 좋지 않은 피치 샷이 나오게 된다. 이 때는 먼저 볼이 스탠스의 중앙에 위치해 있나를 확인한다. 다운 스윙을 하면서 몸무게가 왼쪽으로 옮겨지지 않고 오른발 쪽에 그대로 남겨져 있을 때 이러한 스쿠핑 동작이 일어나게 된다. 어드레스 때부터 몸무게를 왼발에 실어 놓고 손과 그립을 볼 앞쪽에 위치시키고 스윙, 볼부터 치는 연습을 하면 된다.

셋째, 〈사진 **3**〉은 디벗의 자국이 타깃 방향의 왼쪽으로 파여진 모양이다. 보통 미들 아이언 (6, 7, 8번 아이언)의 방향은 타깃으로 잘 가는데 쇼트 아이언의 경우 대부분의 샷이 왜 타깃의 왼쪽으로 가느냐는 질문을 많이 받는다.

③ 스윙 패스가 아웃사이드에서 인사이드로 다운 스윙이 된 피치 샷의 경우 디벗의 방향이 타깃의 왼쪽으로 된다.

④ 스윙 패스가 인사이드에서 아웃사이드로 된 피치 샷의 경우 디벗의 방향이 타깃 방향의 오른쪽으로 된다.

쇼트 아이언의 길이가 짧기 때문에, 미들 아이언을 가지고 스윙할 때와 똑같은 셋업 자세와 테크닉의 스윙을 하게 되면, 임팩트 때 클럽의 라이 앵글이 업라이트되어 볼이 왼쪽으로 가게 된다. 그래서 쇼트 아이언, 즉 9번, 피치 웨지, 샌드 웨지로 스윙할 때는 볼의 위치를 약간 오른발에 가깝게 놓고, 양발을 어깨 너비보다 좁게 벌려 주면서 타깃 방향에 오픈한다. 볼과 몸과의 간격도 미들 아이언 사용 때보다 가깝게 한다. 이렇게 함으로써, 클럽의 페이스가 빨리 로테이션되는 것을 막고, 클럽 페이스가 타깃 방향에 직각이 되어 나가는 시간을 좀 더 갖게 되어 타깃 방향으로 곧장 날아가게 된다.

이렇게 올바른 셋업을 하고도 볼이 계속 왼쪽으로 가며 디벗 자국이 깊이 왼쪽으로 파일 때는 스윙 패스가 아웃사이드에서 인사이드인 스윙이 원인이기 때문에 올바른 스윙 패스를 갖는 연습이 필요하다. 두 발을 모으고 백 스윙을 하여 백 스윙 톱에서, 손과 팔을 먼저 아래로 내려 주며 다운 스윙을 시작하면 상체가 먼저 앞으로 나가는 것을 막아 주고 타깃 라인의 안쪽인 인사이드에서 다운 스윙이 시작되는 것을 배울 수 있다.

넷째, 〈사진 ④〉는 디벗이 오른쪽으로 파여 나타난 모양으로, 드문 사례나 핸디캡이 낮은 플레이어임에도 불구하고 생크 샷이 나는 경우도 있다. 먼저 볼의 위치가 지나치게 오른발 쪽에 놓이면 다운 스윙 때 심하게 인사이드에서 아웃사이드의 패스로 클럽이 내려오게 된다. 볼을 가운데 방향 쪽으로 옮기고 스탠스를 타깃의 왼쪽으로 오픈해 주는 것이다. 또 클럽 페이스를 돌리며 클럽은 낮게 몸 주변으로 돌려서 백 스윙을 하는 사람들 중에 다운 스윙을 하면서 왼쪽 히프가 먼저 나가며, 클럽과 두 손, 두 팔이 미처 스윙을 따라가지 못하는 경우에는 디벗이 생기며 생크 샷을 유발하기도 한다. 백 스윙 플레인을 좀 가파르게(upright) 만들어 주고, 다운 스윙을 하며 몸의 오른쪽 부분, 특히 오른팔과 오른손이 볼을 치고 나가는 연습을 한다. 왼손은 바지 주머니에 넣고, 오른손 하나만으로 티 위에 올려진 볼을 치는 연습을 하게 되면, 오른쪽으로 가는 푸시 피치 샷(push pitch shot)이나 생크가 되는 피치 샷을 고칠 수 있다.

Chapter.9 스코어를 쉽게 줄이는 방법

두려움 없이 즐기는 벙커 샷

벙커에서 샷을 하게 됨을 즐겁게 생각하자. 사실 벙커 샷은 골프 샷 중에서 가장 쉬운 샷이다. 볼을 치는 것이 아니기 때문에 볼에 집중할 필요가 없다. 볼을 무시하고 그저 모래에 관심을 갖고 볼 뒤쪽 모래의 어느 한 지점을 향해 치면 된다.

● **벙커 샷을 자신감 있게 할 수 있는 방법**

요즘 미국에 새로 짓는 골프장을 보면 벙커 없이는 골프장이 되지 않는 것처럼 홀마다 3~4개, 많이는 10개 이상도 만들어 놓는 골프장이 많아 일반 골퍼들에게 처음부터 어려움(difficulties)으로 위협을 주고 있다.

벙커는 옛날부터도 코스에 어려움을 주는 데 가장 위협적인 요소로 서양 사람들이 벙커라는 말 대신 트랩(trap, 함정 또는 덫)이라는 말을 쓰는 것을 보면 벙커에 볼이 들어가는 것이 기분 좋게 받아들여지지는 않는 것 같다. 지금도 TV 골프 중계를 보고 있으면 벙커에 볼이 들

페이스 부분을 없애고 플랜지만 남긴 샌드 웨지 클럽으로 실제 벙커 샷을 할 수 있다.

어가는 것을 보고 모두들 안타까워하기도 하고, 벙커에 볼이 들어가지 않기를 애원하며 '스톱(Stop)' 또는 '홀드 온(Hold on)'이라 소리지르는 것을 듣기도 한다. 한편 벙커 샷을 그림처럼 잘 구사하는 것을 보면 너무도 신기하여 입이 다물어지지 않을 때도 있으며, 자기 자신이 한 벙커 샷이 잘 되어 볼이 홀에 가까이 가줄 때 그 감격을 잊지 못한다.

여기서 벙커 샷에 대한 새로운 생각과 벙커 샷을 두려움 없이 즐거운 마음과 자신감을 가지고 할 수 있는 방법을 소개한다.

우선 그린 주변의 벙커에 들어가 있는 볼을 그린에 올릴 때의 상황에 대한 설명을 하고자 한다(페어웨이 벙커 샷에 대한 설명은 '어려운 상황에서의 샷'을 참고할 것).

우선 벙커 샷을 할 때 사용하는 클럽을 살펴보면 벙커 샷의 개념을 이해하기 쉽다. 클럽 자체의 모양〈그림 A〉이 모래 속을 잘 파고들어가서 모래를 떠올리기 쉽게 디자인되어 있다. 넓고 무거운 바닥의 플랜지(flange, sole)가 리딩 에지(leading edge)보다 낮게 자리잡고 있어서, 리딩 에지가 모래에 닿기 전 플랜지가 모래에 먼저 파고들어가 모래를 떠낼 수 있게 되어 있다. 볼은 모래와 함께 떠서 날아가는 것이다. 그래서 〈사진 1〉처럼 페이스 부분을 없애고 플랜지만 남긴 샌드 웨지 클럽으로 실제 벙커 샷을 할 수 있다.

〈그림 B〉와 같이 나무토막 위에 모래를 덮고 그 위에 볼을 올려 놓는다. 샌드 웨지의 플랜지가 모래를 파고들어가 나무토막을 치면서 모래를 퍼낼 때 마치 수영장에서 손바닥으로 물 표면을 치면서 상대방 얼굴에 물을 튀게 할 때의 느낌으로, 또는 모래 속에 티를 꽂아 그 위에 〈그림 C〉와 같이 볼을 올려놓고 샌드 웨지의 플랜지로 모래를 파고들어가 리딩 에지가 티를 치고 지나갈 때의 느낌을 가지고 연습을 하게 되면 실제 벙커 샷을 했을 때 올바른 벙커 샷에서 오는 진정한 즐거움을 맛볼 수 있게 된다. 그러면 이제 벙커 샷에 알맞게 디자인된 샌드 웨지를 가지고 어떠한 자세로 샷을 할 것인지를 알아본다.

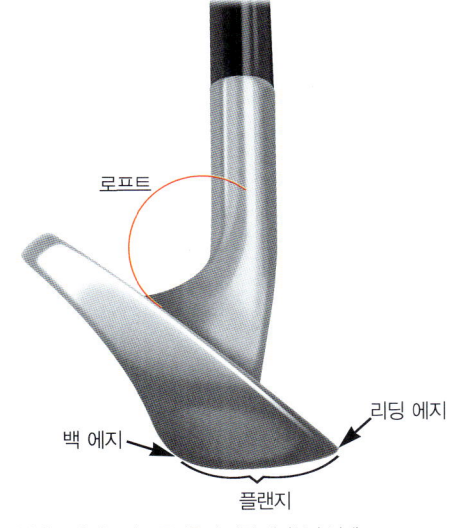

A 샌드 웨지의 플랜지는 넓고 무거우며 리딩 에지보다 낮게 위치하고 있고 바운스가 있다. 그래서 백 에지가 리딩 에지보다 밑에 위치한다. 이 모든 디자인이 바로 샌드 웨지의 플랜지로 모래를 잘 파고들어가게 도와주는 것이다.

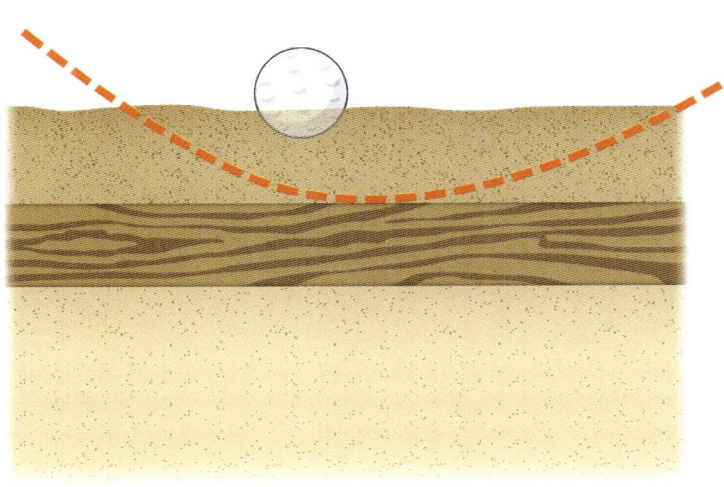

B 샌드 웨지의 플랜지가 모래를 파고들어가 나무를 치면서 나간다.

2 양발뿐만 아니라 몸 전체를 타깃 라인의 왼쪽 방향에 에임하고 클럽 페이스는 타깃 라인의 오른쪽 방향으로 오픈시킨다. 홀까지의 거리가 짧을수록 더 많이 오픈한다.

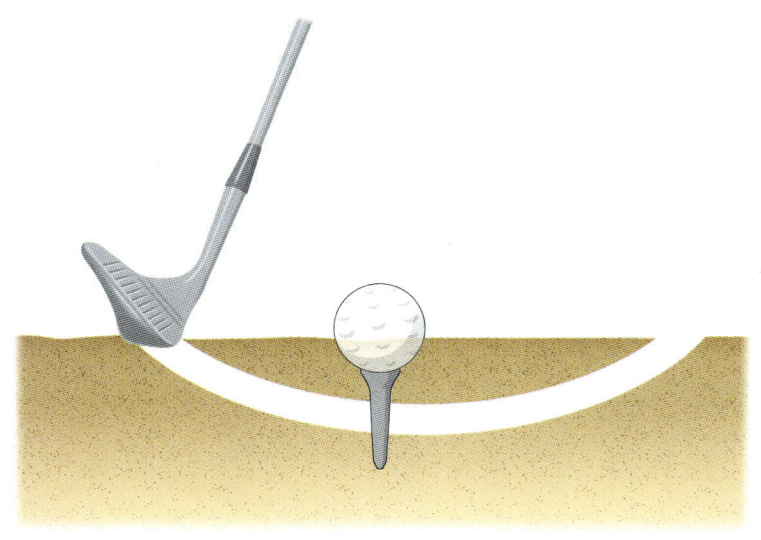

C 벙커 샷의 개념을 이해하기 위한 드릴.

D 공이 모래에 묻힌 만큼 발을 모래에 묻는다.

첫째, 클럽 페이스를 오픈해 주어야 한다. 클럽을 오픈하지 않으면 볼은 처음부터 뜨지 않게 되어, 움푹 파인 벙커의 턱에 걸리게 된다. 처음부터 볼이 뜨게 하기 위해서는 벙커가 깊을수록 더 많은 각도로 오픈해 주어야 한다.

둘째, 클럽 페이스를 오픈해 놓은 다음 그립을 한다. 그립은 왼손 엄지손가락이 클럽 샤프트에 스트레이트로 내려지게 하여 왼손을 약한 그립으로, 오른손의 집게손가락의 손마디가 샤프트 위로 살짝 올라와 있을 정도로 하여 오른손도 약한 그립으로 한다. 스윙하여 임팩트를 지나 팔로스루 때에도 클럽 페이스가 오픈한 상태로 유지하게 해 주어야 하기 때문이다.

셋째, 클럽 페이스를 오픈시켜 주었기 때문에 볼이 오른쪽으로 가는 스핀이 생긴다. 그래서 몸의 에임을 타깃의 왼쪽으로 해 주어야 볼이 오른쪽으로 가는 것을 보상해 줄 수 있다. 그래서 몸 전체, 스탠스를 타깃 방향에 오픈해 주어야 한다. 15~20도 정도 몸과 스탠스를 오픈하지만 거리에 따라, 짧을수록 더 많이 오픈해 주는 것이 보통이다〈사진 2〉.

넷째, 볼의 위치는 스탠스의 가운데에서 5~8cm 왼발 쪽에 가깝게 놓으며 몸무게는 왼쪽, 오른쪽 똑같이 배분한다.

다섯째, 두 발을 모래 속에 묻히게 할 때 볼이 모래에 가라앉혀진 정도만큼이면 된다〈그림 D〉. 볼이 모래 위에 가라앉혀 있지 않는데 두 발이 너무 모래 속에 많이 박혀 있으면 클럽이 모래를 너무 깊게 파 볼이 잘 나가지 않게 되며, 볼이 모래에 깊이 박혀 있을 때는 같은 정도만큼 두 발을 모래에 박히게 하고 클럽을 짧게 잡아 주어야 한다.

여섯째, 보통의 모래에서는 볼에서 8~13cm 뒤쪽 지점을 가격하지만 모래가 밀가루처럼 소프트할 때에는 볼 뒤에서 조금 더 가까운 지점에, 모래가 굵을 때에는 볼 뒤에서 조금 더 많이 떨어진 지점을 가격한다.

오른손 하나로 벙커샷 연습을 해 보면 몸의 오른쪽 부분이 벙커 샷에서 중요하다는 것을 알 수 있으며 리듬도 익히게 된다.

볼 없이 모래만을 칠 때 스팽크(spank) 또는 스플래시(splash) 소리가 나게 하는 것은 벙커 샷의 개념을 이해하는 데 좋다.

● 벙커 샷을 잘 하기 위한 다양한 연습 방법

벙커에 들어간 볼을 보고는 긴장하기 쉬운데, 벙커 샷 자체를 재미있고 즐겁게 생각하도록 해보자. 또 벙커 샷을 잘 하기 위해 볼 없이 모래만을 치는 스윙을 반복하거나 클럽 페이스 위에 물컵을 붙여 놓고 쏟아지지 않도록 스윙 연습을 하는 것도 좋다. 다음은 벙커 샷을 위한 다양한 연습법으로, 실행해보며 벙커 샷에 대한 두려움을 없애도록 한다.

첫째, 벙커에서 샷을 하는 그 순간을 즐겁게 생각하자. 사실 벙커 샷은 골프 게임 중에서 가장 쉬운 샷이다. 왜냐하면 볼을 쳐야 하는 것이 아니기 때문에 볼에 집중할 필요가 없고, 걱정할 필요도 없다. 볼은 무시하고 가격할 볼 뒤쪽 어느 지점의 모래만 생각하면 된다.

둘째, 벙커 샷은 오른손잡이인 경우, 몸의 오른쪽 부분이 스윙의 중요한 몫을 차지하며 오른팔과 손의 사용이 필수적이다.

백 스윙은 타깃 방향의 왼쪽으로 오픈된 몸과 스탠스(양발) 방향을 따라 테이크 어웨이하며 손목을 코킹하도록 하는데, 다운 스윙 때에는 몸의 오른쪽 부분에 집중하여 클럽 헤드가 볼 뒤 모래의 한 지점을 치고 클럽이 모래 속을 슬라이드하여 나아가도록 한다. 이 때 오른팔과 손의 역할이 중요하다. 그래서 〈사진 1〉처럼 오른손 하나로 벙커 샷 연습을 해 볼 것을 권한다. 이 때 클럽 헤드를 던지듯 하여 오른팔이 펴지며 손목의 코킹이 풀어지게 될 때, 클럽 헤드가 모래 속에서 30cm 정도 길게 슬라이드되도록 연습한다.

클럽 페이스 위에 물이 담긴 물컵이 올려져 있다고 상상하며 물이 쏟아지지 않게 임팩트를 지나 팔로스루하는 연습을 한다.

셋째, 샌드 웨지의 밑부분은 넓고 무거운 플랜지(샌드 웨지의 바닥)로 되어 있어, 그 부분으로 모래를 치면서 지나면 소리가 나는데 클럽의 리딩 에지가 먼저 모래를 파면서 지나는 소리와는 전혀 달라, 그 차이를 느낄 수 있다. 올바르게 나는 소리(스팽크, spank-그린 가까운 곳에 있는 벙커 샷은 마치 수영장 안에서 바로 앞에 있는 친구에게 손으로 물을 튀길 때 나는 소리/스플래시, splash-그린에서 30~50야드 떨어진 곳에서의 벙커 샷은 마치 수영장 안에서 좀 떨어져 있는 친구에게 손으로 물을 튀기려 할 때 나는 소리)를 들으며 〈사진 2〉처럼 볼 없이 모래만을 치는 스윙을 반복해 보면, 벙커 샷의 테크닉이 향상될 수 있다.

넷째, 임팩트를 지나 팔로스루 때에도 클럽 페이스 면이 하늘을 향해 오픈되어 있어야 올바른 벙커 샷의 스윙을 한 것이지, 클럽 페이스가 클로즈되어 모래가 깊게 파이면서 볼이 떠서 잘 나갈 수 없게 되는 것은 진정한 벙커 샷의 스윙이라고 볼 수 없다. 클럽 페이스 위에 물을 반쯤 담은 조그마한 물컵을 붙여 놓고 스윙을 하여, 물이

연속하여 볼을 치게 되면 몸의 긴장이 완화되며 벙커 샷 스윙의 리듬을 찾을 수 있다.

쏟아지지 않게 임팩트를 지나 팔로스루하는 연습을 한다든지, 아니면 클럽 페이스 위에 물이 담긴 물컵이 올려져 있다고 상상하면서 스윙을 연습하면 진정한 벙커 샷 스윙을 익힐 수 있다〈사진 3〉.

다섯째, 벙커에 들어간 볼을 보면 두려움부터 갖게 되어 몸이 긴장을 많이 하는 사람들을 위한 가장 좋은 연습 방법을 소개한다. 이는 몸의 긴장을 완화시켜 주기도 하며 좋은 리듬을 갖게 하는 적절한 훈련이다. 〈사진 4〉처럼 5~6개의 볼을 각각 20cm의 간격을 두어 세로로 놓은 다음 볼에서 5cm 뒤에 선을 그어 놓는다. 첫 번째 볼 앞에 어드레스하여, 모래 위에 그어 놓은 선에 클럽의 플랜지를 다운하여 스윙 스루하고 두 번째, 세 번째에 이어서 여섯 번째까지 스윙한다.

여섯째, 그린 주변의 벙커 샷을 할 때 금지해야 할 사항이다.
- 팔과 손이 긴장해 그립을 꽉 쥐어서는 안 된다.
- 볼을 오른발에 가깝게 놓거나 두 손이 클럽의 샤프트보다 앞에 나가 있어 클럽의 리딩 에지가 모래를 먼저 파고 나가는 일이 없어야 한다.
- 백 스윙의 길이를 짧게, 클럽으로 몸 주변을 돌려 클럽이 낮고 평평하게 하는 것은 절대 금물이다.

● 그린에서 40~60야드 떨어진 벙커에서 탈출하여 깃대에 가까이 가는 방법

바로 그린 주변에 있는 벙커에서 하는 샷의 요령은 앞에서 설명한 것처럼 연습하면 되는데 그린에서 40~60야드 사이에 있는 벙커 샷이 사실 가장 어려운 샷으로, 그 방법을 알아보고 반복하여 연습을 해야 거리감을 느낄 수 있다.

이러한 거리의 벙커 샷은 2종류로 나누어 설명할 수 있다.

첫째, 벙커 턱이 높아 볼이 처음부터 떠야 하는 경우다. 이 때는 샌드 웨지 또는 피칭 웨지를 사용한다. 볼이 있는 위치를 시계의 12시라고 가정하고 볼이 날아가야 할 타깃 라인을 중심으로 두 발과 히프, 어깨를 11시(목표 지점의 왼쪽으로)로 오픈하며 클럽 페이스는 12시에서 1시 사이(목표 지점의 오른쪽으로) 정도로 조금만 오픈한다. 그린 주변의 벙커 샷은 볼에서 8~10cm 정도 뒤쪽의 모래를 가격하지만 이런 경우에는 볼에서 5~7cm 뒤의 모래를 가격하여 가속화시킨다. 이 때 몸의 에임이 타깃에 오픈되어 있어 다운 스윙 패스는 타깃 라인의 아웃사이드에서 인사이드로 향하게 된다. 또 클럽 페이스가 약간 오픈되어 있어 볼은 왼쪽에서 오른쪽으로 가는 사이드 스핀을 갖고 날아가다, 그린에 올라 백 스핀이 생겨 볼이 바이트

(bite, 볼이 그린에서 날아오를 때 가지고 있던 백 스핀으로 인해 그린에서 앞으로 많이 구르지 않고 뒤로 물러나며 서게 되는 것)된다.

둘째, 벙커 턱이 낮을 때는 볼이 처음부터 많이 뜨면서 나갈 필요가 없기 때문에 샌드 웨지보다는 피칭 웨지가 좋고 특히 거리가 60야드 이상일 때는 9번 또는 8번 아이언의 사용도 좋다. 클럽 페이스는 오픈하지 말고 타깃 방향에 직각이 되게 한다. 스탠스의 가운데에서 약간 오른발 쪽에 볼을 놓는다〈사진 1〉. 왜냐하면 이런 경우에는 모래를 가격하는 대신 볼을 먼저 쳐야 하기 때문이다. 몸 전체를 모두 타깃 방향에 오픈하지 않고 스탠스만 약간 오픈한다. 임팩트 때 역시 클럽을 잡은 두 손이 클럽의 헤드보다 앞쪽으로 나가도록 스윙해야 클럽이 디센딩 블로하며 볼을 칠 수 있다〈사진 2〉. 이때 볼은 보통 그린 주변에서 벙커 샷으로 떠서 날아가는 높이의 반 정도 높이로 떠서 날아가 그린에 오르게 되며 한두 번 튀어오른 후 백 스핀(다른 벙커 샷에 비해 클럽의 로프트가 낮아 백 스핀이 적어진다)으로 그린을 바이트하게 된다.

1. 벙커 턱이 낮으면서 깃대에서 60야드 이상 떨어진 위치에서의 벙커 샷은 몸 전체를 오픈하지 않고 스탠스만 오픈한 자세를 취한다. 오른발 쪽에 가깝게 볼이 위치한다. 클럽 페이스를 타깃에 스퀘어하게 하여 클럽 샤프트를 볼보다 앞에 위치시키고 난 다음 그립한다.

2. 임팩트 때 클럽을 잡은 두 손이 클럽의 헤드보다 앞쪽으로 나가도록 스윙해야 디센딩 블로하여 볼을 먼저 칠 수 있다.

Chapter. 9 스코어를 쉽게 줄이는 방법

● **어려운 라이에서의 벙커 샷**

예전에는 우리 나라의 골프 코스가 평지가 아닌 산악 지형을 다듬어 만든 곳들이 대부분이어서 코스의 어려움이 벙커보다는 페어 웨이의 높낮이, 휘어짐 등으로 표현되었는데, 요즈음 새로 짓는 골프장은 미국 골프장과 같이 벙커를 많이 만들어 그 어려움을 더해주고 있다. 평평하고 넓은 대지 위에 펼쳐진 미국의 골프 코스에는 여러 종류의 많은 벙커가 있고, 이 벙커들은 골퍼들이 극복해야 할 어려움의 상징으로 여겨지고 있다. 그래서 미국의 투어 프로들은 상당히 많은 시간을 벙커 샷 연습에 할애하고 있다. 뿐만 아니라 예견하지 못할 상황의 벙커 샷에 대비하여 여러 가지 종류의 벙커 샷 테크닉을 익히기에 여념이 없다. 우리도 이제, 어떠한 상황의 벙커 샷을 만나게 되더라도 자신있게 해낼 수 있도록 준비를 단단히 해 두어야겠다. 우선, 여러 가지 다른 라이에서의 벙커 샷을 살펴보자. 업힐 라이(uphill lie, 왼발이 오른발보다 높은 곳에 서서 어드레스되는 지형)에서는 〈사진 1〉처럼 먼저 어깨를 벙커의 지형에 맞추면 오른쪽 어깨가 낮아지며 몸무게가 오른발에 60% 정도 실리게 된다. 대신 두 무릎을 지형의 기울기 방향으로 향하게 한 다음 〈사진 2〉처럼 볼을 왼발 쪽에 놓는다(볼은 항상 지형이 높은 쪽에 위치시킨다). 백 스윙 내내, 무릎이 굽혀졌다 펴졌다 하지 않게 하여 척추의 각을 유지하면서, 머리는 볼 뒤쪽에 위치하여 좌우로 움직이지 않도록 한다. 머리가 타깃 방향으로 움직여 가면서 다운 스윙이 되면 자칫 클럽 페이스가 모래에 가파르게 박혀 버려 볼에

어깨를 지형의 기울기를 따라 평행하게 하면 몸무게가 오른발에 60%, 왼발에 40% 정도 실린다. 이에 밸런스를 맞추기 위해 두 무릎을 지형의 기울기 방향으로 향하게 한다.

업힐 지형에서는 볼을 왼발 쪽에 위치시킨다.

충분한 에너지가 전달되지 않아 볼이 벙커 턱을 빠져나가지 못한 채 벙커 속의 더 어려운 라이에 앉게 될 수 있다. 임팩트 때에도 클럽이 감속되어 모래에 박혀 버리는 일이 없도록 업힐 지형의 기울기를 따라 모래를 뚫고 나가 클럽 헤드의 스피드를 가속시키는 것에 집중하여야 한다.

그런데 이러한 업힐 라이에서의 벙커 샷은 주로 볼이 붕 뜨게 되어 그린에서 구르지 않고 곧 멈추게 된다. 그린 위에 깃대, 즉 홀이 가까운 곳에 있을 때는 문제가 되지 않는다. 그러나 벙커 안의 볼에서 그린 위의 홀까지 거리가 멀리 있어서 볼이 굴러 주어야만 깃대에 가까워질 수 있는 상황에서는 임팩트를 지나 클럽 페이스 면을 하늘로 향하여 그대로 오픈한 상태로 팔로스루해서는 안 된다. 〈사진 3〉처럼 임팩트를 지나면서 오른손 바닥이 왼 손바닥 위로 덮어지면서 두 손이 릴리스하여 클럽 페이스가 15~25도 클로즈 되게 해야 한다. 이때 볼은 팝 업(pop up, 볼이 처음부터 수직으로 높이 떠올라 날아가는 상태)되어 나가지 않고, 거리가 앞으로 좀 더 나가며 깃대를 향하여 굴러간다.

볼과 홀과의 사이에 거리가 멀리 있을 때 왼팔, 왼손의 로테이션이 있게 피니시하여 그린 위에서 볼이 구르게 한다.

어깨를 지형의 기울기를 따라 평행하게 하고 몸무게가 왼발에 실리게 되면 몸의 밸런스를 위해 두 무릎을 기울기 방향으로 돌려 놓는다.

다운힐 지형에서는 볼을 오른발 쪽에 위치시킨다.

● 그린 주변의 다운힐 라이 벙커 샷

모든 프로가 하나같이 다운힐 라이(downhill lie, 오른발이 왼발보다 높은 곳에 서서 어드레스되는 지형)에서의 벙커 샷을 "chase the ball down the slope"란 말로 설명한다. 즉, 다운힐 라이에서의 벙커 샷의 요령은 어떤 특별한 것이 아니라 오로지 다운 슬로프를 따라 클럽 페이스의 로프트가 적어지지 않게(닫히지 않게) 하여, 클럽 헤드가 볼 밑의 모래를 따라 낮게 갈 수 있도록 가능하면 최대로 낮게 가 주어야 한다는 것이다. 이러한 테크닉이 나오게 하려면 스윙하기 전에 자세를 잘 잡아 주어야 한다.

〈사진 1〉처럼 먼저 어깨를 다운힐 슬로프에 평행하게 맞추어 서면 몸무게가 왼쪽으로 기울어지게 된다. 이 때 몸의 밸런스를 위해 두 무릎을 슬로프와 반대 방향(타깃과 반대 방향)으로 돌려 놓으며, 무릎을 고정시키고 스탠스 너비를 보통보다 넓게 선다.

〈사진 2〉처럼 볼을 오른발 쪽에 가깝게 놓고 백 스윙은 손목을 일찍 콕하여 가파르게 올리되, 몸무게는 오른쪽으로 전부 옮기지 말고 왼쪽에 좀 머물게 한다.

다운힐 라이의 벙커 샷을 성공적으로 잘 할 수 있는 열쇠는 〈사진 3〉처럼 다운 스윙 때 클럽이 내려가서 모래를 뚫고 나가며, 임팩트를 지나 팔로스루까지 모래 속에서 클럽이 들리지 않고 낮게 가도록 하는 것이다. 이 경우 슬로프 때문에 클럽이 로프트를 잃게 되므로 로프트가 많은 샌드 웨지를 사용한다. 볼이 굴러가는 현상을 감안하여 볼을 그린 위의 어느 지점에 떨어뜨릴 것인가를 잘 결정하여야 한다. 깃대에 가까이 붙일 수 있고, 아니면 그린 바깥으로 굴러 나갈 수도 있어 모처럼 잘 쳐진 벙커 샷임에도 불구하고 샌디(sandy, 벙커 샷을 잘하여 그린 위 깃대에 가까이 붙여서 원 퍼트로 마무리하는 경우)의 기회를 놓칠 수도 있다.

3 다운힐 지형을 따라. 클럽 페이스의 로프트가 적어지지 않게 클럽 헤드가 볼 밑의 모래를 따라 낮게 갈 수 있도록 스윙해 준다.

Chapter.9 스코어를 쉽게 줄이는 방법

● **자신이 볼과 함께 벙커에 있지 않는 경우**

〈사진 1〉처럼 볼은 벙커 속에 있으나 스탠스를 벙커 바깥에서 해야 할 때, 또는 〈사진 3〉처럼 스탠스는 벙커 속에 있으나 볼이 벙커 바깥에 있을 때는, 우선 두려움이나 '그저 탈출이나 하면 되지' 하는 포기하는 마음부터 버려야겠다.

다음의 과정에 따라 해 나가면 그렇게 어려운 샷이 아니라는 것을 곧 알게 된다. 골프 코스에서 실제 이러한 상황이 자주 닥칠 수 있는데, 그립, 에임, 셋업하는 요령과 스윙의 방법을 메모해 놓았다가 꺼내 보면서 한두 번 해 보면 곧 잘 할 수 있게 된다.

첫째, 〈사진 1〉처럼 무릎을 많이 구부리는 것보다 허리를 많이 구부려서 몸의 자세를 한다. 이 때 몸무게는 두 발 뒤꿈치에 둔다. 왼손 그립을 클럽의 그립 끝부분까지 위로 올려잡아, 클럽을 될 수 있는 한 길게 사용해야 하고 클럽 페이스는 조금만 오픈한다. 클럽의 라이 앵글이 임팩트 때 플랫(다운힐 사이드힐 지형 때와 같음)해져 볼이 오른쪽으로 가는 경향이 있으므로 몸을 타깃 방향보다 왼쪽으로 에임해야 한다. 스윙은 두 팔로만 한다. 몸의 움직임을 최소한 줄여서 스윙하는 동안 줄곧 등이 숙여져 있어야 한다. 이 때 머리를 위아래로 움직이면 실수 샷의 원인이 된다. 〈사진 2〉는 볼과 두 발이 모두 벙커 속에 있는 다운힐 사이드힐 라이에서의 벙커 샷과 셋업, 에임, 그립, 그리고 클럽 페이스의 오픈 정도가 거의 똑같은 테크닉이다. 〈사진 1〉과 같은 경우는 몸을 전혀 움직이지 않고 두 팔로만 스윙하는 자세를 가져야

등을 앞으로 기울여 어드레스하고 클럽 페이스는 조금만 오픈하여 그립한다. 스윙 때 머리를 위아래로 움직이는 일이 절대로 없어야 하며, 팔로만 스윙해야 한다.

등을 앞으로 기울여 어드레스하고 클럽 페이스는 약간 오픈하여 그립하고 스윙 때 무릎이나 히프의 턴을 허용한다.

등을 곧추세우고 클럽 페이스는 오픈하지 않은 채 두 손을 볼보다 앞쪽에 놓고 볼을 먼저 치게 한다. 팔로만 스윙한다.

등을 세워 어드레스하고 클럽은 짧게 잡는다. 클럽을 오픈시켜 그립하고 플랫한 스윙 플레인으로 스윙하며 무릎, 히프, 어깨를 사용하여 스윙한다.

하지만 〈사진 2〉처럼 볼과 두 발이 벙커 속에 있으며 다운힐 사이드힐 라이의 벙커 샷일 경우에는 어깨와 척추를 앞으로 기울여 숙이고 업 라이트로 백 스윙하여, 몸을 위아래로의 움직임 없이 스윙할 때 몸무게 이동을 위해 무릎이나 히프의 턴이 허용되고 있는 점이 유일하게 다른 점이다.

둘째, 〈사진 3〉처럼 두 발은 벙커 속에 있으나 볼이 벙커 바깥에 있을 때 등과 무릎을 거의 구부리지 않고 서 있는 자세로 몸의 자세를 한다. 그립을 되도록 짧게 하여 두 손이 클럽의 샤프트를 잡도록 한다. 임팩트 때 클럽의 라이 앵글이 심하게 업라이트해져서 볼이 왼쪽으로 많이 휘어지게 된다. 따라서 이 경우에는 오른쪽 에임이 필수적이다. 볼의 위치를 스탠스 가운데 놓고 클럽을 잡은 두 손이 볼보다 앞쪽으로 오게 하여 임팩트 때 볼을 먼저 칠 수 있게 한다. 임팩트를 지나는 순간 두 손이 볼이나 클럽 헤드보다 뒤에 있게 되어 볼을 퍼올리는 듯한 동작이 나오면 그 때 볼은 전혀 앞으로 날아가지 않는다. 이와 같은 상황을 방지하려면 야구 스윙처럼 플랫한 스윙 플레인을 유지하며 두 팔로만 스윙하는 모습이어야 한다. 〈사진 4〉와 같이 볼과 두 발이 모두 벙커 속에 있는 업힐 사이드힐 라이의 벙커 샷도 〈사진 3〉과 같은 상황의 샷과 아주 흡사하나 다른 점이 있다. 〈사진 4〉의 경우 셋업 때 몸무게를 두 발의 앞쪽에 두고 클럽 페이스를 조금 오픈한다는 점이 다르다. 또 슬로프의 정도에 따라 클럽을 짧게 잡는 정도를 달리하여, 플랫한 스윙 플레인으로 스윙할 때 두 팔로만이 아닌 무릎, 히프, 어깨 등을 사용하여 스윙할 수 있다는 것이 〈사진 3〉의 경우와 다른 점이다.

Chapter.9 스코어를 쉽게 줄이는 방법

● 벙커 샷을 퍼터로?

벙커 샷을 하기 위해 샌드 웨지나 로브 웨지 대신 퍼터를 가지고 벙커에 들어갈 때, 사람들은 혹 벙커 샷에는 자신이 없는 겁쟁이라고 생각할지 모른다. 그러나 실제 퍼터를 사용하거나 또는 피칭 웨지로 치핑하여 그린에 올려 깃대에 가까이 가게 할 수 있는 상황에서는 퍼터를 사용하거나 칩 샷을 시도하는 것이 현명하다.

우선 〈사진 1〉처럼 벙커 턱의 높이가 거의 없이 모래와 잔디가 평평히 연결되어 있으며 볼이 좋은 라이에 앉아 있을 때에는 볼을 스탠스의 가운데에 놓고 두 발과 어깨를 타깃 라인에 평행하게 만들고 몸무게는 왼발에 60%, 오른발에 40% 실어 준다. 어드레스 때 물론 퍼터가 모래에 닿지 않도록 들려져 있어야 한다(어드레스할 때 퍼터가 모래에 닿게 되면 원 스트로크 페널티를 갖게 된다). 스윙을 하면서는 모래에 닿아도 된다.

스윙은 어깨와 두 팔로 하며 두 손과 손목에 힘이 들어가지 않게 편안하게 하여야 한다. 백 스윙은 클럽을 살짝 들어올리듯 가져가고〈사진 2〉다운 스윙은 볼의 중간을 디센딩 블로하여 치고 나가며, 클럽이 위로 들려지게 팔로스루한 다음 피니시한다. 거리가 좀 있을 때는, 백 스윙할 때 클럽 페이스가 타깃 라인 안쪽으로 테이크 어웨이하고 퍼터 페이스가 스퀘어되어 임팩트를 지나게 한다. 다시 타깃 라인의 안쪽으로 팔로스루하여 피니시한다〈사진 3〉. 특히 모래가 딱딱하게 굳어져 있는 벙커에서는, 실제로 이러한 샷이 놀랄 만큼 쉽고 효과적이라는 것은 시도해 본 사람만이 실감할 것이다. 벙커 턱이 볼이 굴러갈 수 없을 만큼 높으면

1 왼발에 60%, 오른발에 40%의 몸무게를 싣고 퍼터가 모래에 닿지 않게 어드레스한다.

2 클럽을 살짝 위로 들면서 백 스윙한다.

3 거리가 좀 멀 때에는 백 스윙, 다운 스윙의 스윙 패스를 인사이드에서 인사이드하고 클럽 페이스를 오픈했다가 임팩트 때 스퀘어하고 팔로스루하면서 클로즈하게 한다.

딱딱한 모래땅에 벙커 턱이 그리 높지 않은 상황에서는 피칭 웨지, 9번 아이언으로 마치 칩 샷을 하듯 볼을 먼저 치고 모래를 파고 나가는 샷을 한다.

이러한 샷의 시도는 금물이다.

모래가 젖고 딱딱해져 〈사진 4〉처럼 볼이 모래에 가라앉아 있지 않고, 두 발도 모래 속에 박히지 않는 상황이면서, 벙커 턱도 퍼터를 이용해서 볼을 탈출시킬 정도로 낮지 않아 어느 정도 볼이 띄워야 할 상황을 만날 수도 있다. 이 경우는 칩 샷 정도로 볼이 벙커 턱을 탈출할 수 있을 만한 상황이다. 9번 아이언 또는 피칭 웨지로 마치 벙커 밖에 있는, 풀로 덮인 모래와 같은 땅(loose sand)에서 칩 샷을 하는 것과 같은 요령으로 한다.

클럽 페이스는 아주 조금 오픈하거나 스퀘어하게 놓고 볼은 스탠스의 가운데에서 볼 하나 크기의 간격 정도 오른발 쪽에 가깝게 놓는다. 왼발에 몸무게를 60~70% 두고 V자 모양의 스윙 패스로 짧게, 간단하게 스윙한다. 이 경우는 모래를 치고 나가는 것이 아니라 볼을 먼저 가격하고 난 다음 모래가 파이면서 나가는 샷이 되어야 한다.

Chapter.9 스코어를 쉽게 줄이는 방법

● U자형 스윙과 V자형 스윙의 벙커 샷

대부분의 골퍼들이, 벙커 샷에 대한 문제점을 그 방향성에 두고 있는 것이 아니라 거리의 조절에 두고 있다. 그린 주변의 벙커, 평평한 라이의 모래에 볼이 앉아 있을 때 거리의 조절은 스윙의 길이로 하는 것이 보통이다. 예를 들어 거리가 긴 그린 주변의 벙커 샷은 스윙의 길이를 늘려 주면 두 팔의 스윙 스피드가 빨라져 거리가 많이 나게 된다. 〈사진 1〉처럼 거리가 좀 있어 그린에 올라가서도 볼이 굴러가야 깃대에 가까이 갈 수 있는 상황에서는 좀 더 스윙의 길이를 크게 하되 스윙의 리듬과 템포는 보통 샷을 할 때와 같이 자신만의 리듬과 템포를 유지해야 한다. 그리고 스윙 패스가 〈그림 A〉처럼 U자형이 되도록 해야 한다. 스윙의 길이는 백 스윙의 길이

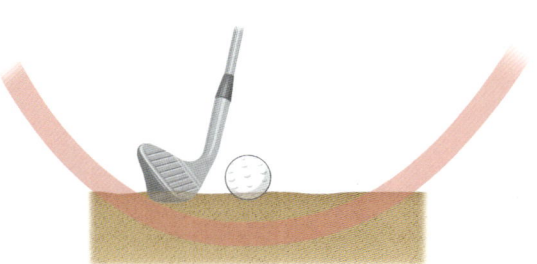

에 상관없이 팔로스루를 길게 해주는 것으로 조절하면 더욱 효과적이다. 그러나 〈사진 2〉처럼 홀이 그린 시작하는 데로부터 가까이 있어 볼이 그린에 떨어지면서 빨리 그린을 바이트해야 할 때는 볼을 높게 띄우며, 짧게 거리를 컨트롤할 수 있어야 한다. 먼저 클럽 페이스는 보통 때보다 좀 더 오픈하고, 클럽을 가파르게 들어올리며 손목을 코킹해 준다. 다운 스윙은 가파르게 내려 디센딩 블로하며 손목의 코킹을 풀어 준다. 이로 인해 볼 밑 모래에 파워가 전달되어 모래가 떠올려지면서 볼이 높이 뜬 다음 그린에 부드럽게 착지하게 해야 한다. 백 스윙 길이에 상관없이 팔로스루를 짧게 해주면 더 높이 뜨고 빨리 바이트시킬 수 있다. 이때 스윙 패스가 〈그림 B〉처럼 V자형을 이루게 되면 더욱 효과적이다.

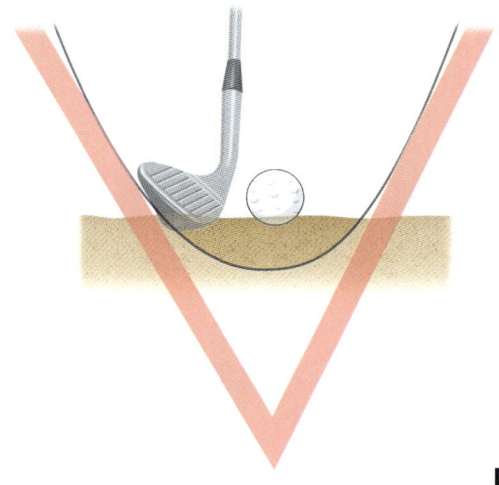

Chapter. 9 스코어를 쉽게 줄이는 방법

● 볼이 모래에 묻혀 있을 때와 달걀노른자 모양으로 파인 모래에 있을 때

〈사진 1〉처럼 볼이 모래에 반쯤 묻혀 있을 때 또는 더 많은 부분이 묻혀 있을 때, 조금 묻혀 있을 때 등 여러 가지 경우가 있다. 볼의 많은 부분이 모래에 묻혀 있을수록 클럽 페이스를 클로즈시켜 클럽 헤드가 아주 가파르게 볼 바로 뒤의 모래에 내려오게 한다. 대부분의 경우, 클럽 페이스가 모래에 박힌 상태로 마무리된다. 이 때 볼에는 백 스핀이 없어 많이 굴러 가게 된다. 조금 긴 거리에서의 벙커 샷은 9번이나 8번 아이언으로 클럽 페이스를 스퀘어하게 하여 볼의 뒷부분 모래를 가격한다.

볼이 약간만 모래에 묻혀 있으면서, 그린에서 짧은 거리에 있는 벙커 샷은 피칭 웨지나 9번 아이언으로 클럽 페이스를 조금 오픈하여 클럽을 가파르게 들어올려 백 스윙한다. 다시 가파르게 내려오며 다운 스윙하여 볼 바로 뒤를 가격한다. 이 때 피니시 동작은 낮게 가져가 왼발 쪽에서 스윙이 멈추게 한다. 볼은 위로 튀어올라 그린에 가볍게 앉게 되며 롤링이 적다.

〈사진 2〉의 경우 그 모양에서 따온 말로 영어로는 프라이드 에그 벙커 샷(fried egg bunker shot)이라고 한다. 이러한 경우 중요한 것은 볼이 있는 곳이 얼마나 움푹 파여 있느냐의 문제다. 움푹 파인 라이일수록 클럽 페이스의 리딩 웨지가 〈사진 2〉의 a의 위치에서는 모래를 더 많이 파고들어가야 하고, b의 위치에서는 얕게 모래가 파여야 하며, c에서는 모래를 다시 많이 파고 나가야 한다. 클럽 페이스는 스퀘어하게 한다. 그러나 움푹 파인 정도가 심하면 클럽 페이스를 클로즈시켜 반드시 리딩 에지가 모래 밑으로 파고들어가도록 해야 한다. 그 퍼 올려지는 모래의 힘에 의해 볼이 띄워져 달걀노른자의 자리를 탈출할 수 있게 된다.

볼이 모래에 묻혀 있을 때는 클럽을 클로즈하여, 클럽 헤드를 가파르게 내려오게 다운 스윙하여 클럽이 모래에 박히게 피니시한다.

클럽 페이스는 스퀘어 또는 움푹 파인 정도가 심하면 클로즈하여 a위치에서는 모래를 많이 파고 들어가고 b위치에서는 조금, c위치에서는 다시 많이 파고 나가야 한다.

골프, 이것이 궁금하다 Q&A

자신의 몸 타입과 특징, 스윙 스타일, 성격, 감각, 뇌의 발달, 눈의 발달 상황에 따라 스윙은 달라져야 한다. 즉, 스윙의 전 단계(프리스윙)가 모두 각 개인에 맞춘 맞춤 골프가 되어야 하는 것이다. 이 장에서는 독자들이 가장 궁금해하는 15가지의 질문을 뽑아 자세한 설명과 더불어 나에게 꼭 맞는 골프 스윙 내용을 소개하고 있다.

part 10

Chapter. 10 골프, 이것이 궁금하다 Q&A

팔다리가 긴 사람의 발 벌림 모양은?

1 키 178cm에 몸무게는 68kg인, 팔다리가 보통보다 조금 긴 편인 53세의 남자입니다. 처음 골프를 배울 때 티칭 프로께서 가르쳐 준 '백 스윙을 쉽게 하는 방법'으로 현재까지 하고 있습니다. 오른발을 뒤로 많이 빼고 클로즈 스탠스로 서서, 몸통과 팔을 함께 뒤로 돌리며 하는 백 스윙입니다. 그런데 볼이 잘 맞으면 드로(draw)가 되어 볼 구질도 좋고 멀리 가지만, 티잉 그라운드 전방에 나무 같은 것이 있을 때는 볼이 장애물에 맞아서 OB가 나거나 해저드에 빠져 난감할 때가 많습니다. 그래서 사람들은 그런 티 샷으로 어떻게 핸디캡 10개를 치느냐고 놀리기도 합니다. 핸디캡 10개에 맞는 스윙 폼으로 고치고 싶어서 많은 서적도 참고하고, 여러 사람의 권유로 다양한 방법을 구사해 보기도 했습니다. 그래도 제 몸에 맞는 것은 찾을 수 없었습니다.

벤 호겐은 드라이버나 롱 아이언을 사용할 때는 오른발이 뒤로 물려진 클로즈 스탠스를 할 것을, 쇼트 아이언으로 갈수록 오픈 스탠스를 할 것을 주장했다. 필자 역시, 골프를 처음 시작하는 사람들에게 6번 이상의 긴 클럽으로 연습할 때는 클로즈 스탠스를 하여 몸의 에임을 타깃의 약간 오른쪽 방향으로 어드레스하게 한다. 다운 스윙을 타깃선의 안쪽에서 바깥쪽으로 쉽게 나갈 수 있게 가르쳐 주어, 오른쪽에서 왼쪽으로 가는 스핀(draw spin)을 갖게 하여 거리의 이득을 보게 해 준다. 단순히 다운 스윙 때의 장점 때문만이 아니라 상체 근육이 발달한 뚱뚱한 체형의 골퍼들에게 또는 백 스윙 때 몸통의 턴이 잘 되지 않는 사람들을 위해서도 클로즈 스탠스를 권할 때가 있다. 그러나 자칫 잘못하면 백 스윙을 그르치는 경우가 생길 수 있으므로 주의해야 한다. 키가 크고 마른 체형의 골퍼와 키가 작으며 보통보다 팔이 두껍고 다리가 짧은 뚱뚱한 체형을 가진 골퍼의 백 스윙은 판이하게 다르므로, 자신의 체형에 잘 맞고 자신의 체형을 잘 이용한 스윙을 배워야 한다. 후자의 체형을 가진 골퍼의 백 스윙은, 마치 질문을 한 사람과 같이, 오른발을 뒤로 물려 놓고 몸통과 팔을 함께 턴해야 한다. 신체적인 조건으로 볼 때 이러한 스윙이 당연하고도 자연스러운 것이다. 그러나 보통 체격을 가진 사람은 백 스윙 때 상체와 하체의 꼬임(coil)이나 손목의 콕(cock), 오른 팔꿈의 접힘 등의 물리학적인 측면에서 몸을 사용해야 한다. 또 키가 크고 마른 체형의 골퍼는 백 스윙 때 클럽으로 지면을 쓸어가듯이 길게 테이크 어웨이하여 스윙의 폭을 넓힐 수 있고, 왼팔을 높이 들어 스윙의 길이를 늘릴 수 있다. 이러한 체형의 골퍼들은 약간 클로즈 스탠스를 하더라도 몸통의 코일을 위해서 오른발은 타깃에 직각으로 놓고, 오른발의 앞부분은 안쪽 방향으로 돌려 놓는 것이 중요한 포인트다〈그림 참조〉.

질문하신 분의 체격은 팔과 다리가 길며 키가 크고 마른 체형에 속하므로 위에 열거한 스윙의 길이, 스윙의 폭, 지렛대의 파워, 코일에 의한 파워(몸통의 꼬임)를 모두 이용할 수 있는 스윙을 구사할 수 있다. 그럼에도 불구하고 클로즈 스탠스를 하여 백 스윙 때 하체와 상체가 전혀 코일이 이루어질 수 없는 상태(즉, 히프가 40도에서 60도 턴을 이룰 때 어깨는 90도에서 100도 턴이 되어야 하는 상태를 이루지 못하고)로 히프와 어깨가 모두 90도 이상 함께 턴을 하고 있어, 다운 스윙 때 몸통의 코일이 풀어지며 일으켜지는 파워를 갖지 못한다. 또 인사이드에서 아웃사이드 스윙 궤도가 되어 볼의 처음 방향은 심하게 오른쪽으로 가게 된다. 이 때 팔의 로테이션이나 몸통의 턴으로 클럽을 스퀘어하게 만들려는 노력이 있으면 볼이 왼쪽으로 가는 스핀을 갖게 되어 드로성이 된다. 심하면 훅성 볼을 치는 일도 자주 생기게 된다. 그래서 앞으로 더 나은 스윙과 더 좋은 스코어를 가지려면 그러한 볼의 사이드 스핀(오른쪽에서 왼쪽으로 도는 스핀)을 줄이는 스윙의 교정이 필요하다. 너무 오른발을 뒤로 하여 클로즈 스탠스해 오른쪽 방향으로 에임하던 것을, 히프만 살짝 클로즈하여, 발뒤꿈치가 약간 클로즈되게 하고 몸은 타깃 방향과 평행되는 어드레스로 고쳐 준다. 이 때 오른발 앞부분을 안쪽으로 돌려 놓고 서는 것을 잊지 말아야 한다〈그림 참조〉. 이는 상체와 하체의 코일을 도와 주기 위함이다. 백 스윙의 스타트는 클럽을 지면으로부터 낮게, 타깃 라인을 따라 길게 스트레이트로 가는 듯하게 해 주어야 한다. 이는 클럽이 너무 인사이드로 가는 것을 막아 줄 뿐 아니라 스윙의 폭을 넓게 해 주기 위해서이다.

백 스윙이 위로 가면서부터는 왼팔을 몸통과 함께 뒤쪽으로 데려가기보다는 위쪽으로 들어 올린다는 느낌(업라이트)으로 올려 주어야 스윙의 길이를 늘릴 수 있다. 뿐만 아니라 다운 스윙 때 올바른 스윙 플레인(백 스윙 때는 약간 업라이트했으나 다운 스윙 스타트 때 다시 플랫해짐)을 이룰 수 있게 되어 자연스럽게 인사이드에서 아웃사이드 스윙을 만들 수 있다. 이러한 연습을 하면서는 몸과 팔, 클럽이 항상 연결되어 움직여야 한다는 것을 염두에 두어야 한다.

Chapter. 10 골프, 이것이 궁금하다 Q&A

다운 스윙 때 오른 팔꿈치의 위치는?

Q 골프광이라고 해도 지나치지 않을 정도로 일주일에 한두 번 골프 코스에 가며, 매일 연습장에서 연습을 하는 54세의 남자입니다. 어떤 날은 싱글도 쳤다 어떤 날은 보기도 쳤다 하는, 좀 들쭉날쭉한 스코어를 갖고 있습니다. 키 170cm, 몸무게 72kg인 건장한 한국 표준 체형의 남자라고 생각합니다. 연습 볼을 치면서 매일 다른 것을 깨닫습니다. 근본 이론에 맞지 않는 것인지, 연습장에서 해본 것이 골프 코스의 실전 게임에 가서는 효과를 전혀 못 보고 있습니다. 그 중에서 다운 스윙이 가장 문제입니다. 사람들이 많이 강조하는 오른 팔꿈치를 몸통 옆구리에 붙여서 내려오라는 이론이 과연 맞는 것인지 알고 싶습니다. 제가 시도해 본 결과, 가끔 잘 맞는 것도 같다가 어떠한 때는 정말 상상조차 하고 싶지 않은 샷을 할 때도 있습니다.

'다운 스윙 때 오른팔을 옆구리에 붙여서 내려오는 느낌으로 해보라' 는 말은 신기할 만큼 잘 적용돼서 골프 볼이 갑자기 잘 맞는 경험을 많이 해보았을 것이다. 그러나 그러한 동작이 누구에게나 필요한 동작은 아니다. 사람의 체형을 크게 3종류로 나누어 올바르게 한 백 스윙과 다운 스윙을 비교해 보면 각자 서로 다른 백 스윙과 서로 다른 다운 스윙이 조화를 이루어 스윙이 되고 있다는 것을 알 수 있다.

첫째, 키가 보통이며 가슴이 넓지도 좁지도 않고 뚱뚱하거나 마르지도 않은 보통 체격을 가진 사람, 둘째, 키가 보통보다는 크고 약간 마른 체형인 사람, 셋째, 키가 작고 가슴이 두터우며 뚱뚱한 사람으로 구분해 볼 수 있다(여기에서 키가 크거나 뚱뚱한 사람의 평가는, 한국 사람의 보통 키나 보통 몸무게를 기준으로 함).

첫째 조건의 사람은 백 스윙 때 손목의 콕과 오른 팔꿈치의 접힘이 강조되며, 가파르게 올리거나 몸통 주변으로 클럽을 돌리는 스윙보다는 그 중간의 플레인으로 가는 것이 좋다. 다운 스윙은 마치 골프 클럽이나 헤드를 던지는 듯한 느낌으로 내려가는 것이 좋은데, 이 경우 오른팔을 옆구리에 붙여서 내리게 되면 마치 무엇인가를 던지는 느낌의 동작은 나올 수 없게 된다. 볼을 손에 쥐고 던지는 상상을 해 보면 알 수 있을 것이다. 구체적으로 다운 스윙을 설명한다면, 왼쪽 히프로 몸무게 이전이 일어나면서 두 손이 오른쪽 어깨로부터 아래로 분리되어 내려오고, 왼쪽 어깨가 턱으로부터 분리되며 가슴을 스치고 내려오게 된다. 임팩트 때에는 다운 스윙 시작부터 간직해 온, 손목의 콕과 왼팔과 샤프트가 이뤄놓은 각을 릴리스해 주게 된다. 이 때, 오른쪽 옆구리에 오른쪽 팔꿈치를 붙여서 내리는 생각을 하며 스윙을 하게 되면 클럽 헤드의 스피드가 줄어 거리가 나지 않는다. 또한 타이밍도 좋지 않게 되어 임팩트에 다다를 때 클럽 페이스가 열리게 된다. 따라서 억지로 손동작을 하여 클럽 페이스를 스퀘어하게 해 주지 않으면 올바른 샷을 만들기 어렵다.

둘째 조건의 사람인 경우에는 백 스윙 때 원피스 테이크 어웨이를 강조해 아직 왼 손목의 콕이 일어나지 않고 있으며 오른 팔꿈치도 접혀지지 않고 있다. 백 스윙의 반쯤에 와서는 손과 클럽 헤드의 높이가 같은 위치에 있게 되며 보통 체격인 첫째 사람보다 왼팔이 높이 올려지는 업라이트 스윙으로 백 스윙 톱에 오르게 된다〈그림 참조〉. 이 때 클럽이 백 스윙 톱에 끝까지 다다르기 전에 왼쪽 히프는 이미 옆(좌측 방향)으로 움직이며 다운 스윙이 시작된다. 높이 올려진 두 손과 클럽이 내려오기를 기다려야 하기 때문이다. 이렇게 히프를 옆(좌측 방향)으로, 측면 이동할 때 오른팔은 오른쪽 옆구리에 붙여져서 내려오는 동작을 하게 되는 것이다. 이 때 오른쪽 옆구리 정 중앙에서부터 앞쪽으로 붙여서 내려와야 하는데 오른쪽 옆구리의 중앙에서 뒷부분 쪽에 붙여져 내려오면 두 팔이 몸의 회전을 따라오지 못하게 되어 좋지 않다. 이렇게 마르고 키가 큰 체격을 가진 사람(타이거 우즈, 그렉 노만)은 업라이트한 백 스윙으로 높이 올려진 두 손과 두 팔 때문에, 오른팔이 오른쪽 옆구리에 붙여져 내려오는 느낌으로 스윙을 해야만 다운 스윙의 타이밍이 좋아 볼이 잘 맞게 되는 것이다.

세 번째, 몸무게가 많이 나가며 키가 작아 뚱뚱한 체격을 가진 사람의 백 스윙은 반드시 몸통과 머리를 오른쪽 방향으로 움직여 주어야 한다. 마치 스웨이를 하는 것처럼 보일 정도로 옆으로 움직여 주지 않고는 몸무게의 이전도 되지 않을 뿐 아니라 자신의 신체에 맞는 자연스러운 스윙을 구사하기도 힘들다. 그래서 다운 스윙 때, 백 스윙 때 몸통과 머리를 오른쪽 방향으로 움직여 주었던 만큼 다시 왼쪽 방향으로 움직여 주어야 하며, 그 시간만큼 오른 팔꿈치를 옆구리에 붙이며 끌어내리는 동작을 해야 하는 것이다. 몸통의 좌측으로의 움직임과 오른 팔꿈치를 옆구리에 붙이며 끌어내리는 동작이 함께 일어난 후에야 비로소 왼쪽 다리를 중심으로 오른쪽 부분의 몸이 회전하며 스윙되어 가는 것이다.

결론적으로 키가 크고 마른 체형의 사람이 업라이트한 스윙 플레인으로 백 스윙 했을 때나, 키가 작고 몸무게가 많이 나가는 사람이 너비의 백 스윙을 했을 때 이러한 다운 스윙 동작(오른 팔꿈치를 몸통 옆구리에 붙여서 내려오라)이 필요하게 된 것이다. 그러나 이러한 동작을 너무 강조하다 보면 전체적인 스윙 동작에 있어서 타이밍이 무너지게 되기도 하고, 스윙 패스가 너무 인사이드에서 아웃사이드가 되어 푸시나 훅, 심지어 생크가 날 수 있으므로 유의해야 한다. 특히 오른 팔꿈치가 몸통이나 허리의 중앙에서부터 뒤쪽으로 붙여져 내려오는 것은 금물이다.

Chapter.10 골프, 이것이 궁금하다 Q&A

자신에 맞는 스윙 감각을 유지하려면…

③ 미국 펜실베이니아에 사는 교민입니다. 2년 전 골프를 배워 80대 중반을 치고 있습니다. 그런데 가끔 한 번씩 이해할 수 없을 정도로 스윙 감각을 잃어버리는 경우가 있습니다. 과거에 어떻게 쳤는지 궁금할 정도입니다. 왜 이런 현상이 생기는 걸까요? 항상 적절한 스윙 감각을 유지하는 방법이 있는지 궁금합니다.

80대의 스코어를 내는 사람이 어느 날 갑자기 스윙이 전혀 자연스럽지 못하고 뒤땅과 토핑에 심지어 생크까지 내 딜레마에 빠지게 되는 것을 자주 본다. 이것은 스윙 테크닉의 문제라기보다는 자신만의 스윙 리듬을 잃어 발생하는 문제이다. 너무 연습 볼을 많이 쳐 근육이 피로해지고, 올바르지 않은 스윙 테크닉을 원래 스윙에 가미해 타이밍이 무너지면서 몸의 전체적 리듬이 깨져 있는 경우다.

좋은 리듬이 장점인 어니 엘스는 "리듬이란 잘못된 샷을 덜 나쁘게 해 주고 좋은 샷은 더욱 좋게 만들어 준다"고 했다. 골프 스윙에서 리듬을 간과한다면 자연스럽고 보기 좋은 일정한 샷을 생각하기 어렵다. 그렇다면 자신에게 맞는 리듬은 어떻게 찾을 수 있을까? 우선은 자신이 어떤 타입인지를 구분해야

한다. 말이나 걸음걸이가 느리고 행동이 느긋한 사람은 백 스윙을 시작할 때 '원'을 세고, 백 스윙 톱에 갔을 때 '투', 다운 스윙해 볼을 친다고 느낄 때 '스리'라고 말한다. 이렇게 일정한 리듬으로 스윙 연습을 해보면, 여러 가지 복잡한 스윙 이론을 생각하며 스윙할 때보다 훨씬 클럽의 헤드 스피드가 높아진다. 즉, 거리가 날 수 있는 것이다. 말이나 걸음걸이가 빠른 사람은 빠른 리듬이 필요하기 때문에 '원~투' 리듬을 연습한다. 백 스윙 시작할 때 '원', 볼을 가격할 때 '투' 하는 방식이다. 프레드 커플스나 어니 엘스는 '원~투~스리' 리듬을, 닉 프라이스의 스윙에 '원~투' 리듬을 대비해 보고 자신의 골프 스윙에도 적용해 볼 것을 추천한다. 플레이 도중 갑자기 리듬을 잃었을 때는 〈사진〉처럼 드라이버 헤드의 끝을 가볍게 잡고 획획 소리가 나게 휘둘러 본다. '획' 하는 소리가 다운 스윙 때 나지 않고 임팩트를 지나며 나게 연습하면 리듬을 되찾는 데 도움이 된다. 볼을 10개쯤 5cm 간격으로 놓고 연속해서 볼을 치는 것도 좋은 연습법이다.

Chapter. 10 골프, 이것이 궁금하다 Q&A

그린 바로 옆 러프에 있는 볼은 어떻게?

4 신장이 170cm, 체중 68kg인 38세 남자로 구력은 3년이고 핸디는 20 정도입니다. 그린을 약간 벗어나 러프에 있는 볼은 항상 퍼팅을 해야 할지 치핑을 해야 할지 망설이게 됩니다. '퍼팅은 잘된 치핑보다 낫다' 라는 얘기도 들었는데, 더욱 판단이 어렵기만 합니다. 저는 주로 피칭 웨지를 사용하는 편입니다. 물론 상황에 따라 선택이 달라질 수도 있지만 가이드라인이 될 만한 지침은 없을까요?

볼이 그린의 시작 지점에서 얼마만큼 떨어져 있느냐 또는 그린 주변의 잔디 상태가 어떠한가, 업 앤드 다운의 정도가 어느 정도인가에 따라서 퍼터를 사용할 것인가, 칩 샷을 할 것인가를 결정할 수 있다.

우선 그린의 시작 지점에서부터 1.5m 안에 있는 볼은 퍼터를 사용하는 것이 칩 샷을 하기 위해 어떠한 아이언을 잡는 것보다 훨씬 마음이 편하며, 거리와 방향의 컨트롤이 낫다. 그런데 잔디가 러프처럼 길지 않으며, 업 앤드 다운이 없이 평평해서 볼의 구름(run)에 방해가 없어야 하는 조건을 갖추어야만 퍼터의 사용이 가능하다.

잔디가 너무 짧게 깎여 있으며 지면이 딱딱한 상황에서, 핀대가 가까이 있다고, 칩 샷을 플랜지(flange, 클럽의 바닥)에 바운스(bounce, 둥글게 튀어나온 부분)가 있는 샌드 웨지를 사용하는 것을 자주 본다. 이것은 그린 가까이에 다 와서 점수를 잃게 되는 위험한 상황을 만들어 놓는 결과가 된다. 이 때 바로 '퍼팅을 하는 편이 나았을 텐데…' 라는 후회를 하게 된다. 이러한 상황에서 바운스가 많은 샌드 웨지는 사용하면 안 된다. 딱딱한 지면으로부터 클럽의 바닥이 바운스되어 클럽이 위로 튀어오를 때 볼이 높이 떠오르는 도중 클럽 페이스에 다시 닿게 되어 클럽으로 두 번 볼을 치게 된다든지, 볼의 윗부분을 치고 나가는 토핑 샷을 하여 그린 바깥까지 굴러 나가게 되니 퍼팅을 하는 편이 훨씬 현명한 생각이었을 것이다.

그러나 그린 시작하는 지점에서 1.5~3m 정도 떨어진 지점에서 퍼터를 사용하기에는 잔디가 좀 거칠어 구름에 방해가 되기도 하며, '어느 정도 세기로 퍼팅을 해야 잔디를 지나 그린에 올라가서 깃대 가까이까지 굴러 갈 수 있을까' 라는 의심이 있을 때는 퍼트 칩(putt chip)이라는 테크닉을 배워 사용하면 놀랄 정도의 효과를 얻을 수 있을 것이다.

퍼트 칩이란 퍼터를 잡는 그립 방식〈그림 참조〉으로 그립을 잡고, 퍼팅을 하는 자세로 칩 샷의 테크닉을 이용하는 샷이다. 손바닥 그립(palm grip)으로 그립을 잡고 볼은 오른발 쪽에, 오른쪽 눈이 직각으로 떨어지는 위치에 놓고, 스탠스는 좁게 벌려 타깃 방향에 10도 정도 오픈한다. 어깨는 타깃에 스퀘어하게 만들어 몸과 볼의 거리를 가깝게 하여 일반 샷을 할 때보다 등이 세워져 있게 자세를 취한다. 몸무게는 왼발에 60%, 오른발에 40% 배분해 일반 칩 샷을 할 때의 자세(왼발 75%, 오른발 25%)보다는 퍼팅을 하는 자세와 흡사하게 만든다.

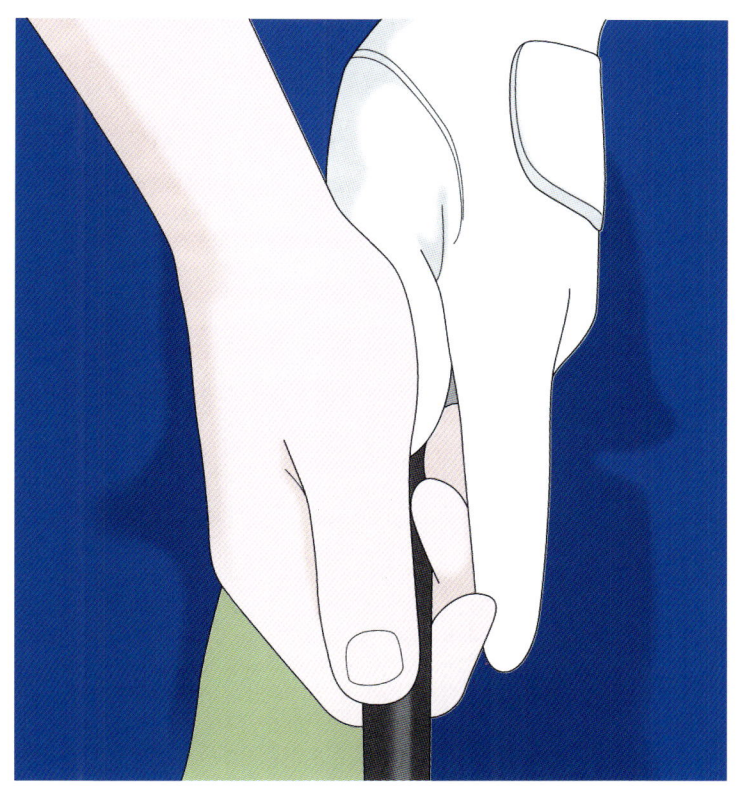

이 때 클럽 페이스는 타깃에 직각으로 맞추어 놓고 클럽의 바닥에서 힐 쪽 부분을 지면에서 살짝 들고, 클럽의 토 쪽에 볼을 위치시켜 토로 볼을 칠 수 있게 한다. 풀이 잘 깎여 있어 볼을 띄울 필요가 없을 때, 그린에서 많은 구름을 필요로 할 때는 6번, 7번 아이언을 이용해 이러한 방법으로, 많은 구름이 필요치 않을 때는 9번, 8번 아이언 등을 사용한 퍼트 칩의 테크닉으로 3m 안의 그린 주변의 샷을 정복할 수 있다.

특별히, 심하게 다운힐의 그린 주변 3m 안에 있는 볼을 올려놓아야 하는 경우, 더구나 깃대가 그린 시작 지점 가까운 데에 꽂혀 있어 거의 모든 플레이어들이 짧은 거리에 대한 집중, 구름에 대한 두려움으로 로브 웨지나 샌드 웨지로 일반 칩 샷을 결정한다. 대부분의 샷은 짧은 거리를 보내야 된다는 생각과 구름이 없어야 된다는 생각에, 너무 짧아서 아예 그린에 오르지도 못하게 된다. 또는 이러한 실수들로 인해 다음 기회에 똑같은 상황이 오면, 너무 강하게 샷을 하게 되어 그린에 올라간 뒤 굴러서 그린 바깥까지 나가게 되는 일도 빚어지게 된다. 이러한 때 피칭 웨지(pitching wedge)를 사용해 퍼트 칩의 기술(특히 그린 주변의 러프에서 효과적임)로 자신있게 샷을 한다 해도, 피칭 웨지의 토로 볼을 치기 때문에 거리가 많이 가지도 않으며 클럽 자체의 로프트가 많아서 별로 구르지 않고 최소한 2퍼트의 거리에 갖다 놓을 수 있다. 샷의 세기가 적당하면 1퍼트의 거리에 가깝게 붙일 수 있는 기회도 생기게 되어 스코어를 세이브할 수 있다.

페어웨이 우드는 모두 쓸어 쳐야 하는지?

⑤ 미국 캘리포니아에 거주하고 있는 신장 172cm에 체중은 73kg 되는 49세의 남자입니다. 골프 경력이 10년 정도 되었지만 아직도 핸디가 20 안팎인 보기 플레이를 하고 있습니다. 우선 제가 구사하고 있는 페어웨이 우드 샷의 개념은 아이언 샷과 동일하게 임팩트 때 디벗을 만들려고 볼을 찍어 치는 것입니다. 뒤땅 샷이나 토핑 샷을 번갈아 치는 저에게 혹자는 빗자루로 낙엽을 쓸어가듯이 지면을 슬쩍 스쳐 가야 한다고 권유합니다. 페어웨이 우드 샷을 아이언 샷과 같이 V자 모양의 스윙으로 해야 하는지, 드라이버와 같이 U자 모양의 스윙으로 해야 하는지 알고 싶습니다.

요즈음, 많은 골퍼들이 골프 백에 보통 3~4개의 페어웨이 우드를 넣어 가지고 다니는 것을 보고 참 반가웠다. 롱 아이언 대신 페어웨이 우드를 사용한다는 것은 참 현명한 생각이라고 본다. '빅 건스(big guns)'라고 표현되는 미국 PGA 투어 프로들은 롱 아이언과 2개 정도의 페어웨이 우드를 갖고 다닌다. 그러나 이들을 제외한 나머지 시니어 프로나 여자 LPGA 프로들은 3번, 4번, 5번, 7번 등의 페어웨이 우드를 즐겨 사용하고 있다.

파워가 아주 좋은 세계적인 선수 애니카 소렌스탐 역시 그녀의 골프 백에는 5번 이상의 롱 아이언 대신 5번 페어웨이 우드를 갖고 다니며, 가끔 9번 페어웨이 우드까지도 넣고 다니는 것을 보았다.

그만큼 페어웨이 우드가 3번, 4번, 5번 아이언으로 하는 것보다 정확한 샷을 만들기 쉽다는 것이다. 특히 파워가 약한 노약자나 주니어, 여자들의 경우에 페어웨이 우드 사용은 필수적인 것이다. 미국의 어느 유명한 골프 코치는 드라이버의 거리가 230야드 이상 나지 않는 사람에게 아예 4번 아이언 이상의 롱 아이언의 사용은 권하지 않는다. 스윙 아크 밑부분에 정확하게 볼을 콘택트해야 할 뿐 아니라 95mph 이상의 빠른 스윙 스피드를 갖고 있어야 롱 아이언을 컨트롤 할 수 있기 때문이다. 대신 페어웨이 우드는 클럽의 바닥 디자인이 마치 샌드 웨지와 같이 되어 있어 볼에서 뒤쪽 지면을 치고 가도 샌드 웨지가 모래 속이나 볼 밑의 잔디를 미끄러지듯이 나갈 수 있어 볼을 잘 띄워 준다. 그래서 롱 아이언 사용 때 많이 갖게 되는 사이드 스핀보다 백 스핀이 더 생길 수 있으며 스트레이트 샷을 하는 것도 쉽다.

스윙을 하는 방법에 있어서 페어웨이 우드의 로프트에 따라 약간의 차이가 있다는 것을 알고 스윙을 하면 더욱 효과적이다. 로프트가 20도 이상의 페어웨이 우드(5번, 6번, 7번, 9번)는 볼을 스탠스의 가운데에서 볼 하나 거리쯤 왼발 쪽에 놓는다. 그래서 마치 7번이나 6번 아이언 정도의 샷을 하듯이 스윙한다. 다운 스윙해 만들어지는 아크의 제일 밑부분에서 볼을 치는 스윙으로 V자형에 가깝다.

스윙의 모양이 V자형으로 되는 것은 골프 클럽이 볼에 가까이 내려오면서 스윙 아크의 밑부분에서 볼을 치게 되니 〈그림 A〉 볼을 먼저 가격하고 난 다음 땅을 치고 나간다는 느낌으로 스윙하는 것이라고 이해하면 된다. 이 때 디벗이 생기기도 한다. 그러나 17도, 15도, 13도 정도의 로프트를 가진 페어웨이 우드(4번, 3번, 2번)의 스윙은 조금 다르다. 볼의 위치를 왼발 가까이 놓아, 티 위에 볼을 놓고 드라이버 샷을 할 때와 같이 스위핑 동작으로 스윙을 하게 된다. 스윙의 모양은 U자형으로 마치 빗자루로 낙엽을 쓸어 나가는 것과 같다고 할 수 있다.

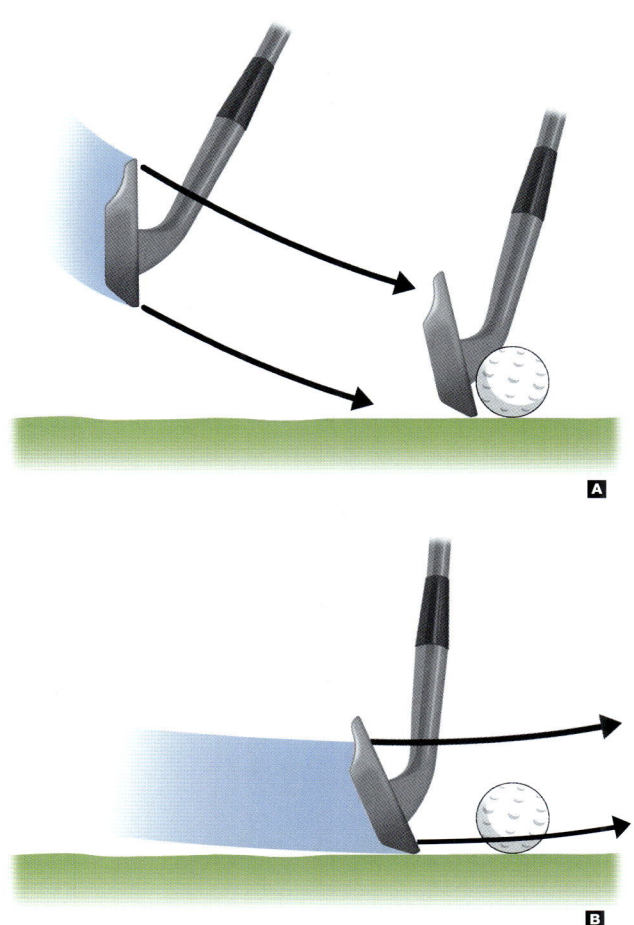

다운 스윙해 만들어지는 아크의 밑부분을 지나 아크의 위로 올라가면서 볼을 치게 되는 테크닉이다(그래서 볼의 위치가 왼발 쪽에 놓이게 되는 것이다). 페어웨이 우드 바닥 디자인의 특이성(모래를 파고들어가 슬라이드하기 쉽게 만들어진 것과 같이) 때문에 어센딩 블로 볼을 치면서 클럽의 바닥이 잔디를 미끄러지듯 나가게 된다〈그림 B〉.

이 때 주의할 것은 아마추어 골퍼들에게 4번, 3번 페어웨이 우드의 스위핑 동작이나 어센딩 블로 동작을 강조하게 되면 클럽이 페어웨이 지면까지 다다르지 못한 채 공중으로 스윙되어 올라가 클럽 헤드가 전혀 볼에 닿지도 못하는 샷(whipping shot, air shot), 또는 심한 토핑 샷이 나오게 된다. 그래서 일단 처음에는 4번, 3번 페어웨이 우드도 5번, 7번 우드처럼 볼의 위치를 스탠스 가운데에서 볼 하나 거리쯤 왼발 쪽에 놓고 다운 스윙 아크의 제일 밑부분에서 볼이 가격되어 볼 밑의 땅까지 클럽 헤드의 리딩 웨지가 내려가는 연습을 충분히 해야 한다. 클럽 헤드가 지면까지 떨어지는 스윙 동작을 익힌 다음 차차 볼의 위치를 왼발 쪽에 가까이 놓으며 스위핑 동작을 스윙에 가미시켜 나간다. 이렇게 아마추어 골퍼들에겐 4번, 3번 페어웨이 우드의 스윙 개념을, 드라이버로 티샷을 하는 스위핑 동작과 5번, 7번, 9번 페어웨이 우드로 페어웨이 샷을 하는 디센딩 블로 동작이 합쳐져 하는 스윙이라고 보면 된다. 그러면 스윙 동작을 쉽게 이해할 수 있게 되어 4번, 3번 페어웨이 우드를 잡아도 두려움 없이 자신감을 갖고 샷을 할 수 있게 될 것이다.

Chapter. 10 골프, 이것이 궁금하다 Q&A

벙커 샷의 거리 조절 방법은?

6 프로 대회를 보면 벙커에서 높이 솟아올라 볼이 멈추거나, 낮게 벙커를 탈출해 많이 구르는 등 상황에 따른 벙커 샷이 부럽습니다. 그런 테크닉은 어떻게 훈련하면 되는지요.

벙커 샷의 구체적인 테크닉으로 먼저 깃대가 그린이 시작하는 바로 옆에 붙어 있는 경우를 먼저 살펴보겠다.

우선 두려움을 없애야 한다. 일단 벙커를 탈출하는 것이 목표인데, 깃대에 가까이 붙이려는 생각 때문에 임팩트 순간 스윙의 속도가 감소되어 볼에 충분한 에너지가 전달되지 않으면, 볼이 뜨지 않아 다시 벙커로 들어가기 쉽다. 따라서 차라리 샷이 길더라도 그린으로 올라가는 게 낫다는 생각을 가져야 한다.

짧은 벙커 샷은 볼이 그린에 떨어지면서 구르지 않고 빨리 설 수 있도록 높게 띄우고, 백 스핀을 주어 거리를 컨트롤해야 한다. 클럽 페이스는 보통 벙커 샷보다 더 많이 오픈시키고, 볼은 왼발 쪽에 더 가까이 놓는다. 다음, 클럽은 가파르게 들어 올리며 손목 코킹을 해 준다. 스윙 패스를 V자 모양으로 한다고 상상하면 더욱 효과적이다. 다운 스윙도 가파르게 하면서 내려치는 샷이 되어야 손목 코킹이 풀어지며 파워가 전달돼 볼 밑 모래를 떠올리면서 볼을 높이 띄울 수 있게 된다. 볼이 높이 떠 그린에 안착하게 하는 기술은 스윙이 끝날 때까지 클럽 페이스가 열린 상태로 하늘을 향해 있어야 가능하다. 그린이 시작하는 곳에서 깃대가 좀 떨어져 있어 볼이 그린에 올라가서도 어느 정도 굴러 가야 할 경우는 스윙 패스를 U자 모양으로 해 주어야 한다. 일반 벙커 샷보다 클럽 페이스를 조금만 더 열어 주고 볼은 스탠스 가운데에 놓는다. 30야드 이상의 거리와 많이 굴러야 할 때는 피칭 웨지를 사용해도 좋다. 볼이 벙커에서 나와 깃대를 향해 굴러가게 하는 노하우는 클럽 페이스가 하늘을 보는 것이 아니라 보통의 스윙처럼 클럽 릴리스가 있어야 한다.

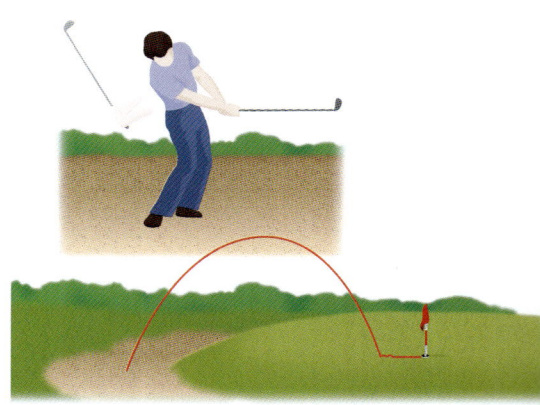

토핑·생크 샷 없이 롱 아이언 잘 치려면?

Q *169cm에 74kg의 체격, 핸디캡은 20 정도인 50세 남자입니다. 롱 아이언에 자신이 없고 주로 토핑 샷이나 생크 샷이 나옵니다. 3번이나 4번 롱 아이언을 잘 치는 요령이 있는지 알고 싶습니다.*

사용하는 아이언이 클래식 스타일, 즉 블레이드형 단조 아이언이라면 아주 정확하게 스위트 스팟에 맞히지 못할 경우 전혀 예상치 못한 샷이 나올 수도 있다. 롱 아이언은 클럽 로프트가 작기 때문에 스위트 스팟에 맞지 않으면, 볼을 띄우는 역할을 하는 로프트가 제 일을 하지 못한다. 그래서 순간적으로 클럽을 들어올려 볼을 뜨게 하려는 동작이 나오고, 클럽의 리딩 에지 또는 호젤로 볼을 쳐서 토핑 샷이나 생크 샷이 나오게 되는 것이다. 따라서 롱 아이언처럼 클럽 로프트가 적을수록 그 로프트를 최대한 이용하는 샷을 해야 한다. 가장 중요한 것은 스피드 스윙이다. 클럽이 길수록 헤드 스피드가 빠르지 않으면 로프트가 역할을 못해 볼이 뜨지 않으며, 임팩트 때 클럽 페이스가 볼과 스퀘어하게 맞지 못하고 열린다. 대개, 볼을 치기 어렵고(로프트가 작은 클럽) 샤프트 길이가 긴 클럽일수록 백 스윙을 느리게 하는 경향이 있는데 이는 잘못된 것이다. 백 스윙을 느리게 하면 임팩트 순간 스윙 스피드가 느려져 볼을 띄우고(로프트), 거리를 나게 하는(헤드 스피드) 클럽의 기능을 못한다. 따라서 백 스윙 톱까지는 가볍고 빠르게 가되, 부드럽게 다운 스윙을 스타트하여 스피드를 좀 약화시키는 듯하다 임팩트에서 최대한의 스피드를 몰아가는 연습을 해야 한다. 드라이버를 거꾸로 잡고 휘둘러 백 스윙에서는 휘슬 소리가 날 정도로 부드럽고 빠르게, 임팩트에서는 회초리 휘두르는 소리가 나게 연습하면 그 감각을 익힐 수 있다.

그러나 무엇보다 중요한 것은 클럽 선택이다. 보기 플레이를 하는 아마추어는 3번이나 4번 아이언 대신 5번이나 7번 페어웨이 우드(유틸리티 우드) 사용을 권한다. 이들 우드는 치기가 쉽고 아이언보다 볼이 잘 뜨며 백 스핀도 더 많아 볼을 그린에 세우기 쉽다.

Chapter. 10 골프, 이것이 궁금하다 Q&A

짧은 거리의 벙커 샷을 잘 치려면?

Q 키 176cm에 몸무게 78kg인 구력 7년의 42세 남자입니다. 핸디캡은 13 정도인데, 벙커 샷이 어렵습니다. 깃대가 그린 가까이 꽂혀 있는 경우 탈출을 못하고 벙커에 다시 빠지는 게 아닌지, 아니면 속된 말로 '홈런'이 나는 게 아닌지 항상 두려움 속에서 샷을 하게 됩니다. 벙커 샷에 대한 자세한 설명 부탁합니다.

연습 기회가 적은 벙커 샷은 아마추어를 가장 괴롭히는 애물단지이다. 그러나 요령만 알면 전혀 어렵지 않고 오히려 깃대에 붙일 기회도 잡을 수 있는 것이 벙커 샷이다. 먼저 거리 조절에 대해 설명하고, 다음번에 구체적인 기술을 설명하겠다.

대부분 골퍼들은 벙커 샷의 거리 조절에 애를 먹고 있다. 그린 주변 벙커의 평평한 라이의 모래에 볼이 앉아 있을 때 거리 조절은 스윙의 길이로 하는 것이 보통이다. 클럽 페이스를 열거나 닫는 정도로 조절하기도 하고, 볼 뒤 어느 정도의 지점을 가격해 모래를 적게 떠내느냐 많이 떠내느냐로 조절하기도 한다. 하지만 타이거 우즈나 그렉 노먼같이 백 스윙 크기와 팔로스루의 길이로 거리를 조절하는 선수들이 많다.

거리가 좀 있으며 그린에 올라가서도 볼이 굴러가야 깃대에 가까이 갈 수 있는 상황에서는 스윙의 길이를 좀 더 늘림으로써 즉 백 스윙과 팔로스루의 길이를 늘림으로써 두 팔의 스윙 스피드가 빨라져 거리를 더 나게 한다. 깃대가 그린 시작하는 곳에 가깝게 꽂혀 있는 경우에는 백 스윙은 충분히 하면서 팔로스루를 짧게 한다. 특히 팔로스루를 짧게 해 주는 것이 노하우이다.

이 때 중요한 것은 긴 스윙을 하든 짧은 스윙을 하든 스윙의 리듬과 템포는 항상 일정해야 한다는 것이다. 짧은 샷이라고 해서 스윙을 빠르게 하고 긴 샷이라고 해서 느리고 세게 해서는 안 된다. 보통의 샷을 할 때 자신이 가지고 있는 리듬과 템포를 유지하는 것이 중요하다.

드라이버만 치면 슬라이스 샷이 난다

44세의 주말 골퍼입니다. 키 180cm에 몸무게 83kg, 구력 6년이지만 핸디캡은 아직 23입니다. 체격이 커 남들은 장타라고 부러워하지만 드라이버만 잡으면 주눅이 듭니다. 3번 우드로 티 샷하면 230~240야드 똑바로 나가는데 드라이버만 치면 슬라이스에 거리도 짧습니다. 드라이버는 테일러메이드 R360에 레귤러 샤프트이며 로프트 9.5도, 샤프트 길이 46인치입니다.

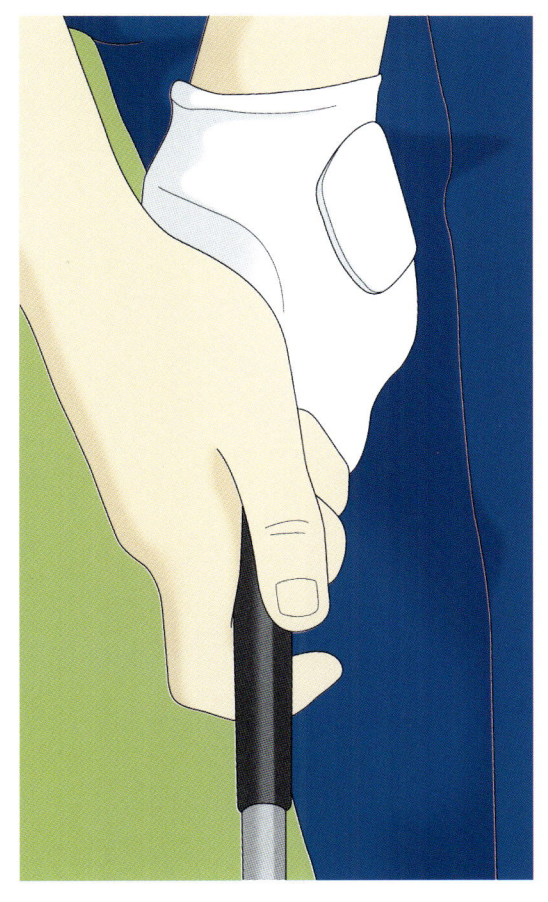

3번 우드로 230~240야드를 보낸다면 드라이버로는 250~270야드는 보낼 능력이 있는 사람이다. 두 가지로 해결책을 찾아보겠다. 먼저 3번 우드를 페어웨이에서 썼을 때도 슬라이스가 나는 경우이다. 이 때는 그립을 점검해야 한다. 왼손 그립이 약한 그립이면서 롱 아이언이나 페어웨이 우드, 드라이버 등을 쓰면 임팩트 때 클럽 페이스가 열려 슬라이스 샷을 만든다. 왼손 그립이 약하다는 것은 클럽의 그립 부분을 손바닥 위에 갖다 놓고 손을 감싸 쥐는 것으로, 왼손의 엄지와 집게손가락이 만드는 V자형이 턱에서 왼쪽 어깨 사이를 향하고 있게 된다. 그 해결책은 그림처럼 왼손 손바닥이 45도 이상 지면을 향하며 그립 위에 갖다 대어 강한 그립을 만들면 된다. 이렇게 왼손 그립을 강한 그립으로 고쳐 잡고 연습 스윙을 10~20번 해서 익숙해진 다음 실제 샷을 시도한다. 이 때 오른손 그립은 오른 손바닥이 타깃과 마주보게 잡아야 한다.

두 번째로 3번 우드 페어웨이 샷은 똑바로 가는데도 드라이버 샷이 슬라이스가 난다면 클럽에 문제가 있는 경우이다. 샤프트가 46인치라면 일반 드라이버 샤프트 길이보다 길어 슬라이스의 원인을 만들 수 있다. 또 아무리 스윙 스피드가 빨라도 스위트 스팟에 맞힐 확률이 70%가 안 되는 일반 아마추어에게 로프트 9.5도는 너무 부담스러운, 용서가 없는 클럽이다.

Chapter. 10 골프, 이것이 궁금하다 Q&A

백 스윙 때 오른 팔꿈치가 들리는데….

10 44세의 남자입니다. 구력은 10년이 되었고 현재 핸디는 17입니다. 키는 168cm, 체중은 83kg입니다. 백 스윙 때 오른쪽 팔꿈치가 들려서 스윙이 되어 백 스윙 톱에서 마치 닭 날개 (chicken wing)처럼 된다고 합니다. 그래서 주위 사람이나 골프 코치가 그것을 고쳐야 한다고 헤드 커버를 오른팔에 끼우고 백 스윙 연습을 할 것을 권했습니다. 그러나 아직 고치지 못하고 여전히 백 스윙 때 오른 팔꿈치가 뒤쪽을 향해 나갑니다. 샷은 그렇게 나쁘지 않지만 롱 아이언과 페어웨이 우드가 슬라이스가 나는 편입니다. 꼭 고쳐서 스윙을 바꿔야 더 좋은 샷을 할 수 있는 것인지요.

백 스윙의 모양은 키가 크고 작음에 따라, 상체의 가슴 두께에 따라 각자 조금씩 다르다. 키가 크고 마른 체형을 가진 사람은 왼팔이 높이 들려지며 백 스윙이 되기 쉽다. 따라서 오른팔도 몸통과 어느 정도 간격을 유지하며 가게 되어 백 스윙 톱에서 보면 오른팔의 팔꿈치가 거의 90도 각도로 꺾어져 오른팔과 겨드랑이 사이의 각도도 90도를 이루고 있는 것처럼 보인다. 그러나 몸무게가 많이 나가고 상체가 뚱뚱하며 가슴 폭이 넓은 사람은 백 스윙 때 왼팔을 높이 들어가기보다는 몸통에서 넓게 옆으로 가져 가며, 오른팔은 몸통에서 떨어져 가는 것이 자연스러운 모습이다.

이렇게 신체적 조건에 따라 두 가지 다른 유형으로 백 스윙될 때 백 스윙 톱에서 오른 팔꿈치의 방향이 지면을 향하고 있으면 더없이 이상적이다. 백 스윙 톱에서 클럽 페이스가 완전히 오픈되지 않는 한, 오른 팔꿈치가 약간 뒤쪽으로 향하여 치킨 윙 모양을 해도 전체적인 스윙을 그르치지는 않는다. 어니 엘스, 프레드 커플스, 잭 니클라우스 모두 백 스윙 톱에서 오른 팔꿈치의 치킨 윙 모양이 되는데 그것을 보고 잘못됐다고 지적하는 사람은 없다. 왜냐하면 백 스윙 톱에서 클럽 페이스가 심하게 오픈되지는 않기 때문이다.

그런데 오른 팔꿈치가 심하게 뒤쪽 방향으로 움직여 가서〈그림 참조〉, 백 스윙 톱에서 클럽 페이스가 오픈되어 심하게 슬라이스 샷을 유발하거나 겨드랑이에서 너무 멀리 떨어져 팔꿈치가 하늘로 향해 들려져 파워 손실이 심하다면 오른팔과 겨드랑이 사이에 헤드 커버를 끼우고

스윙 연습을 하는 것이 필요하다. 또는 오른손 하나만으로 클럽을 쥐고 백 스윙 연습을 한다든지 백 스윙 톱으로 가면서 오른손 바닥의 면이 하늘을 향하게 하여 스윙 연습을 하면 곧 올바른 오른팔의 모양을 갖게 되고 클럽 페이스도 차차 스퀘어에 가까워지게 된다. 그러나 클럽 페이스가 많이 오픈되지 않아서 샷에 문제점이 없을 때, 백 스윙 톱에서 오른쪽 팔꿈치를 지면을 향하게 하려고 억지로 팔을 뒤틀어 백 스윙한다든지, 백 스윙 때 오른팔을 몸통에 붙여서 스윙을 강요한다든지 하는 것은 자연스럽게, 부드럽게 백 스윙을 할 수 있는 상황을 박탈하는 것이다.

질문에서와 같이 백 스윙 톱에서 오른 팔꿈치가 살짝 들려져 뒤쪽을 향하게 되는 것은 너무나 자연스러운 모습이다. 그러나 롱 아이언이나 페어웨이 우드가 슬라이스 나는 것은 클럽 페이스가 임팩트 순간에 오픈되어 일어나는 현상이므로, 다운 스윙 때 재빠르게 몸통을 턴하는 훈련을 해야 한다. 몸통이 클럽과 함께 빠르게 움직여서 클럽 페이스가 임팩트를 지나며 스퀘어되게 도와 주어야 한다.

오히려 헤드 커버를 오른팔 겨드랑이에 끼우고 다운 스윙을 해도 떨어지지 않도록 연습하면 백 스윙의 아크를 좁게 만든다. 뿐만 아니라 다운 스윙 때 오른팔을 옆구리에 붙여 내려오게 하여 인사이드 스윙을 할 수 없게 하며, 상체가 먼저 나가는 스윙을 하게 된다.

Chapter. 10 골프, 이것이 궁금하다 Q&A

다운 스윙은 몸의 어디부터 움직이나?

11 다운 스윙 시작은 몸의 어떤 부위에서 시작하는지요. 어떤 사람은 왼쪽 무릎에서 시작하라고 하기도 하고, 어떤 사람은 오른쪽 허리로부터 시작하라고 합니다. 올바른 다운 스윙이란 어떻게 하는 것인지 자세히 가르쳐 주십시오. 혹자는 다운 스윙할 때 골프 클럽이라 생각하지 말고 줄이라 생각하고 끌어내리라고 하던데 맞습니까?

백 스윙의 움직임이 ① 손, ② 팔, ③ 어깨→가슴→상체(trunk), ④ 히프, ⑤ 다리→발의 순서로 되었다면 다운 스윙은 그 역의 순, 즉 ① 다리→발, ② 히프, ③ 상체→가슴→어깨, ④ 팔, ⑤ 손으로 되어야만 타이밍이 좋은 것이다. 또한 최대의 스윙 스피드를 가질 수 있으며 볼을 견고하게 칠 수 있는 기회를 가질 수 있다.

이렇게 다운 스윙은 백 스윙의 역의 순으로 해야 올바른 골프 스윙의 타이밍을 갖게 된다. 누구나 똑같이 앞의 예처럼 백 스윙을 손, 팔, 어깨 등의 순으로 하지 않더라도 자신의 백 스윙 움직임의 순서에 따라 역으로 다운 스윙을 시작해 가면 된다. 여기서 중요한 점이 있다.

백 스윙 때 사용하는 몸의 부분 중에서 가장 큰 근육, 즉 어깨 → 가슴 → 상체의 근육을 사용해 하체를 고정한 상태에서 상체를 꼬는 일(coil)이 백 스윙에서는 가장 중요한 포인트이며, 다운 스윙은 하체 중에서 가장 큰 근육, 즉 히프를 돌려 상체의 꼬임을 풀어 주며 스윙을 리드하는 일이 가장 중요하다.

골프 스윙을 한마디로 간단히 표현하면 왼쪽 어깨를 타깃의 반대 방향 쪽으로 돌려 백 스윙해, 왼쪽 히프를 다시 타깃 방향 쪽으로 돌려서 다운 스윙하는 것이라 말할 수 있다. 그래서 다운 스윙의 스타트는 몸의 왼쪽 부분이며, 하체가 상체를 리드하는 것이다. 이렇게 다운 스윙하면 스윙 패스를 인사이드에서 아웃사이드의 스윙으로 만들기 쉽다.

그런데 대부분의 동양 사람은 왼쪽 두뇌가 오른쪽 두뇌보다 더 발달되어 있어 몸의 오른쪽 부분이 더 강하게 움직이며, 오른쪽 부분이 몸을 먼저 리드하는 것이 훨씬 편리하게 느껴진다. 그래서 처음 골프를 배우는 사람들의 다운 스윙 모습이, 오른쪽 어깨가 먼저 움직여 간다든지, 오른팔이 먼저 스윙되어 내려온다든지 하는 모습을 많이 보게 된다. 이러한 사람들을 위해 골프의 다운 스윙 스타트의 모습을 '커튼의 줄을 잡아당기는 모양', '종(벨)을 울리기

위해 줄을 당기는 모습', '납작한 돌멩이를 던져 물수제비 뜰 때의 모양' 등으로 표현해 그 모습을 상상하며 다운 스윙 연습을 할 것을 권하고 있다.

또는 한 사람이 뒤에서 백 스윙 톱에서 클럽 샤프트를 잡고 있다가 다운 스윙 스타트 때 클럽이 내려가지 못하게 잡는다. 이는 다운 스윙의 스타트가 몸의 왼쪽 부분, 특히 하체가 리드하는 동작을 익히는 데 좋은 연습 방법이다.

이렇게 하면 처음 시작하는 골퍼들의 아웃사이드에서 인사이드 다운 스윙 패스로 인한 슬라이스성 샷을 고칠 수 있을 뿐 아니라 왼쪽 하체(왼발, 왼 무릎, 왼쪽 히프)가 다운 스윙을 리드한다는 것을 쉽게 느낄 수 있다. 그러나 80대 스코어를 만들 수 있는 상급 플레이어들의 경우, 이미 자연스럽게 다운 스윙이 잘 잡혀 있는 상황에서(다운 스윙이 이미 인사이드에서 아웃사이드로 되어 있음), '줄을 잡아당기는 듯한 느낌'을 너무 강조하며 다운 스윙을 연습하면 인사이드에서 아웃사이드의 스윙이 과장되어 갑자기 푸시 샷이 나오거나 토핑 볼도 나오다가, 임팩트 때 손의 동작으로 클럽 페이스를 닫히게 하면 훅 샷이 되기도 하니 주의해야 한다.

Chapter. 10 골프, 이것이 궁금하다 Q&A

60도 로브 웨지의 올바른 사용법은?

12 구력 5년의 42세 남자입니다. 키는 174cm, 체중은 73kg이고 핸디는 15 정도입니다. 그린 주위에서의 칩 샷은 런을 많지 않게 하려고 60도 로브 웨지를 쓰는데 잔디에서 볼이 약간 떠 있는 상태에서는 볼을 높이 띄울 수 있으나 잔디가 잘 깎인 프린지에서는 토핑하듯이 볼이 맞아 뜨질 못하고 예상보다 많이 나가기도 하며 때로 섕크 비슷한 샷이 나오기도 합니다. 이러한 경우 클럽 선택이 잘못된 것인지 테크닉이 부족한 것인지 알고 싶습니다.

60도 로브 웨지의 사용은 높은 기술을 요한다. 그래서 핸디캡 15 이상의 사람은 52도, 57도 웨지를 사용하는 것이 낫다고 타이거 우즈를 가르치는 부치 하먼도 이야기하고 있다. 브리티시 오픈(British Open) 게임을 하는 골프 코스의 벙커같이 높고 깊은 턱을 넘겨야 할 때, 또는 볼이 클럽 페이스를 콘택트하자마자 수직으로 높이 떠올라야 탈출할 수 있을 상황에서는 60도 정도의 로브 웨지가 필요하다. 그러나 일반적인 골프 코스의 플레이에서는 52도, 54도, 57도의 웨지로 충분히 장애물을 넘겨 볼을 띄워 올릴 수 있으며, 특히 그린 주변에서의 샷은 그렇게 많이 볼을 띄우지 않아도 샌드 웨지나 피칭 웨지로도 〈그림〉충분히 백 스핀을 주어 볼이 많이 구르지 않게 할 수 있다.

샌드 웨지의 클럽 페이스의 바닥을 살펴보면 〈그림〉에서와 같이 클럽 페이스의 가장 밑부분인 리딩 에지(leading edge), 그 뒷부분을 백 에지(back edge)라고 하는데 클럽 페이스를 오픈해, 플랜지를 땅에 놓았을 때 백 에지가 리딩 에지보다 더 낮아서 백 에지가 땅에 닿고 리딩 에지는 약간 들리게 된다. 이러한 모양으로 플랜지가 넓고 둥글게 디자인되어 있는 샌드 웨지를 일컬어 '바운스'를 가진 클럽이라고 한다. 이러한 클럽은 모래 속을 백 에지가 먼저 파고들어가 클럽의 플랜지가 미끄러지듯이 나가며 모래를 떠 올리기 쉽게 되어 있는 것이다. 그런데 잔디가 아주 짧게 깎여 있는 그린 주변, 또는 잔디가 말라 지면이 딱딱하게 굳어진 페어웨이 등에서 사용하면 플랜지의 바운스 때문에 클럽이 볼 밑의 잔디를 파고들어 가지 못하고 땅에서 바운스되어 클럽이 위로 튀어오르게 된다. 이 때 볼이 높이 떠오르는 도중 클럽 페이스를 한 번 더 치게 되면, 클럽으로 볼을 두 번 치게 되는 경우가 생긴다.

318

특히 60도 로브 웨지의 바운스는 더 크기 때문에 그 정도가 더욱 심해 예상치 못한 샷이 나오게 된다. 그래서 그린 근처에서 깃대가 아주 가까이 있을 때, 잔디의 상태가 매우 좋을 경우에만 사용할 것을 권한다. 그 방법은 클럽 페이스를 오픈하고 몸을 오픈해 볼의 위치를 왼발 쪽에 가깝게 놓아 마치 벙커 샷을 할 때와 같이 볼에서 뒤쪽 지면을 가격한다. 이렇게 하면 볼은 60도보다 더 많은 로프트(클럽 페이스를 오픈했기 때문)를 타고, 처음부터 높게 떠 올라가며 왼쪽에서 오른쪽으로 가는 스핀과 백 스핀을 갖게 되어, 구름 없이 핀대 가까이 그린에 부

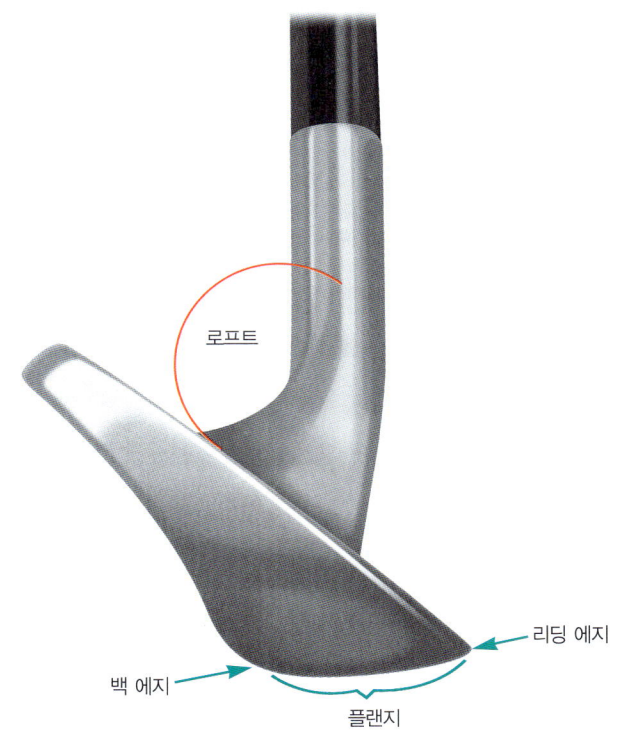

드럽게 안착되게 된다. 그러나 이러한 샷은 백 스핀과 사이드 스핀이 너무 많아 거리 조절이 상당히 어렵다. 따라서 많은 연습을 요하며, 또 많은 실수도 따르게 된다. 1985년 U.S 오픈 게임에서, 대만 태생의 티 씨 챈은 좋은 점수로 게임을 리드하다가 그린 주변의 러프에 있는 볼을 띄워서 구름 없이 그린에 안착시켜 깃대에 붙여 보려는 의도로 러브 웨지를 사용해 샷을 했다. 그러나 볼이 클럽 페이스에 닿고 떠 올랐다가 다시 클럽 페이스를 한 번 더 맞고 바로 앞에 떨어지는 참사, 즉 한 번에 두 타를 치는 일이 발생되었고, 페널티까지 받게 되어 게임은 역전이 되고 말았다. 이것은 잔디 상태가 좋은 경우가 아닌, 러프였는데 엉성하게 엉켜 져 있는 잔디 위에 볼이 올라 앉아 있었다. 그린 주변의 이러한 러프에서도 60도, 58도, 56도의 바운스가 있는 샌드 웨지의 사용은 금물이다.

이제 결론을 지어 정리하면, 그린 주변의 푹신한 잔디가 아닌 바짝 깎인 잔디의 딱딱한 지면에서는 60도나 58도 56도의 샌드 웨지로 볼을 띄워 깃대에 가까이 하려는 기술보다는 차라리 피칭 웨지, 9번 아이언, 8번 아이언으로, 볼을 오른발 쪽에 치우쳐 위치시키고, 몸무게는 왼발에 놓고 클럽을 잡은 두 손은 왼쪽 허벅지에 갖다 놓고 일반 칩 샷을 하는 편이 낫다는 것이다. 볼이 처음에는 조금 떠 가다가 그린 주변 에지에서 바운스하여 그린 위에서 굴러 깃대에 가까이 가 붙게 하는 샷이 훨씬 현명하며 실수를 줄이는 방법이다. 또, 바로 그린 주변에 가까이 붙어 있는 러프에 볼이 떠올라 앉아 있을 때도 60도, 58도, 56도 샌드 웨지로 일반적인 칩 샷을 하게 되면 클럽의 플랜지의 바운스가 너무 많게 되어 볼이 나가지 않고 바로 앞에 떨어지는 경우가 발생할 수 있다. 이러한 때에 피칭 웨지나 9번 아이언, 8번 아이언으로 퍼팅 그립을 하여 볼을 오른발에 놓고 몸무게를 왼발 쪽에 기울여, 마치 퍼팅을 하는 방식으로 칩 샷을 하면 오히려 그린에서 많이 구르지도 않고 실수 없이 편안한 마음으로 안정된 샷을 할 수 있다.

Chapter. 10 골프, 이것이 궁금하다 Q&A

스윙하기 전 어떤 동작이 좋은지

13 골프를 시작한 지 5년쯤 됩니다. 현재 보기 안쪽을 칩니다. 혼자 책을 보고 배웠는데 아직 스윙이 자리를 못 잡은 것 같습니다. 특히 백 스윙을 시작하기 전이 항상 불안합니다. 손부터 나갈까, 무릎부터 나갈까, 머리부터 나갈까 생각하다가 클럽을 들어올리는 동작이 나오거나, 몸에 긴장이 생겨 스윙이 어쩐지 편안하지 않습니다. 이럴 때 꼭 샷을 실수하게 됩니다. 좋은 방법이 있으면 알려 주십시오.

이것은 골프 스윙의 시작을 '어디서, 어떤 동작으로 할까'의 문제이다. 육상 선수가 뒤로 약간 물러났다가 달려 나가기 시작한다든지, 권투 선수가 펀치를 날리기 전 주먹을 당겼다 놓는 것 같은 행위가 골프에도 있다. 골프 스윙도 몸이라는 엔진을 잘 스타트하기 위해 시작 전에 간단한 동작을 해야 한다. 몸을 움직이지 않고 있다가 갑자기 테이크 어웨이를 시작하면 클럽이 빠르게 들어 올려지게 되거나(jerk), 팔과 클럽만 움직여 나가는 동작이 일어나게 되기 때문이다.

테이크 어웨이 직전 오른쪽 무릎을 안쪽으로 살짝 넣어 주거나〈그림 참조〉, 오른발 뒤꿈치를 살짝 들었다가 백 스윙을 시작하면서 지면에 놓고 반대로 왼발 뒤꿈치를 살짝 들며 스윙을 시작하는 것, 허리 부분을 타깃 방향으로 밀어 주는 것, 하체가 왼쪽 방향으로 보일 듯 말 듯 갔다가 백 스윙을 시작하면서 몸 전체가 부드럽게 오른쪽으로 움직여 가는 것 등이 바로 그것이다.

이처럼 몸의 엔진을 스타트하는 움직임을 타깃 방향으로 해주면 타깃 반대 방향으로의 테이크 어웨이가 부드럽게 이어져 클럽과 팔과 몸통이 하나로 움직이는 스윙을 쉽게 구사할 수 있다. 하지만 어떤 경우라도 클럽의 그립 끝이 몸의 중앙 부분(배꼽 부분)과 함께 움직여 간다고 생각하며 연습해야 한다. 어떤 골퍼들은 테이크 어웨이 전에 클럽을 잡은 두 손을 타깃 방향으로 살짝 밀면서 스윙을 시작한다. 그렇게 하면 몸통을 중심으로 팔과 클럽의 움직임이 하나가 되는 스윙을 하지 못하고 몸 따로, 팔 따로, 클럽 따로의 스윙이 이루어진다. 이는 권장할 만한 방법이 아니다.

Chapter.10 골프, 이것이 궁금하다 Q&A

드라이버만 잡으면 악성 훅이 되는데…

14 구력 5년 된 골퍼입니다. 드라이버 거리가 평균 250야드였는데 최근 드라이버를 잡으면 악성 훅이 나와 두렵습니다. 거리는 1500야드밖에 안 나갑니다. 나이 43세에 키는 176cm이며 핸디캡은 22 정도 됩니다. 드라이버는 기가 넥스(295cc) 레귤러 샤프트에 로프트 9.5도 46인치입니다.

85~90타를 치는 중상급 골퍼가 드라이버 샤프트의 길이가 보통(45인치)보다 길고 로프트가 10도보다 낮은 클럽을 사용하면 슬라이스 샷이 나게 된다. 이런 골퍼는 몸의 왼쪽(왼발, 왼 무릎, 왼쪽 엉덩이)으로 스윙을 리드하면서 타깃 라인의 안쪽에서 안쪽, 또는 안쪽에서 바깥쪽으로 스윙할 능력이 있다고 본다. 그런데 클럽 길이가 길어져 임팩트 순간 클럽 페이스가 타깃 방향에 스퀘어하지 못하면 볼에 슬라이스 스핀이 걸린다. 게다가 로프트까지 적으면 백 스핀이 적어 볼이 뜨지 못하고 사이드 스핀(여기서는 슬라이스 스핀)이 더욱 많아지기 때문이다.

90 이상 100타 정도를 치는 사람이 길이가 45인치 이상이면서 로프트가 10도보다 적은 드라이버를 쓰면 70% 이상의 샷이 악성 훅, 즉 볼이 뜨지 않고 가는 풀 훅 샷이 된다. 그러면 갑자기 거리가 줄고 볼이 해저드에 빠지거나 OB가 나는 확률이 높아진다. 원인은 클럽이 길어서 두 팔로 하는 스윙 스피드가 클럽을 이기지 못해 스윙 때 필요 없는 몸의 움직임이 많아지기 때문이다. 즉, 백 스윙 때 몸 전체가 타깃의 반대 방향으로 밀려가고 다운 스윙을 하면서 다시 왼쪽으로 돌아와야 하는 움직임이 생긴다. 그 중에서 드라이버 샷을 악성 훅이 되게 하는 것은 머리의 수평 움직임 때문이다. 오른손잡이 골퍼가 백 스윙을 할 때 머리가 어느 정도 오른쪽으로 움직이는 것은 필수이지만, 다운 스윙을 시작해서 임팩트 때 머리가 다시 왼쪽 방향으로 이동하는 것은 문제가 있다. 이 동작은 클럽이 타깃 라인 바깥에서 안쪽으로 내려가게 만드는 원인이 될 뿐 아니라 클럽 페이스의 로프트를 점점 닫히게 한다. 볼을 뜨게 하는 9.5도의 로프트를 모두 잃고 오른쪽에서 왼쪽으로 가는 스핀만 커져서 악성의 훅 샷이 나온다. 다운 스윙에서 상체와 머리가 심하게 움직이는 것을 막는 연습이 필요하며 로프트가 11도, 12도 되고, 샤프트 길이가 길지 않은 R 플렉스, A 플렉스 클럽을 사용하는 것이 현명하다.

클럽을 바꾼 후 훅 샷이 많아졌다면…

15 구력 5년에 핸디캡 16인 주말 골퍼입니다. 80대 초중반을 치다가 작년에 친구가 쓰던 아이언을 받은 뒤 스윙 교정한다고 레슨도 한 달 받았는데 훅이 많아 80야드 언저리의 짧은 샷조차 온 그린에 실패하는 경우가 많습니다. 나이 48세에 174cm, 73kg입니다.

80대 초중반 스코어를 내다가 아이언 클럽을 바꿔 갑자기 훅이나 슬라이스가 나는 경우는 클럽 길이가 맞지 않거나 라이 앵글에 문제가 생겼기 때문이다. 아이언의 라이 앵글은 샷의 방향을 좌우한다. 라이 앵글은 임팩트 순간에 클럽의 바닥이 지면에 평평하게 닿을 때 지면과 샤프트 중앙의 라인이 이루는 각을 말한다. 라이 앵글이 스윙과 맞으면 임팩트 순간 솔의 전면이 지면에 닿아 볼이 타깃 방향으로 곧장 나간다. 라이 앵글이 업라이트하면 임팩트 순간 토 부분이 들리며 볼을 가격해 볼은 왼쪽으로 날아간다. 이 때는 볼을 치고 난 뒤 디봇이 클럽 힐(heel) 부분에 깊게 나는 것을 알 수 있다. 클럽 피팅하는 곳에서 지금 사용하는 아이언의 라이 앵글을 점검, 조금 플랫하게 조정해 사용하면 된다.

통계에 의하면 보통보다 작은 키에 몸무게가 많이 나가는 사람은 라이 앵글이 조금 플랫한 게 좋으며, 키가 크고 마른 체형은 볼과 몸의 거리를 가까이 하는 경향이 있어 라이 앵글이 조금 업라이트한 게 좋다고 한다. 또, 전에 쓰던 아이언과 비교해 샤프트 강도나 휘어지는 지점이 달라지면 임팩트에서 클럽 페이스의 스위트 스팟에 맞히거나 타깃에 스퀘어가 되게 하기 힘들다. 스윙 패스도 달라진다. 타깃 라인의 안쪽에서 바깥쪽을 향해 클럽이 내려오면서 페이스가 닫히면 푸시 훅 샷이 나오는데 이는 샤프트 강도가 약하기 때문이다. 다운 스윙을 하면서 몸통이 먼저 볼을 덮쳐 페이스가 닫히면 풀 훅 샷이 나온다. 이 경우는 샤프트의 강도가 자신의 스윙 스피드에 비해 강하거나 샤프트의 휘어지는 지점이 높기 때문이다.

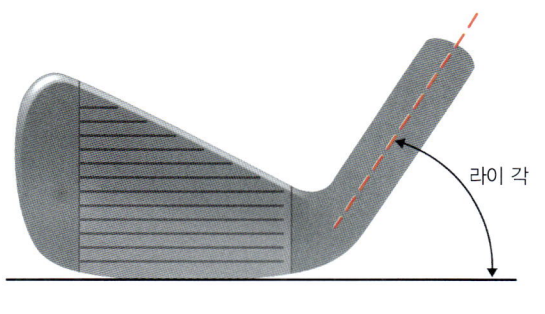

라이 각

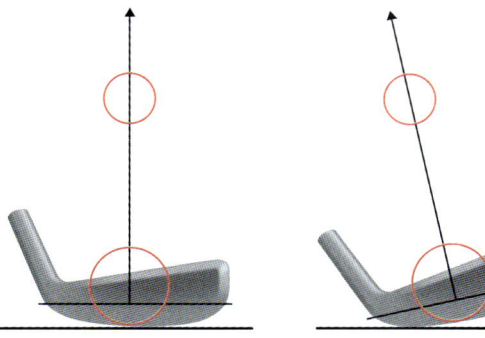

골프를 위한 준비 및 정리 운동

아무리 자신에게 맞는 올바른 스윙을 알고 구사해도, 스윙 스피드가 느리면 거리가 나지 않고 방향에도 문제를 일으킨다. 스윙 스피드를 빠르게 하려면 골프 스윙에 필요한 근육을 만들고 강화 훈련을 해 주어야 한다. 악력기를 이용해 손에 쥐는 힘을, 아령으로 팔 힘을, 벽에 기대서서 다리 힘을, 윗몸 일으키기 훈련으로 복부 근육을 강화시켜 골프 스윙의 파워를 늘리며, 건강에도 도움이 되도록 하자.

part 11

Chapter. 11 골프를 위한 준비 및 정리 운동

연습, 라운드 전후의 운동과 스트레칭

꾸준한 준비 운동과 정리 운동은 효과적으로 골프 스윙을 할 수 있도록 도와 주고, 스코어를 줄일 수 있도록 하며, 부상을 예방해 준다. 나아가 평생 동안 골프를 즐길 수 있는 중요한 배경이 되기도 한다.

● 연습과 라운드하기 전후 운동을 해야 하는 이유

유연성은 어떤 특정한 관절, 또는 여러 개의 관절이 결합된 부위에 대한 가동 범위(ROM, range of motion)로서, 근육, 건, 인대, 피부, 관절 자체 간의 넓은 영역에 걸쳐 운동할 수 있는 능력을 말한다. 몸통, 엉덩이, 다리, 어깨 주변의 유연성은 골프에서 필수적으로 요구되는 부분으로 비단 스포츠에서뿐 아니라 일상 생활에서도 아주 중요한 부분이다.

유연성을 길러 주는 운동은 골프 실력을 향상시키는 데 큰 기여를 한다. 나이가 들어감에 따라 연조직의 탄력성은 노화되고 유연성은 그만큼 감소되므로 운동과 스트레칭으로 근육의 노화를 막아야 한다. 특히 골프는 역학적으로 제대로 된 스윙을 배우지 못한다면 부상의 위험도 많은 스포츠이므로 유연성을 기르는 것은 필수다.

유연성이 좋아지면 골프 기술도 그 활용 범위가 넓어진다. 더불어 스윙 동작을 빠르게 구사할 수 있게 되어 결과적으로 정확성 향상과 헤드 스피드(impact power) 증가에 결정적인 기여를 하게 된다. 따라서 유연성이 좋은 사람은 백 스윙과 팔로스루의 회전이 유연하여 보다 효과적이고 안전하게 정교한 스윙 기술을 습득하고 향상시킬 수 있다.

신체 활동의 부족, 잘못된 자세로 이루어지는 골프 연습은 유연성을 좋지 않게 만들어 주는 원인이기도 하다. 매일 꾸준하게 스트레칭을 하면 이러한 나쁜 요소를 제거할 수 있다. 스트레칭을 통해 향상된 유연성은 완벽한 백 스윙과 팔로스루를 향상시키고 관절의 가동 범위를 넓혀 준다. 연습과 라운드 전, 준비 운동과 정리 운동을 규칙적으로 실행해야 하는 이유가 바로 여기에 있다. 꾸준한 준비 운동과 정리 운동은 효과적으로 골프 스윙을 할 수 있도록 도와 주고 스코어를 줄일 수 있도록 하며, 부상을 예방해 준다. 나아가 평생 동안 골프를 즐길 수 있는 중요한 배경이 되기도 한다.

● 준비 운동 과정

1 올바른 스트레칭을 하기 위해서는 먼저 몸의 모든 조직을 따뜻하게 해 주어야 한다. 체온을 상승시켜 주기 위해서는 5~10분 동안 제자리 뛰기, 빨리 걷기, 가볍게 뛰기 등 비교적 가벼운 운동을 해야 한다. 체온이 상승함으로써 신경 자극이 촉진되고 결합 조직이 이완되며 관절이 부드러워져 유연성을 증진시킬 수 있다.

2 스트레칭을 안전하게 하기 위해서 골퍼의 수준과 각 부위의 다양한 근육 긴장을 알아야 한다. 신체의 모든 관절은 컨디션에 따라 계속 변하기 때문에 효과적인 스트레칭을 위해서는 구체적인 계획을 세워 주어야 한다.

3 느리고 정적인 스트레칭(Slow/Static Stretching)으로 좌우 앞뒤 균형있게 15~30초 동안 2~3회 실시한다. 신체의 반동이나 근육의 탄성을 이용하는 동적인 스트레칭(Ballistic/Dynamic Stretching)을 하면 조직이 상하거나 근육이 쉽게 이완되지 않기 때문에 하지 않는 것이 좋다.

4 스트레칭하는 동안 호흡은 천천히 리드미컬하게, 집중하면서 하는 것이 중요하다. 이는 근육 이완을 쉽게 해 주는 역할을 한다.

5 스트레칭은 가볍게 시작해야 한다. 너무 세게 하면 통증이 있을 뿐 아니라 효과가 반감되고 조직이 상할 수 있다. 천천히 부드럽게 약간 당기는 듯한 느낌으로 해 주면서 그 강도와 시간을 조금씩 늘려 주어야 한다.

Chapter.11 골프를 위한 준비 및 정리 운동

● 스트레칭의 효과
- 골프 스윙에 필요한 움직임을 자유롭게 해 주고 관절의 가동 범위를 넓혀 준다.
- 근육과 관절 부상의 위험을 줄여 준다.
- 정신적, 신체적 이완을 증가시킨다.
- 근육통을 줄여 준다.
- 신체를 깨어나게 해 준다.
- 헤드 스피드를 증가시켜 비거리가 늘어나게 해 준다.

● 연습과 라운드 전 스트레칭 프로그램

① 허리 엉덩이 스트레칭 Back and Hip Stretching
쪼그려 앉은 자세에서 발뒤꿈치를 가볍게 들고 몸통을 앞으로 구부린다. 두 팔을 모아서 무릎을 편안하게 가슴 쪽으로 당겨 준다. 이 때 허리, 엉덩이 등이 부드럽게 이완되는 느낌이 나야 한다. 만약 무릎에 문제가 있거나 쪼그려 앉은 자세를 취하기 힘들면, 의자나 카트에 앉아서 두 손으로 왼쪽 무릎의 뒤를 잡고 가슴 쪽으로 당겨준다. 끝나면 반대 부위를 해 준다.

② 허벅지 안쪽 스트레칭 Adductor Stretching
쪼그려 앉은 자세에서 두 다리를 부드럽게 벌려 준다. 허리와 등을 앞으로 구부리면서 두 팔을 옆으로 벌려 준다. 이 때 허벅지 안쪽 부위, 허리, 엉덩이가 부드럽게 이완되는 느낌이 나야 한다. 만약 무릎에 문제가 있거나 쪼그려 앉은 자세를 취하기 힘들다면 의자나 카트에 앉아서 두 팔을 옆으로 벌려 준다.

③ 허벅지 뒤쪽 스트레칭 Hamstring Stretching

일어선 자세에서 다리를 벌리고 무릎을 가볍게 구부린다. 엉덩이를 뒤로 천천히 밀어주면서 몸을 앞으로 구부린다. 이 때 허벅지 뒤쪽 부위, 허리, 엉덩이가 부드럽게 늘어나는 느낌을 가져야 한다.

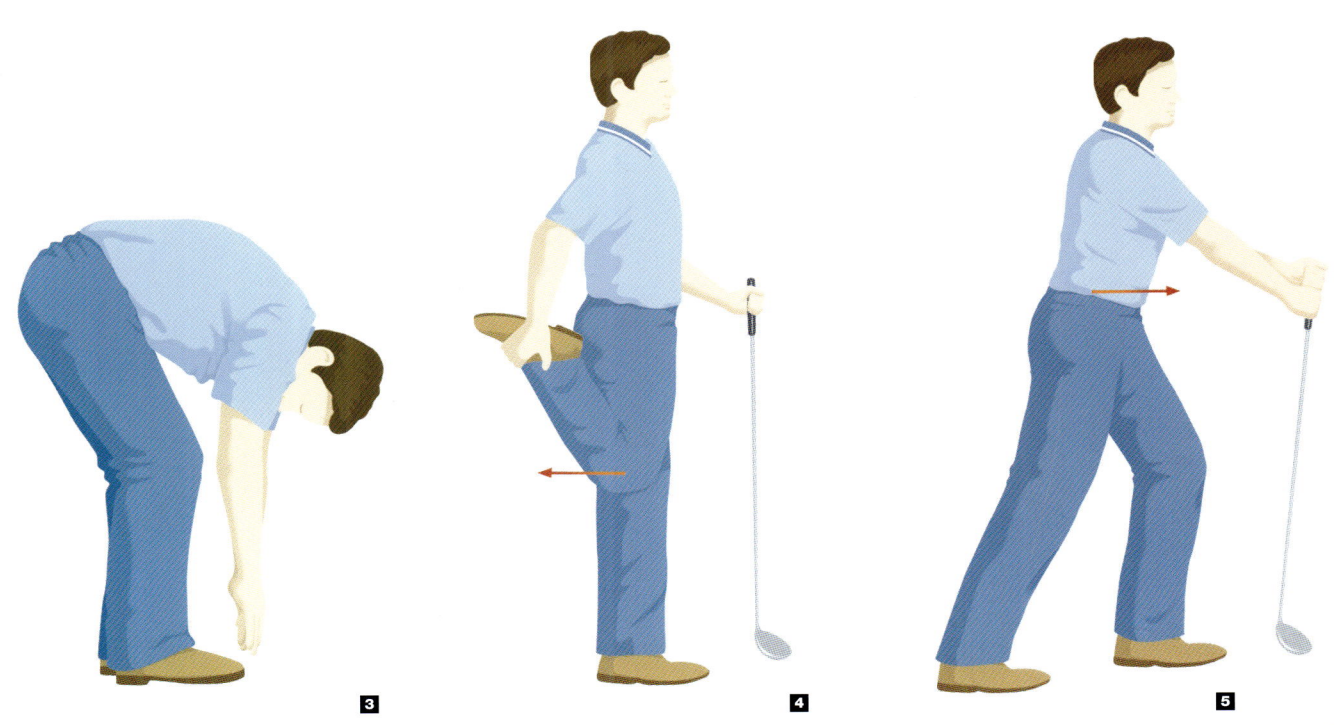

④ 허벅지 앞쪽 스트레칭 Thigh Stretching

몸을 똑바로 선 자세에서 골프 클럽을 왼손으로 잡는다. 오른손으로 발등을 잡고 뒤꿈치를 엉덩이 쪽으로 올려 준다. 이 때 허벅지 앞쪽이 이완되는 느낌이 나야 한다. 끝나면 반대 부위를 해준다. 이 때 몸을 앞쪽으로 구부리지 않고 반듯한 자세를 유지하면서 스트레칭해야 한다.

⑤ 종아리 스트레칭 Calf Stretching

똑바로 선 자세에서 두 손으로 골프 클럽을 잡고, 왼쪽 다리는 앞으로 구부리고 오른쪽 다리는 펴 준 다음, 발바닥 전체가 바닥에 닿아 있게 한다. 천천히 똑바로 왼쪽 무릎을 가볍게 구부리면서 몸의 중심을 앞으로 이동한다. 이 때 종아리가 부드럽게 이완되는 느낌이 나야 한다. 끝나면 반대쪽도 해 준다. 주의할 점은 뒤꿈치가 바닥에서 떨어지거나 몸을 앞으로 구부리면 안 된다.

Chapter. 11 골프를 위한 준비 및 정리 운동

⑥ 엉덩이 회전 스트레칭 Hip Rotation Stretching
상체를 똑바로 하고 의자에 앉는다. 오른쪽 발목을 왼쪽 무릎에 올려놓는다. 두 손으로 오른쪽 무릎 안쪽을 눌러 준다. 끝나면 반대쪽도 해 준다.

⑦ 몸통 스트레칭 Trunk Rotation Stretching
골프 클럽을 등 뒤로 하고 두 손으로 골프 클럽을 잡는다. 편안하게 어드레스 자세를 취한다. 천천히 양팔과 몸통을 오른쪽으로 돌려 준다. 이 때 몸통과 엉덩이가 이완되는 느낌이 나야 한다. 끝나면 반대쪽도 해 준다. 이 스트레칭은 스윙을 하는 것이 아니므로 양쪽 발바닥이 바닥에서 떨어지지 않도록 하면서 몸통만 돌려 주어야 한다.

⑧ 몸통 스트레칭 Trunk Stretching
양 손으로 골프 클럽을 잡고 무릎을 가볍게 구부린다. 허리와 등, 목을 똑바로 펴 주면서 엉덩이를 뒤로 밀어 준다. 양 팔을 똑바로 펴고 골프 클럽을 앞으로 밀어 준다. 엉덩이와 다리는 움직이지 않고 상체를 왼쪽으로 틀어 준다. 이 때 허리, 옆구리, 어깨, 허벅지 뒤쪽 부위가 부드럽게 이완되는 느낌이 나야 한다.

⑨ 옆구리 스트레칭 Side Stretching
똑바로 서서 어깨 너비로 양 손에 골프 클럽을 잡는다. 팔을 펴 골프 클럽을 머리 위로 올려 준다. 하체와 엉덩이가 움직이지 않도록 하고 몸통을 오른쪽으로 구부린다. 끝나면 반대 쪽도 해 준다.

⑩ 가슴 스트레칭 Chest Stretching

똑바로 서서 양 팔꿈치를 구부린다. 양손이 어깨 높이가 되도록 하고 손등이 몸을 향하게 한다. 천천히 등을 수축시키면서 양 팔을 뒤로 젖혀 준다. 이 때 가슴은 늘어나는 느낌을, 등은 수축하는 느낌을 가져야 한다.

⑪ 가슴과 어깨 스트레칭 1 Chest and Shoulder Stretching

똑바로 서서 허리 뒤로 양 손을 뻗은 다음 골프 클럽을 잡는다. 팔꿈치를 편 채로 천천히 골프 클럽을 뒤로 들어올린다. 골프 클럽을 들어올리는 동안에는 몸을 앞으로 구부리지 않고 똑바로 펴야 한다.

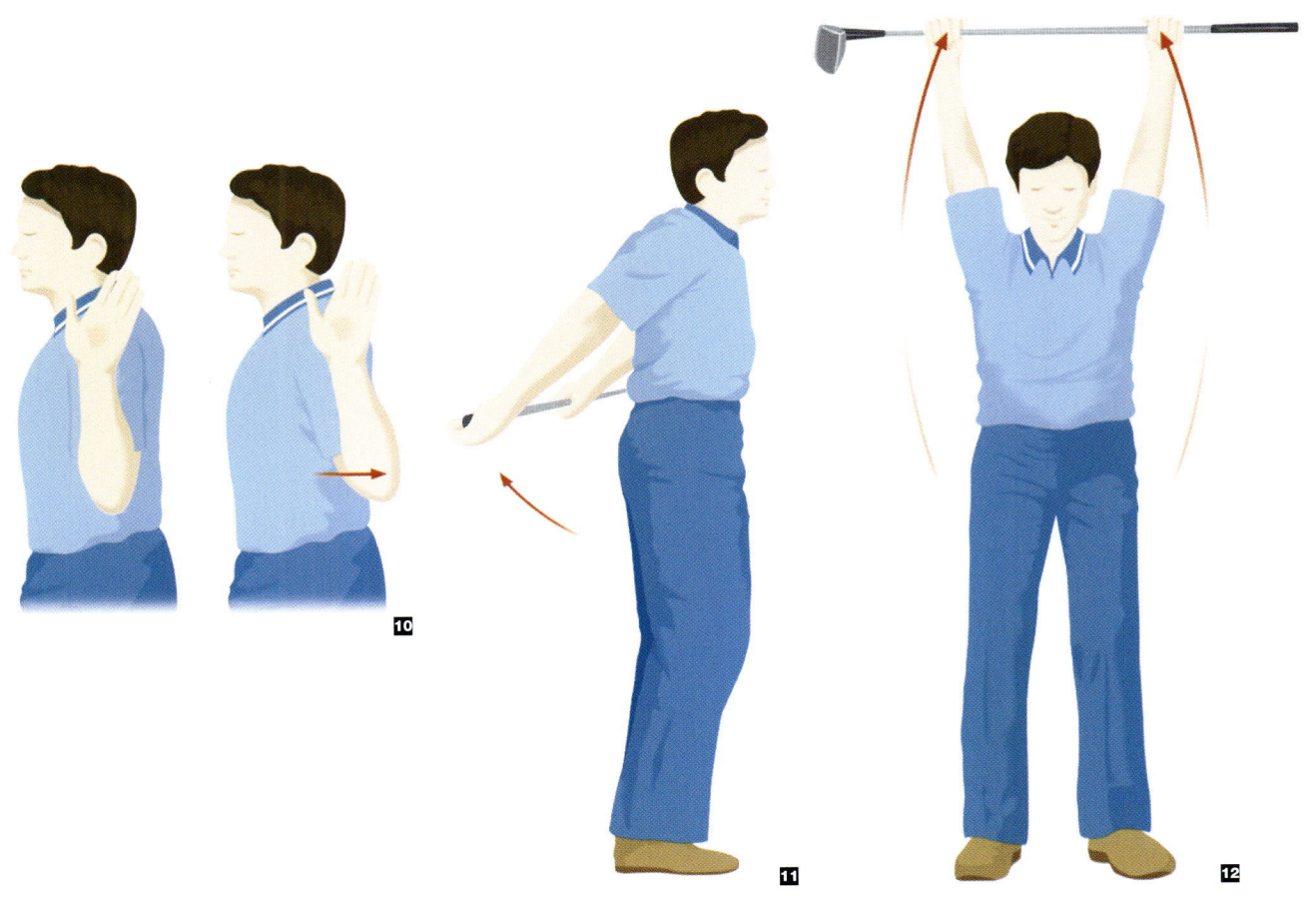

⑫ 가슴과 어깨 스트레칭 2 Chest and Shoulder Stretching

똑바로 서서 양 손바닥이 앞을 향하게 하고 어깨 너비로 골프 클럽을 잡는다. 팔꿈치를 펴 주면서 천천히 골프 클럽을 머리 위로 올려준다. 이 때 가슴, 어깨, 팔이 이완되는 느낌을 가져야 한다.

Chapter.11 골프를 위한 준비 및 정리 운동

⑬ 어깨 스트레칭 Rotator cuff Stretching

똑바로 서서 오른쪽 손등이 앞을 향하게 한 채 왼손으로 오른쪽 팔꿈치를 잡는다. 오른쪽 팔꿈치를 펴 주고, 팔꿈치를 잡은 왼손을 가슴 앞으로 천천히 당겨 준다. 이 때 오른쪽 어깨 부위가 이완되는 느낌을 가져야 한다. 끝나면 반대 부위를 해 준다.

⑭ 어깨와 옆구리 스트레칭 Shoulder and Side Stretching

똑바로 서서 오른쪽 팔꿈치를 구부리고 머리 옆으로 올려 준다. 왼손으로 오른쪽 팔꿈치를 잡고 옆으로 당기면서 왼쪽 옆구리로 구부린다. 이 때 어깨와 옆구리가 이완되는 느낌이 나야 한다. 끝나면 반대쪽도 해 준다. 엉덩이와 다리가 움직이지 않은 채로 해야 효과가 있다.

⑮ 목 스트레칭 1 Neck side Stretching

똑바로 서서 오른손으로 왼쪽 머리를 잡는다. 왼쪽 어깨를 가볍게 아래로 당기는 느낌으로 천천히 옆으로 목을 구부린다. 끝나면 반대 부위를 해준다. 머리를 똑바로 하고 목이 돌아가지 않도록 해야 한다.

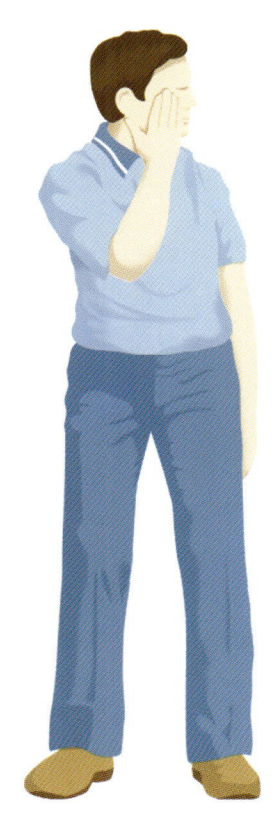 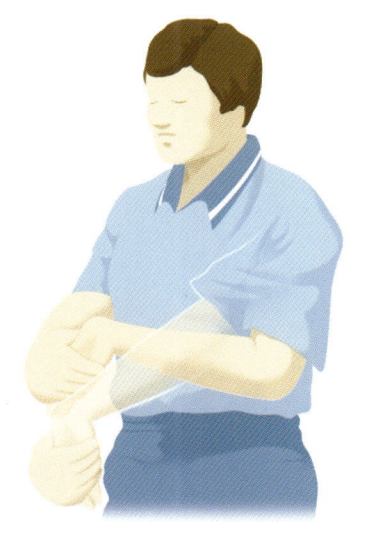 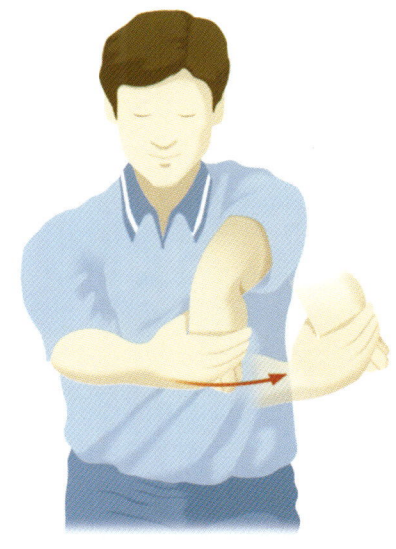

⑯ 목 스트레칭 2 Neck Rotation

똑바로 서서 오른손으로 오른쪽 볼을 가볍게 대 준다. 천천히 왼쪽으로 목을 돌려 준다. 끝나면 반대 부위를 해 준다.

⑰ 손목 스트레칭 1 Wrist Extension Stretching

왼쪽 팔꿈치를 가볍게 구부린 자세에서 왼 손바닥을 위로 향하게 하여 팔꿈치를 옆구리에 붙인 다음 오른 손바닥을 왼쪽 손바닥에 대 준다. 천천히 왼쪽 팔꿈치는 펴 주면서 오른 손바닥은 왼쪽 손바닥을 몸쪽으로 당겨 준다. 끝나면 반대쪽도 해 준다.

⑱ 손목 스트레칭 2 Wrist Flexion Stretching

왼쪽 팔꿈치를 펴 주고 오른손으로 왼쪽 손등을 잡는다. 천천히 오른손으로 왼쪽 손등을 몸쪽으로 당겨 주면서 바깥쪽으로 돌려 준다. 끝나면 반대 부위를 해 준다.

● 정리 운동(마무리 운동)

대부분의 골퍼들은 라운드나 연습이 끝나면 급하게 클럽 하우스나 집으로 향하곤 한다. 연습과 라운드 후에는 골프 스윙으로 인해 신체가 많은 스트레스를 받은 상태이기 때문에 근육이나 관절이 뭉치거나 통증을 느낄 수도 있다. 특히 허리, 등, 허벅지 뒤, 엉덩이, 어깨 주변이 많이 피로하기 때문에 적절한 운동으로 풀어 주어야 한다. 연습과 라운드 전에 했던 스트레칭을 그대로 해 주면 된다.

피로를 느끼는 부위에 집중적으로 10분 동안 정리 운동을 해 주어야 골프가 제대로 마무리되는 것이다. 멋진 골프를 위해서 반드시 준비 운동과 정리 운동을 하는 습관을 길러야 한다.

Chapter.11 골프를 위한 준비 및 정리 운동

● **정확하고 멀리 칠 수 있도록 해 주는 스트레칭 프로그램**

골프 스윙을 18홀 이상 정확하고 지속적으로 하기 위해서는 근력과 지구력이 필요하다. 전통적으로 대부분의 골퍼들은 보다 향상된 골프 실력을 갖추기 위해 연습장에서 볼을 많이 치고 플레이를 해야만 하는 것으로 알고 있다.

비거리를 향상시키기 위해서는 기술, 유연성, 근력의 조합이 필요한 것이지 연습장에서나 코스에서 볼을 수천 번 친다고 되는 것은 아니다. 임팩트 때 허리에 가해지는 스트레스는 몸무게의 8배 정도다. 충분한 근력과 유연성이 부족하면 부상의 위험이 따르는 것은 이 때문이다. 따라서 파워 있는 스윙을 하고 헤드 스피드를 증가시키기 위해서는 이 부위에 맞는 적절한 운동이 중요하다.

골프는 다른 스포츠와 다르게 한쪽 방향으로 운동을 하기 때문에 근육의 활용이 제한적이다. 따라서 근육의 균형이 무너지기 쉬우므로 좌우, 앞뒤, 상·하체의 조화가 가장 중요하다. 강하고 균형 잡힌 근육은 더 많은 파워, 정확성 향상, 그리고 부상을 예방하고 라운드가 진행됨에 따라 더 효율적으로 스윙하고 에너지를 축적하는 것을 가능하게 한다.

근력과 지구력을 강화하면 지치지 않고 장기간 최고의 플레이를 할 수 있도록 도와 주고, 잘 발달된 근육은 회복이 빠르며 부상의 위험을 줄여 준다. 또한 비거리를 향상시키고 부상을 예방하며 정확성과 일관성을 향상시키기 위해서 근력과 지구력이 필요한 것이다.

① 복부 운동 Abdominal Curl

강한 복부는 다운 스윙을 하는 동안 클럽의 속도를 더해 주고 회전할 때 골반과 척추를 지탱해 준다. 따라서 평상시 꾸준한 복부 운동으로 기본 체력을 갖추는 것이 중요하다.

누운 자세에서 무릎을 45도 구부리고 두 팔을 목 뒤로 깍지낀다. 아랫배에 힘을 주면서 허리가 바닥에 평평하게 닿도록 하고 목을 앞으로 구부리지 않은 상태에서 30도 정도로 상체를 올려 준다. 상체 올리기를 3번 하는 것을 세트로 하여 15회 반복한다.

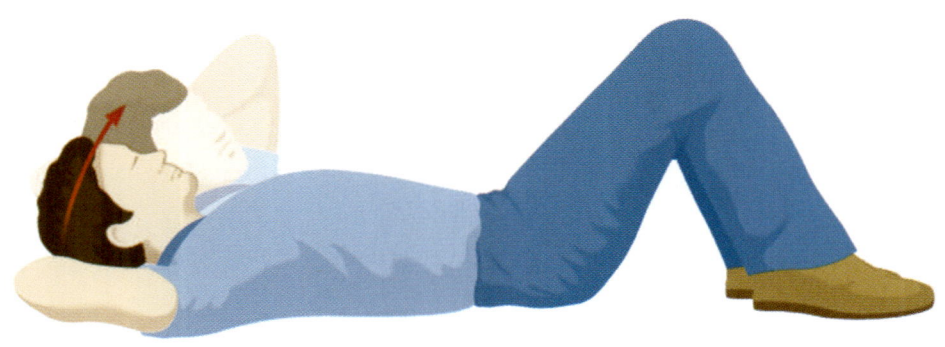

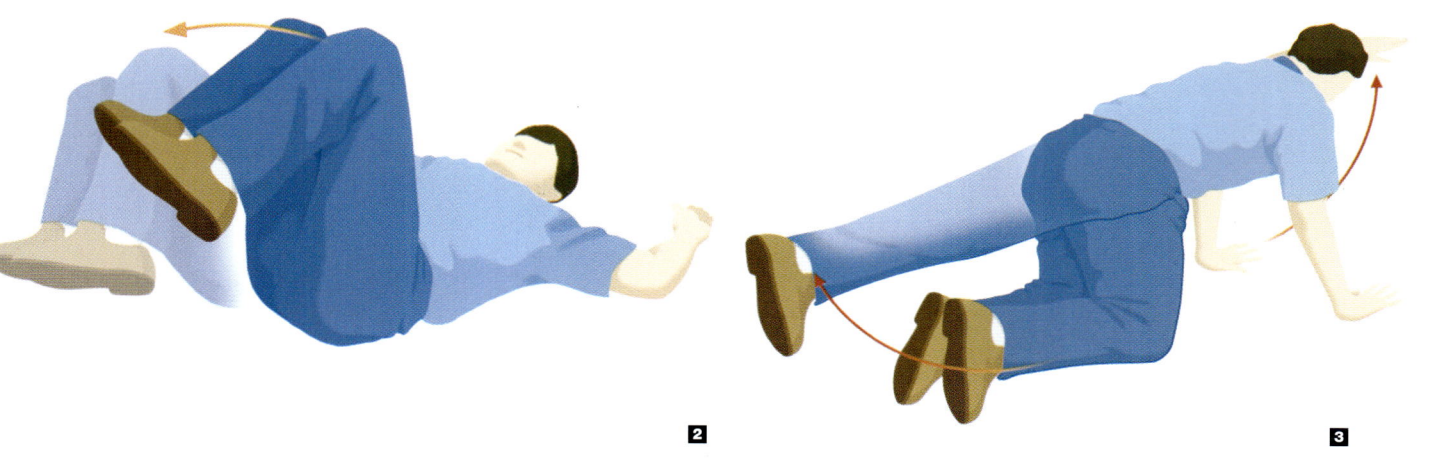

② 몸통 틀어 주기 Trunk Twists

몸통 틀어 주기는 복부와 척추 회전 근육을 강화하고 스피드를 더해 주는 운동이다. 두 팔을 90도로 구부리고 바닥에 평평하게 누운 다음 엉덩이와 무릎을 90도로 구부린다. 아랫배에 힘을 주면서 허리가 바닥에 평평하게 닿도록 한다. 이 때 왼쪽 어깨가 바닥에서 떨어지지 않도록 하면서 몸통, 엉덩이, 다리를 오른쪽으로 틀어 준다. 두 번 호흡한 다음 다시 처음 자세로 돌아가 반대쪽도 실시한다.

③ 팔과 다리 올려 주기 Alternate Arm and Leg Lift

스윙하는 동안 좋은 자세를 만들어 주는 운동이다. 견갑골 주위 근육과 엉덩이, 허리 근육을 강화시켜 준다.

두 팔을 펴고 손바닥과 무릎을 바닥에 댄 다음 아랫배에 힘을 주면서 허리를 똑바로 편다. 동시에 왼팔과 오른쪽 다리를 올려 준다. 끝나면 반대쪽도 해 준다. 이 동작을 기본으로 15회 반복 실시한다.

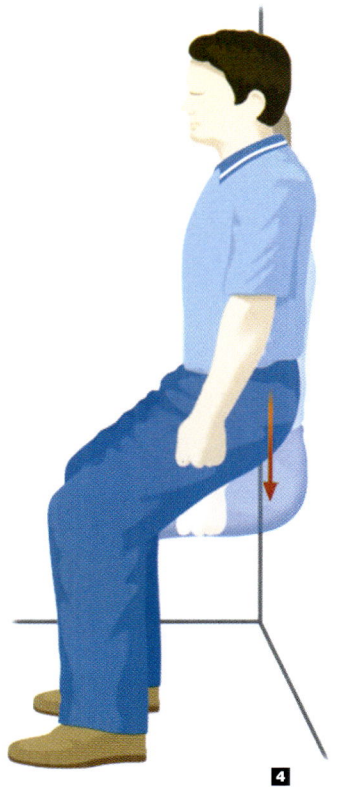

④ 벽에 등대고 앉기 Wall Sit

스윙의 파워를 더해주고 균형을 잡아 주는 운동으로 엉덩이와 다리 근육을 강화시켜 준다. 벽에 등을 대고 서서 다리를 40~50cm 앞으로 내민다. 천천히 엉덩이와 무릎을 45~60도 구부린다. 이 동작을 1~3분 지속하는 것을 기본으로 3회 반복 실시한다.

Golf Dictionary

골프 용어 사전
가나다순으로 정리했습니다

ㄱ

갤러리(gallery) 골프 게임을 보러 온 관중.

그랜드 슬램(Grand Slam) 4대 메이저를 모두 제패하는 것을 말한다. 세계 남자 4대 메이저는 Masters, U.S. Open, PGA Championship, British Open을 이르며, 여자 4대 메이저는 Nabisco Championship, LPGA Championship, U.S. Women's Open, Women's British Open이 있다.

그린(green) 보통은 홀이 있고 퍼팅을 하기 위해 정비된 장소를 말하지만, 규정에 의한 정의는 '홀의 구성에서 해저드를 제외하고 홀에서 20야드 이내의 지역'으로 퍼팅을 위한 지역을 말한다.

그립(grip) 골프 클럽 샤프트의 윗부분에 고무 같은 소재로 감싸여 있는 부분을 가리키는 말로, 클럽을 두 손으로 잡는 행위를 '그립한다'라고 표현한다.

ㄷ

다운 스윙(down swing) 백 스윙 톱에서 임팩트까지 클럽을 끌어내리는 것.

다운힐 라이(downhill lie) 공이 내리막 경사에 놓여 있는 상태로, 오른발이 왼발보다 높은 경우.

다운힐 사이드힐(downhill sidehill) 볼이 스탠스보다 낮은 곳에 놓인 상태.

도그 레그 라이트(dog leg right) 개의 뒷다리가 휘어져 있는 모양에서 유래한 말로, 페어웨이가 왼쪽에서 오른쪽으로 굽어진 것을 말한다.

도그 레그 레프트(dog leg left) 페어웨이가 오른쪽에서 왼쪽으로 굽어진 것을 말한다.

도어 웨지(door wedge) 문이 닫히지 않게 밑에 괴어 놓는 문 버팀쇠.

청킹(chunking) 뒤땅을 심하게 치는 것.

드라이버 샷(driver shot) 1번 우드 샷.

드로 샷(draw shot) 다운 스윙 궤도가 인사이드에서 아웃사이드로 내려오며 오른손잡이의 경우 샷이 우측에서 좌측으로 휘어지는 구질의 볼을 말한다.

디벗(divot) 클럽 헤드에 의해 뜯겨진 잔디 조각.

디센딩 블로(descending blow) '다운 블로'라고도 하며, 스윙 아크의 가장 밑에서 공이 가격되는 것.

딤플(dimple) 볼의 표면에 움푹 파인 것을 말하며, 볼 한 개의 딤플 수는 350~500개에 이른다. 딤플은 볼을 위로 뜨게 하는 역할을 하며 딤플이 없으면 볼의 비거리가 훨씬 줄어들게 된다.

ㄹ

라이(lie) 골프 코스 내 어느 곳이든 볼이 놓인 장소의 상태를 말한다.

라이 앵글(lie angle) 클럽 헤드의 바닥을 지면에 대고 세워 놓았을 때 샤프트의 중심선과 지면이 이루는 각도.

랜딩 스팟(landing spot) 볼이 떨어지는 지점.

러프(rough) 페어웨이 바깥쪽의, 주변 잔디가 길게 자란 지역.

레귤러 샤프트(regular shaft) 샤프트의 강도가 중간인 것을 말하며 아마추어 남자에게 적합한 샤프트.

레이트 히트(late hit) 왼 손목 코킹을 최대한 늦게까지 유지하다 임팩트 바로 전에 푸는 것을 말하며, 레이트 히트가 잘되면 비거리도 좋아지고 뒤땅도 방지되며 견고한 샷을 하게 된다.

로브 샷(lob shot) 샌드 웨지를 오픈시켜 볼을 높이 띄운 후 그린에 부드럽게 떨어져 많은 백 스핀에 의해 볼이 구르지 않게 하는 샷이다.

로프트(loft) 클럽 페이스 면이 샤프트의 심(shaft bore) 수직선과 이루는 각. 짧은 클럽일수록 로프트 각도가 커진다.

롱 섬(long thumb) 그립을 할 때 왼손 엄지를 길게 앞으로 내밀어 잡는 것을 말한다.

롱 스파인(long spine) 임팩트 때 몸무게가 왼쪽 히프나 다리에 전부 전달되지 않고 오른발 쪽에 좀 남아 있게 되어 왼쪽 히프, 다리와 함께 척추의 앵글이 일자로 길게 연결되는 것.

롱 아이언(long iron) 일반적으로 1·2·3·4·5번 아이언 클럽을 지칭하며 샤프트가 길고 로프트가 적어 다루기가 힘든 만큼 비거리를 많이 낼 수 있다.

롱 히터(long hitter) 거리를 많이 내는 골퍼.

루스 샌드(loose sand) 풀로 덮인 모래와 같은 땅.

리딩 에지(leading edge) 클럽 페이스와 밑바닥의 경계선 부분으로 클럽 날 부분을 말한다.

레버리지 파워(leverage power) 백 스윙 때 손목의 코킹을 이용하여 클럽과 팔과의 각을 만들어서 그 각이 풀어질 때 나오는 에너지.

리버스 피벗(reverse pivot) 몸의 중심축 기울기가 올바른 방향이 아닌 그 반대 방향으로 기울어져 있는 상태를 말하며, 예를 들면 백 스윙 톱에서 체중이 오른발보다 왼발에 더 남는 경우를 일컫는다.

릴리스(release) 백 스윙 때 꺾인 코킹과 돌아간 어깨, 허리, 열렸던 클럽 페이스가 임팩트 순간에 어드레스 때와 가장 비슷한 모습으로 되돌아가는 것을 말한다.

ㅁ

마스터스 토너먼트(Masters Tournament) 미국 PGA. 4대 메이저 대회 중 가장 먼저 열리는 대회. 1934년 어거스타 내셔널 토너먼트 초청 경기로 시작한 경기. 로버트 존스의 제안으로 골프의 명수(masters)가 되자는 뜻에서 '마스터스'라고 불리게 되었다. 1934년 제1회 대회는 호튼 스미스가 우승을, 크레이그 우드가 준우승을, 2회 대회에서는 쟝 사라센이, 3회는 다시 호튼 스미스, 4회에는 바이런 넬슨 등이 차지하면서 그야말로 세계 골프의 금자탑으로서 골프 역사를 장식해 오고 있다. 이 대회 최다 우승은 잭 니클라우스가 기록한 6회(63, 65, 66, 72, 75, 86년)이며, 미국인이 아닌 외국인 우승자를 보면 게리 플레이어(61, 74, 78년), 세베 바예스타로스(80년), 그리고 85년 우승자인 버나드 랭거가 있다. 특히 이 대회는 우승컵 대신 그린 재킷을 주어 '그린 마스터스'라고도 불린다.

마일 퍼 아워(mph, mile per hour) 클럽 헤드의 스피드를 나타낼 때 쓴다. 100mph이면 한 시간에 100마일의 속도를 낼 수 있다는 말이다.

마커(marker) 스트로크 경기에서 선수의 스코어를 기록하기 위해 선임된 사람. 마커는 심판이 아니며, 동반자도 마커가 될 수 있으며 스코어를 기록할 수 있다.

마크(mark) 볼을 집어들 때 볼의 위치를 표시하기 위해서 놓게 되는 원형의 동전이나 플라스틱으로 만들어진 것.

매직 무브(magic move) 손에 쥐고 있는 볼을 던지려 할 때 백 스윙 톱에서 다운 스윙하면서 일어나는 움직임.

미들 아이언(middle iron) 6·7·8번 아이언을 말한다.

ㅂ

바운스(bounce) 샌드 웨지의 리딩 에지 뒤쪽을 높고 둥글게 만들어 모래에서 잘 미끄러지도록 만들어진 것.

바이트(bite) 많은 백 스핀에 의해 볼이 그린에서 구르지 않고 정지하는 것.

백 스윙(back swing) 어드레스의 상태에서 클럽을 위로 올려 톱에 이르는 동작.

백 스핀(back spin) 볼의 역회전.

버트(butt) 샤프트의 그립쪽 맨 끝부분.

벙커(bunker) 코스 내의 장애물로 만들어진 모래 웅덩이.

브레이크(break) 그린에서 퍼팅을 할 때 볼이 홀까지 직선으로 가지 않고 휘어져 가는 것을 말한다. 우리 나라에서는 '라이'라고 잘못 쓰이고 있다.

브리티시 오픈(British Open) 전영오픈을 말한다. 1860년에 개설했으며, 세계에서 가장 오랜 역사를 자랑하는 오픈 선수권. 4대 메이저 중 한 대회이다.

ㅅ

사이드(side) 어느 한 쪽을 말하는 용어. 매치 플레이에서 사용한다.

사이드 스핀(side spin) 볼을 회전시키는 것. 볼을 오른쪽으로 회전시키면 슬라이스, 왼쪽으로 회전시키면 훅이 된다.

샌드 웨지(sand wedge) 그린 주변 벙커에서 쉽게 탈출할 수 있도록 1931년 진 사라진이 발명한, 바닥 부분에 바운스가 있는 클럽을 말한다.

샌디(sandy) 벙커 샷을 잘해 그린 위 홀에 가까이 붙여서 원 퍼트로 마무리하는 경우.

샤프트(shaft) 클럽의 헤드와 그립을 연결하는 막대기 부분.

섕크 샷(shank shot) 볼이 급히 오른쪽으로 낮게 나가는 샷.

세컨드 에이프런(second apron) 그린과의 첫 번째 경계에 있는 잔디를 첫 번째 에이프런, 첫 번째 에이프런과 경계에 있는 잔디를 두 번째 에이프런이라 한다.

세퍼레이션(separation) 보통 체형의 골퍼가 백 스윙 톱에서 다운 스윙 스타트 때 두 팔이 어깨로부터 분리되는 현상.

셋업(setup) 볼의 위치, 스탠스, 몸의 자세, 몸무게의 배분, 몸과 볼과의 거리, 발의 벌림 등을 말한다.

셧 다운(shut down) 클럽 페이스가 타깃 방향의 왼쪽을 향하게 닫혀져 로프트를 적게 하는 것.

셰이프 샷(shape shot) 드로 샷이나 페이드 샷같이 의도적으로 만드는 샷.

솔(sole) 클럽 헤드에서 지면과 닿는 부분.

솔리드 샷(solid shot) 스위트 스팟에 정확하게 잘 맞은 샷. 뒤땅, 토핑을 하지 않고 볼을 먼저 콘택트하고 땅을 치고 나가는 샷.

쇼트 게임(short game) 치핑, 피칭, 퍼팅을 말하며, 골프 게임 전체의 64%를 차지한다.

쇼트 아이언(short iron) 9번 이하 짧은 아이언의 총칭.

스웨이(sway) 좌우로 하체가 움직이는 것.

스루 더 그린(through the green) 코스 안에서 플레이하고 있는 티잉 그라운드와 그린, 해저드를 제외한 페어웨이.

스위트 스팟(sweet spot) 골프 클럽 페이스에서 정중앙 부분.

스위프(sweep) 쓸어내듯이 볼을 치는 것.

스윙 패스(swing path) 클럽 헤드가 지나가는 길.

스윙 플레인(swing plane) 스윙하면서 클럽 샤프트가 만들어 놓는 면.

스카이 샷(skying shot) 볼이 정상 탄도보다 높이 뜨는 샷.

스쿠핑 모션(scooping motion) 볼을 띄우려고 클럽 헤드로 공을 퍼올리는 동작.

스퀘어 스탠스(square stance) 양발의 발끝을 연결하는 라인과 양 무릎, 히프, 양 팔꿈치, 양 어깨의 라인이 타깃 방향과 평행이 되도록 서는 자세. 골프에서 가장 기본적인 자세다.

스퀘어 페이스(square face) 클럽 페이스를 볼에 맞추었을 때 타깃 방향과 클럽 페이스가 직각을 이루는 것.

스탠스(stance) 어드레스 때 두 발을 얼마만큼, 어느 방향으로 어떻게 벌리고 서느냐를 말한다(볼을 칠 때 발의 위치를 정하여 서는 것).

스트레이트 샷(straight shot) 볼이 똑바로 나가는 샷.

스트로크(stroke) 볼을 치는 것. 클럽으로 볼을 치기 전에 스윙을 중지했다면 스트로크는 없는 것이다.

스티프 샤프트(stiff shaft) 샤프트의 강도가 레귤러보다 강한 것을 말한다.

스파인 앵글(spine angle) 척추와 수직선이 이루는 각도.

스파인 앵글 틸트(spine angle tilt) 어드레스할 때 몸의 중심축이 약간 오른쪽으로 기울어지게 셋업하는 것.

스팽크(spank) 손으로 찰싹 때리듯 짧고 힘 있게 치는 것. 짧은 거리의 벙커 샷을 할 때 나는 소리.

스플래시(splash) 손바닥으로 물을 쳐 튀기듯 모래가 튀겨 퍼지는 것. 긴 거리의 벙커 샷을 할 때 나는 소리.

스핀(spin) 볼의 회전.

슬라이스(slice) 볼이 오른쪽으로 휘어지는 것을 말한다.

시니어(senior) 만 50세 이상의 골퍼.

싱글 핸디캐퍼(single handicapper) 골프 실력이 상당 수준에 올라와 핸디캡이 9 이하가 되는 골퍼를 말한다.

싱크로나이즈(synchronize) 몸과 팔, 골프 클럽이 일체가 되어 동시에 스윙되는 상태.

ㅇ

아웃사이드(outside) 타깃 라인을 중심으로 몸쪽을 인사이드, 바깥쪽을 아웃사이드라 한다.

아웃사이드 인(outside-in) 다운 스윙에서 클럽 헤드가 타깃 라인을 중심으로 바깥쪽에서 안쪽으로 당겨지는 스윙 궤도.

아웃 오브 바운스(out of bounds-OB) 볼이 골프 코스 내의 페어웨이 러프 지역을 벗어나 홀 경계선 밖으로 나가는 것을 말하며, 볼을 분실했을 때와 마찬가지로 1벌타를 받고 친 곳에서 다시 쳐야 한다.

아이언(iron) 헤드가 금속으로 된 클럽. 1번(드라이빙 아이언)에서 9번까지와 PW(피칭 웨지 = 10번), SW(샌드 웨지), AW(어프로치 웨지), PS(피칭 샌드 = 11번) 등이 있다.

야드(yard) 길이 표시로 1야드는 약 91cm.

어거스타 내셔널(augustar national) 마스터스 경기가 열리는 장소. 조지아 주에 위치하고 있다.

어드레스(address) 볼을 치기 전에 자세를 취하는 것. 플레이어가 발의 위치를 정하고 클럽 헤드를 지면에 댔을 때 어드레스했다고 한다.

어센딩 블로(ascending blow) 스윙의 곡선 가운데 밑부분을 지나 위로 가면서 볼이 콘택트되는 것. 디센딩 블로의 반대.

얼라인먼트(alignment) 타깃 라인에 몸 전체를 평행하게 하려고 몸을 정렬하는 것.

얼리 릴리스(early release) 임팩트 존에 오기 전 손목의 코킹이 다 풀어지는 것을 말한다.

업라이트(upright) 스윙 플레인이 가파른 상태.

업 앤드 다운(up and down) 그린 주변에서 칩 샷이나 피치 샷 혹은 벙커 샷 등을 잘 구사하여 그린 위에 올려 원 퍼트로 마무리했을 때를 말한다.

업힐 라이(uphill lie) 오른발보다 왼발이 높은 경사. 반대로 왼발이 낮은 상태를 '다운힐 라이'라고 한다.

에어 본(air borne) 공중으로 높이 떠오르는 것.

에임(aim) 클럽 페이스를 타깃 라인에 직각으로, 몸 전체를 타깃 라인에 평행하게 하는 것.

에이프런(apron) 그린보다는 길고 러프보다는 짧은 풀로 된 그린 주변을 말한다.

에지(edge) '가장자리'라는 뜻. 아이언의 페이스 끝을 '리딩 에지'라 하고 그린이 끝나고 에이프런이 시작되는 곳을 '그린 에지'라고 한다.

열 손가락 그립(ten finger grip) 오른손 새끼와 왼손 검지가 겹쳐지지 않고 다 잡는 그립으로 '베이스볼 그립'이라고도 한다.

오버래핑 그립(overlapping grip) 오른손 새끼손가락을 왼손 인지와 중지 사이에 놓고 쥐는 그립. 가장 일반적인 그립이다.

오픈 스탠스(open stance) 두 발 끝을 연결하는 라인이 타깃 방향의 왼쪽을 향하도록 오른발이 왼발보다 앞으로 나오게 서는 것으로, 오픈 스탠스로 서면 스윙 궤도가 아웃사이드 인이 되기 쉽다.

오픈 페이스(open face) 클럽 페이스가 타깃 방향의 오른쪽으로 향하는 것.

우드(wood) # 1, 3, 4, 5, 7, 9의 종류가 있으며 아이언 클럽보다 멀리 보낼 수 있다. 처음에는 클럽 헤드를 나무로 만들어 우드라고 하나 최근엔 금속성 재질로 만들어져 있다.

원 피스 테이크 어웨이(one piece take away) 몸과 팔, 클럽이 함께 움직이며 백 스윙되는 것.

웨글(waggle) 스윙의 감각이나 스윙에 탄력을 붙이는 준비 동작. 테이크 어웨이를 하기 전에 손목만으로 클럽을 가볍게 흔들어 근육의 긴장을 푸는 효과도 있다.

웨지(wedge) 피칭 웨지와 샌드 웨지를 말한다.

위크 그립(week grip) 두 손이 왼쪽으로 많이 돌려 잡혀진 그립.

이퀘이터(eguator) 볼의 가장 가운데 부분.

인사이드 아웃(inside-out) 클럽 헤드가 타깃 라인의 안쪽에서 바깥쪽으로 빠져나가는 스윙 궤도를 말한다.

임팩트(impact) 클럽 헤드로 볼을 치는 순간.

ㅈ

잠정구(provisional ball) 볼이 숲 속이나 러프로 들어가서 분실의 우려가 있거나 OB가 될 우려가 있을 때 동반 경기자에게 말하고, 또 한 개의 볼을 친다. 그 볼을 가리켜 잠정구라고 한다.

저크(jerk) 테이크 어웨이 때 클럽 헤드를 급히 위로 올리며 스윙하여 백 스윙 플레인을 가파르게 만드는 동작.

ㅊ

치킨 윙 엘보(chicken wing elbow) = 플라잉 엘보(flying elbow) 오른쪽 팔꿈치가 지면을 향하지 않고 하늘로 향하며 닭 날개처럼 위로 들리는 것을 말한다.

치핑(chipping) 그린 주변에서 볼이 공중으로 가는 길보다 홀까지 구르는 길이가 긴 상태의 샷을 말한다.

친 업(chin up) 등을 웅크리고 어드레스하는 서양인들에게 턱을 살짝 앞으로 내밀어 등을 펴게 하려는 자세. 턱을 들어 자세를 취한다든가 백 스윙 때 턱 밑으로 어깨를 넣으려는 것은 친 업의 의미를 잘못 이해한 것이다.

칩 인투 홀(chip into hole) 칩 샷으로 볼이 홀에 들어가는 것.

ㅋ

캐스팅(casting) 다운 스윙을 시작하면서부터 오른 팔꿈치를 펴버려 손목의 코킹까지 다 풀리게 하는 동작.

컷 샷(cut shot) 의도적으로 스윙 궤도를 아웃에서 인으로 만들어 볼이 높이 뜨고 왼쪽에서 오른쪽으로 휘어지며 그린에 떨어져 많이 구르지 않는 샷.

코스(course) 골프를 하기 위해서 조성된 지역. 코스는 티잉 그라운드와 스루 더 그린(페어웨이, 러프, 숲, 사용하지 않는 그린), 해저드(벙커나 냇물, 못 등), 그린으로 구성되어 있다.

코일(coil) 골프 스윙에서 백 스윙 때 상체를 코일처럼 돌려 트는 것.

코킹(cocking) 백 스윙에서 왼쪽 손목을 엄지 쪽으로 꺾는 것.

크로스 핸디드 그립(cross handed grip) 오른손을 위로, 왼손을 아래로 하고 클럽을 잡는 것.

클럽(club) 볼을 치기 위한 도구로 우드와 아이언이 있다. 룰에는 클럽의 모양이나 구조가 정해져 있고 일반적으로 시판되고 있는 것은 룰에 따라 제조된 것이다. 또 공식 경기 때 사용할 수 있는 클럽은 14개 이내로 정해져 있다.

클럽 페이스(club face) 공을 치는 타구면.

클로즈드 스탠스(closed stance) 양 발끝을 연결한 라인이 타깃 라인의 오른쪽으로 향한 스탠스. 왼발이 오른발보다 앞으로 나오게 서는 자세로서 스윙 궤도를 인에서 아웃으로 하기 쉬운 자세다.

클로즈드 페이스(closed face) 타깃 라인과 평행이 되도록 어드레스 했을 때 클럽 페이스가 타깃 라인에 왼쪽으로 향하는 것.

golf dictionary

ㅌ

타깃 라인(target line) 볼을 보내야 할 타깃 지점과 볼을 연결하는 라인을 말함.

터프(turf) 페어웨이의 잔디.

테이크 어웨이(take away) 스윙을 위하여 클럽을 뒤로 빼는 동작.

토(toe) 골프에서는 클럽 헤드의 앞쪽 끝부분을 말하거나 발의 엄지발가락 앞쪽 부분을 말한다.

토핑 샷(topping shot) 클럽 페이스의 아랫부분으로 볼 가운데의 윗부분을 치는 것. 볼은 낮게 날아가거나 굴러 간다.

톱 오브 더 백 스윙(top of the back swing) 백 스윙 때 클럽 헤드가 제일 높게 위치할 때의 순간.

티(tee) 볼을 올려놓고 칠 수 있도록 T 모양의 나무나 플라스틱으로 만들어진 것.

티 마커(tee marker) 티잉 그라운드의 구역을 표시하는 것으로, 청색 티 마커는 주로 프로, 백색 티 마커는 일반 남자 아마추어가, 적색 티 마커는 여자들이 티 샷을 하는 구역을 말한다.

티 샷(tee shot) 매 홀 티잉 그라운드에서 첫 번째 치는 샷을 말한다.

티잉 그라운드(teeing ground) 각 홀에서 첫 샷을 하기 위해 만들어진 곳.

ㅍ

파(par) 홀의 기준 타수. 파 4의 홀을 4타로 끝내면 파가 된다.

팔로스루(follow-through) 볼을 치고 난 후 클럽 헤드가 목표를 향해 앞으로 나가는 것.

팝 업(pop up) 볼이 수직으로 튀어 올라가는 것.

패닝(fanning) 현상 손등을 돌려서 클럽 페이스가 열리는 현상.

패스(pass) 플레이의 진행을 늦추지 않기 위해서 뒤에 오는 조를 먼저 앞에 가도록 하는 것이다. 골프에서 중요한 에티켓 중 하나다.

퍼터(putter) 그린 위에서 퍼팅할 때 사용하는 클럽.

퍼트 칩(putt chip) 그린 밖에서 퍼팅을 하는 방식으로 어프로치하는 경우.

퍼팅(putting) 그린 위에서 홀을 향해 볼을 굴리는 행위.

펀치 샷(punch shot) 볼이 낮게 가도록 찍어 치고, 피니시를 높이 하지 않는 샷.

페어웨이(fairway) 스루 더 그린 안에 잔디가 짧게 다듬어져 있는 곳.

페어웨이 벙커(fairway bunker) 그린 주변의 벙커를 제외한 티잉 그라운드와 퍼팅 그린 사이에 만들어진 벙커.

페어웨이 우드(fairway wood) 우드 클럽의 3·4·5번을 페어웨이 우드라고 한다. 최근에는 메탈 우드가 많아져서 7번이나 9번도 사용한다.

페이드 샷(fade shot) 볼의 회전이 왼쪽에서 오른쪽으로 생겨, 목표 근처에서 오른쪽으로 휘어 떨어지는 구질을 말한다.

펜줄럼 스트로크(pendulum stroke) 시계추의 진자 운동처럼 백 스윙과 다운 스윙이 같은 템포로 볼을 치는 것.

포워드 스윙(forward swing) 다운 스윙.

푸시(push) 클럽 페이스가 타깃 방향에 열려져 나가게 되는 것.

푸시 샷(push shot) 스윙 궤도가 인사이드에서 아웃사이드이면서 클럽 페이스가 그 스윙 궤도에 직각이 되었을 때 만들어지는 샷이다.

푸시 슬라이스 샷(push slice shot) 인사이드에서 아웃사이드 스윙을 하면서도 임팩트 때 클럽 페이스가 타깃 방향에 열려 슬라이스가 나는 샷을 말한다.

풀 샷(pull shot) 스윙 궤도가 아웃사이드에서 인사이드로 되면서 클럽 페이스가 그 스윙 궤도에 직각이 되었을 때 만들어지는 샷.

풀 스윙(full swing) 백 스윙 톱까지 하여 다운 스윙, 팔로스루, 피니시를 끝까지 해준 스윙.

풀 훅 샷(pull hook shot) 다운 스윙이 아웃사이드에서 인사이드로 될 때 클럽 페이스가 타깃 방향에 클로즈되었을 때 만들어지는 샷.

프라이드 에그 벙커 샷(fried egg bunker shot) 달걀 프라이를 한 듯 움푹 파인 모래의 가운데 부분에 볼이 머물러 있을 때. 이때 볼은 모래에 약간 묻혀져 있다.

프리샷 루틴(preshot routine) 실제의 샷을 위해 백 스윙을 시작하기 전의 모든 과정을 차례대로 준비해 보는 것.

프리스윙(pre-swing) 골프 스윙을 하기 전 몸의 자세를 만드는 것으로 그립, 에임, 셋업 등이 있다.

프린지(fringe) 그린 주변 풀이 짧게 깎인 곳. 에이프런.

플라잉 엘보(flying elbow) 팔꿈치가 지면을 향하지 않고 위로 들려 있는 상태로, '치킨 윙 엘보'라고도 한다.

플래그(flag) 홀의 위치를 나타내는 깃발을 말한다.

플래그 스틱(flag stick) 깃대.

플롭 샷(flop shot) 볼을 높이 띄워 갑자기 서게 하는 샷.

플레인 앵글(plane angle) 어드레스할 때 클럽 샤프트와 지면이 이루는 각.

플렉스 포인트(flex point) 샤프트의 휘는 지점을 말한다.

피벗(pivot) 몸의 중심 축.

피치 샷(pitch shot) 볼이 공중으로 떠서 가는 거리가 구르는 거리보다 많은 샷.

피치 앤드 런(pitch and run) 볼이 낙하 후에 구르도록 치는 타법으로 어프로치 샷의 일종.

피칭 웨지(pitching wedge) 9번과 샌드웨지 사이의 클럽.

핀(pin) 홀에 세우는 깃대.

ㅎ

하이 핸디캡 플레이어(high handicapped player) 핸디가 높은 플레이어.

하프웨이 다운(halfway down) 다운 스윙이 반쯤 내려온 상태. 클럽이 오른쪽 허리까지 내려온 상태(오른 손잡이의 경우).

하프웨이 백(halfway back) 백 스윙이 반쯤 된 상태. 클럽이 오른쪽 허리까지 올라간 상태(오른 손잡이의 경우).

해저드(hazard) 벙커나 바다, 못, 내, 연못, 개울 등의 워터 해저드를 포함한 장애물. '래터럴 워터 해저드'란 페어웨이에 병행해 있는 워터 해저드. 벙커의 주변, 벙커 안의 풀이 자란 곳 등은 해저드가 아니다.

핸드 포워드(hands forward) 클럽을 잡은 두 손이 볼보다 앞쪽으로 나가 있는 상태.

핸디캡(handicap) 플레이어의 기량을 나타내는 숫자.

헤드 업(head up) 머리를 들어 올리는 것.

호젤(hosel) 클럽 헤드의 힐 부분과 연결된 샤프트 부분.

훅 볼(hook ball) 볼이 시계 반대 방향으로 회전해 왼쪽으로 휘어지는 것을 말한다.

훅 스핀(hook spin) 볼이 시계 반대 방향으로 회전하는 것.

힐(heel) 플레이어의 발뒤꿈치. 클럽 헤드 뒷부분을 말한다.

참고문헌

Ben Hogan's Five Lessons by Ben Hogan.
PGA Teaching Manual
How to Find Your Perfect Golf Swing by Rick Smith.
The Eight-Step Swing by Jim McLean
The Only Golf Lesson You'll Ever Need by Hank Haney
The Golf Instruction Manual by Steve Newell
The Laws of The Golf Swing by Adams, Tomasi, and Suttie
Golf My Way by Jack Nicklaus
David Leadbetter's Faults and Fixes by David Leadbetter
Getting Up and Down by Tom Watson

최혜영의 **반대로** 하는 골프

ⓒ 최혜영 2003, 2007

2007년 11월 20일 개정판 1쇄 발행
2018년 8월 30일 개정판 4쇄 발행

지은이 최혜영
발행인 이원주

사진 허호, 김재용
일러스트 홍수정

발행처 (주)시공사
출판등록 1989년 5월 10일(제3-248호)

주소 서울시 서초구 사임당로 82(우편번호 06641)
전화 편집 02-2046-2896, 마케팅 02-2046-2883
팩스 편집·마케팅 02-585-1755
홈페이지 www.sigongsa.com

값은 뒤표지에 있습니다.

ISBN 978-89-527-5046-4 13690

파본이나 잘못된 책은 교환하여 드립니다.

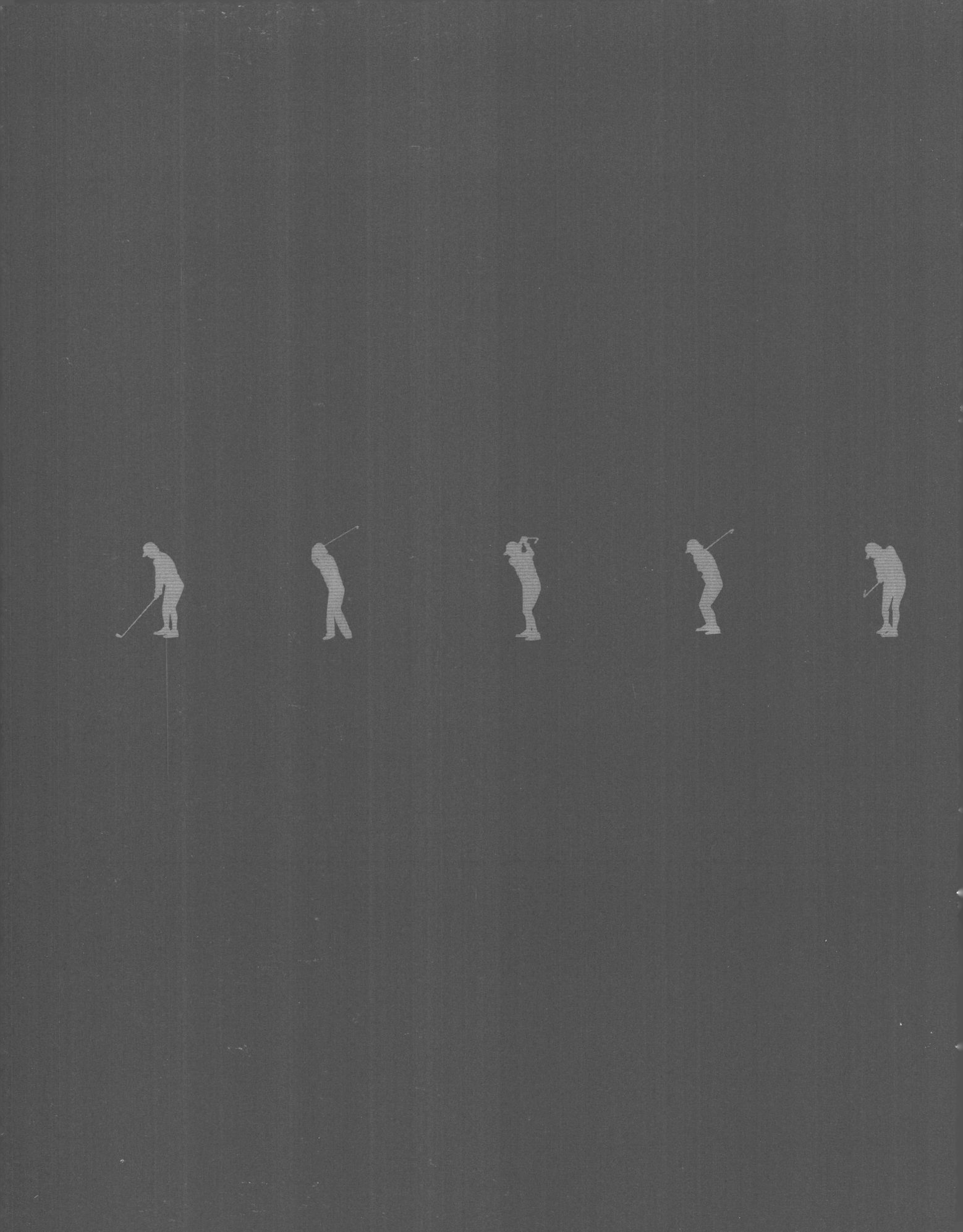